U0627462

CHINA FINANCIAL SECURITY REPORT

中国金融安全报告

2014

金融安全协同创新中心 ◎ 著
西南财经大学中国金融研究中心

中国金融出版社

责任编辑：王效端　张菊香

责任校对：张志文

责任印制：程　颖

图书在版编目（CIP）数据

中国金融安全报告 2014（Zhongguo Jinrong Anquan Baogao 2014）/金融安全协同创新中心，西南财经大学中国金融研究中心著 . —北京：中国金融出版社，2015.1

ISBN 978 - 7 - 5049 - 7880 - 6

Ⅰ. ①中…　Ⅱ. ①金…②西…　Ⅲ. ①金融—风险管理—研究报告—中国—2014

Ⅳ. ①F832.1

中国版本图书馆 CIP 数据核字（2015）第 054304 号

出版
发行　中国金融出版社

社址　北京市丰台区益泽路 2 号

市场开发部　（010）63266347，63805472，63439533（传真）

网上书店　http://www.chinafph.com　（010）63286832，63365686（传真）

读者服务部　（010）66070833，62568380

邮编　100071

经销　新华书店

印刷　北京市松源印刷有限公司

装订　平阳装订厂

尺寸　185 毫米×260 毫米

印张　25.25

字数　554 千

版次　2015 年 1 月第 1 版

印次　2015 年 1 月第 1 次印刷

定价　59.00 元

ISBN 978 - 7 - 5049 - 7880 - 6/F. 7440

如出现印装错误本社负责调换　联系电话（010）63263947

编辑部邮箱：jiaocaiyibu@126.com

编　委　会

学术委员（按姓氏笔画排序）：

叶永刚（武汉大学）　　　　吕劲松（审计署）

刘锡良（西南财经大学）　　张宗益（西南财经大学）

张晓朴（银监会）　　　　　陆　磊（中国人民银行）

陈雨露（中国人民大学）

主　编：王　擎

副主编：董青马　王　鹏

参　编（按姓氏笔画排序）：

王君斌　方能胜　付一书　朱　波　张　琳

张　勇　吴恒煜　罗荣华　周铭山　杨　维

范国斌　胡颖毅　唐清利　龚　强　童　牧

自 序

经过长期的培育、组建与探索，2012 年 8 月 25 日，由西南财经大学倡议并牵头，中国人民大学、武汉大学、国家审计署、中国银行业监督管理委员会等联合发起成立了"金融安全协同创新中心"。本着"深度融合、动态开放、优势互补、资源共享、持续发展"的建设原则，中心紧密结合国家金融安全领域的重大战略需求和学术前沿发展，提供高水平研究成果，推动高层次拔尖创新人才培养，提升国内金融学科实力，为中国金融业的科学发展提供智力支持。

《中国金融安全报告》是金融安全协同创新中心自成立以来所开展的一项大规模研究报告编制项目。报告编制过程中，金融安全协同创新中心的十几位研究员在反复论证报告框架的基础上，分赴国内几十家重要金融机构和监管部门开展调研，在获得了大量一手信息并对各个金融领域的实际安全状况有了深刻的理解之后，开始了该报告的撰写工作。期间，举行讨论会不下十几场，报告几易其稿，最终形成大家目前所看到的该报告的正式版本。

金融安全不仅是现代金融学研究的基本问题，也是现代国家安全的重要组成部分。当前，国际国内形势正在发生着深刻的变化。从国际形势来看，第三次工业革命极大推动了人类社会经济、政治、文化领域的变革，在世界政治多极化、经济全球化和社会信息化三大趋势的推动下，国际政治经济形势更加复杂，大国博弈更加剧烈。从国内形势来看，中国经济发展进入了新的阶段，但结构性问题仍然突出，"中等收入陷阱"隐患犹存，金融体系建设还不完善，金融市场的运行机制还不健全，伴随国内经济转型所形成的系统性金融风险和区域性金融风险因素也在不断累积，这一系列因素造成了中国的金融安全形势仍然严峻。也正因如此，如何评估我国金融风险及金融安全状态，并及时对金融危机预警十分重要。

《中国金融安全报告》是一项宏大的工程，也是一项伟大的事业，需要艰辛的付出和执着的坚持。西南财经大学将一如既往地支持金融安全协同创新中心的建设，支持将《中国金融安全报告》的编制长期坚持下去。目前，该报告初版即将付梓，特此作序，并表示祝贺。

目　　录

第一篇　金融系统中的金融安全

第四篇　金融基础设施安全评估

第五篇　主要结论

第六篇　专题研究

绪论 金融安全评估分析框架

0.1 背景及意义

人类社会进入 20 世纪后，金融全球化与自由化浪潮风起云涌，金融的发展在促进全球经济增长的同时，也给世界各国带来了巨大的风险。据国际货币基金组织统计，自 20 世纪 70 年代以来，全球共发生了大大小小的金融危机 212 起，发生金融危机的频率远远高于以前。历史总是在重演，但金融危机每一次新爆发的方式、重点均呈现出新的特点，究其根源，所有遭受危机的国家均在政策方面存在严重缺陷，并引致了重大的金融体系脆弱性与经济结构性缺陷（Laeven、Valencia，2008；Kawai、Pomerleano，2010）。尽管人们几乎无法准确地预测到金融危机爆发的时机和可能引爆危机的事件，但我们可以通过识别和处理不稳定的根源来防止危机的爆发。为此，每一次危机的爆发都伴随着金融监管的变革与金融体制的完善。此次席卷全球的金融危机使人们认识到：一是金融机构和金融体系所具有的内在顺周期性是近年来金融失衡加剧、金融脆弱性增强与经济波动加剧并最终导致本轮危机发生的重要原因；二是单个金融机构的稳健并不代表整体金融体系的稳定，微观审慎监管与货币政策难以应对金融体系快速变革带来的系统性风险问题，必须加强宏观审慎管理（FSB，2009；G20，2009）；三是监管机制不能主动适应不断发展和创新的金融系统，混业经营和分业监管的背离是致使危机爆发和升级的一个重要制度因素，这种背离导致监管机构交叉重叠、存在监管冲突和疏漏、监管对象和范围出现纷争、监管信息沟通不畅以致监管成本增加等一系列问题的同时出现（Hoenig，2007；Levin，2010）。为此，金融系统性风险防范与监管协调受到各国政府、经济管理部门、金融企业和理论界的高度关注：2009 年 4 月 G20 峰会宣布成立金融稳定理事会（FSB）以推动全球层面的宏观审慎管理的合作与协调；同年美国政府与欧盟委员会也先后公布关于金融监管变革的蓝图；随后，巴塞尔银行监管委员会也推出以宏观审慎管理为核心的《巴塞尔协议Ⅲ》等。

在中国迅速崛起的道路上，金融危机成为不可避免的大概率事件，系统性金融风险在未来较长一段时间内都将成为我国金融发展的关键制约因素（刘锡良等，2011）。与其他国家相比，我国系统性金融风险的生成具有以下特点：一是我国经济体系波动更易受到投资波动与地方政府行为的影响，经济体系与金融体系的正反馈机制更是我国系统性金融风险生成的根源所在，而我国金融机构的经营理念、行为模式和风险暴露更为趋同，进一步导致了金融体系更强的内在顺周期性及更大的潜在系统性风险；二是就我国而言，银行系统性风险的特殊性在于渐进式改革导致的银行风险过度集中于政府的隐性担保，我国银行系统性风险不是体现为大规模银行的倒闭，而是表现为银行经营效率低下导致的金融经济困境；三是中国金融体系的发展方式致使其稳定性高度依赖于实体经济的增长状况，但近年来次贷危机爆发与中国经济增长模式的转换将导致我国系统性金融风险隐患增大，具体体现为经济增长放缓、金融体系规模扩张与期限错配、地方政府融资平台、资产泡沫与不良信贷、人民币国际化与资本项目开放等；四是随着金融自由化进程的推进，我国金融市场与非银行机构快速发展，金融控股集团也开始不断扩张，致使跨市场、跨机构的风险传染速度与规模不断增强；五是随着金融国际化进程的推进，我国系统性金融风险的生成源头与传染渠道进一步增加，既有分担与转移机制会受到严重挑战，致使我国系统性金融风险隐患进一步增强。

与此同时，我国国家经济金融安全面临更多的外部因素挑战：一是不公正、不合理的国际经济秩序使发展中国家面临十分严峻的挑战，比如大宗商品定价权、专利技术权、金融市场定价权、主要货币发行权、主要国际经济组织的决策权等；二是中国对外依存度高居不下，受国际市场的影响和波动大；三是外资对我国金融行业及经济领域拥有强大的影响力乃至控制权；四是经济金融信息的安全问题，我国重要经济金融基础设施的关键技术仍然掌握在外国手中。在这种情况下，过去强调的国家安全概念已经不能适应今天的复杂的安全形势，因此党的十八届三中全会决定成立国家安全委员会，是推进国家治理体系和治理能力现代化、实现国家长治久安的迫切要求，是全面建成小康社会、实现中华民族伟大复兴中国梦的重要保障。2014 年 4 月 15 日上午，习近平主持召开中央国家安全委员会第一次会议并发表重要讲话，首次提出"坚持总体国家安全观"，即以人民安全为宗旨，以政治安全为根本，以经济安全为基础，以军事、文化、社会安全为保障，以促进国际安全为依托，走出一条中国特色国家安全道路。具体包括政治安全、国土安全、军事安全、经济安全、文化安全、社会安全、科技安全、信息安全、生态安全、资源安全、核安全等于一体的国家安全体系。

0.2 总体国家安全观下的金融安全内核

在国外的研究中，较少使用金融安全的概念，而更多地使用了经济安全、金融稳定、金融危机、金融主权、金融稳健等一系列相关的概念。国外对经济安全的界定存在颇多分歧，为此 Mangold（1990）认为没有必要为经济安全下一个明确的定义，因为经济安全与国家利益紧密相关，界定过于宽泛，没有实际意义；界定过于狭窄，又易于忽略一些重要的议题。美国国际关系学家 Krause and Nye（1975）对经济安全的定义具有代表性：经济福利不受被严重剥夺的威胁。在少数几篇研究金融领域战略性安全的文献中，西方学者将金融的安全视为经济安全的核心组成部分。例如，亨廷顿列举了西方文明控制世界的 14 个战略要点，其中控制国际银行体系、控制硬通货、掌握国际资本市场分别列第一、第二和第五项，金融安全问题居于最重要的战略地位①。Stiglitz 和 Greenwald（2003）将宏观金融运行的安全性问题定义为：第一，金融机构破产的重要性是第一位的，因此，宏观金融决策必须考虑对破产概率的影响。第二，面对危机，特别是在重组金融体系时，国家必须考虑重组对信用流的影响，即重组对整体社会资金运行必将产生某种影响。第三，多市场的一般均衡效应与单一市场的局部均衡效应存在差别，有必要对银行重组的经济和金融效应作全面的前瞻性分析，最大可能地提高金融体系的稳定性。Stiglitz 和 Greemwald 的观点给我们的启示是：金融安全的第一要素是金融机构的破产概率与危机救助。

在 1997 年亚洲金融危机之后，很多国内学者开始关注和研究金融安全问题，并从不同角度对金融安全概念进行界定。王元龙（1998）和梁勇（1999）分别从金融的实质角度和国际关系学角度对金融安全概念进行了界定。王元龙（1998）从金融实质角度，认为所谓金融安全，就是货币资金融通的安全，凡与货币流通及信用直接相关的经济活动都属于金融安全的范畴，一国国际收支和资本流动的各个方面，无论是对外贸易，还是利用外商直接投资。借用外债等都属于金融安全的范畴，其状况直接影响着金融安全。梁勇（1999）从国际关系学角度认为，金融安全是对"核心金融价值"的维护，包括维护价值的实际能力与对此能力的信心。"核心金融价值"是金融本身的"核心价值"，主要表现为金融财富安全、金融制度的维持和金融体系的稳定、正常运行与发展。各种经济问题首先在金融领域中积累，到金融体系无法容纳这些问题时，它们便剧烈地释放出来。金融安全程度的高低取决于国家防范和控制金融风险的能力与市场对这种能力的感觉与态度。因此，国家金融安全是指一国能够抵御内外冲击，保持金融制度和金融体系正常运行和发展，即使受到冲击也能保持本国金融及经济不受重大损害，如金融财富不大量流失，金融制度与金融体系基本保持正常运行和发展的状态，维护这种状态的能力和对这种状态与维护能力的信心与主观感受，以及这种状态和能力所获得的政治、军事与经济的安全。

张幼文（1999）认为，金融安全不等于经济安全，但金融安全是经济安全的必要条件。一方面由于金融在现代市场经济中的命脉地位，使得由金融系统产生的问题可能迅速成为整体经济的问题；另一方面也由于金融全球化的发展使世界局部金融问题迅速转化为全球性金融问题，从而金融安全成为经济安全的核心。刘沛（2001）认为，金融安全是指一国经济在独立发展道路上金融运行的动态稳定状况，在此基础上从七个方面对金融稳定状态进行了说明。在前人研究的基础上，王元龙（2004）对金融安全进行了重新界定，金融安全简而言之就是货币资金融通的安全，是指在金融全球化条件下，一国在其金融发展过程中具备抵御国内外各种威胁、侵袭的能力，确保金融体系、金融主权不受侵害，使金融体系保持正常运行与发展的一种态势。刘锡良（2004）认为，从金融功能的正常履行来认识金融安全，可以分成微观、中观和宏观三个层次，金融安全的主体是一国的金融系统；金融安全包括金

---

① 亨廷顿：《文明的冲突与世界秩序的重建》，北京，新华出版社，1998。

融资产的安全、金融机构的安全和金融发展的安全。陆磊（2006）认为，对于我国这样的金融转型国家，国家金融安全还存在着更为复杂的内容，往往需要从一般均衡的角度加以认识。

习近平同志在2014年首次提出"总体国家安全观"，其内核在于"以人民安全为宗旨，以政治安全为根本，以经济安全为基础，以军事、文化、社会安全为保障，以促进国际安全为依托，走出一条中国特色国家安全道路"。在操作层次上涵盖政治安全、国土安全、军事安全、经济安全、文化安全、社会安全、科技安全、信息安全、生态安全、资源安全、核安全等11种安全。总体国家安全拥有四大内核（林宏宇，2014）：一是内外兼顾，以内保外；二是包容共赢，命运共同；三是经济优先，核心不让；四是义利并举，有所作为。

国内外研究表明，金融安全是经济安全的核心组成部分，经济安全的含义更多地和经济危机、国家主权相联系，因此，在金融安全的研究中，学者们更多地借鉴经济安全的研究成果。尽管国内学者在金融安全界定上作出了努力，但这些概念过于抽象，对其内涵和外延的界定也颇多争议，导致后续研究变得较为困难。

我们认为金融安全是一个现实命题，它既包含经济方面也包含政治方面。在分析金融安全问题的时候，我们应该坚持"以国家为中心"的现实的分析视角，特别是在涉及国家主权的部分，不能舍弃现实主义的分析手段；然而在规范要素上，中国学者则应该以习近平提出的总体国家安全观为指导和基本价值取向。中共中央提出的"国家整体安全观"是与"和谐世界"的主张一脉相承的，讨论的是人类社会终极走向，因此它带有理想主义的色彩。国家整体安全观要彰显的是一种大国"有容乃大"的气质和肚量，但它并不与"国家中心"的分析视角相矛盾，因为金融安全的提出本来就是以一国为基本研究单位。为此，本书在研究过程中秉承了上述"国家整体安全观"的思维模式[①]。

基于这样的认识，本书尝试性地给出金融安全的定义。金融安全是一个高度综合的概念，一般与金融国际化交织在一起，与金融危机、金融主权密切相关。它体现为一国金融体系的稳定运行状态，关键在于核心金融价值的维护，根本取决于一国政府维护或控制金融体系的能力和一国金融机构的竞争能力。

0.3　研究思路与基本框架

（一）各国央行及研究机构金融安全报告编写思路

瑞典央行认为金融稳定报告的目的是识别金融体系的潜在风险，评估金融体系抵御风险

---

① "新金融安全观"包含了价值规范与分析要素两方面内容。理想主义与现实问题的融合具有非凡的意义，其类似于中国传统文化中对"道"和"术"的理解。"行正道"是人类的价值规范，然而"法术"的本身则包含有"兵者，诡道"的意味。人的观念根植于人性，我们也可以从人性来解释这种矛盾，费尔巴哈在《基督教的本质》一书中将人的本质归结为理性、情感和意志。基于现实约束的理性分析是为人称道的，但它并不是人的全部。因为现实的理性让我们看到冲突、残忍和荒唐，完美的世界只能在情感世界中出现。因此，理性似乎更多地表现为一种分析要素；而很多人的行为不是完全基于理性的，他们是更忠于自己理想的人。

的能力。金融稳定分析的内容是金融体系抵御不可预见冲击的能力，这些冲击一般是对金融性公司和金融基础设施构成影响，其中的金融基础设施是进行支付和金融产品交易必不可少的。金融系统的稳定主要依靠构成系统的机构、体系和管理安排。因为金融系统也影响宏观经济环境或被宏观经济环境影响，不稳定的影响或冲击可能来自于内部或外部，能相互作用引发一个比局部影响总和要大得多的整体影响。欧洲中央银行认为金融稳定的定义宽泛而复杂，并非仅指防范和化解金融危机一个方面。金融稳定的概念包括积极主动维稳的定义，即保障金融系统中的一切常规业务能够在现期及可预见的将来始终安全正常运作。金融体系的稳定要求其中的各主体部门——金融机构、金融市场及金融支撑系统等——能够协同应对来自负面的干扰。金融体系功能是链接储蓄与投资，安全有效率地重新配置资源，科学准确地进行风险评估和产品定价，以及有效地管理金融风险。此外，金融稳定还包括前瞻性要求，即预防资本配置的低效和风险定价的失准对金融体系未来稳定形成威胁，进而影响到整体经济的稳定。为全面描述金融系统的稳定状况，必须做好三项工作：第一，对金融体系各主体部门（金融机构、金融市场、基础设施）的健康状况进行个体和整体的评估；第二，对风险点、薄弱点及诱因进行甄别；第三，对金融系统应对危机的能力进行评价，并由整体评估的结论决定是否采取应对措施。需要明确的是，关注风险点和薄弱点的诱因并非以预测货币政策的成效为目的的，而是为了找出那些潜藏的金融风险源加以防范，尽管它们离真实爆发尚有时日。

Delisle Worrell（2004）提出了一整套的金融部门量化评估方法及应用领域。他指出学术界量化方法主要用于测算以下三个问题：金融部门稳定性、风险暴露和对冲击时的脆弱性。第一，金融稳健指标的运用：一是作为判断工具，用于对市场变化趋势、主要扰动和其他因素的判断；二是构建信号模型，用于评估金融系统的脆弱性、金融危机发生的可能性以及建立一套早期预警系统。第二，压力测试，测试金融部门对极端事件的可能性和敏感程度，以及危机在各个金融部门中的传导机制，用于衡量金融机构在危机中存活下来的能力。第三，基于模型的金融预测，衡量危机发生的可能性。为此，一个整体的金融系统评估方法应综合阐述以下四个问题：一是构建单个金融部门风险的早期预警系统；二是建立一个对金融部门进行预测的框架；三是阐述进行压力测试的步骤；四是在考虑银行间的风险传染基础上如何对模型进行修正。

世界银行与IMF（2005）编制的金融部门评估手册中认为：广义的金融体系稳定意味着既无大规模的金融机构倒闭，金融体系中介功能也未发生严重混乱。金融稳定可以视为金融体系在一个稳定区间内长时间安全运转的情况，当逼近区间边界时即面临不稳定，在越过区间边界时即出现了不稳定。金融稳定分析旨在识别危机金融体系稳定的因素，并据此制定适当的政策措施。其重点关注的内容是金融体系的风险敞口、风险缓冲能力及其相互联系，进而评估金融体系的稳健和脆弱性，并关注对金融稳健具有决定性影响的经济、监管和制度等因素。金融稳定的分析框架以宏观审慎监测为核心，以金融市场监测、宏观财务关系分析、宏观经济状况监测为补充。第一，金融市场监测有助于评估金融部门受某一特定冲击或组合性冲击时面临的主要风险，一般采用 EWS 模型，对金融体系带来极大冲击的可能性进行前瞻性评估；第二，宏观审慎监测旨在评估金融体系的健康状况及其对潜在冲击的脆弱性，侧重于研究国内金融体系受宏观经济冲击后的脆弱性；第三，宏观财务联系分析力图了解引发冲击的风险敞口如何通过金融体系传递到宏观经济，评估金融部门对宏观经济状况的冲击效果，所需要的数据包括各部门的资产负债表、私营部门获得融资的指标；第四，宏观经济状况的监测主要是监测金融体系对宏观经济状况的总体影响，特别是对债务可持续性的影响。

全球金融稳定报告侧重于三个领域：第一，从货币和金融状况、风险偏好等七个领域对全球金融稳定状况作出综合评估；第二，对当前重大风险银行进行专题分析；第三，提供相应政策建议。报告从货币和金融状况、风险偏好、宏观经济风险、新兴市场风险、信用风险、市场和流动性风险七个维度对全球金融稳定状况作出评价。

中国人民银行《中国金融稳定报告》基本遵循了《金融部门评估》的框架，内容包括宏观经济描述、银行业、证券业、保险业、金融市场、政府、企业和住户财务分析、当前在宏观审慎管理上的政策推进。基本侧重于行业的总体财务数据分析，缺少各部门的关联分析。

叶永刚的《中国与全球金融风险报告》采用或有权益分析法，分公共部门、上市金融部门、上市企业部门、家户部门、综合指数比较，并在此基础上分为东部、东北部、中部、西部，按省分别对风险进行分析。李孟刚的《中国金融产业安全报告》基于金融业细分对金融产业安全作出了评估和预警。上海财经大学的《中国金融安全报告》侧重于风险专题的研究与探讨。

（二）本报告研究思路

本报告拟从国家层面、经济系统和金融系统的金融安全评估三个层次出发，构建我国金融安全监测与评估的总体框架。其主要目的在于：第一，金融系统中的金融安全评估旨在评估金融体系的健康状况及其对潜在冲击的脆弱性，侧重于研究国内金融体系受宏观经济冲击后的脆弱性。第二，经济系统层次主要评估经济与金融系统相互关联中的安全问题。一是评估金融部门受某一特定冲击或组合性冲击时面临的主要风险，一般采用 EWS 模型，对金融体系带来极大冲击的可能性进行前瞻性评估；二是宏观财务联系分析力图了解引发冲击的风险敞口如何通过金融体系传递到宏观经济，评估金融部门对宏观经济状况的冲击效果，所需要的数据包括各部门的资产负债表、私营部门获得融资的指标；三是宏观经济状况的监测主要是监测金融体系对宏观经济状况的总体影响，特别是对债务可持续性的影响。第三，国家层面的金融安全评估主要将国家作为一个整体，评估其对外交往的主权风险、外债危机风险和货币危机风险。

第一，国家层面、经济系统与金融系统中的金融安全是相互关联的三个层次。我们试图在双重转型的特殊约束条件下，从国家层面、经济系统、金融系统三个层次论述金融安全在不同层面上的相互转换与分担机制。国家层面的金融安全主要探讨国际政治经济新秩序下的中国金融开放战略与控制权的争夺问题；经济层面的金融安全主要探讨金融系统性风险与经济系统风险的分担与转换机制，研究金融系统性风险向金融危机、经济危机转化的临界条件与路径；金融层次的金融安全主要探讨经济风险如何集中于金融体系，研究金融机构个体风险如何向系统性风险转换及金融机构、金融市场之间的风险传染机制。三个层次从宏观到微观，相互递进、相互关联，微观层次的研究可作为宏观层次研究的微观基础与理论依据，宏观层次的研究可作为微观层次的前提条件。

第二，金融安全应该包括经济与政治两个视角。金融安全问题是一个综合国际政治、经济、文化诸方面的重大课题，它的提出一方面与系统性风险、金融危机等命题相关，另一方面牵涉到资源配置的权力、金融主权等方面的内容。为此，我们坚持从经济学视角与政治学视角来对金融安全问题进行解析。经济学视角的研究重点在于分析金融风险和危机给安全带来的威胁，研究个体风险、系统性风险、金融危机的连接机制与生成机制。金融主权是国家安全的重要支撑，政治学视角的研究重点在于分析受金融因素影响的国家"非经济核心价值"。我们从政府角度研究政府行为规范，将金融领域政策手段作为大国博弈的重要工具，研究在开放的过程中如何维护自己的主权，把握开放的进程，进而在全球政治经济新秩序重构中分享最大化收益。

第三，从国际秩序的视角，可以将金融安全内涵作如下概括：所谓金融安全是指在金融全球化过程中，一国在对现行国际秩序准确把握的基础上，积极主动地谋求国际货币体系中的话语权、金融规则的制定权、国际机构中的表决权，在国际法、国际准则、规则和国际惯例的框架下，通过与其他主权国家或国际机构的共同合作和协调，确保本国金融体系、金融制度、金融机构的正常运转。它是客观存在状态与反映这种客观存在的主管感受之间有机统一的结构。与经济主权相对应，金融主权可以定义为一国享有独立自主地处理一切对内对外金融事务的权利，即表现为国家对金融体系的控制权与主导权。核心金融主权是指关系国家发展战略、经济命脉和基本制度的金融权利。按金融的性质来分解，金融主权可以概括为货币主权、金融机构控制权、金融市场定价权和金融调控独立决策权等四个维度。这四个维度之间具有广泛联系与相互作用机制，其根本权利都属于核心范围，对这些权利的分享只能是在有限的尺度以内。

第四，基础设施建设评估是金融安全评估的重要基础和组成部分。金融稳定分析的内容是金融体系抵御不可预见冲击的能力，这些冲击一般是对金融性公司和金融基础设施构成影响，其中的金融基础设施是进行支付和金融产品交易必不可少的。

（三）基本框架

本报告依托金融安全的内核，在对我国金融基础设施安全评价的基础上，分别从金融系统、经济系统与国家层面三个层次，结合 2001—2013 年数据，对我国金融安全的 15 个领域进行了整合评估。每部分研究内容包括四个方面：一是该领域金融安全的基本运行特征；二是金融安全评估的理论基础、模型选择及指标体系构建；三是金融安全的评估；四是结论与展望。

本报告共分为六篇：第一篇为金融系统中的金融安全评估，是本报告的核心组成部分，分别对银行业、证券业、保险业三大金融机构部门进行宏观审慎分析与金融安全评估；并对我国股票市场、债券市场、衍生品市场进行系统性风险评估；在此基础上将金融机构与金融市场作为一个整体，研究其相互传染性，得出我国金融系统的总体安全状态。第二篇为经济系统中的金融安全评估，侧重于资产负债表方法，将我国经济系统分为非金融部门、金融部门、住户部门及公共部门，共同拟解决以下问题：第一，宏观经济金融状况监测，用于评估金融部门受某一特定冲击或组合性冲击时面临的主要风险，一般采用 EWS 模型中的指标体系，对金融体系带来极大冲击的可能性进行前瞻性评估；第二，各经济部门的资产负债状况分析，拟解决两个关键问题：一是宏观财务联系分析力图了解引发冲击的风险敞口如何通过金融体系传递到宏观经济，评估金融部门对宏观经济状况的冲击效果，所需要的数据包括各部门的资产负债表、私营部门获得融资的指标；二是宏观经济状况的监测主要是监测金融体系对宏观经济状况的总体影响，特别是对债务可持续性的影响。第三篇为国家层面的金融安全评估，本部分将国家作为一个整体系统，研究其对外交往中的金融安全问题，分为两个层次：一是从经济维度研究我国外债危机、资本流程异常危机与货币危机；二是从主权维度研究我国大宗商品定价权及货币主权问题。第四篇为金融基础设施安全评估，通过国家治理在金融基础设施建设中运行的好坏来反映我国金融基础设施的安全性、救济性、风险分配与效率，并从金融制度环境、信用与信息披露环境、法律环境三个层次对我国金融基础设施中存在的金融安全隐患进行评估。

第一篇

金融系统中的金融安全

第1章 银行业风险评估

银行一直是我国金融系统最重要的组成部分。从 1949 年新中国成立到今天，我国银行业为国民经济稳健发展提供了强有力的支撑，毫不夸张地说，没有银行业的支撑，我国经济就不可能发展到今天的高度。特别是 20 世纪 90 年代后，四大商业银行的成立，结束了我国以往大一统的银行业格局，并且在随后通过剥离不良资产、股份制改造、成立独立监管部门，建立和完善了现代银行系统，通过成立股份制银行、城市商业银行等中小银行和引入国外银行竞争，进一步完善了银行业的市场化程度，也使得我国银行业对国民经济发展的支撑和促进作用进一步凸显。

进入 21 世纪后，我国金融市场有了飞速的发展，但是与美国等发达国家相比，我国银行业依然是金融系统的主导，掌握着整个金融系统绝大部分的资源。截至 2013 年底，我国银行业总资产已经达到了 151 万亿元，总负债 141 万亿元。股票市场总市值在 2013 年为 27 万亿元，远不及银行业的规模。

2007 年全球金融危机爆发后，系统性风险成为了世界各国极为关注的问题之一，金融系统性风险评估和监管成为最近几年各国研究和关注的重点和热点。而对于我国以银行业为主导的金融系统，银行业系统性风险对于我们国家整个金融系统安全显得尤为重要。那么，我国银行业系统性风险到底有多大？是否与发达国家银行业在此次金融危机中显现的系统性风险一样需要政府特别关注？本书通过对我国银行业 2000 年后的数据分析，旨在给出这些问题的答案。

1.1 我国商业银行发展与现状

新中国的银行建立于 1948 年。当年 12 月 1 日，中国人民银行在石家庄成立，主要负责人民币的发行。从 1948 年到 2000 年，经过 50 年的曲折发展，我国银行从新中国成立初期的"大一统"体系逐渐发展为以人民银行为领导、四大国有商业银行为骨干、股份制商业银行和地方商业银行为主体的现代银行体系。虽然"文革"期间一度被并入财政部，但是一直以来银行作为金融体系的主要支柱一直无法撼动。

进入 21 世纪后，随着我国加入世界贸易组织（WTO），在"走出去"和"引进来"的大环境下，银行业开始逐步对外开放，改革也不断深入。从 2001 年到 2003 年，由于 1997 年的亚洲金融危机，银行业延续了之前的消除潜在风险的改革。改革措施主要是补充资本金、剥离不良贷款和撤并机构。1998 年中国人民银行将存款准备金率下调 5 个百分点，财政部将 2700 亿元作为资本注入四大国有商业银行；1999 年组建华融、长城、东方和信达四家资产管理公司，分别收购、管理和处置中国工商银行、中国农业银行、中国建设银行和中国银行 13 939 亿元不良资产，使得四大国有商业银行不良贷款率下跌至 2001 年底的 25.4%。银行开始组建自己的信贷风险管理机构，开发信贷风险管理和风险预警评级系统，银行业的系统性风险得到了一定的控制①。1998—2002 年，四大国有商业银行将大约 110 多个省区一级分行与所在地城市二级分行合并，对县级城市支行按照 10% ~ 30% 的不同比例进行撤并和调整，到 2002 年底，四大国有商业银行累计精简人员 55.25 万人，撤并机构 5.5 万个。

但是从 20 世纪 90 年代开始的银行业改革并不彻底，银行业并未真正建立适应市场经济发展的经营体制，经营绩效也没有根本改善，国有独资商业银行经营管理中的问题没有触及，诸多改革措施由于涉及产权问题，不能真正激发管理层和员工的积极性，无法建立良好的现代银行制度，结果只能是治标不治本，所以当时国外有影响力的财经报刊，如《时代》周刊、《商业周刊》《经济学家》等判断中国国有银行"在技术上已经破产"。

2003 年以后，针对银行业的重大改革再次展开。首先是对国有商业银行进行股份制改造。为了在加入世界贸易组织过渡期将国有商业银行改造成资本充足、内控严密、运营安全和效益良好、具有国际竞争力的现代化股份制商业银行，2002 年全国金融工作会议决定对国有商业银行进行股份制改造，并在 2003 年成立了"国有独资商业银行股份制改造领导小组"，专门负责对国有独资商业银行股份制改造的领导工作。改造过程分为了三个步骤：财务重组、公司治理改革和资本市场上市。财务重组的过程主要是通过国家注资和自身不良贷款剥离的方式，减轻银行财务负担，提高其资产质量，例如中国银行和中国建设银行的股份制改造，首先是中央汇金投资有限责任公司动用 450 亿美元外汇储备进行注资，同时允许两家银行用资本金、准备金和当年利润冲销损失类贷款和非信贷资产损失（4 070 亿元），其次将两家银行全部可疑类贷款（2 790 亿元）剥离给资产管理公司，通过财务重组，两家银行 2004 年资本充足率都达到了 10% 以上。

公司治理改革是这次国有商业银行股份制改革的核心和关键。这方面的改革主要是根据现代银行制度的要求，借鉴国际先进经验，对我国国有商业银行经营管理体制和内部运行机制进行改造，效果显著。到 2007 年，我国国有商业银行都建立健全了"三会一层"的管理组织架构，完善了董事会下设专职委员会的职能，重大决策均通过专门委员会，公司治理透明度进一步加强；同时建立了多元化的股权结构，通过引入境内外战略投资者，优化公司法人治理结构，提高经营管理水平。各大国有商业银行对自身内部治理结构也进行了改造，建立科学决策体系、内部控制机制和风险管理机制，整合业务和管理流程，优化组织结构体

---

① 但是从宏观角度来讲，银行的不良资产只是转移到了相应的金融资产管理公司，并未有效化解整个金融系统的风险。

系，提高业务运作效率，同时建立市场化的人力资源管理体制和有效的激励约束机制，实施审慎的会计政策，严格标准，加强财务管理和信息披露制度。公司治理结构的改革为国有商业银行上市起到了决定性作用。

表 1-1　　　　　　　中国工商银行、中国银行、中国建设银行战略投资者　　　　单位：亿美元

银行	战略投资者	出资金额
中国工商银行	高盛	25.82
	安联保险	8.25
	美国运通	2
中国银行	苏格兰皇家银行	30.48
	瑞士银行	4.92
	亚洲开发银行	0.74
	淡马锡	15.24
中国建设银行	美国银行	25
	淡马锡	14.66
中国农业银行	卡塔尔投资局	28
	科威特投资局	8
	渣打银行	5
	荷兰合作银行	2.5
交通银行	汇丰银行	17.47

资料来源：中国工商银行、中国银行、中国建设银行A股招股书和中国农业银行、中国交通银行H股招股书①。

　　此次改革的第三步是资本市场上市。2005年10月，中国建设银行在香港联合交易所正式挂牌上市，2006年成功回归我国A股市场。2006年6月和7月，中国银行也先后在香港H股和境内A股成功上市。2006年10月，中国工商银行成为在香港和内地资本市场同时上市的第一家金融企业。交通银行于2005年6月和2007年5月分别在H股和A股上市，中国农业银行也于2010年7月15日和16日分别在A股和H股上市，募集221亿美元，成为当时全球最大的IPO（见表1-2）。这次改革通过三个步骤分段实施，取得了显著成效。我国五大国有商业银行已经跻身全球前20家大银行行列，无论是经营绩效还是资产质量，都处于全球前100家大银行中等水平之上。

表 1-2　　　　　　　　　　　　　　国有商业银行上市概况

名称	中国工商银行	中国银行	中国建设银行	中国农业银行	交通银行
股价类型	H股	A股	H股	A股和H股	H股
发行时间	2006年10月	2006年6月	2006年7月	2010年7月	2007年9月
总发行量（亿股）	407.0	149.5	294.04	64.94	304.59
发行价格	3.07港元	3.12元	2.95港元	3.08元	2.35港元
融资额（亿美元）	219.68	136.77	169.55	221	32.94
发行时总市值②	1320.22	974.01	680.81	1440.17	909.41
2013年底总市值	2058.50	1200.36	1698.77	1322.01	467.72

资料来源：各大国有商业银行上市招股书。

---

① 农业银行战略投资者我们只列出了前四名的投资者。

② A股和H股发行时间顺序较后者发行时总市值。

同一时期，我国股份制商业银行和城市商业银行也在积极进行改革。股份制商业银行一方面根据《股份制商业银行公司治理指引》等监管规定的要求，进一步完善公司治理机制；另一方面加快引入战略投资者步伐，例如亚洲开发银行入股光大银行，西班牙对外银行入股中信银行，淡马锡入股民生银行等。股份制商业银行上市步伐进一步加快，2000 年后民生银行、招商银行、华夏银行、中信银行、光大银行等股份制商业银行纷纷上市，到 2013 年底，我国资本市场上市的股份制银行已经达到 13 家。

对城市商业银行的改革则始于 1995 年。随着城市信用合作社的改革发展，许多城市信用合作社已经失去了合作的性质，实际上已经成为小型商业银行。为了规避风险和形成规模，1995 年国家决定在一些经济发达地区，在合并重组城市信用合作社的基础上，通过吸收地方财政、企业资金，试办城市合作银行。到 2004 年底，全国一共成立了 112 家城市商业银行，总资产达到 16 938 亿元，其中贷款余额 9 045 亿元、存款余额 14 341 亿元、不良贷款率为 11.73%。2004 年 11 月，银监会出台了《城市商业银行监管与发展纲要》，旨在引导城市商业银行降低风险和提升资产质量，到 2013 年底，我国共有 136 家城市商业银行，资产规模达到了 15 万亿元，不良贷款率下降到了 0.88%。同时，城市商业银行一方面积极拓展发展空间、实现跨区域发展，例如 2005 年上海银行首次突破区域限制，获准在宁波设立异地分行，北京银行获准在天津设立天津分行；另一方面也在谋求资本市场上市，到 2013 年底，已有三家城市商业银行（宁波银行、北京银行、南京银行）上市，其他银行也在积极谋求上市。

这次改革的另外一个重大成就是银行业监管体系的建立和健全。2003 年中国银监会成立，从此开启了我国分业监管体制的确立。多年的实践表明，分业经营和分业监管的体制基本上是适应于我国当前金融发展需求的。在建立监管制度后，银监会开始着手建立和健全我国银行审慎监管法规制度。2004 年 2 月，银监会根据国家相关法律，借鉴国际资本监管的成功经验，出台了《商业银行资本充足率管理办法》，确定了商业银行资本充足率计算方法和最低资本要求，并且明确资本充足率监督检查程序和信息披露安排，构造了 "1988 年资本协议 + 监督检查 + 市场约束" 的资本监管制度。2007 年银监会在充分研究其他国家针对新资本协议的做法的基础上，发布了《中国银行业实施新资本协议指导意见》，提出分阶段与资本监管国际标准接轨的构想。在 2009 年金融危机后，银监会根据危机中出现的新风险，在 2009 年、2010 年相继发布了《商业银行流动性风险管理指引》《商业银行资本充足率信息披露指引》《商业银行资本充足率监督检查指引》等。除了审慎监管外，银监会针对商业银行的信用风险也制定了详细的信用风险监管规定，例如 2004 年 4 月针对商业银行关联交易发布《商业银行与内部人和股东关联交易管理办法》，要求银行建立健全信贷管理信息系统，加强对集团客户授信和关联交易管理；针对房地产贷款的风险，在 2004 年、2007 年和 2010 年相继发布了针对房地产信贷的风险管理指导，要求商业银行在办理房地产贷款业务时，应对其市场风险、法律风险和操作风险等予以关注，建立相应的风险管理及内控制度；对特殊事件的发生，银监会也出台了相应监管规定，防止风险的再次发生，比如 2014 年 5

月发布的《中国银监会办公厅关于规范商业银行同业业务治理的通知》。

　　银行监管一方面保持自身的独立性，另一方面也在积极加强与证券业、保险业监管之间的协调配合。2003年9月，中国银监会、中国证监会、中国保监会召开第一次金融监管联席会议，审定通过了三方分工合作备忘录，确定了三方监管合作的基本框架。2004年3月，"三会"召开了第二次监管联席会议，其中主要议题之一就是讨论银行向资本市场融资的风险控制问题。2008年1月，为了强化并表监管和功能性监管的需要，银监会与保监会签署了《中国银监会与中国保监会关于加强银保深层次合作和跨业监管合作谅解备忘录》。

　　综合来看，这次改革取得显著成效，我国商业银行经营绩效大幅提升。截至2013年底，我国境内银行业金融机构资产总额151.35万亿元，是2003年的5.5倍；总负债141.18万亿元，所有者权益10.17万亿元。

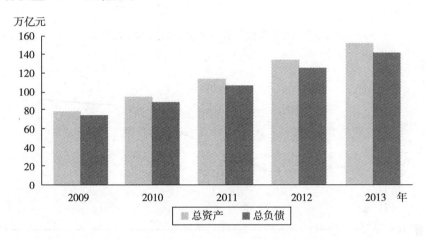

图1-1　近五年我国银行业金融机构资产负债情况

　　除了整体规模保持较快增长外，存贷规模也稳步上升。截至2013年底，银行业金融机构人民币存款余额104.38万亿元，各项贷款余额71.9万亿元，是2003年的5倍。近五年的存贷比也得到了很好的控制，从2003年的0.75降至了2013年的0.68，最近五年基本控制在0.7的红线下。

　　商业银行资产质量也得到了很大的改善，不良资产余额和不良贷款率双双大幅下降。截至2013年底，不良贷款余额5 921亿元，与2003年的25 377亿元相比减少了77%；不良贷款率也从2003年的19.6%降低至2013年的1%。

　　商业银行的盈利能力也有了显著提升，近几年的资本充足率基本保持在11.4%之上，高于美国银行的平均资产充足率。另外，资本收益率截至2013年底达到了19.17%，处于世界领先地位。

　　虽然成绩斐然，我国商业银行还是存在很多的弊端——商业银行发展不均衡，市场过于集中在国有商业银行，造成了国有银行"大而不强"，股份制银行"不大不强"的格局，传统业务仍然是商业银行主要利润来源，银行内部仍未完成向现代银行的转变，银行信贷业务受政府影响明显等。

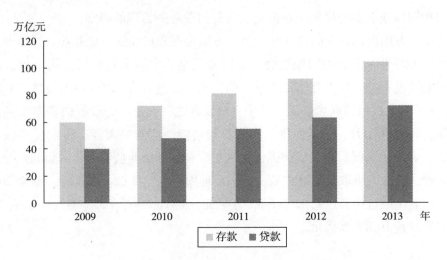

图1-2 近五年我国银行业金融机构存贷款情况

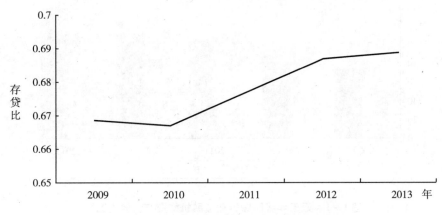

图1-3 近五年我国银行业存贷比情况

图1-4 中国商业银行不良贷款余额与不良贷款率

1.2 银行业风险评估指标选择

系统性风险主要是震荡（Shocks）导致的整个系统的崩溃，应该由两个维度组成：一个是震荡力度方面，主要是微观层面的单个金融机构的风险，例如银行信用风险、流动性风险和操作风险等；另外一个是震荡范围，也是系统性风险更重要的一点：机构之间风险的传染：震荡从一个机构或者市场传导到另一个机构或市场的机制。虽然震荡传导其实是一种系统自我稳定性调节的一个部分，但是这里我们需要强调的是，系统性风险中的传染是不会从事前信息诸如市场价格指数中得知的。传染可能会导致整个系统的不稳定，发生时通常我们会看到一些经济变量比如市场预期非线性和不连续的跳动。

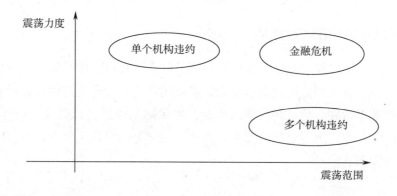

图 1-5 系统性风险矩阵

银行系统性风险一部分来自于个体或者一部分银行，另一部分来自于银行之间的风险传染。所以对于银行系统性风险的评估必须从这两个方面入手。

1.2.1 单个银行风险评估

系统性风险中单个银行风险主要指的是外部或者内部冲击导致单个银行发生违约的风险，所以我们选择的评估指标也主要是针对银行信用风险。这里需要说明的一点是，我们没有区分冲击的内生和外生性，因为我们主要侧重的是评估机构对于冲击的抵御能力，所以区别内生和外生冲击并没有太多意义。另外，Bullard 等（2009）对 2009 年的金融危机分析后认为，造成这次危机的最大威胁仍然是机构的信用风险，所以这里我们选择的指标大部分也是来评估单个银行机构的信用风险。指标选择如表 1-3 所示。

表 1-3   单个银行风险评估指标

指标分类	指标名称
总体风险	ROA
	ROE

续表

指标分类	指标名称
信用风险	资本充足率
	核心资本充足率
	不良贷款率
	拨备覆盖率
	贷款总额准备金率
	净利息收益率
流动性风险	同业拆入拆出比例
	存贷比
	流动资产占比

1.2.2　银行间传染风险评估

对于银行间的传染风险，我们主要从银行间的联系来衡量。银行间的联系可以分为直接联系和间接联系。前者主要是通过银行同业拆借市场产生；后者则是因为银行的业务同质性所致，例如各商业银行在产能过剩行业的投资，如果同质性过高，那么一旦外部冲击发生，极有可能导致风险在不同银行之间的传染。因此，这部分的指标主要有：银行同业拆借市场规模和银行贷款投向。

1.3　我国银行业风险评估

1.3.1　单个银行风险评估

按照银行性质的不同，我们将我国银行分为国有商业银行、股份制银行和城市商业银行，使用 Bankscope 数据库中 2000—2013 年的银行财务数据，对我们选取的银行风险指标进行评估。对于城市商业银行，由于样本数量的限制，我们只选取了 2005 年后的数据。

图 1-6、图 1-7 和图 1-8 分别描述了银行 2000—2013 年总资产回报率、净资产回报率和净利息收益率走势图。截至 2013 年底，国有商业银行平均总资产回报率为 1.29%，同比下降 0.002 个百分点；平均净资产回报率为 19.49%，同比下降 0.788 个百分点。国有商业银行总资产回报率由 2000 年的 0.132% 增长至 2013 年的 1.290%，14 年中增长了约 1.158 个百分点（见图 1-6）。尽管总资产回报率在过去的 14 年中有了显著改善，但是总体水平仍然很低，维持在 0.8% 左右。部分学者认为，国有商业银行较差的资产质量是导致较低的资产回报率的主要原因。

国有商业银行净资产回报率由 2000 年的 4.459% 增长至 2013 年的 19.492%，14 年中增长了约 15.033 个百分点。我们发现，国有商业银行的净资产回报率在 2003 年和 2007 年经

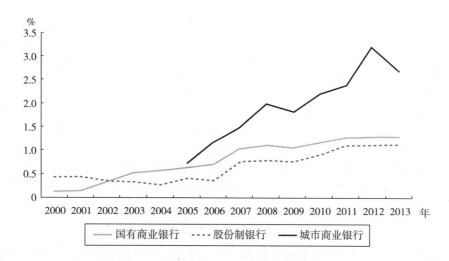

图 1-6　银行总资产回报率走势图（2000—2013 年）

历了两次波峰①。2008 年，平均净资产回报率由 2007 年的波峰（36.658%）跌至 18.483%。此后，净资产回报率一直维持在 20% 左右的水平直到 2013 年末（见图 1-7）。图 1-8 是国有商业银行 2000—2013 年末净利息收益率趋势图。2002—2013 年，国有商业银行的净利息收益率基本维持在 2.5% 的水平，并没有显著改善。因此，我们认为此项指标和总资产回报率的显示结果基本一致：国有商业银行利润水平偏低。

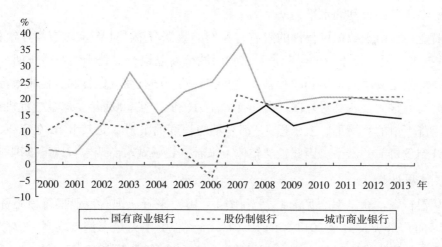

图 1-7　银行净资产回报率走势图（2000—2013 年）

股份制银行与国有商业银行相比，各项指标均低于前者。截至 2013 年底，股份制商业银行平均总资产回报率为 1.135%，平均净资产回报率为 20.815%。具体来看，股份制商业银行总资产回报率由 2000 年的 0.423% 增长至 2013 年的 1.135%，14 年中增长了约 0.712

---

① 2003 年和 2007 年的波峰是由于中国建设银行和中国农业银行当年较高的回报率所致，拉高了国有商业银行对应年份整体的净资产回报率。

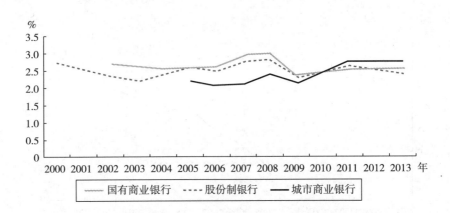

图 1 - 8　银行净利息收益率走势图（2000—2013 年）

个百分点。尽管股份制商业银行总资产回报率在过去的 14 年中有了显著改善，但是总体水平仍然很低，维持在 0.7% 左右，略低于国有商业银行总资产回报率（0.8%）。净资产回报率由 2000 年的 10.534% 增长至 2013 年的 20.815%，14 年中增长了约 10.281 个百分点。2006 年，平均净资产回报率由 2005 年的 3.969% 跌至 -3.777%[①]。2007 年，此项指标跳升至 21.452%。2008—2013 年，净资产回报率相对稳定，一直维持在 20% 左右。

股份制商业银行净利息收益率与前两个指标趋势相似。2000 年以来，股份制商业银行的净利息收益率虽然经历轻微波动，但是基本维持在 2.5% 的水平，并没有显著改善。整体来看，股份制商业银行利润水平偏低。

城市商业银行由于数据可得性的限制，我们的数据截取了 145 家城市商业银行 2005 年以后[②]的数据来分析。从整体的经营来看，我国城市商业银行仍处于快速增长期：虽然资产回报率较高，但是资本回报率和净利息收益明显要低于国有商业银行和股份制银行，而且三个指标的波动非常大，尤其对外部冲击的抵御能力较低。在 2009 年全球金融危机和 2013 年我国宏观经济下滑的环境下，三个指标[③]都有不同程度的下滑，尤其 ROE 在 2008 年后一直都没有回升到危机前的水平。因此，从整体上来看，我国城市商业银行风险抵御能力较低。

（一）信用风险

首先从银行资本充足率（见图 1 - 9 和图 1 - 10）来看，国有商业银行核心资本充足率从 2001 年[④]的 6.88% 提升至 2013 年的 10.01%，核心资本充足率例年均高于银监会监管要求，资本质量较高；资本充足率则由 2001 年[⑤]的 6.98% 上升至 2013 年末的 12.57%，14 年间上升了 5.59 个百分点，但是这与国家对于国有商业银行不良资产剥离和注资是分不开的，从图 1 - 9、图 1 - 10 中也可以看出，2003 年后国有银行的资本充足率有了明显增加。

---

① 主要原因是光大银行在 2005 年和 2006 年净资产为负，拉低了股份制银行的整体平均水平。
② 含 2005 年在内。
③ 净利息收益率在 2012 年有了大幅下跌。
④ 此处，我们从 2001 年的数据进行叙述说明，因为 2000 年观测值较少，使用 2000 年统计数字会产生偏差。
⑤ 此处注释同上。

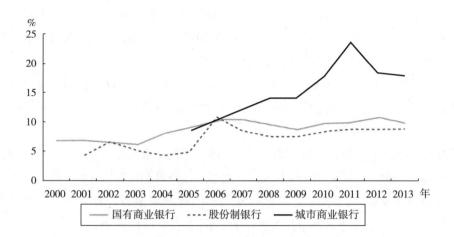

图 1 - 9　银行核心资本充足率走势图（2000—2013 年）

　　股份制商业银行 2000—2013 年核心资本充足率和资本充足率均低于国有商业银行平均水平。2003 年①，股份制商业银行平均核心资本充足率为 5.249%；2013 年，此项指标升至 8.825%。如图 1 - 9 所示，虽然股份制商业银行核心资本充足率历年均高于银监会监管要求，但和国有商业银行相比，仍有差距。资本充足率由 2002 年②的 8.305% 上升至 10.873%。我们发现，股份制商业银行资本充足率在 2005 年为 7.396%③，低于银监会 8% 的监管要求。经历了 2005 年的波谷后（7.396%），资本充足率在 2006 年有所回升（12.388%），然后在 2007 年轻微下降（10.698%）。2008 年后，此项指标维持在 11% 左右的水平。

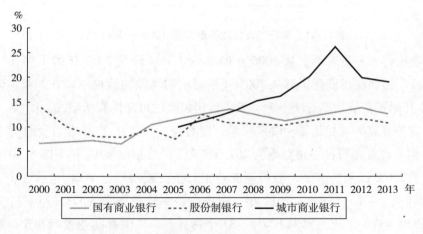

图 1 - 10　银行资本充足率（2000—2013 年）

---

　　①　此处，我们从 2003 年的数据进行叙述说明，因为 2000—2002 年观测值较少，使用此区间统计数字会产生误差。
　　②　此处，我们从 2002 年的数据进行叙述说明，因为 2000—2001 年观测值较少，使用此区间统计数字会产生误差。
　　③　主要原因是光大银行在 2005 年资本充足率与核心资本充足率均为负数，严重拉低了股份制商业银行资本充足率的整体平均水平。

2005 年后，城市商业银行的资本充足率从 2005 年的 9.89% 上升到 2013 年的 19.34%；核心资本充足率也从 8.48% 增至 17.97%；但是 2011 年后，两个指标均出现了下滑，下滑幅度要明显高于国有商业银行和股份制银行。

资本充足率提升的同时，从 2000 年至 2013 年，国有商业银行不良贷款率呈现逐年下降趋势。例如，2002 年[1]，国有商业银行不良贷款率为 19.797%；2013 年末，此项指标为 1.033%，比上年末下降 0.079 个百分点。

股份制商业银行不良贷款率从 2000 年开始逐年下降。例如，2002 年，股份制商业银行不良贷款率为 9.449%；截至 2013 年末，此项指标已经降至 0.780%。我们发现，2002—2007 年，股份制商业银行的不良贷款率明显低于国有商业银行平均水平[2]。2008 年后，虽然股份制银行不良贷款率仍低于国有商业银行，但这两类银行的不良贷款率没有明显差距。市场化程度高使得股份制银行受金融危机的影响要明显高于国有商业银行。

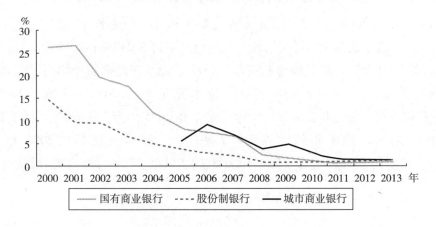

图 1−11　银行不良贷款率走势图（2000—2013 年）

城市商业银行不良贷款率也从 2006 年的最高 9.49% 降至 2013 年的 1.49%。这与其他银行趋势一致，说明城市商业银行从 2005 年来对信用风险的管控一直在加强，但是我们看到从 2012 年开始不良贷款率有所上升，发生信用风险的可能性有所增大。

从银行拨备覆盖率（见图 1−12）来看，国有商业银行从 2005 年开始逐年上升，截至 2013 年末，国有商业银行拨备覆盖率为 267.092%，虽然相比 2012 年下降 8.901 个百分点，但是仍然处于 250% 以上的水平。股份制商业银行拨备覆盖率在 2000 年后逐步上升，并于 2011 年达到峰值（376.155%）；2012 年，拨备覆盖率轻微下降（323.224%）；2013 年末，此项指标为 320.487%，比上年末下降 2.737 个百分点。与国有商业银行相比，股份制银行的拨备覆盖率一直较高。

城市商业银行拨备覆盖率从 2005 年的 84.88% 上升到 2013 年的 302.65%，从 2009 年开

---

① 此处，我们从 2002 年的数据进行叙述说明，因为 2000—2001 年观测值较少，使用此区间统计数字会产生偏差。
② 农业银行在 2003—2007 年高达 30% 的不良贷款率拉高了国有商业银行的平均水平。

始城市商业银行的拨备覆盖率增长率有了显著的提高，这可能与 2010 年 10 月银监会下发文件要求商业银行表外资产转入表内按照 150% 计提拨备有关。与国有银行和股份制银行相比，城市商业银行拨备覆盖率基本持平。但是从 2012 年开始，拨备覆盖率有所下降，但从这一指标来看，城市商业银行信用风险在宏观因素影响下有抬头的势头。

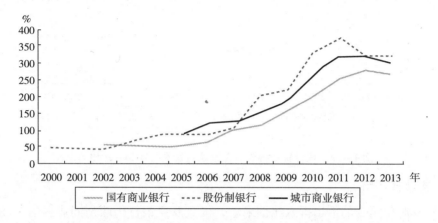

图 1-12　银行拨备覆盖率走势图（2002—2013 年）

　　银行贷款损失准备金率与其他指标变化相似。如图 1-13 所示，国有商业银行贷款损失准备金率在 2003 年（7.958%）① 和 2007 年（6.582%）② 经历了两次大的波动后，2008 年跌至 2.821%，并一直维持在 2.8% 的水平，直到 2013 年末。2008 年后，伴随着国内信贷规模的不断扩张，贷款损失准备也有着成正比例的增长。

　　股份制银行贷款损失准备金率从 2000 年到 2014 年 14 年间呈现下降趋势。2000 年，贷款准备金率为 5.333%，2009 年，贷款准备金率为 1.789%，下降 3.544 个百分点。2010 年后，贷款准备金率开始缓慢逐步上升。2013 年末，此项指标为 2.271%，同比上升 0.046 个百分点。城市商业银行的贷款损失准备金率从 2005 年基本保持平稳，近几年则有一定程度的增大，属于我国银行中贷款损失准备金率最高的一块。

　　整体来看，我国商业银行各项指标都表明其信用风险抵御能力不断加强，尤其是国有商业银行，这与我国对国有商业银行的政策倾斜不无关系，当然国有商业银行自身在经营绩效、资产质量和审慎经营方面也都有了很大的进步，但是与发达国家银行之间的差距还是很明显。尤其是在进入 2013 年后，由于宏观经济环境的不景气，各项指标有了反转的迹象。与国有商业银行相比，股份制银行各项指标表现均略逊于前者，虽然在经营管理方面要更加符合现代银行的标准，但正是因为这一特点，其受市场因素的影响较大。城市商业银行则是三者中风险因素最不确定的一块，各项指标的波动要明显强于前两者，而且由于规模较小，抵御信用风险能力是三者中最薄弱的一环。

---

　　①　中国银行和中国工商银行较高的贷款损失准备金率是导致 2003 年高峰的主要原因。
　　②　2007 年的波峰是由中国农业银行较高的贷款损失准备金（22.019%）所致，拉高了国有商业银行当年的整体平均水平。

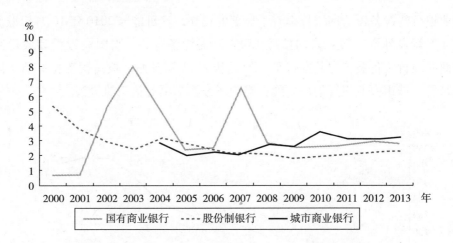

图1-13　银行贷款损失准备金率走势图（2000—2013年）

（二）流动性风险

从银行2000年至今的拆出拆入比例来看，国有商业银行仍然是同业拆借市场的主要拆出者。2002年①，其拆出拆入资金比例高达470.424%。2002—2007年，拆出拆入资金比例呈现轻微下降趋势。在经历了2007年和2009年的两次流动性紧缩后，拆出拆入资金比例在2010年逐渐上升。2013年末，此项指标为335.005%，同比上升36.832个百分点。

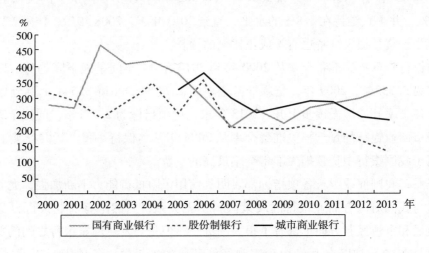

图1-14　银行同业拆出拆入比例走势图（2000—2013年）

股份制商业银行拆出资金和拆入资金比例在经历了2004年（349.201%）和2006年（356.871%）的两次波峰后，在2007年（206.529%）逐渐下降。2013年末，拆出拆入比例为133.754%。与国有商业银行相比，股份制商业银行的拆出拆入比较低，尤其在2009年以后，流动性风险有增加的迹象。城市商业银行同业拆出拆入比例虽然从2006年开始有

---

① 此处，我们从2002年的数据进行叙述说明，因为2000—2001年观测值较少，使用此区间统计数字会产生偏差。

了下降，但是仍然要高于前两类银行，这说明城市商业银行在 2006 年后已经从以往的流动性需求者变为流动性提供者，这一方面增大其自身的流动性风险，一方面也增加了整个银行系统的系统性风险。

国有商业银行存贷比的表现略滞后于拆出拆入比例指标。2004—2008 年，国有商业银行存贷比呈现下降趋势，从 2004 年到 2008 年末，存贷比四年间下降了 6.88 个百分点。2009 年后，存贷比开始逐渐上升。2009 年，国有商业银行存贷款比为 54.985%；2013 年末，存贷款比例为 59.296%，同比上升 1.814 个百分点。股份制商业银行存贷比在 2007 年后不断下降。2007 年，股份制商业银行存贷款比为 61.682%；2013 年末，存贷款比例为 47.470%，同比下降 0.660 个百分点，六年内下降了 14.212 个百分点。

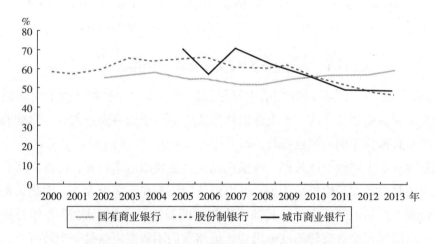

图 1-15　银行存贷比走势图（2000—2013 年）

与国有商业银行和股份制银行不同，城市商业银行的存贷比在 2006 年虽然有短暂的回调，但是从 2007 年后一直处于下降通道，流动性过剩明显。究其原因，可能之一是城市商业银行过度追求规模，高息揽储，而贷款市场很难与国有商业银行和股份制银行竞争。

流动资产占比方面，2001 年国有商业银行流动资产占比为 16.741%；虽然在 2009 年有了小幅的下降，但是截至 2013 年，流动资产占比为 29.524%，12 年内上升个 12.783 百分点，流动性充足。股份制商业银行流动资产占比 2004 年[①]后逐步上升，2005 年为 17.451%，其此项指标经历了 2012 年的波峰后（41.474%），2013 年下降为 35.339%。城市商业银行流动性资产比例虽然在 2009 年和 2013 年有了小幅的下滑，但整体上来看还处于可控的范围，流动资产占比保持在 50% 以上，但是我们也要警惕近期下降带来的流动性风险。

三个指标表明，国有大型商业银行流动性风险自 2000 年来整体呈减弱趋势，但是我们不能对国有商业银行自身流动性风险抵御能力盲目乐观，因为国有商业银行流动性的变动受

①　此处，我们从 2004 年的数据进行叙述说明，因为 2000—2003 年观测值较少，使用此区间统计数字会产生偏差。

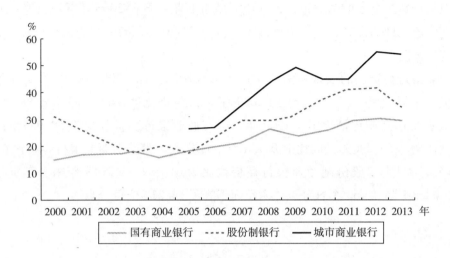

图 1-16　银行流动资产占比走势图（2000—2013 年）

国家信贷政策影响显著，例如 2009 年的 4 万亿元经济刺激政策很快解决了商业银行的流动性需求。而股份制商业银行在这一点上我们认为要明显强于国有商业银行，比如股份制银行流动资产占比一直都高于国有商业银行。

城市商业银行由于仍处于增长期，规模仍然是其主要的追求目标，而这期间我们看到无论是信用风险还是流动性风险抵御能力，城市商业银行都在不断地改善，但是无论从规模还是自身运营管理、产品创新等来看，其都无法与前两类银行相比。从 2012 年开始，城市商业银行的各个风险指标都有反转的迹象出现，虽然我们不能断定这是一个转折点，但是至少说明目前我国城市商业银行的潜在风险有增大的可能。这里还需要说明的一点是，我们的指标采用的都是行业平均值，单个银行之间还是存在较大的差异，尤其是城市商业银行，例如城市商业银行 2013 年平均资本充足率为 19.34%，但是方差高达 30%，其中湖州银行的资本充足率只有 8.48%，单个银行的风险不容忽视。

1.3.2　银行间传染风险评估

银行间风险传染主要是通过银行间的相互联系（银行网络）来实现的，所以我们对银行间传染风险的评估也主要关注银行间的联系。银行间的联系一方面是通过银行间同业业务的直接联系，另一方面是通过银行投资的间接联系，例如银团贷款。前者我们主要从同业市场银行拆出和拆入规模来分析；后者主要从银行贷款投向的相关性来评估。

（一）直接联系

1984 年我国银行开始开展同业拆借业务，早期的发展很不规范，政策干预过多，直到 1996 年我国才正式建立统一的全国银行间同业拆借市场。但是进入 21 世纪后，我国银行同业拆借市场有了快速的发展，银行同业拆入和拆出业务有了井喷式增长（见图 1-17），尤其是国有商业银行（见图 1-18）。

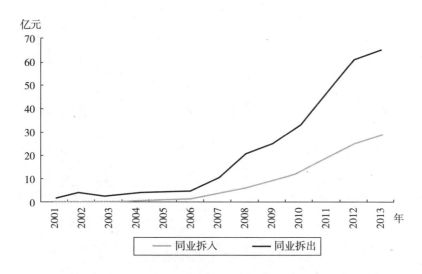

图 1 – 17 我国银行同业拆入和拆出规模

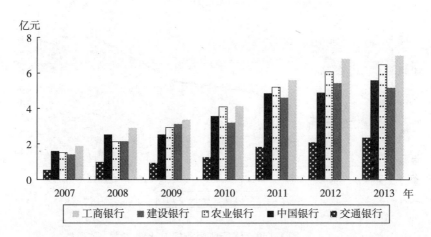

图 1 – 18 国有银行同业拆出业务对比

从银行同业拆出和拆入分别占银行贷款和存款的比例（见图 1 – 19 和图 1 – 20）来看，从 2005 年到 2013 年，拆出比例受市场流动性影响较大，在 2009 年有了一个下调的出现，但整体来看同业拆出占比一直稳步增加，同业拆入则一直处于上升趋势。然而，我们也看到不同银行的同业业务占比有很大的差异，例如同业拆出比例在 2011 年最大值与最小值的差距接近 50%。

因此，我国银行间的直接联系越来越密切，一家银行信用风险的发生很快便会传染到与其有直接联系的其他银行。但是，我们也看到对不同银行，由于其同业业务占比不同，对于系统性风险的贡献也不同，其中贡献最大的无疑是国有商业银行和股份制银行，但是由于城市商业银行和农村商业银行的规模较小，抵御能力较差，所以也不能忽视。

（二）间接联系

我们使用各银行贷款投向占比的相关系数来衡量银行间的间接联系。由于数据的可获得

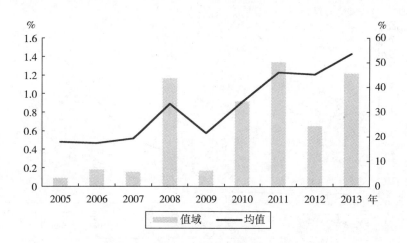

图 1-19　银行同业拆出比例

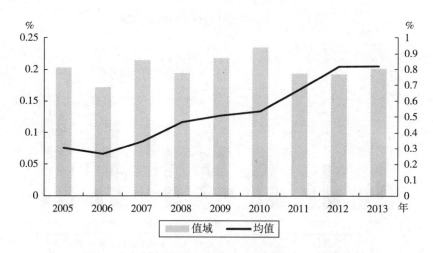

图 1-20　银行业同业拆入比例

性，我们只选取了 2008—2013 年银行贷款投向数据来评估，而且由于在评估过程中要使用到相关系数矩阵，所以我们把样本限制在了上市银行①，但是评估方法可以推广至所有银行。从 2008 年各上市银行贷款投向相关系数矩阵可以看出，下三角区域中绝大部分元素的值都大于 0.5，而且最大达到了 0.98（平安银行与南京银行），相关性很强。虽然相关系数矩阵可以给我们提供关于银行间间接联系的信息，但是还不够直观。因此这里我们使用"矩阵间距离"来比较 2008—2013 年银行间联系的变动。

　　"矩阵间距离"有许多衡量方法，比如欧氏距离、Frobenius 距离等。我们这里采用欧氏距离，但是由于我们这里矩阵的对称性，计算方法略有不同，具体如下：假定元素全为 1 的矩阵 I 与相关系数矩阵 C，两矩阵的差值为 $D = I - C$；由于两个矩阵都是对称矩阵，我们只计算下三角（不包括对角线元素）元素的平方和 $r^2 = low. tria\ (D)' \times low. tria\ (D)$，然后取

---

① 因为只能获取 2010 年后的数据，所以这里没有包括重庆农商行。

该数的平方根 r 来衡量两个矩阵之间的差别。根据我们的逻辑，如果银行之间贷款投向非常相似，那么相关系数矩阵的元素就会非常接近于 1，矩阵 D 的元素接近零，所以下三角元素平方和应该接近于零。因此，如果 r 变小，说明银行间间接联系增强，反之减弱。图 1 - 21 给出了我国 16 家上市银行从 2008 年到 2013 年 r 值的变化趋势。从图 1 - 21 中可以看出，2008 年以来银行之间的联系呈增强趋势，但是在 2013 年有了减弱的趋势。

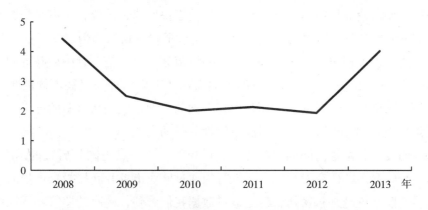

图 1 - 21　银行间接相关指数走势图

我们认为 2013 年出现的反转可能主要原因是政府在银行贷款投向方面的监管加强。2013 年 7 月 5 日，国务院下发《国务院办公厅关于金融支持经济结构调整和转型升级的指导意见》，提出控制对"两高一剩"行业的资金支持。随后银监会在 7 月 31 日的全国银行业监督管理工作会议暨经济金融形势分析（电视电话）会议上也明确提出要求商业银行贷款向化解产能倾斜。由于我们使用的数据为年度数据，所以年中政策的调控应该是 2013 年 r 值出现上升的主要原因之一。但是从个体银行贷款投向数据来看，我们还不能掉以轻心，除了交通银行和中信银行外，其他上市商业银行 2013 年在房地产的贷款都有不同程度的回升。

1.4　结论与展望

本章主要回顾了我国银行业的发展，介绍了目前关于银行系统性风险的研究，然后根据系统性风险的定义，从银行和银行间的角度提出了评估我国银行业系统性风险的指标体系，再使用 2000 年后的银行数据对我国银行业 2000 年来的系统性风险进行了评估。

首先，根据我国银行业特点，我们将银行分为国有商业银行、股份制银行和城市商业银行。通过对我们选择的指标体系加以分析，我们发现从 2000 年以来，我国银行无论是国有商业银行、股份制银行还是城市商业银行，信用风险和流动性风险抵御能力都有了很大的提升。三者中国有商业银行是风险抵御能力最强的，但是国有商业银行无论是公司治理、风险管理，还是利率风险定价、贷款管理、金融创新管理等方面，与国外银行还存在差距，能有较强的风险抵御能力很大程度上是政府背后支持的结果。但是我们知道未来市场化是必然的发展趋势，所以国有商业银行未来的路还很长很艰难。虽然现阶段国有商业银行自身风险引起系统性风险的可能很小，但是不能排除在市场化进程中这一可能性变大，而其自身规模使得这一可能性一旦发生，便是致命的风险，所以不能因为现阶段的特点而放松对国有商业银行自身风险的监管。

股份制银行相比国有商业银行具有明显的制度优势，所以股份制银行在金融创新和风险管理方面都明显领先于国有商业银行，但是从我们选择的风险指标来看，股份制银行要弱于国有商业银行；城市商业银行与前两者相比，仍处于快速成长阶段，所以我们看到城市商业银行无论 ROA 还是 ROE 都明显高于国有商业银行和股份制银行，但是正是由于处于快速成长阶段，各项指标都表现出较大的波动性，说明城市商业银行是三者中风险抵御能力最弱的一环。从 2013 年的指标来看，所有银行的各项指标几乎均出现与以往不同的趋势，虽然很难判断现在的风险增大是暂时的冲击还是内在因素的驱动，但是从目前的分析来看，监管层需要防止股份制银行和城市商业银行引起系统性风险的可能。

其次，我们发现我国银行间的风险传染是可控的，这一点与国外研究的结果不太相同。我们对我国银行间联系的研究发现，我国银行间通过同业市场和间接投资产生的相互之间的联系越来越多，联系也越来越密切，但是通过数据我们看到，政府的监管和调控可以直接影响到银行同业业务和贷款投向：在 2013 年"钱荒"后政府加强同业业务和对"两高一剩"产业的投向监管后，银行在两个方面的指标均出现了不同程度的调整，这也是我国银行业和银行间市场的不成熟所导致的结果。因此，对于我国银行业系统性风险，银行间传染并不像国外银行间传染对系统性风险的贡献大，仍是监管层可控的因素。

总之，从我们的分析可以得出：监管层对于我国银行业现阶段的系统性风险主要应该关注的是股份制银行和城市商业银行自身的风险，对于国有商业银行和银行间的传染则可以通过监管和调控来控制，但是在未来这方面仍然是我国银行业系统性风险的重要诱因。

参考文献

［1］韩玉珍：《金融机构系统风险及处理》，载《经济与管理》，2000（4），41～42 页。

［2］张毓卿、周才云：《农村微型金融机构的风险度量与控制》，载《理论探索》，2012，194（2），74～77 页。

［3］范小云、王道平、方意：《我国金融机构的系统性风险贡献测度与监管——基于边际风险贡献与杠杆率的研究》，载《南开经济研究》，2011（4），3～20 页。

［4］汪冬华、黄康、龚朴：《我国商业银行整体风险度量及其敏感性分析——基于我国商业银行财务数据和金融市场公开数据》，载《系统工程理论与实践》，2013，33（2），284～295 页。

［5］彭锋：《系统重要性金融机构的风险度量与监管》，载《中国金融》，2012（3），28～30 页。

［6］严兵、张禹、王振磊：《中国系统重要性银行评估——基于 14 家上市银行数据的研究》，载《国际金融研究》，2013（2），47～57 页。

［7］Xin Huang, Hao Zhou, Haibin Zhu, "A Framework for Assessing the Systemic Risk of Major Financial Institutions", *Journal of Banking & Finance*, 2009（33）：2036－2049.

［8］Dilip K. Patro, Min Qi, Xian Sun, "A Simple Indicator of Systemic Risk", *Journal of Financial Stabili-*

ty，2013（9）：105 –116.

［9］Olivier De Bandt ，Philipp Hartmann，"Systemic Risk：a Survey"，*European Central Bank Working Paper Series*，2000，No. 35.

［10］Nikola Tarashev，Claudio Borio，Kostas Tsatsaronis， "Attributing Systemic Risk to Individual Institutions"，*BIS Working Papers*，2010，No. 308.

［11］Xin Huang，Hao Zhou，Haibin Zhu，"A Framework for Assessing the Systemic Risk of Major Financial Institutions"，BIS Working Papers，2009，No. 281.

［12］Tobias Adrian，Markus K. Brunnermeier，"Federal Reserve Bank of New York"，Staff Reports，2008，No. 348.

［13］Monica Billio，Mila Getmansky，Andrew W. Lo，Loriana Pelizzon，"Econometric Measures of Connectedness and Systemic Risk in the Finance and Insurance Sectors"，*Journal of Financial Economics*，2012（104）：535 –559.

［14］Söhnke M. Bartram，Gregory W. Brown，John E. Hund， "Estimating Systemic Risk in the International Financial System"，*Journal of Financial Economics*，2007（86）：835 –896.

［15］Martin Blavarg，Patrick Nimander，"Interbank Exposures and Systemic Risk"，*Economic Review*，2002（2）：19 –45.

［16］Sangwon Suh，"Measuring Systemic Risk：A Factor – augmented Correlated Default Approach"，J. Finan. Intermediation，2012（21）：341 –358.

［17］James Bullard，Christopher J. Neely，David C. Wheelock，"Systemic Risk and the Financial Crisis：a Primer"，*Federal Reserve Bank of St. Louis Review*，2009，1（5）：403 –417.

［18］María Rodríguez – Moreno，Juan Ignacio Peña， "Systemic Risk Measures：The Simpler the Better?"，*Journal of Banking & Finance*，2013（37）：1817 –1831.

［19］Serafín Martínez – Jaramillo，Omar Pérez Pérez，Fernando Avila Embriz，Fabrizio Lòpez Gallo Dey，"Systemic Risk，Financial Contagion and Financial Fragility"，*Journal of Economic Dynamics & Control*，2010（34）：2358 –2374.

［20］J. L. Geluk，L. DE Haan，C. G. DE Vries，"Weak & strong systemic fragility"，2007.

［21］Franklin Allen，Elena Carletti， "What is systemic risk?"，*Journal of Money，Credit and Banking*，2013，45（1）：121 –127.

第 2 章 证券业风险评估

2.1 我国证券业发展历程及特征

步入 21 世纪之后，我国证券行业对外开放逐步展开，经过十余年的发展、建设和改革，已经取得了举世瞩目的成就，对国民经济的快速发展也作出了巨大的贡献。回顾这十多年的历史可以看出，我国证券行业在 21 世纪的发展大致可以划分为以下几个阶段：

一是 2001 年至 2005 年，股市经历了漫长的熊市。这个阶段是行业的系统性风险充分暴露、集中爆发的混乱时期。一方面，在经过两年有余的大牛市之后，我国证券市场行情在 2001 年 6 月被推高至 2245 点（上证指数），证券市场泡沫越吹越大，并在 7 月形成牛熊转折，开始一路暴跌；另一方面，2001 年 2 月 11 日，我国正式加入世界贸易组织（WTO），证券业的全球化进程不可逆转，整个证券市场从根本上发生了深刻的转变。证券行业对外开始设立 QFII、中外合资证券公司和基金公司，对内则开始实施浮动佣金制，大力发展机构投资者，并推出了开放式基金。

然而，伴随着长期的熊市和急促的行业改革，各种问题开始集中爆发，我国证券业出现以下特点：（1）证券公司业务普遍大幅度萎缩。（2）证券公司利润大幅度下滑，出现全行业的大面积的亏损。2002 年，市场估值和交易量的崩溃导致证券业触底，全行业的亏损总额达到惊人的 400 亿元。（3）操作风险和法律风险频发。违规委托理财、账外自营、挪用客户资产、非法融资和对外担保、操纵市场等，成为大连证券、南方证券等一大批证券公司最终清盘的直接原因。（4）证券公司的不良资产问题显现，根据中国证监会机构部 2002 年 5 月提供的数字，我国 118 家证券公司的不良资产为 460 亿元，不良资产率超过 50%。

二是 2006 年至 2008 年，这个阶段是全行业综合治理与改革的阶段。2005 年 5 月 31 日，证监会、国资委联合发布《关于做好股权分置改革试点工作的意见》，并以股权分置改革为契机，在保持行业整体稳定的基础上，大刀阔斧地开创和实施了全行业基础性制度的大变革，解决了长期制约 A 股市场发展的障碍，为 A 股市场自成立以来最长的一轮牛市拉开了序幕。具体而言，证监会实施的举措包括：优胜劣汰，处置和关闭了 30 多家高风险券商，鼓励和扶持行业内规范稳健的优质券商做强做大、积极创新；全面推行了客户资金的第三方存管和客户账户的全面清理规范；在证券公司治理层面，实施高管人员的资格管理和问责机制，证券公司信息披露制度得到全面推行。

这个时期，我国证券行业呈现以下特点：（1）证券公司业绩普遍增长，但其主要推动力仍然来自于传统的经纪、承销和自营三大业务，受市场和政策环境制约，创新类业务只在集合理财和权证创设等局部领域获得突破。（2）盈利能力稳步上升。在大牛市期间，行情气势如虹，赚钱效应推动股指自我实现，投资者的激情被有效激活，证券公司资金充裕，盈利稳步增加。（3）较前一阶段，随着行业的整顿规范、改革的进一步深化和问责机制的建立，行业内由于法律风险和操作风险引发的违规事件明显减少。

2008 年，以美国金融危机爆发为契机，我国氤氲多年的经济泡沫破裂，沪指高台跳水，从 2007 年的 6 124 点跌至 2008 年 10 月底的 1 664 点，结束了我国证券市场的非理性繁荣，证券业面临着对外金融危机、对内泡沫破裂的严峻考验。

三是 2009 年至今，我国证券业重新进入了稳定、快速发展的时期。为了进一步扩大内需、促进经济平稳较快增长，我国在 2008 年 11 月推出了十大措施，成功逆转了经济进一步下行的局面，对我国证券行业，乃至整个经济面都将造成深远而重大的影响。近年来，监管机构推动证券行业创新发展，证券公司家数、全行业营业收入、净利润、总资产、净资产和净资本保持增长趋势（见表 2 - 1）。

表 2 - 1　　　　　　　　　2011—2013 年证券行业概况

项目	2013 年末	2012 年末	2011 年末
证券公司家数（家）	115	114	109
盈利家数（家）	104	99	90
盈利家数占比（%）	90.43	86.84	82.57
营业收入（亿元）	1 592.41	1 294.71	1 359.50
净利润（亿元）	440.21	329.30	393.77
总资产（万亿元）	2.08	1.72	1.57
净资产（亿元）	7 538.55	6 943.46	6 302.55
净资本（亿元）	5 204.58	4 970.99	4 634.02

资料来源：中商情报网。

除收入、规模、资产和利润的持续增长外，该期间证券行业还表现出以下特征：（1）证券公司业务与产品类型不断丰富，推出国债期货，完成信贷资产证券化产品上市交易，开展约定购回式证券交易、股票质押式回购交易、股票收益互换等新业务。（2）各类融资行为增多，行业整体财务杠杆效应提高。（3）互联网金融起步，证券公司开始尝试搭建网络综合服务平台，通过网上开户、在线理财等信息技术手段拓展金融服务渠道。（4）行业新一轮并购重组启动，国际化探索也取得阶段性进展，行业竞争格局迎来调整良机。

总体而言，我国证券行业在 21 世纪的十余年发展呈现出以下特征：

1. 证券行业不断发展，上市证券公司数目、证券公司资产规模、盈利状况都呈现稳中有升趋势。截至 2013 年，我国沪深两市上市证券公司 19 家，较 2001 年增加了 17 家，上市证券公司总资产总额和销售收入净额分别为 1.091 万亿元和 789 亿元，较 2001 年分别增长了 4 400% 和 3 400%（见图 2－1）。虽然证券行业经历了行业操作风险爆发、金融危机、欧债危机等几次系统性的风险，但是仍然能取得如此成就，说明我国的证券业改革和治理整体而言是有效的。

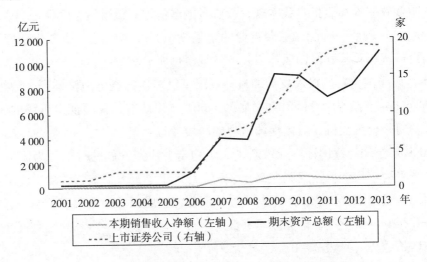

图 2－1　上市证券公司资产规模、销售收入和数量变化

2. 证券业务和产品类型不断丰富。在 21 世纪之初，证券公司自营业务和以保底委托理财为主的资产管理业务得到了迅猛发展，经纪业务、投行业务（承销、发行）、自营业务和资产管理业务成为证券公司最主要的四大业务。随后，由于市场发展的需要，收购兼并顾问业务、开放式基金业务、QFII 代理业务也逐渐发展起来。2005 年中国证监会批复了中金公司"设立中国联通 CDMA 网络租赁费收益计划"，标志着证券公司资产证券化业务的诞生。2010 年，上海证券交易所、深圳证券交易所发布公告表示正式开通融资融券交易系统。随后，伴随着国债期货的推出，约定购回式证券交易、股票质押式回购交易、股票收益互换等一批新业务也开始展开。

3. 对证券行业配套的法律制度不断完善。2001 年底，《证券公司管理办法》出台，其在总则第一条立法目的的阐述中便忽略了客户资产的保护问题。其后，各类法规逐步出台，完善了整个证券业监管体系，为标准化监管提供了法律依据。表 2－2 对此期间的与证券业相关的法律予以列示。

表 2－2　　　　　　　　　　　　　2001—2013 年出台的相关法律法规

时间	法律法规
2001	《证券公司管理办法》《客户交易结算资金管理办法》
2002	《证券业从业人员资格管理办法》《最高人民法院关于审理证券市场因虚假陈述引发的民事赔偿案件的若干规定》《证券公司内部控制指引》《证券公司治理准则（试行）》
2003	《中华人民共和国证券投资基金法》《证券公司客户资产管理业务试行办法》

续表

时间	法律法规
2004	《证券投资基金销售管理办法》《证券投资基金运作管理办法》《证券投资基金管理公司管理办法》
2005	新修订《中华人民共和国证券法》《证券公司证券自营业务指引》
2006	《证券发行与承销管理办法》《证券公司风险控制指标管理办法》《合格境外机构投资者境内证券投资管理办法》《关于发布证券公司净资本计算标准的通知》《证券公司董事、监事和高级管理人员任职资格监管办法》
2007	《外资参股证券公司设立规则》《证券公司设立子公司试行规定》《证券市场资信评级业务管理暂行办法》
2008	《证券公司监管条例》《证券公司风险处置条例》《证券公司年度报告内容与格式准则》
2009	《证券投资基金评价业务管理暂行办法》
2010	《关于修改〈证券发行与承销管理办法〉的决定》
2011	《转融通业务监督管理试行办法》《基金管理公司、证券公司人民币合格境外机构投资者境内证券投资试点办法》《证券投资基金销售管理办法》
2012	《关于修改〈外资参股证券公司设立规则〉的决定》《关于修改〈证券发行与承销管理办法〉的决定》
2013	《证券公司客户资产管理业务管理办法》《证券投资基金托管业务管理办法》《证券投资基金销售管理办法》

2.2　证券公司风险分类及其指标选择

2.2.1　我国证券公司风险分类

在建立我国证券公司风险评估指标体系之前，对证券公司风险的现状与特征、风险形成原因进行分析，有助于系统化地认识和把握我国证券公司风险。

从不同的角度出发，对风险有不同的分类方法。（1）按照证券公司业务性质的不同，南凤兰（2006）将证券公司风险划分为九大类：资本充足性、资产流动性、资金营运能力、业务风险控制能力、资产管理能力、企业盈利能力、发展成长能力、管理内控能力和公司治理机制；（2）按照业务种类来说，目前我国综合类券商面临的主要业务风险包括：证券代理交易风险、证券承销风险、证券自营风险、委托资产管理（包括相应的国际业务）风险；（3）巴塞尔银行监管委员会按诱发风险原因的不同，将商业银行面临的风险分为信用风险、市场风险、操作风险、流动性风险、国家风险、声誉风险、法律风险以及战略风险八大类。很多学者参照该种分类方法，将证券公司面临风险分为市场风险、信用风险、流动性风险、操作风险和法律风险五大类。

学术界更多使用的是第三种分类方法，其理论也更成熟，所以本章参考李建平（2007），也选用第三种分类方法对证券公司面临的风险进行分类。所以，本章确定的证券公司面临的风险分类为以下五种：市场风险、流动性风险、信用风险、操作风险和法律风险。

（一）市场风险

市场风险是指因市场波动而导致证券公司某一头寸或组合遭受损失的可能性，这些波动包括：（1）利率、汇率、股价、商品价格及其他金融产品价格的波动；（2）收益曲线的变动；（3）市场流动性的变动；（4）其他市场因素的变动。此外，还包括融券成本风险、股息风险等。证券公司的各项业务对证券市场状况的依赖度的确是很大的。证券市场活跃，交易量大，经纪佣金就高；伴随增量资金的进场，股价上扬，新股发行上市的业务机会就大；同样，证券市场造好，自营投资的获利机会也大大增加，资产管理也变得更加容易。证券公司的四大主营业务，无一不与证券市场息息相关。

（二）流动性风险

流动性风险主要是指证券公司无法以合理成本及时获得充足资金，以偿付到期债务、履行其他支付义务和满足正常业务开展的资金需求的风险。流动性风险是一种综合类风险，往往与其他风险相关，在管理上通常表现为公司的变现能力、公司短期支付营业支出的能力、资产负债结构调整能力等。由于证券公司的业务特殊性，其流动性风险具有自身的特征。证券公司的自由资金运作规模较小，且清算交割周期较快，因此证券公司筹资流动性风险较小。

（三）信用风险

信用风险是指证券公司在开展业务时，由于合同的一方不履行或在其结算过程中交易对手的违约，或由于交易对手的信用等级下降，给证券公司带来损失的风险。一般来说，在下列两个条件同时成立的情况下，则可以认为证券公司遭受了信用风险损失：（1）交易对方信用状况的变化，或交易对手信用等级的下降，这是信用风险产生的前提。（2）合同若执行将给证券公司带来正收益，即该合同是该机构的资产而非负债。

从证券公司的业务来看，无论是资产证券业、证券投资、回购业务、衍生产品交易、证券承购包销业务、担保、承诺，还是授信，以及融资融券和资产管理业务，都面临信用风险。不同业务所面临的信用风险，从形式上来看存在着较大的差异，同时，不同业务根据其结算方式的区别，亦有较大的差异。

（四）操作风险

操作风险是由于内部程序、人员和系统不符合要求或者不能够按照预想发挥功能，以及由于发生外部事件引起的损失风险。操作风险是金融机构面临的最基本也是最复杂的一种风险，具有不可避免、涉及领域广泛、与企业自身经营息息相关等特性，较之市场风险、信用风险更加难以度量、评估与管理。该类发生频率不高，但一旦发生，造成的影响或产生的损失可能极大。

（五）法律风险

法律风险主要是指与证券公司存在业务往来的外部单位不符合法律或监管部门要求，或公司本身违反法律法规而诱发损失的可能性。从狭义上讲，法律风险主要关注商业银行所签署的各类合同、承诺等法律文件的有效性和可执行能力。从广义上讲，与法律风险相类似或密切相关的风险有外部合规风险和监管风险。在实际操作中，证券公司法律风险主要体现为被监管部门或交易所采取监管措施与法律制裁。

2.2.2　风险指标的选择与度量

证券公司风险的形成原因极其复杂，要准确地识别与管理风险，就要有高度精确的风险度量手段，把各类风险加以指标化、数量化，使风险的识别从模糊走向透明。我们在分析证券公司风险产生根源、基本类型的基础上，结合中国证券公司的实际情况和统计数据获取的可能性，确定了以下风险指标的选取原则：

1. 全面性，风险指标的选择需要覆盖证券公司的全部经营活动和各项业务，既包括证券公司内部因素，同时也包括证券公司外部的因素；既要有综合指标，也要有各业务、各个环节的分指标。

2. 代表性，风险指标能够反映证券公司主要业务方面，同时也要有同类指标的基本特征，能代表同类指标的变化趋势和对证券公司业务经营活动的影响。

3. 可比性，选择指标时应考虑指标的历史延续性，考虑支撑判断、分析、预测以及评估的可能性。能够在不同平台上横向与纵向比较证券公司的各种风险，以满足监管需要，使资料完整可比，能够连续观察证券公司的经营活动。

4. 操作性，指标体系主要适用于可度量风险的识别和评估，因此在选择指标时应简洁易于操作，同时要考虑样本数据的可获取性，具有实用价值。

5. 稳定性，是指风险指标体系所选的指标应具有一定的稳定性，即对风险指标的变化幅度划分出界线后，其状态区间能够保持相对的稳定，不会出现异常的波动。

根据上述的相关原则，本书将基于上市证券公司财务报表数据选择风险指标。财务报表是企业在一定时期经营业绩及财务状况的综合反映；同时，它也在一定程度上反映企业所承担的风险，这些风险通过对资产负债、利润以及现金流等各方面的影响而反映在企业的财务报表中。通过分析财务报表，可以获取企业所面临的市场风险和流动风险的信息。

（一）市场风险

金融风险度量的主流方法和工具主要包括：（1）针对风险特征而设计的各种财务指标的计算；（2）以均值－方差为主的波动性分析方法；（3）度量市场溢价敏感性的基于CAPM模型的贝塔系数方法；（4）度量下方风险（Downside Risk）的VaR（Value at Risk）方法。

其中，VaR是指在一定概率水平（置信度）下，某一金融资产或证券组合价值在未来特定时期内的最大可能损失，是最为常用的风险度量工具。其具有以下的优点：（1）将潜在损失数量与损失发生的概率综合起来考虑，比较恰当地反映了风险的损失程度和可能性大小；（2）可以把全部资产组合的风险概括为一个简单的数字，并以货币计量单位来表示风险管理的核心、潜在亏损的大小；（3）它侧重于对影响投资绩效的不利收益率的度量，因此适合于对收益率服从一般分布情况下的风险的计量及管理；（4）利用VaR方法进行风险控制，可以使每个交易单位和交易员确切地把握他们在进行多大风险的金融交易，并可以为每个交易单位、交易员设置 VaR 限额，以防止过度投机行为的出现。

所以本书在衡量市场风险时，参照李建平（2007）采用 VaR 作为衡量工具，也根据证券公司的风险特征，选取了一些财务指标进行分析。对于特定财务指标的分析意义明确，方法简单，能够反映相应风险状况和变化趋势；而 VaR 则是针对整个时间跨度，对未来特定时期内的最大可能损失进行了测度。

通过对证券公司的分析，我们认为证券公司所面临的市场风险主要体现其自营业务和经纪业务上。在参考《证券公司风险控制指标管理办法》的基础之上，我们设立了如下指标：

1. 自营业务收入：证券公司的自营业务是证券公司受市场风险影响最明显的部分，当市场风险较大时，市场中未预料到的波动较多，证券公司的自营业务就更难获利，甚至产生亏损。因此，通过对证券公司收入状况的分析，能够最直接地反映证券公司所面临的市场风险。其中，VaR 分析是对最大可能损失的测度，而财务指标分析则是对风险状况和趋势的把握。

2. 经纪业务收入：证券公司经纪业务是证券公司收入来源中最重要的部分。当市场中风险较大时，市场波动剧烈，而且往往容易产生暴跌的可能，普通散户会选择撤离证券市场，从而导致经纪业务收入受损。

3. 不同类型的自营证券规模/净资本：其包括自营权益类证券以及证券衍生品规模/净资本和自营固定收益证券规模/净资本。分别反映的是净资本对相对风险较高股票市场和相对风险较低的债券市场的自营业务的风险覆盖程度。这个杠杆率越高，表明对于市场风险的暴露程度越高，越有可能遭受市场风险。

4. 净资本/各项风险资本准备之和：各项风险资本准备之和涵盖了自营业务、经纪业务、投行业务、资管业务和融资融券业务的风险资本。这个指标表现了净资本对于各项业务的风险覆盖程度，是对于市场风险的一个综合性测度。

（二）流动性风险

从已有的研究文献来看，学术界对流动性风险的度量进行了大量的探讨，提出了众多流动性度量指标。例如杜海涛（2002）基于 VaR 模型，构建了流动性风险测量指 L–VAR，并利用其对个股和投资组合的流动性风险进行了测算；朱小斌（2007）从投资者实际投资时所面临的价格冲击入手，提出了流动性风险的概念，并定义了两个流动性风险的度量指标 Q 和 Qvar。

从狭义角度来看，证券公司资产的流动性是指其资产在价值不损失情况下的变现能力和偿债能力。变现能力是企业产生现金的能力，它取决于可以在近期变为现金的流动资产的多少，偿债能力是企业即时偿还各种债务的能力。我国根据证券公司的业务范围和资产的流动性特点，在净资产的基础上对资产等项目进行风险调整后得出了净资本指标。净资本指标反映了净资产中的高流动性部分，表明证券公司可变现以满足支付需要和应对风险的资金数。因此，在对证券公司流动性风险进行分析时，也应该考虑将净资本相关指标作为分析对象。2005 年修订的《中华人民共和国证券法》（以下简称《证券法》）授权国务院证券监督管理机构对证券公司的净资本以及相关的八项风险控制指标作出规定。我们从中筛选出了净资本与负债的比例、负债与净资产的比例以及流动资产与流动负债的比例三项指标，并以此作为对证券公司流动性风险测度。

1. 流动比率：衡量的是证券公司短期内的流动资产对流动债务的风险覆盖程度。在中国，证监会要求以"1"作为流动比率的警戒线，要求证券公司的流动比率至少高于1。

2. 净资本/负债：证券公司的净资本是具有高流动性的资产，负债是指负债总额扣除代买证券款和受托资金之后的负债额度，它们两个的比值能够反映证券公司的高流动性资产对于现有负债的支持程度。

3. 净资产/负债：相较于净资本与负债的比值，净资产与负债之比则能够更为直接地反映证券公司的长期偿债能力。通过财务杠杆的高低，来衡量资本的流动性风险。

另外，在2014年，我国借鉴《巴塞尔协议》的理念和方法，针对证券公司的流动性风险管理，提出了《证券公司流动性风险管理指引》，其中提出了流动性覆盖率和净稳定资金率两个指标。相较于现有的指标体系，这两个指标能够更好地表现证券公司面临的流动性风险，但是在指标的计算过程中需要估计未来30天的现金净流出量和所需的稳定资金。目前，无法获得相关数据，故无法进行相应的测算，以后有数据公布了，可以考虑采用这两个指标。

（三）信用风险

迄今为止，世界著名的中介机构和金融机构向公众公布的比较有影响力的信用风险量化模型主要有以下四个：摩根的信用度量术模型（Credit Metries）、KMV公司的KMV模型、瑞士银行金融产品开发部的信用风险附加模型（Credit Risk ＋）和麦肯锡公司的信用组合观点模型（Credit Portfolio View）。其中信用度量术模型和KMV模型是基于默顿的期权定价理论构建的，信用风险附加模型是应用保险经济学中的保险精算法构造的，而信用组合观点模型的构建则采用了将宏观经济变量和单个债务人的信贷质量联系在一起的计量经济学方法。

然而，上述模型都不太适合我国，我国目前还不具备发达国家的信用评估组织和机制，要对证券公司各方面的信用客户如委托散户、承销股票企业等度量信用等级是不实际的；并且由于证券公司的多数信用对象特别是融资对象尚未实现股份制上市流通，导致模型应用受到限制。同时考虑到数据的局限以及目前证券公司面临的信用风险的特点，本书着重对证券公司融资融券业务和资产管理业务中的信用风险作定性的评价与分析。

（四）操作风险

从操作风险提出到目前为止，操作风险的度量方法有很多，但是整体来看，分为自上而下的方法和自下而上的方法两类。自下而上模型敏感度较高、对数据要求也较高，其中极值理论（EVT）和损失分布法（LDA）是两种应用和研究最多、最为普遍接收的方法。自上而下的模型有三种：收入模型、基本指标法和支出模型。收入模型将金融机构的历史收入（通常是净利润）作为目标变量，将外部的一些风险因素作为解释变量。基本指标法是《巴塞尔协议》中推荐的所有方法中最简单的，它仅考虑了一个金融指标代表金融机构大体上的操作风险暴露，总收入一般被选作为该指标。支出模型将金融机构的历史支出和操作风险联系起来。首先收集金融机构历史上的支出数据，其次将这些支出数据的波动率作为操作风险值，因为支出的波动可能来自操作失误和经营中的损失。

本书基于可获得的公开财务报表数据，参照沈怡裴（2009）对商业银行操作风险的计量方法，选择支出模型来计量证券公司的操作风险，原支出模型中将支出的波动率作为风险的指标，考虑到单个的波动率难以作出结论性判断，本书用修正的支出模型，即用支出的VaR作为评估的指标。

（五）法律风险

已有对于法律风险的研究基本上都是定性研究，很少用定量的方法进行实证分析。在进行定量分析时，可以采用法律诉讼次数、法律诉讼标的、采取监管措施次数等指标来进行大致的衡量。由于公开数据的局限，本书仅对证券公司的法律风险作定性分析。

表2-3为各个风险对应的风险指标以及衡量方法。

表2-3　　　　　　　　　　　　　　风险评估指标

风险类型	风险评估方法		具体指标
市场风险	VaR 模型		自营业务收入 VaR
			经纪业务收入 VaR
	财务比率分析	自营业务	证券自营业务收入/净资本
			自营权益类证券以及证券衍生品规模/净资本
			自营固定收益证券规模/净资本
		经纪业务	经纪业务收入/净资本
		综合指标	净资本/各项风险资本准备之和
流动性风险	财务比率分析		流动资产/流动负债
			净资本/负债
			净资产/负债
信用风险	定性分析		融资融券业务
			资产管理业务
操作风险	支出模型		费用支出 VaR
法律风险	定性分析		—

2.3　风险评估结果及其分析

截至2013年12月31日，我国有115家证券公司，而在我国A股市场上市的证券公司共有19家。本书以19家上市证券公司为整体，基于公开披露的财务数据和年报，对我国证券业系统性风险进行评估。时间为2001年1月1日至2013年12月31日。由于目前国内上市证券公司的数据较少，获得不同上市证券公司总共107个年度样本。为了使得不同规模的上市公司具有可比性，本书以各公司净资本作为规模的反映对指标计算的有关数据进行调整。调整方法主要有两种：一是在计算指标的过程中，以证券公司资产占这 19 家证券公司净资产的比例为权重，对数据进行加权平均；二是将所使用到的损益数据按公司规模进行调整。

2.3.1 市场风险评估

根据本章第二部分对风险度量指标的介绍，为了使不同公司的数据具有可比性，需要对证券自营业务收入和经纪业务收入进行调整。在计算 VaR 值时，我们采用第二种数据调整方法，从而分别获得这五个损益数据对公司净资本的 107 个收益率。在计算行业整体财务指标状况时，我们采用第一种数据调整方法，对自营业务收入、经纪业务收入、各类自营证券规模/净资本，净资本/各项风险资本准备之和进行调整。

（一）VaR 模型分析

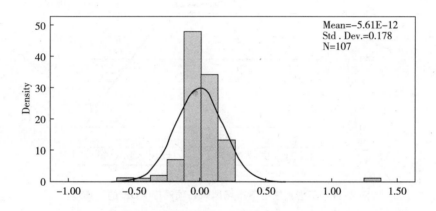

图 2-2 经纪业务收入/净资本的经验分布

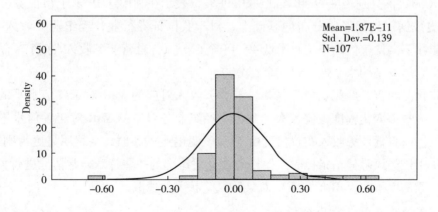

图 2-3 自营业务收入/净资本的经验分布

从图 2-2 和 2-3 可看出，证券行业由经纪业务收入/净资本和由自营业务收入/净资本所反映的市场风险的经验分布均拒绝正态分布假设（正态分布的偏度为零，峰度为 3），其

J-B统计量对应P值也为零（P值越接近1，越近似正态分布）。它们的经验分布则均呈现出一定的右偏现象，以及较为明显的尖峰特征。表2-4列示了损益对应ROA经验分布的描述性统计的相关统计量。

表2-4　　　　　损益对应 ROA 经验分布的描述性统计

	偏度	峰度	J-B统计量	J-B统计量对应P值
利息净收益 ROA	1.16	12.60	435.17	0.00
投资净收益 ROA	3.74	32.38	4098.52	0.00

在上述经验分布的基础上，求取相对应的在2000年至2013年期间90%、95%、97.5%和99%置信水平下的VaR指标，具体如图2-4所示。

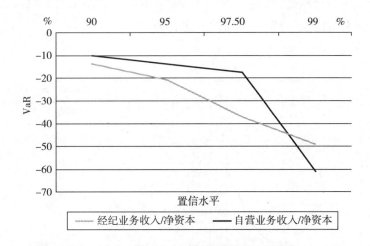

图2-4　不同置信度下市场风险各项对应 ROA 的 VaR 值

从图2-4中可以看到，在99%的置信水平下，经纪业务收入风险和自营业务收入风险对应的VaR的数值分别为-49.48%和-60.98%，表示在利用这19家上市证券公司2001—2013年历史数据得到的经验分布的基础上，对于我国证券行业，经纪业务收入/净资本有99%的可能性不会比整体的平均水平低49.48个百分点，自营业务收入/净资本有99%的可能性不会比整体的平均水平低60.98个百分点。

就整体状况而言，经纪业务收入和自营业务收入对应的VaR对于置信水平的变化比较敏感，而且绝对值变化幅度也比较大。其中，经纪业务对应的VaR对于置信水平的变化相对比较平稳，而自营业务收入在置信度由97.5%变化到99%时，变化明显更为剧烈。因此，在计算并使用该类风险评估指标时，要格外注意对尾部的一些特殊异常情况进行关注，并通过计算多个置信度下的VaR值来避免对某些风险状况的遗漏。

（二）自营业务财务比率分析

1. 自营业务收入/净资本。图2-5描述了按第一类方法计算的所有上市证券公司各年的加权自营业务收入与净资本的比例。从图2-5中可以看出，我国证券行业自营业务收入与净资本比率从74%的高位降下来后，基本上维持在0到20%。2001年我国证券市场结束非理性繁荣，开始进入熊市，证券公司所面临的市场风险逐步增大，自营收入也不断降低。2004年，《国务院关于推进资本市场改革开放和稳定发展的若干意见》发布，开始对证券业进行综合治理，证券市场也开始逐渐呈现好转趋势，证券公司自营收入增加。其后2008年金融危机爆发，证券市场再次面临诸多不确定性，对证券公司自营业务也产生不利影响。自营收入占比再次下滑，其后维持稳定。

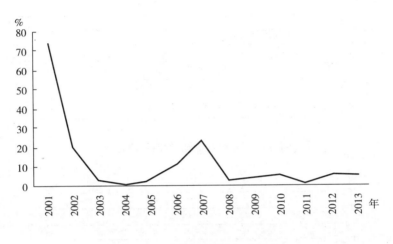

图2-5　自营业务收入/净资本

　　2. 各类自营证券规模/净资本。图2-6描述了按第一类方法计算的所有上市证券公司从2001到2013年的各类加权自营业务规模与净资本的比例。根据《证券公司风险控制指标管理办法》的规定，自营权益类证券及证券衍生品的合计额不得超过净资本的100%，自营固定收益类证券的合计额不得超过净资本的500%。从图2-6中我们可以看出，从2001年到2003年，自营权益类证券及证券衍生品规模/净资本曾一度超过100%，这是由于当时上市的证券公司仅有宏源证券一家，并且当时并没有采用这一指标作为监管指标。伴随着证券业的整顿和发展，可以看出，自2003年至2008年，自营权益类证券及证券衍生品规模/净资本整体呈下降趋势，其后逐步上升。距离监管线越远，代表证券暴露风险越少，证券公司对市场风险的控制能力越强。2006年、2007年市场行情较好，市场风险较小的时候，证券公司就减持固定收益证券。2008年金融危机爆发时，证券公司大量抛售权益类证券转持固定收益证券，以抗对市场风险。2008年至今，权益类证券和固定收益证券都呈现增长趋势，风险暴露增加，对抗市场风险能力下降。

　　图2-7描述了2001—2013年的所有上市证券公司自营权益类证券及证券衍生品规模/净资本的均值、最大值、最小值和中位数。图2-8描述了自营固定收益证券/净资本的均值、最大值、最小值和中位数。从中我们可以更为明显地看出，自营权益类证券及证券衍生品在2006年之后基本上呈现出较为平稳的趋势，固定收益类债券虽明显表现出增长趋势，但其额度仍然远低于监管要求的500%。

　　综上可以得出，我国近年来证券行业总体而言暴露的市场风险还是比较小的，均低于监

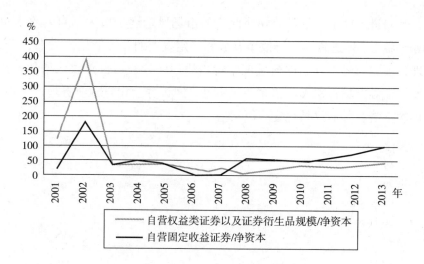

图2-6　各类自营证券规模/净资本

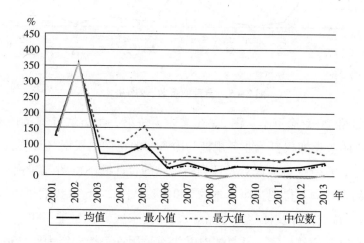

图2-7　自营权益类证券及证券衍生品规模/净资本

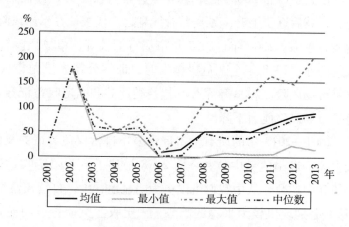

图2-8　自营固定收益证券/净资本

管要求。但是，仍然值得注意，部分公司风险暴露水平已经相对较高，并且有逐年递增的趋势。

3. 经纪业务财务比率分析。对于经纪业务的财务比率分析，我们主要采用的还是经纪业务收入/净资本指标。通过经纪业务收入的波动来反映市场风险的大小。

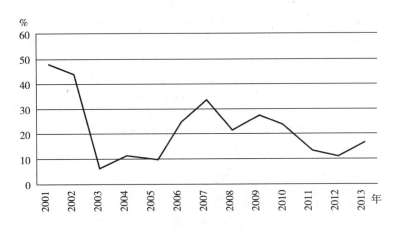

图 2 – 9　加权经纪业务收入/净资本

图 2 – 9 描述了按第一类方法计算的所有上市证券公司从 2001 到 2013 年的加权经纪业务收入与净资本的比例。从图 2 – 9 中可以看出，我国证券行业自营业务收入与净资本比率波动还是较大的。就整体趋势而言，此比率从 2001 年的 48%，一路下降到 2003 年的 6.6%，其后逐步回升到 2007 年的 33%，又再次下滑至 2012 年的 11%，2013 年有小幅回升趋势。经纪业务的整体趋势和自营业务趋势相符合，它与证券市场状况密切相关，受市场风险的影响较大。

4. 净资本/各项风险资本准备之和。图 2 – 10 描述了按第一类方法计算的所有上市证券公司从 2007 到 2013 年的净资本/各项风险资本准备之和。根据《证券公司风险控制指标管理办法》的规定，净资本与各项风险资本准备之和的比例不得低于 100%。从图 2 – 10 中，我们可以看出就证券业整体而言，净资本对各项风险资本的覆盖程度还是比较高的，最低点也远高于 100% 的监管线要求。这表明，我国证券业对各项风险的覆盖程度还是比较高的，对抗市场风险的能力较强。其中 2011 年风险准备的大幅上升是由于证监会修改了关于风险资本的计算标准。2013 年，净资本/各项风险资本准备之和的下降，则真实地表现了全行业风险资本对市场暴露的增加。

图 2 – 11 描述了 2007—2013 年所有上市证券公司净资本/各项风险资本准备之和的均值、最大值、最小值和中位数。图 2 – 11 中 2013 年的比率线走势印证了我们之前的看法，确实近一两年来风险暴露水平增加了。

综上所述，证券行业对于市场的依赖程度较高，其经纪业务和自营业务与市场状况密切相关。总体而言，我国证券行业对市场风险的暴露程度还比较低，对抗风险的能力较强。但是值得注意的是，近一两年来我国整个证券业对市场风险的暴露程度有所增加，部分企业甚

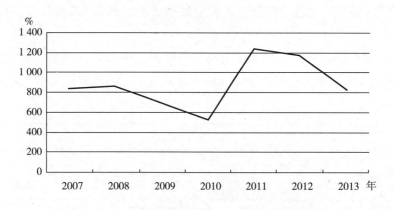

图 2 - 10　净资本/各项风险资本准备之和

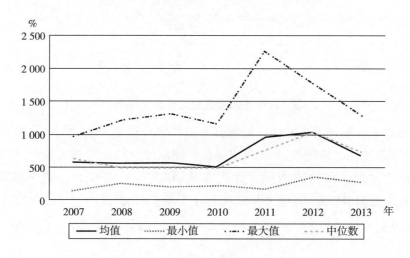

图 2 - 11　净资本/各项风险资本准备之和

至风险暴露程度已经相当地高。如果未来市场出现较大的波动震荡，这些证券公司可能会面临较大的市场风险。证券公司在市场出现变化时，应当积极应对，尽量减少市场风险造成的损失，防范系统性风险的爆发。

2.3.2　流动性风险评估

证券行业流动性风险的评估主要采用流动比率、净资本与负债的比值以及净资产与负债的比值，共计三个指标进行衡量。这三个指标是根据 2005 年修订的《证券法》中要求证监会对证券公司监管的八项指标中筛选出来的，它们能够较好地反映证券公司的流动性风险状况。对于这三个指标，我们都是通过计算得出各个证券公司每一年度的财务比率，再采用第一种数据调整方式——以证券公司资产占所有（19 家）证券公司总资产的比例为权重，对数据进行加权平均，得到最终的风险评估指标。

（一）流动比率

在财务分析中，流动比率 = $\dfrac{\text{期末流动资产}}{\text{期末流动负债}}$。

图2-12描述了按上述方法计算的所有上市公司从2001到2013年的加权流动比率，从图中可以看出，我国证券行业流动比率均高于中国证监会要求的"1"的警戒线。除了2002年低于1之外，其余年份大多数都在1.2以上。由此，我们可以发现，上市证券公司总体来看短期的流动性风险不大，流动资产能够覆盖流动负债，一般不会出现短期负债不能偿付的情况。近三年，流动比率有逐步下滑的趋势，需要引起注意，避免进一步下降。

图2-12 加权流动比率

（二）净资本/负债

图2-13为上市证券公司各年加权后净资本与负债比率的变化图。从图中可以看出，净资本与负债比例在2003年经历了一次大起大落，其后呈现出逐年上升的趋势，从106.35%点涨到了2008年的825.89%，其后在2009年跌到524.01%，2010年反弹到779.89%点后，逐步下滑至2013年的96.02%点。根据《证券公司风险控制指标管理办法》的规定，净资本与负债的比例不得低于8%，各年净资本与负债的比值均符合证监会的监管要求。该指标在2003年快速上涨的原因在于中信证券上市，其净资本规模大，而且净资本与负债的比值高，上市后由于市场不景气，债务增加，净资本与负债的比值快速下降，其后的几年依赖于净资本额度的快速增加，而托升该指标。2007后净资本额度维持相对稳定，2008年金融危机爆发，证券公司负债额度上升，致使该值下降，2009年政府救世，市场流动性增加，负债额度得以缓解，指标回升。其后，伴随着证券公司负债额度的逐年上升，该值依次递减。为了更好地展现全行业的状况，我们用图2-14对净资本/负债的均值、最大值、最小值和中位数进行了刻画。

从图2-14中，我们可以看出净资本/负债在2001到2011年间不断增长，其后迅速下滑，部分证券公司该指标变动幅度尤其剧烈。再一次证明了近几年来，证券公司债务的明显上扬，虽然还未造成明显的流动性风险，但是债务增长速度还是十分值得关注。

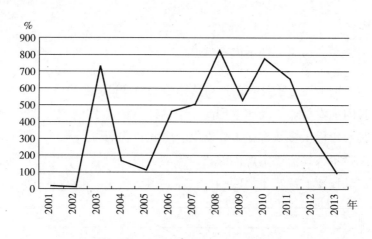

图 2 - 13 净资本/负债

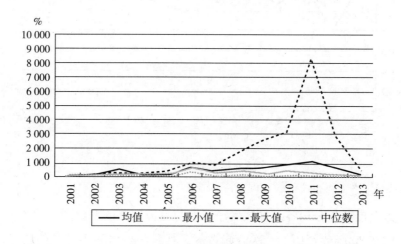

图 2 - 14 净资本/负债

（三）净资产/负债

图 2 - 15 为上市证券公司各年加权后净资产与负债比率的变化图。净资产与负债比率变化趋势基本上和净资本与负债比率几乎相同，说明多年来净资本和净资产的比重一直保持在相对较为稳定的水平，波动的原因也和基本和净资本类似。根据《证券公司风险控制指标管理办法》的规定，净资产与负债的比例不得低于 40%。图 2 - 15 表明，各年净资产与负债的比值均符合证监会的监管要求。

同样，为了更好地展现全行业的状况，我们用图 2 - 16 对净资产与负债的比值的均值、最小值、最大值和中位数进行了刻画。证券公司债务水平的快速上升仍旧是引发流动性风险的潜在危机。

从上述三个流动性风险指标综合来看，目前上市证券公司的流动性风险都没有超过安全值域的范围，同时，综合各方面的分析，流动性风险的财务指标会随着市场行情以及宏观经济政策和形势的变化而变化，在市场行情好、宏观经济政策宽松时，流动性强，相应的流动

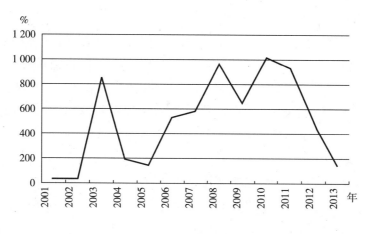

图 2 – 15　净资产/负债

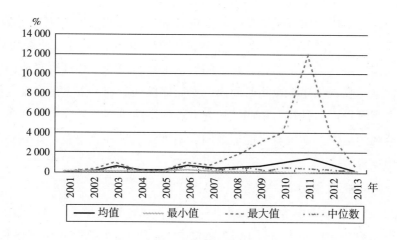

图 2 – 16　净资产/负债

性风险较低；而在市场行情相对低迷，宏观经济政策收紧时，流动性下降，相应的流动性风险也会有所上升。近三年，证券公司债务水平快速上升，虽然还未造成明显的流动性风险，但是债务增长速度还是需要引起警惕。

2.3.3　信用风险评估

　　目前，我国信用评估组织和相关机制尚不完善，要对证券公司各方面的信用客户如委托散户、承销股票企业等度量信用等级是不实际的；再加上证券公司的多数信用对象特别是融资对象尚未实现股份制上市流通，相关数据难以收集，导致度量信用风险的模型应用受到限制。目前来看，证券公司资产管理业务和融资融券业务规模呈现爆炸式的增长，券商在管理业务时存在很多问题，例如盲目扩大对客户的融资融券规模，可能会导致客户未来无法偿付，所以需要特别关注这两项业务可能暴露的风险。因此，本书着重对证券公司这两项业务的信用风险作定性的评价与分析。

（一）资产管理业务中的信用风险

随着证券市场的成熟，资产管理业务正逐步取代经纪业务而成为投资银行业的核心业务，这也是券商盈利模式转型的必然趋势。截至 2013 年底，国内证券公司受托管理资金总计 5.20 万亿元，该规模是 2012 年的 2.74 倍。全年该业务净收入达 70.30 亿元，是 2012 年业务收入的 2.63 倍；资产管理业务在行业总收入中的占比也由 2012 年的 2.07% 提高到 4.41%。随着资产管理业务规模的扩大，收入占比的提高，该项业务蕴含的信用风险也日益凸显。

首先，整体来说，目前券商信息披露途径尚不规范，信息透明度不高，在这种信息不对称的情况下，证券公司可以跟多家客户签订资产管理的委托合同，而客户难以了解证券公司作出担保或承诺的财务信用状况。在超出证券公司财务信用的状况下，一旦出现证券市场整体低迷，无法实现原定的指标，证券公司有可能出现信用危机。

其次，由于证券公司挪用客户资金等问题的存在，使得很多客户对于券商信任度不高，因此，通常委托合同的期限较短，通常在半年或一年；此外，虽然《证券法》禁止券商以任何形式向客户作出盈利承诺，但是券商之间为了争夺客户资源和理财资金，通常会对客户作出保本甚至保息的收入承诺。在短时间内，券商要保证盈利，资金运作难度相当大，再加上目前我国资本市场投资品种相对单调，缺乏有效的避险机制和避险工具，在市场出现动荡时，券商急功近利的运作方式很有可能造成回赎困难，一旦客户挤兑，证券公司将会面临资金链断裂的信用危机。

（二）融资融券业务中的信用风险

从 2010 年开始开展融资融券业务以来，业务规模迅速增长扩大。截至 2013 年底，全行业的融资融券余额为 3 401.26 亿元，比 2012 年 12 月 31 日的 895.16 亿元增长了近 2.8 倍。该项业务规模的急剧膨胀，带来的风险敞口也相应扩大，需要引起重视。

信用交易是融资融券交易的本质属性，因此信用风险是与融资融券交易共生的。具体来说，引致信用风险的原因有三个：

首先，客户只需要向证券公司在证券提供一定比例的保证金，就可以从证券公司借入资金和证券，一旦价格走势与投资者预期价格走势相背离，投资者若未能及时补足保证金，将会导致证券公司面临信用风险。

其次，如果市场大幅波动，投资者通过融资融券获得的资金或证券在投资中遭受巨额损失时，没有能力按时还清所欠的资金或者证券，证券公司就面临无法收回资金和证券的风险。

最后，投资者在投资并没有发生未补足保证金或无法偿还相关资金和证券的违约行为，但是由于投资者自身信用质量下降，如涉及重大诉讼或处于破产边缘等，同样也会造成券商债权质量的下降。

【专栏 2 – 1】

南方证券委托理财引发信用危机

2001 年初开始，南方证券重点开拓委托理财业务，之后，委托理财规模迅速膨胀。2003 年 8 月，南方证券公布的 2001 年和 2002 年的未经审计的资产负债表显示，2000 年，其受托资产为 26.22 亿元，2001 年为 45.92 亿元，2002 年为 31.51 亿元。不过，证券公司代客理财属于表外业务，因此南方证券的委托理财的真实规模有多大，市场一直不清楚。

南方证券的委托理财普遍签的是"保本保底"协议，收益保底线在 6.5% 到 12%。南方证券在上证综指从 2001 年 6 月 2 200 多点的高点跌至 2003 年 10 月底 1 300 多点的过程中，遭受了巨大的损失。

至 2003 年 10 月，南方证券爆发大范围信用危机，委托理财客户纷纷上门索要投资本金和收益，南方证券生死悬于一线。

2004 年 1 月 2 日，由于挪用客户准备金高达 80 亿元以及自营业务的巨额亏损，中国证监会、深圳市政府宣布对南方证券股份有限公司实施行政接管。

在这个案例中，表面来看，市场行情未预期到的下跌是引发信用危机的直接诱因。然而，更进一步分析就会发现，其委托理财业务规模的膨胀，以及签订的"保本保底"协议等潜藏着巨大的信用风险。一旦委托理财协议期满，证券公司难以如期偿还债务，将会引发客户挤兑，券商资金链一旦断裂，大范围信用危机就会爆发，最终导致证券公司的倒闭破产。

2.4 结论与展望

2.4.1 2001—2013 年风险演变特征以及结论

从对我国证券行业的分析中可知，在最近十多年的发展过程中，我国证券业也曾面临过系统性风险的危机。在 2001 到 2004 年期间，受长期的熊市和一系列急促的改革政策的影响，证券业承受了强烈的市场风险，加之行业处于转轨阶段，存在不少监管漏洞，由操作风险而产生的事件频发，导致南方证券、闽发证券、健桥证券、中富证券、德恒证券、恒信证券、汉唐证券等一批知名券商陆续倒下，产生系统性风险的危机。其后经过三年的综合治理、优胜劣汰，处置和关闭了 30 多家高风险券商，鼓励和扶持行业内规范稳健的优质券商，系统性风险危机逐步变小，证券业处于稳步上升阶段。2008 年金融危机大幅爆发，我国股市高台跳水，证券业受国内外市场风险的影响，再一次面临产生系统性风险的压力，此时我国政府及时出台相关政策，支持和扶持国内证券行业，得以化解此次的危机。其后，我国证券行业逐步趋于成熟，行业的管制也逐渐完善，系统性风险一直处于合理可控的区间。

从上文的分析结果来看，市场风险本身会对证券公司的业绩造成很大的冲击，而流动性风险和信用风险的大范围暴露一般都是由市场波动引起，几种风险交互作用，便会造成整个券商行业的震荡，触发系统性风险。尤其是证券公司规模盲目扩张、相关风险防范措施和内部控制制度不完善时，导致的风险损失更为显著，严重时甚至造成证券公司的破产倒闭。

2.4.2 当前面临的机遇与风险隐患

2013 年 11 月，《中共中央关于全面深化改革若干重大问题的决定》指出经济体制改革是"完善和发展中国特色社会主义制度、推进国家治理体系和治理能力现代化"的重点：要推动金融领域全面深化改革，推动建立更为开放、更为市场化的高效金融体系。

证券行业面临巨大的发展机遇。主要体现在：第一，利率市场化带动证券公司多元化金融产品创新，成为证券公司新的利润增长点；第二，金融领域的对内对外开放，扩展了证券公司的国际业务发展空间；第三，国企改革鼓励发展非公有资本控股的混合所有制企业，为证券公司拓宽了国有企业股权转让、并购重组等业务空间；第四，城镇化多元资金保障体制的建立，地方债券发行管理制度的建立健全，社会资本对城市公用设施投资运营的参与，为证券公司开拓了市政收益债券、资产支持证券等业务市场。

机遇总是与风险相伴，在证券业创新变革的同时，如果管控不当，也有可能埋下危机的种子。伴随着证券公司业务与产品类型的不断创新，一些发展迅猛的新兴业务或者取得新发展的业务，譬如，融资融券业务、资产管理业务，由于其特有的盈利模式，可能会增大信用风险和流动性风险。在对外开放的同时，也加强了与国际市场之间的联系，我国证券业应对国际金融危机的能力必然会受到影响。另一方面，开放市场也加剧了国内外的同业竞争，可能面临部分券商倒闭的风险。

2.4.3 未来系统性风险爆发的路径与方式

目前，国际经济环境正在逐步走出危机的阴影，国内新一届领导政府也秉持稳增长、调结构、微刺激的政策主张，并不会引起大规模的经济波动。在短期内，市场状况应该不会出现大幅变化，证券行业所面临的市场风险相对较小，并不足以引发系统性风险。因此，风险的主要来源应该是证券公司本身，其中尤其值得关注的是疯狂增长的融资融券、资产管理等新兴业务。

由于融资融券业务除了可以为证券公司带来数量不菲的佣金收入和利息差收益外，还可以衍生出很多产品创新机会，并为自营业务降低成本和套期保值提供了可能，所以其自诞生就一直备受券商青睐。然而，随着融资融券规模的扩大，券商所承担的客户信用风险就越大，对市场风险会变得更为敏感，还可能引发自身的流动性风险。目前，全行业都非理性热衷于融资融券业务，当业务规模达到一定程度后，某家或者某几家证券公司的流动性问题和信用危机，就可能引发一系列的连锁反应，导致全行业的系统性风险。

　　至于资产管理业务，这两年借助票据和资金池等业务的膨胀，得到了飞跃式的发展。截至 2012 年底，全行业受托管理资金额总计 18 934.3 亿元，较 2011 年末的 2 819 亿元增长 571.67%。然而，由于为了抢夺优质客户的理财资金，券商基本承担了被管理资产的所有风险，一旦市场变化或者投资失败，达不到预期收益率，就会引发信用危机。当遇到市场环境改变或者集中投资的大型项目出现问题，从而促使信用危机普遍发生时，就可能造成系统性风险。

参考文献

［1］南凤兰：《中国证券公司风险预警研究》，载《金融理论与实践》，2006（9）。

［2］南凤兰：《证券公司风险预测研究》，载《金融研究》，2007（11）。

［3］李建平：《证券公司整体风险的度量方法与实证》，载《系统工程理论与实践》，2012（3）。

［4］马震亚：《我国证券公司风险评估与预警体系研究》，上海，复旦大学出版社，2010。

［5］杜海涛：《中国股市流动性风险测度研究》，载《证券市场导报》，2002（11）。

［6］朱小斌：《股票投资组合流动性风险度量模型：构建与检验》，载《中国管理科学》，2007。

［7］沈怡斐：《商业银行操作风险度量模型的比较与分析》，载《金融论坛》，2009（1）。

［8］蔡晨：《证券公司融资融券业务风险控制》，华北电力大学出版社，2009。

［9］胡懿：《中国证券监督管理委员会年报 2013》，北京，中国证券监督管理委员会，2014。

第3章 保险业风险评估

3.1 2001—2013年保险业运行概况

保险行业作为金融行业的重要组成部分，保险市场稳定健康的运行与国民经济的发展、金融秩序的完善与社会风险的管理密不可分。保险作为分散风险、转移风险与管理风险的重要工具，其所具有的资金融通、补偿给付、社会管理职能对于防范风险、保持经济良好发展具有积极作用。

我国的保险市场经历了几十年的发展，主要有以下特点：行业规模迅速扩大，保费收入高速增长，保险业已经成为国民经济发展最快的行业之一；保险市场体系逐步完善，保险公司数量激增，中资外资保险公司共同发展，保险产品呈现多样化的趋势；保险监管逐步完善，保险资金运用渠道扩宽。

本节将分别从保费收入、保险密度、保险深度、中外资金、市场主体、竞争程度、资产总额、投资收益率、退保率与赔付率多个方面分析我国保险业的运行情况。

3.1.1 保费收入

从图3-1中可以看出，过去的十多年中，我国保险市场依然保持快速增长态势，总体保费收入呈现稳步上升的趋势。原保费收入从2001年的2 109亿元增长到2013年的17 222亿元，短短12年时间保费总量增长了7.17倍，年复合增长率达到了17.5%，显著超过同期国民生产总值的增长速度。保费收入排名从2001年的世界排名16上升到2013年的第4位。从原保费收入总体情况来看，原保费增长速度在21世纪的前十年仍然保持了20世纪末高速发展的态势，如2002年的保费同比增速达到了44.74%，经济危机肆虐的2008年保费收入仍达到39%的高速增长。但随着我国保险市场发展逐渐由又快又好的发展进入又好又快发展的结构调整期，以及伴随着宏观经济增长由快趋稳的变化，原保险保费收入增长在2010年后进入了中等增速区间，2011年的原保险保费收入受到国内整体经济环境恶化的影响，出现-1.30%的负增长，从数据的分析结果可以看出，保费收入和我国经济大环境紧密相关。

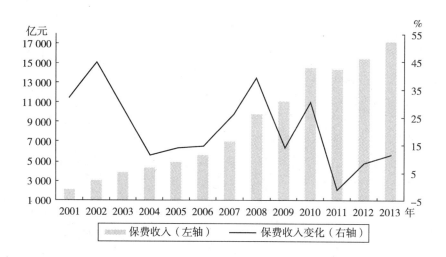

资料来源：Wind 资讯、笔者整理。

图 3 - 1　2001—2013 年原保费收入

3.1.2　保险密度

仅从保费收入的总体规模来看，我国大陆地区的原保险费收入已达到 1.7 万亿元人民币之巨，位居世界保费收入第 4 位，仅次于美国、日本和英国。虽然保费的总体收入可以衡量某一国或某一区域保险市场的发展程度，总量越大表明该区域的保险市场发展越完善、保险需求相对旺盛、保险市场主体越多。然而，鉴于我国幅员辽阔、人口众多，仅从保费收入总量并无法准确描述我国保险市场发展现状。保险密度和保险深度指标被广泛用于更深入衡量某一区域保险市场发展的现状，其中，保险密度是特定时间内某一区域保险费收入与该区域人口的比值，即人均保费支持；保险深度是特定时间内某一区域保险费收入与该区域国内生产总值的比值，即保费占 GDP 的比例。2013 年全球保险密度的平均值为 652 美元、亚洲地区的保险密度平均为 303 美元，而同期我国的保险密度仅为 201 美元（世界排名第 60 位），不仅远低于世界平均值，也远低于亚洲地区平均值，仅为世界保险深度排名第一的瑞士（7 701 美元）的 1/38、邻国日本（4 207 美元）的 1/21、我国香港地区（5 002 美元）的 1/25。

图 3 - 2 列出了 2001 年以来我国保险密度变化情况。在过去的十多年中，保险密度从 2001 年的 20 美元增加到 2013 年的 201 美元，增长了 9.05 倍、年均复合增长率 19.4%。虽然近年来我国保险市场在逐步完善，保险规模也有所扩张，然而保险业在金融业中的占比依然较小，人们的保险意识依然有待提高，保险业的形象仍有待提升，多种因素共同解释了我国保费收入总量很大但人均保费支出却很低。同样，保险密度的同比增长在过去很长一段时间内保持了较高的增速，但波动性较高，如 2009 年的同比增长率达到了历年最高值 51%，而 2011 年的同比增长就跌到了历年最低 2.9%。因此，在推动我国保险市场进一步完善、发挥保险在国民生活中的重要作用的过程中，应在保持总量增长的同时，促进保险密度的提高，只有这样，保险的发展才能得到人们广泛的认可，才是健康可持续的。

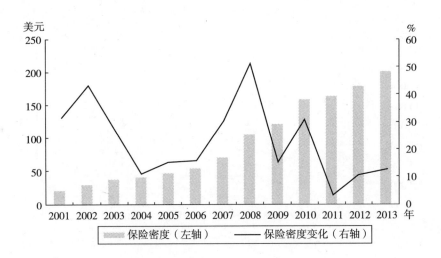

资料来源：Wind 资讯、笔者整理。

图 3 - 2　2001—2013 年保险密度

3.1.3　保险深度

图 3 - 3 显示了 2001—2013 年我国保险深度的变化情况，总体来看，过去的十多年中保险深度有了显著增长，从 2001 年的 2.2% 到 2013 年的 3%，其间最高时达到 3.8%。根据 Sigma 杂志数据，2013 年时我国保险深度全球排名 49 位，好于同期保险密度的排名（全球第 60 位），同期全球平均值（6.3%）为我国的 2.1 倍，亚洲地区平均值（5.4%）为我国的 1.8 倍，中国香港地区保险深度（13.2%）为内地的 4.4 倍，中国台湾地区保险深度（17.6%）居全球之首，是大陆地区的近 5.9 倍，邻国日本保险深度（11.1%）为我国的 3.7 倍。鉴于保险在我国的发展时间不久，人们对保险的认知与风险意识仍待提升，而且当

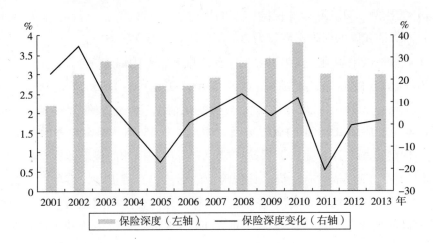

资料来源：Wind 资讯、笔者整理。

图 3 - 3　2001—2013 年保险深度

前保险市场正在逐步进入阶段性调整期，此时如果加快调整产品结构并提高增长质量，对于提升保险深度以及充分发挥保险业在国民社会经济中的重要作用具有显著的意义。

3.1.4 中外资险企保费占比

图3-4显示自2001年以来，外资险企保费占比在加入世界贸易组织以后保持了上升的趋势，尤其在2005年时达到了历史最高点，此后外资险企保费占比则在5%左右波动。尽管我国在2006年承诺完全放开保险市场并允许外资设立险企，而且外资险企的数量也在不断增加，但由于三大险企在我国所具有的传统优势地位以及目前保险的发展现状等原因，外资险企保费占比一直难以取得更进一步的提高。但随着允许设立外商独资险企以及外企产险公司可以经营交强险等政策利好措施的实施，外资险企保费收入占比在此后的发展或有明显的提高。外资险企的进入有利于我国保险行业多样性的发展，加强了行业竞争，同时风险也经由外资险企的介入而得到了分散。

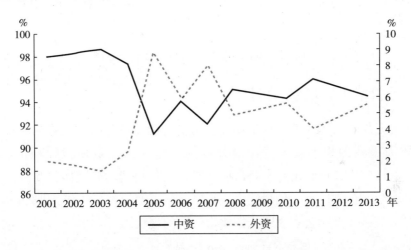

资料来源：Wind资讯、笔者整理。

图3-4 中外资险企保费占比

3.1.5 保险机构总资产

图3-5为2001年以来保险公司总资产的变化走势。总体来看，保险公司总资产规模持续增加，2001年行业总资产仅为4 591亿元，2013年就已达82 887亿元，12年中增加了17倍，年均复合增长率达到24.9%，远超同期国内生产总值的增幅。再者，观察保险行业资产总额同比变化走势可知，2008年前资产总额的同比增长较快，2001—2007年年均复合增长率约为31%，而2008年后同比增速出现较大放缓，年均复合增长仅为16.4%。保险行业资产总额同比增长速度的放缓与保费增速放缓具有同步性，进一步反映了我国保险行业的发展已经从初期快速增量发展阶段进入了中低速调整阶段，这与保险监管部门近年来强调的调结构的主旋律是一致的。保险业在过去30多年的快速增长中出现的问题开始逐渐显现，只

有通过在发展中解决问题，才可以保证保险行业可持续发展。虽然保险业的资产规模相对于银行业仍然较小，但仍然不能忽视保险业对金融系统风险控制与分散的重要作用。

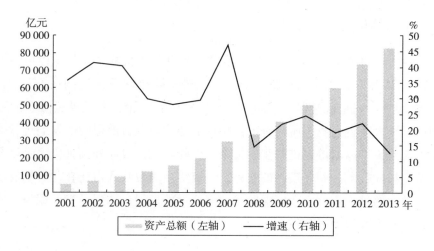

资料来源：Wind 资讯、笔者整理。

图 3 – 5　2001—2013 年保险行业资产总额

3.1.6　偿付能力充足率与再保险率

偿付能力充足率是我国保监会衡量保险公司偿付能力风险的重要指标。从表 3 – 1 数据可以看出，较为成熟的规模较大的保险公司的偿付能力充足率比较稳定，且普遍处于 100% ~ 200% 的区间内，反映出此类公司拥有较好的偿付能力管理能力和资产的使用效率，而新兴的和规模较小的保险公司偿付能力充足率变化幅度较大，且有个别公司出现过偿付能力不足的现象，反映出此类公司风险抵御能力较弱的现状。

表 3 – 1　　　　　　　　　　　保险公司 2009—2013 年偿付能力充足率

年份	安邦保险	安诚财险	安信农业保险	渤海保险	长安保险	大地财险
2009	415.43	294.93	344.53			201.00
2010	541.94	247.42	503.98	412.00	103.00	103.00
2011	67 819.68	881.92	433.16	269.00	100.05	154.00
2012	1 198.58	1 170.28	366.36	525.00	234.07	192.00
2013	1 536.00	1 336.44	338.43	370.00	114.49	160.00
年份	国元农业保险	华安财险	华农保险	华泰保险	民安保险	平安财险
2009	164.00	– 43.44		595.70	271.83	144.00
2010	496.00	79.41	1 374.00	805.98	146.61	180.00
2011	510.00	478.80	757.00	152.50	102.56	166.00
2012	609.00	378.00	459.00		441.00	178.00
2013	517.00	323.31	365.00		293.00	167.00

续表

年份	人寿财险	太平财险	太平洋财险	天安保险	天平车险	阳光财险
2009	278.00	192.00	174.00		163.15	184.00
2010	214.00	153.00	167.00	108.48	222.43	223.00
2011	238.00	151.00	233.00	52.00	151.70	172.00
2012	231.00	164.00	188.00	244.69	152.09	213.00
2013	168.00	166.00	162.00	164.00	348.08	168.00

年份	永安财险	永诚财险	浙商财险	中银保险	紫金保险	爱和谊财险
2009	104.00			361.00		3 710.11
2010	237.00	160.00	152.83	199.00	889.00	2 842.44
2011	167.00	182.00	134.16	392.00	899.00	2 603.63
2012	189.00	302.00	287.27	337.00	611.00	2 037.44
2013	157.00	187.00	156.45	339.00	415.00	1 300.30

年份	人寿养老保险	生命人寿	太保寿险	太平寿险	太平养老保险	信泰人寿
2009	278.00	147.00	208.00	271.00		-160.33
2010	214.00	212.00	241.00	268.00	1 693.03	364.38
2011		215.00	187.00	177.00	775.00	110.00
2012		198.00	211.00	167.00	353.00	151.00
2013		168.00	191.00	165.00	307.00	-183.00

年份	美亚财险	三井住友海上火灾保险	兴亚财险	百年人寿	长城保险	光大永明人寿
2009		1 029.00	39 044.95	6 768.89	306.80	294.27
2010	532.00	658.00	8 990.35	1 457.36	234.28	533.89
2011	493.00	453.00	5 677.00	540.01	156.98	152.38
2012	412.00	328.00	4 111.00	238.36	102.00	288.34
2013	338.00	271.00	3 016.00	265.32	158.70	204.44

年份	民生人寿	平安人寿	平安养老保险	人保健康	人保人寿	人寿集团
2009	156.49	231.00	503.00			352.00
2010	287.97	180.00	276.00	115.00	124.00	344.00
2011	152.29	156.00	190.00	107.15	132.00	179.00
2012	250.62	190.60	175.10	162.37	130.00	276.00
2013	213.00	171.90	178.90	116.17	202.00	196.00

年份	大众保险	鼎和财险	嘉禾人寿	幸福人寿	阳光人寿	英大人寿
2009	163.08	635.00	240.00		412.00	
2010	150.84	354.00	71.26	312.07	391.00	250.86
2011	341.52	877.00	-86.21	104.96	428.00	300.58
2012	350.07	740.00	185.26	48.45	254.00	217.45
2013	285.18	539.00	316.25	133.38	190.00	195.77

续表

年份	乐爱金财险	利宝保险	昆仑健康险	国华人寿	合众人寿	安联保险
2009			1 918.73	240.28	163.17	1 338.00
2010	5 847.00	129.00	727.24	239.65	167.03	1 182.00
2011	4 976.00	197.00	22.40	103.80	105.97	1 149.00
2012	4 011.00	132.00	64.28	205.86	123.59	644.37
2013	3 859.00	190.00	216.81	153.58	124.83	190.34

年份	阳光农业保险	英大财险	华夏人寿	正德人寿	中邮寿险	国泰产险
2009	155.66	1 442.44		318.61	246 329.91	32 651.00
2010	206.01	436.40	198.98	213.62	540.96	5 346.00
2011	311.88	482.71	370.00	168.28	101.18	1 527.00
2012	362.28	288.18	191.99	180.11	169.00	361.70
2013	362.94	232.65	180.39	153.50	158.00	151.30

3.1.7　市场集中度

郝芬达尔指数（Herfindahl – Hirschman Index，HHI）是被广泛应用于衡量市场竞争程度的指标，郝芬达尔指数越大，表示市场的竞争程度越小、垄断特征越高；反之则是竞争程度越大、垄断特征越小。

（一）财产险 HHI

图 3 – 6 为 2001—2013 年我国财产保险市场的郝芬达尔指数，通过该图可以发现，整体上财产保险市场的竞争程度越来越大，从 2001 年的 0.5733 下降到 2013 年的 0.174。前五家公司所占市场份额从 2001 年的 97.38% 下降到 2013 年的 56.8%，占比下降了 41.67%，非寿险市场保险公司的增多在增加整体容量的基础上，也抢占了既有的份额。观察此图我们还可以发现，以 2006 年保险市场全面开放为节点，尤其是自 2001 年开始财产险市场的郝芬达尔指数迅速下降，同时伴随着保险公司数量的提升、保险市场监管制度与法律制度的完善，行政干预影响越来越小，HHI 指数一路走低、市场竞争程度加剧，2006 年后郝芬达尔指数仍保持了下降的趋势，但同比变化越来越小。一方面保险市场全面改革的政策效应逐渐消退，导致 HHI 指数变化幅度变小，另一方面财产险市场内部问题同样也致使市场竞争程度改善步骤减速。

（二）寿险 HHI

图 3 – 7 为人身险市场郝芬达尔指数的走势，与整体保险市场的走势变化相同，我国人身险市场的竞争程度也在不断增加。由图 3 – 7 可以发现，在过去的十多年间，人身险 HHI 指数一路走低，从 2001 年的接近 0.4158 下降到 2013 年的 0.1406 左右，人身险市场竞争程度显著增强。寿险市场份额排名前五位的公司所占份额由 2001 年的 97.96% 下降到 2013 年的 68.21%，同样反映了寿险市场竞争程度的增加。随着改革开放进程的推进与加入世界贸

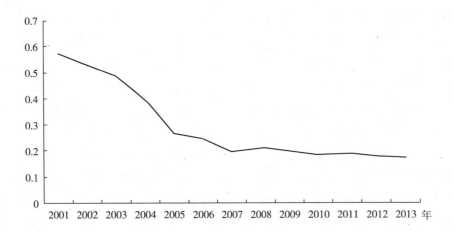

资料来源：保监会网站、笔者整理。

图 3 – 6 产险市场 HHI 指数

易组织后承诺的兑现，保险市场成为我国金融市场开放程度最高的市场，外资保险公司数量不断增加、外企在我国的法律环境逐渐宽松并享受国民待遇，区域性保险公司的设立速度加快等，都使得我国人身险市场的竞争程度加强。同时，保险监管部门强化市场行为监管，减少行政干预，提高企业自主经营的程度，重在通过法律等间接性手段干预与影响保险市场发展，促进了市场竞争度的增加与企业竞争力的提升。

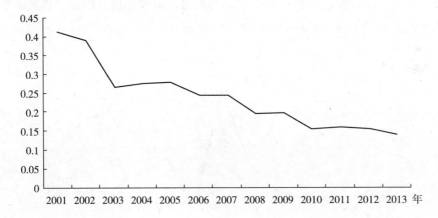

资料来源：保监会网站、笔者整理。

图 3 – 7 人身险市场 HHI 指数

3.1.8 保险公司运营指标

（一）保险投资收益率

在保险市场竞争程度越来激烈的背景下，投资能力的强弱成为保险公司经营效益优劣的重要反映。图 3 – 8 列出 2001 年以来我国保险行业整体投资收益率的走势，通过该图我们可以发现，当前我国保险行业整体的投资收益率波动较大，在 2001—2003 年阶段投资收益率呈现逐步走低的趋势，然而在接下来的2004—2007年，投资收益率稳步提高，并达到了历年投资收益的最高点（2007年达到12.17%），紧接着的2008年投资收益率跌到了历年最低点1.89%，2009年走出了投资收益最坏的阴影，达到了6.41%的局部最高点，此后的三年则走出了缓慢走高的态势。总体来看，我国保险行业投资收益率的稳定性远差于同期发达保险市场水平，呈现出与外部环境高度关联的特征。2002年前后，我国股市低迷进而保险公司的投资收益步步走弱，2007年达到历史最好收益时正好处于我国股市的大牛市，2008年的金融危机和股市大跌将保险业投资能力打回原形，2009后股市的波动起伏同样引致保险业投资收益的波动。除此之外，保险行业投资能力的赢弱与投资监管也有重要关系，初期保险监管部门严格控制保险资金的投资品种、渠道与比例，很长一段时间内只允许投资于银行存款、国债等固定收益类产品，在国债利率不断走低的背景下，必然导致投资收益率的下跌。随着保险监管部门监管能力的增强、国内金融市场的进一步发展、对外开放程度的提高，保险监管部门对保险行业的投资监管逐步放宽，保险公司有更高的自主性和选择性，保险行业的投资收益率也有了显著增强。尤其是保监会于2013年发布了一系列保险投资新政、放开多种投资品种和渠道、放宽投资限制比例等政策，这种更加宽松的监管环境，对保险行业的投资收益率提高具有积极的影响。在投资收益率提高的同时，投资品种的多样化和自主性的提高也在一定程度上降低了保险业的系统性风险。长期的险种在资产负债匹配中能得到更高的自由度，保险公司的投资方向更具个性，大大减小了保险公司资产投资的同质性，不同的投资组合也增强了保险公司抵御利率波动的能力。但投资放开的比例仍然有限，短期内由于投资同质性带来的系统性风险仍不容忽视。

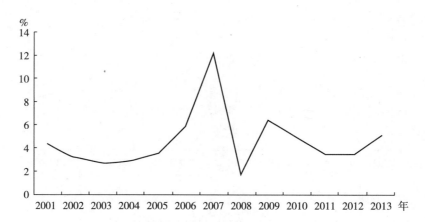

资料来源：Wind资讯、笔者整理。

图3-8 2001—2013保险投资收益率

（二）退保率与赔付率

在保费收入高速增长的同时，保监会网站数据显示，我国保险业的退保率，尤其是寿险业退保率，在过去几年中一直居高不下。2013年寿险公司整体退保金额高达1 900亿元，创下历史新高。

保监会网站显示，我国保险业赔付率在近年有上升趋势，赔付率和退保率偏高会导致保险公司支出的增加和经营质量的下降。

这些指标的增加，不仅与保险公司风险控制体系不够完善、监管不力有关，同时也与市场环境不佳有关。退保率与赔付率也是决定保险业系统性风险的关键指标，但目前退保率与赔付率数据的获得较为困难。

3.2　保险业风险评估方法与指标选择

从宏观上分析，保险业的系统性风险测度可以借鉴金融业的系统性风险度量标准，金融稳定委员会设定了规模、风险关联性、可替代性三个标准来评估金融体系的系统性风险。在此基础上，国际保险监督官协会结合保险业的特殊性增加了第四个标准——时效性来界定保险业的系统性风险。

从微观角度分析，可以按业务线来进行分析，通过分别计算投资管理业务、传统保险业务、风险转移业务、资本融资和流动性管理业务、担保业务等来估算保险业的系统性风险。

同时，保险业的风险又可分为行业内部风险与行业外部风险。其中行业内部风险与保险公司的资本结构、业务水平、盈利能力、资产流动性、偿付能力、再保险率、赔付率、准备金提取率、退保率等指标息息相关。外部的风险主要受政策与法律环境、利率、通货膨胀率、经济增长率、汇率等的影响。上市公司的风险度量可以从财务报表及公开的信息中获取，而其他保险公司微观数据的获取则存在一定的难度。

保险业的系统性风险需要紧密结合保监会的各项监管进程进行动态评估，同时也需要和保险周期的变化与宏观经济相结合。我国保险公司现有的产品和资金运用有着高度同质化的现象，在危机来临时很容易出现集体亏损或倒闭的事件。

国际保险监督官协会（International Association of Insurance Supervisors，IAIS）作为全球性的保险监管组织，也在保险业的监管与系统性风险度量方面进行了长期的研究。IAIS（2012）《系统性风险与保险》报告中对全球保险公司系统性风险的衡量中选取的五个指标体系分别为规模、全球活动、金融体系内关联、非传统与非保险活动、不可替代性。其中规模主要由总资产和总收入衡量；全球活动由国外收入和境外分支机构的分布决定；金融体系内关联包括金融资产、再保险、衍生品等；非传统与非保险活动用于衡量来自于其他业务及交易的收入；不可替代性用于衡量保险产品与服务的不可替代程度。日内瓦协会（Geneva Association，2011）也详细介绍了保险公司风险的识别和相关性，国际保险经济学研究会《保险的系统性风险——对保险和金融稳定性的分析》提出了包括负债、投资、风险转移、资本管理等在内的保险风险控制体系。

本章在借鉴国际保险监督官协会、日内瓦协会研究成果的基础上，结合我国保监会偿付能力监管框架和我国实际国情，构建保险业系统性风险评价指标体系。基于IAIS与中国保监会的指标评价体系和数据可得性，我们选取行业规模、市场状况和保险公司运营三个维度，并在各个维度选取若干代表性指标，从而构建我国保险业系统性风险评价体系。指标体系如表 3 - 2 所示。

表 3 - 2　　　　　　　　　　　保险业系统性风险指标体系

一级指标	二级指标	三级指标
保险业 系统性 风险	行业规模	保费收入
		保险机构总资产
	市场状况	赫芬达尔指数
		保险密度
		保险深度
		中资保险机构占比
	运营指标	收益率
		赔付率

保险公司运营方面，按照保监会发布的保险公司偿付能力监管规则，主要分为难以量化的风险和可量化的风险两个部分。其中难以量化的风险包括操作风险（由于不完善的内部操作流程、人员、系统或外部事件而导致直接或间接损失的风险，包括法律及监管合规风险）、战略风险（战略制定、战略执行和外部环境）、声誉风险（由于保险公司的经营管理或外部事件等原因导致利益相关方对保险公司负面评价，从而造成损失的风险）等，但出于数据的可得性和风险量化的可行性，本章没有将其纳入保险业系统性风险指标体系。可量化的风险主要选取收益率和赔付率来衡量，其中收益率用来衡量保险公司资产经营效率，赔付率 = 净赔款支出/净保费收入，反映赔款和公司运营管理水平。

3.3　保险业安全状态评估

在建立保险业系统性风险指标体系后，需要选取赋权方法，从而计算出保险业系统性风险指数。赋权方法主要包括主成分法、层次分析法、熵权法等。

保险业系统性风险受众多因素影响，每种因素都从不同的角度反映和衡量了风险的性质和大小，但各个因素反映的信息在一定程度上有重叠，而且在多变量研究中，变量太多会加大研究的复杂程度。基于前文的分析框架，并结合数据的可得性、有效性和区分度，本章运用主成分分析法来计算保险业系统性风险指标。

本章选取了 X1 保费收入、X2 保费收入增速、X3 保险密度、X4 保险密度变化、X5 保险深度、X6 保险深度变化、X7 中资占比、X8 保险公司总资产、X9 HHI、X10 收益率、X11 赔付率这 11 个指标来综合刻画系统性风险的大小。为消除变量之间的量纲关系，使得数据具有可比性，本章首先对原始数据进行标准化处理，并计算出各指标之间的相关性大小。在进行 KMO 检验和巴特利特球形检验后，发现相关矩阵和 Bartlett 球形检验统计量的效果都比较好，原始数据里面提取的信息损失程度很少。最后确定各个指标权重，具体如表 3 - 3

所示。

表 3 - 3   指标权重

保费收入	0.269175
保费收入增速	- 0.02079
保险密度	0.270075
保险密度变化	0.016912
保险深度	0.116335
保险深度变化	- 0.01213
中资占比	- 0.11825
保险公司总资产	0.271934
市场集中度	- 0.22183
收益率	0.089504
赔付率	0.19082

通过表 3 - 3 可以看出，保险业的系统性风险与保费收入、保险密度、保险密度变化、保险深度、保险公司总资产、收益率与赔付率呈正相关。与保费收入增速、保险深度变化、中资占比、市场集中度指标呈负相关。

结合上文所述，取 2001 年为基年，计算出我国保险业的系统性风险指数如图 3 - 9 所示。

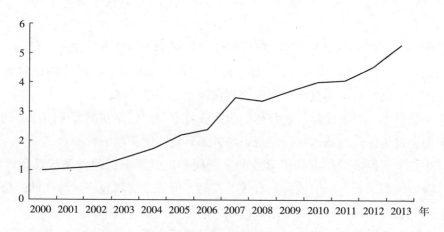

图 3 - 9   保险业系统性风险指数（2001—2013 年）

3.4   结论与展望

通过上文的分析可以看出，我国保险业系统性风险从 2001—2013 年呈逐年上升趋势。在 2004 年之前都呈稳步增长态势，但在 2004 年之后，随着我国保险业规模的极速扩大、新业务的膨胀和新产品的开发，给我国的保险业风险控制带来了一系列的新问题。在保持保费高增长的大背景下，保险公司仍然需要保持与其相匹配的准备金计提率和偿付能力额度。保险公司的资产负债管理能力、产品开发与精算管理能力在未来将受到严峻的考验。

保费收入：我国保险业的总保费收入自2000年至2010年一直稳步升高。其中2001—2003年一直维持了年增长率30%左右的成长水平，2004—2006年增长有所放缓，但仍然维持了10%以上的增长水平，经历了2007—2008年再次的高速增长以后，增长速度有所回落，除却2011年1%的负增长后，基本维持在年增长率10%左右。对比保险业系统性风险指数我们发现，保费增速的突然升高会带来风险的增加，保费的合理增长甚至回落往往伴随着系统性风险的降低。

保险深度和保险密度：相对于发达国家我国的这两项指标一直处于相对较低的水平上，说明我国保险市场仍有较大的成长空间。我国的保险深度和密度还远远没有达到稳定的状态，虽然保费总量较大，但人均保费支出仍然较低，尽管这两项指标在过去的十几年中有较快的增长，但波动性较高。随着保险业的发展成熟和趋于稳定，系统性风险将会有所下降。

中资占比：在过去的十几年间，中资占比有逐年下降的趋势，外资的介入不断增加。但由于三大险企的传统优势地位以及保险在我国的发展现状等原因，外资险企保费占比依然处于一个较低的水平线上。外资险企的进入有利于我国保险行业多样性的发展，加强了行业竞争，同时风险也经由外资险企的介入而得到了分散。

保险公司总资产：类似于保费收入，保险公司总资产的变化也伴随着系统性风险的加剧。特别是2007年左右保险公司总资产的剧烈波动就从一定程度上影响了保险业的系统性风险。

市场集中度：市场集中度的迅速下降说明了我国保险市场监管的完善、行政干预影响的缩小和市场竞争程度的加剧。2006年后郝芬达尔指数快速下降，同时我国保险业系统性风险指数增长放缓，良好的市场竞争有利于控制保险业的系统性风险。

收益率与赔付率：我国保险行业整体的投资收益率与赔付率在测算区间内波动较大，稳定性远差于同期发达保险市场水平，呈现了与外部环境高度关联的特征。

同时，来自宏观经济的冲击和保险业的发展周期也是影响保险业系统性风险的重要因素。单从保险业内部来看，风险能得到有效的控制，但如果宏观经济出现波动，保险业也有重现类似金融危机时美国保险业爆发系统性风险的危机。

另外，保险业的系统性风险也受到经济政策、法律法规、经济政策变动等难以量化因素的影响，同时也与保险公司自身的治理能力、精算水平和管理制度息息相关。

结合上文的分析，笔者认为，虽然我国的保险业系统性风险在不断提高，但在整体经济环境不出现波动的情况下，保险业短期内爆发系统性风险的可能性较小。随着我国保监会偿付能力监管体系的构建和监管力度的加强，保险业爆发系统性风险的可能性有望在未来得到有效控制。控制和减少保险业的系统性风险可以由以下几个方面着手：在识别保险业系统性风险危害的基础上，构建保险业与金融业相统一的风险衡量与管理框架；加快和完善监管建设；开发和推广风险管理和分散工具；建立风险转移机制；加强对经济周期、保险周期、利率及汇率风险的分析研究。

参考文献

［1］中国保监会：《保险公司偿付能力监管规则征求意见稿第二稿》，http：//www. circ. gov. cn/web/site0/tab5168/，2014。

［2］IAIS，" Global Systemically Important Insurers：Proposed Assessment Methodology"，*Public Consultation Document*，May 2012.

［3］Geneva Association（2011），"Considerations for Identifying Systemically Important Institutions in Insurance"，www. genevaassociation. org.

第4章 货币市场风险评估

金融市场由资本市场（Capital Market）和货币市场（Money Market）构成。资本市场包括长期债券市场、权益市场和期权与期货衍生工具市场，而货币市场则通常被认为是短期债券市场，在其中交易的主要金融工具为短期的（期限小于一年）、流动性强的、风险低的债务证券。[1]

我国货币市场主要由以下各个交易品种的交易子市场构成：银行间同业拆借、质押式回购[2]、买断式回购、票据和同业存单，而前三类交易子市场则构成了我国货币市场的主体。

4.1 我国货币市场的运行概况及特征

4.1.1 各交易品种交易量不断扩大

2000年以来，我国货币市场中各个交易品种的交易量在不断地扩大。以目前交易量最大的质押式回购和银行间同业拆借为例，质押式回购的月度交易量已经从2000年1月的0.0676万亿元人民币增至2013年12月的13.8万亿元人民币；银行间同业拆借的月度交易量也已经从2003年8月的0.2388万亿元人民币增至2013年12月的2.2万亿元人民币。其中，同业拆借的月度交易量曾经在2012年5月达到5.3万亿元人民币。具体见图4-1。

4.1.2 交易量高度集中

资金在货币市场中的分布不均匀，交易量高度集中在某些交易品种上。

按照交易量来划分的话，成交金额最大的是质押式回购，接下来依次是同业拆借、买断式回购、现券交易等。以2014年上半年为例，各个交易品种的总成交量见表4-1。

---

① 兹维·博迪：《投资学》（原书第9版），北京，机械工业出版社。

② 质押式回购又分为交易所质押式回购和银行间质押式回购。1997年，中国人民银行下发240号文，停止了各商业银行在证券交易所进行证券回购和现券交易业务（现券交易业务于2010年恢复），目前交易所质押式回购的投资主体主要由券商、保险、基金等组成，所以并不是商业银行融通资金的手段之一。因此，此处的质押式回购仅仅指银行间质押式回购。

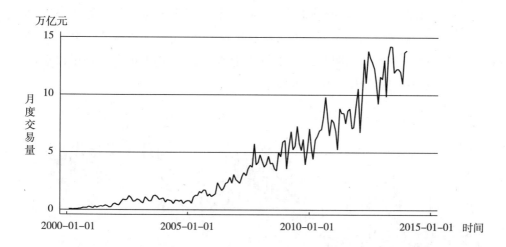

图 4 - 1 2000 年 1 月至 2013 年 12 月质押式回购月度交易量

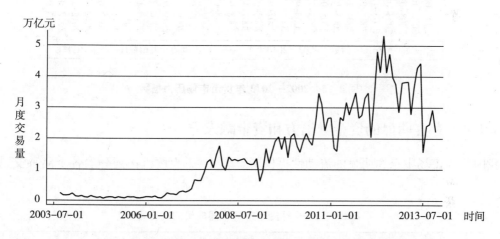

图 4 - 2 2003 年 8 月至 2013 年 12 月银行间同业拆借月度交易量

表 4 - 1   2014 年 1—6 月货币市场各个品种的成交量

品种	成交笔数（笔）	成交金额（亿元）	平均每笔成交金额（万亿元）	成交金额占比（%）
质押式回购	296 359	897 679.55	3.029027463	80.07
同业拆借	33 453	177 819.87	5.315513407	15.86
买断式回购	45 878	45 657.8	0.995200314	4.07
总计	375 690	1 121 157.22	2.984261545	100.00

资料来源：中国货币网。

    质押式回购的交易量占了所有交易品种交易量的 80% 左右，而同业拆借的交易量只占总交易量的 15.86%，买断式回购的交易量则更少，只占总交易量的 4.07%。

4.1.3 货币市场利率波动上行

    我国货币市场总体运行平稳，货币市场利率波动上行，市场压力持续处于较高水平。截至 2013 年末，1 天、7 天质押式回购加权利率和 3 个月 Shibor 利率分别为 3.2%、5.4% 和 5.56%，分别较上年下降 66 个、上升 89 个和上升 166 个基点。从全年看，货币市场利率呈现波动上行态势，时点因素影响明显。从市场压力水平看，2013 年以来货币市场压力水平持续较高，并于 6 月中旬达到样本域内最高水平[①]。

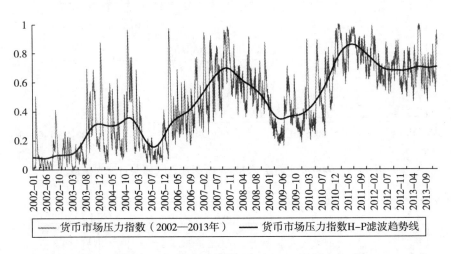

图 4-3　2002—2013 年货币市场压力指数

4.1.4　存在明显的资金融出方和资金融入方

我国货币市场中存在明显的流动性提供者。表 4-2 为按机构划分的各个品种交易者的交易量。

表 4-2　　　　　　　2014 年 1—6 月货币市场不同成员的成交量　　　　　单位：笔、亿元

机构类型	质押式回购		同业拆借		买断式回购		合计	
	成交笔数	成交金额	成交笔数	成交金额	成交笔数	成交金额	成交笔数	成交金额
国有商业银行	39 541	201 209	3 947	29 772	2 454	6 013	45 942	236 994
股份制商业银行	49 973	315 639	16 242	129 716	1 069	1 765	67 284	447 120
城市商业银行	125 443	428 619	9 526	48 691	16 833	18 736	151 802	496 046
外资或合资机构	31 968	53 948	13 598	31 382	2 062	2 217	47 628	87 547
农村商业银行和合作银行	97 697	220 212	3 685	8 597	11 600	10 548	112 982	239 357
其他	248 096	575 733	19 908	107 481	57 738	52 037	325 742	735 250

资料来源：中国货币网。

从表 4-2 中可以看到，政策性银行为市场中主要的资金融出方，为市场提供了主要的流动性。国有商业银行同样为市场上的主要资金融出方，但当出现暂时的流动性需求时，国有商业银行同样会成为资金的融入方。而大量的股份制商业银行则起到了资金流动的中间桥

---

① 此处内容截自《中国金融稳定报告（2014）》。

梁作用。市场中其他的金融机构则为主要的资金融入方，它们在市场中大量地融入资金，以保证日常经营活动的正常平稳进行。

4.1.5　货币市场交易品种高度相关

货币市场中各个交易品种尽管分属于不同的子市场，但相互间具有高度的相关性。从图4-4中我们可以看到，货币市场中三个主要交易品种的加权平均利率水平之间存在着很强的一致波动性。

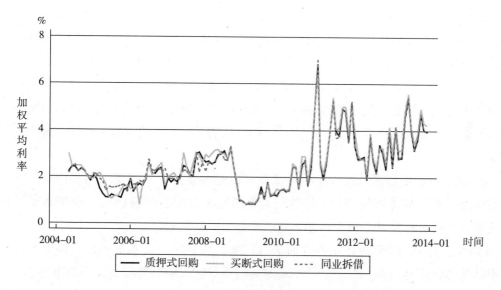

图4-4　货币市场三个主要交易品种月末加权平均利率

货币市场中的同业拆借和质押式回购为主要的流动性管理手段，买断式回购为辅助性的流动性管理手段。这几种流动性管理手段之间存在相辅相成的关系，因为它们都服务于相同的目的，所以相互间存在某种替代关系。这种替代关系在为市场参与者提供了多样的流动性管理手段的同时，也使得这三个交易品种之间存在很强的相关性。

同时，在货币市场中，我们还有短期融资券、超短融等作为主要的资产管理手段。而流动性管理和资产管理为高度相关的两种金融机构的管理手段。一旦金融机构的流动性出现问题，则会求助于资产管理手段为金融机构提供流动性；同时，金融机构的资产管理出现问题时，则会对金融机构的流动性造成影响，促使其采取相应的流动性管理措施。所以，货币市场中的各种交易品种由这两种相辅相成的金融机构管理手段而联系了起来，相互之间存在高度相关性。具体表现为，比如：一旦市场的流动性减少，融资出现困难，则金融机构会首先抛售久期较短的短期融资券或超短融来改善流动性，从而同业拆借和质押式回购市场的冲击会传递至短期融资券或超短融的市场中。

4.2　风险评估方法与指标选择

4.2.1　货币市场面临的系统性风险

货币市场作为为各种金融机构特别是银行类金融机构提供短期融资需求的市场，与整个银行体系具有千丝万缕的联系。银行体系中发生的系统性风险会很迅速地传导至货币市场。从这个角度来看，货币市场系统性风险可以看做是银行业系统性风险在货币市场的表现。另一方面，从以往金融危机中的经验中可以看到，货币市场金融工具反映了投资者对整个经济发展前景、金融体系的信心，经济基本面或者金融体系和金融机构基本面的变化，往往首先从货币市场中表现出来。当货币市场中的某些金融工具发生投资者预期之外的变化之后，该事件会对整个市场投资者的信心造成冲击，从而导致整个货币市场的波动，最后这种波动会外溢至银行业等其他金融体系的部门之中。货币市场的系统性风险具有内生性、外溢性和系统性等特点。

1. 内生性。货币市场系统性风险的来源或者风险触发点来自于货币市场内部，该风险触发点有可能是某个交易品种的意外违约，有可能是某个交易品种价格（利率水平）的异常剧烈波动，也有可能是某个重要市场参与者基本面的突然变化等。

2. 外溢性。对于外溢性可以从两方面进行理解：一是单个交易品种的风险会外溢至货币市场中其他各种交易品种。二是货币市场整体的系统性风险会外溢至其他的市场中。

3. 系统性。货币市场系统性风险如其他市场中的系统性风险，会对整个金融体系造成影响，其风险成本也需要金融体系中的所有参与者承担。

4.2.2　货币市场系统性风险分析方法

金融市场系统性风险的测度方法主要有四种：主成分分析法、CoVaR 法、MES 法和 Shapley Value 法。

以上四种金融市场系统性风险的测度方法可以大致分为两类：一类是基于金融市场数据对市场的整体相互关联性和风险集中度进行估计（主成分分析法），该方法主要度量金融市场中各个金融工具受相同风险来源的影响程度。如果各个金融工具受相同风险来源影响的程度越深，说明整个市场具有越高的相互关联性和风险集中度，则系统性风险爆发的概率越大。另一类是基于金融市场数据对市场中个体的系统重要性进行估计（CoVaR 法、MES 法和 Shapley Value 法）。该类方法主要关注单个金融工具发生风险事件时，对整个市场的影响程度。这些方法在确定系统重要性参与者方面具有相对优势。

我国货币市场的系统性风险由两方面因素决定：第一，货币市场中主要交易品种的风险集中度（相关性程度）。各个交易品种的相关性越高，则意味着更高的风险集中度和更迅速的风险传导，并导致更大的系统性风险。第二，货币市场中流动性提供者的系统重要性程度。系统重要性市场参与者在市场中的重要性越大，则意味着更强大的系统性风险的冲击。

因此，对货币市场系统性风险，我们也主要从以上两个角度进行度量。在对交易品种风险集中度（相关性程度）进行度量时，主成分分析法是比较合适的衡量指标。在对市场参与者系统重要性进行度量时，我们采用系统重要性参与者的资金提供量在市场总交易量中的占比为指标来进行衡量。我们认为，货币市场系统重要性机构的系统重要性衡量了系统性风险的源头，而特征值占比则衡量了系统性风险的传播性，所以两者分别从系统性风险的产生和传播这两个方面进行了衡量，而这两者对于系统性风险来说具有乘数效应，其中一项指标都会以乘数的方式放大或者缩小另一项指标对于系统性风险的影响。因此，这两项指标的乘积是衡量货币市场系统性风险的适用指标。

以上各个指标的总结如表4-3所示。

表4-3 我国货币市场系统性风险度量指标

指标	经济学意义	指标释义	数据说明
主成分分析第一特征值占比（Pri）	货币市场中各个交易品种的风险集中程度	该指标衡量了系统性风险的传播力度，用 Pri 表示	Pri，取值范围 [0，1]
系统重要性机构资金融出量占比（Per）	货币市场系统重要性机构对整个市场的影响程度	该指标衡量了系统性风险的爆发力度，用 Per 表示	Per，取值范围 [0，1]
货币市场系统性风险指标（SR）	货币市场系统性风险的高低程度	该指标综合衡量货币市场系统性风险用 SR 表示	$SR = Pri \cdot Per$，取值范围 [0，1]

4.3 货币市场安全状态评估

4.3.1 对交易品种风险集中度的度量

在我国货币市场，由于其主要的交易来自银行间同业拆借、质押式回购和买断式回购，这三个交易品种的风险代表了我国货币市场的主要风险，所以我们主要采用这三个交易品种的历史加权平均利率，利用上述的主成分分析法来计算我国货币市场各个交易品种的相关性，从而对货币市场的风险集中度进行衡量。

我们采用的是银行间同业拆借、质押式回购和买断式回购三个交易品种的月末加权平均利率，数据来自锐思（Resset）数据库，时间为2004年5月31日至2013年12月31日。

表4-4 三个主要交易品种月末加权平均利率的描述性统计

	数量	均值（%）	中位数（%）	最大值（%）	最小值（%）	标准差（%）
质押式回购	116	2.4547	2.3473	6.8357	0.8335	1.1549
同业拆借	116	2.4811	2.2748	7.0502	0.8340	1.1218
买断式回购	116	2.5756	2.4572	6.4176	0.7977	1.1748

从表4－4的描述性统计中可以看出，三个主要交易品种月末加权平均利率表现出几乎一致的统计特点，都具有相似的均值、中位数、最大值、最小值和标准差。不过，买断式回购的利率均值和标准差都比其他两个品种更高一点。

由于只有三个交易品种的数据，所以我们以主成分分析法的第一特征值占比的大小作为交易品种风险集中度（相关性）的衡量指标。第一特征值占比越大，则说明交易品种的相关性越大、风险集中度越高；反之则相反。

计算方法为以2004年5月之后n月的历史月末加权平均利率数据来计算第一特征值的占比，作为数据1。然后横向延后一个月，以2004年6月之后n月的数据再次计算第一特征值的占比，作为数据2。如此不断重复，直到2013年12月，从而可以得到第一特征值占比的历史曲线。为了保证数据的准确性和敏感性，经过权衡比较之后，我们决定以2004年5月之后24个月（$n=24$）的历史数据来进行计算，这样计算每个特征值占比所使用的历史数据为两年。计算结果如图4－5所示。

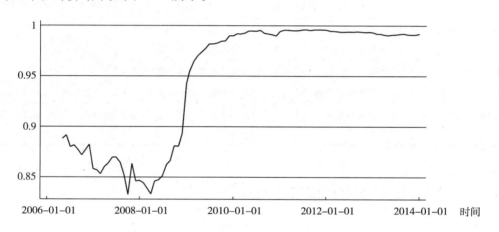

图4－5　主成分分析第一特征值（Pri）占比

从图4－5中我们可以看到，2009年之前，特征值占比（Pri）大概在0.80~0.90之间波动，而2009年之后，特征值急剧上升，几乎接近于1。进入2013年，特征值开始呈现微弱下降的趋势。总的来说，货币市场中这三个主要交易品种的风险来源趋于一致，因为第一特征值的占比始终比较高。而且，进入2009年之后，货币市场表现为更加受同一风险的影响，各个交易品种的相关程度进一步加深。

为了应对2008年金融危机的冲击，我国采取了一系列的财政货币政策，试图维持我国经济的快速发展。这些政策为整个社会提供了大量的资金进行全方面的投资和建设，而这样大量资金的注入在货币市场中则表现为风险集中度的加深，以及第一特征值占比的迅速增加。

为了更好地衡量货币市场各个交易品种风险集中度的变化，我们计算了每月的特征值占比相比上一个月的变化。具体如图4－6所示。

该特征值的变化如果为正，则说明我国货币市场风险集中度增加；该特征值的变化如果

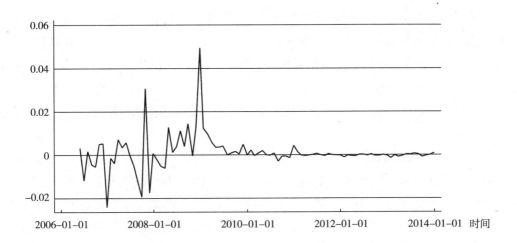

图4-6 主成分分析第一特征值占比月度变化

为负，则说明风险集中度降低。从图4-6中可以看出，我国货币市场的风险集中度在2009年左右有一次较大的上升。因此，该指标可以被看做我国货币市场风险集中度变化的警示，作为第一特征值占比的辅助指标。

4.3.2 对市场参与者系统重要性的度量

特殊结算成员和全国性商业银行为市场注入流动性的途径主要为银行间同业拆借和质押式回购，其中又以质押式回购为主要途径。以下我们以质押式回购为例，来分析系统重要性机构在货币市场中的重要性。

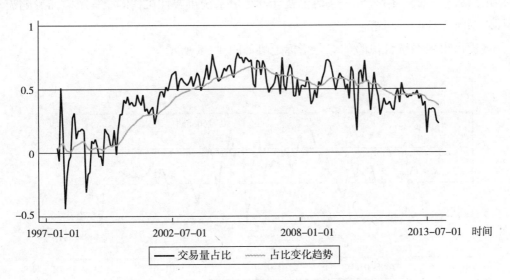

图4-7 特殊结算成员和全国性商业银行资金
提供量在市场交易总量中的占比（Per）-质押式回购

图4-7显示，20世纪90年代上述两类系统重要性机构并没有成为我国货币市场的主

要流动性提供者。但是，进入到 21 世纪，特别是 2002 年以后，上述两类系统重要性机构的资金提供量在市场交易总量中的占比大幅度地提高，甚至一度接近 80%。而 2010 年以后，该比例呈现下降的趋势，到 2013 年 6 月低至 15%。因此，我国货币市场中系统重要性机构的系统重要性在 2002—2010 年一直维持在一个较高水平之后，近两年内开始逐渐降低。这也说明，我国货币市场的交易对这两类系统重要性机构的依赖程度开始降低，市场呈现更好的稳定性。

上述特点在占比变化趋势线中表现得更加明显。进入 21 世纪后，占比变化趋势线呈现非常陡峭的上涨，而同时期也是我国经济进入高速发展、GDP 保持两位数增长的时期。在 2005—2006 年，趋势线开始短暂下降，但在 2008 年后，趋势线迅速又开始上浮。这段时期则是我国为了应对 2008 年金融危机采取一系列财政货币政策为社会大量注入资金的时期。2010 年后，该趋势线则呈现持续的下降趋势。

4.3.3 货币市场的系统性风险综合评估

综合以上两方面的分析，我们可以看到，截至 2013 年底，我国货币市场各个交易品种利率水平经过主成分分析后的第一特征值占比依然维持在一个很高的水平上，这意味着我国货币市场中各个交易品种风险集中度高，受相同风险源影响的程度很深。从这一点上来说，我们货币市场的系统性风险发生的可能性比较大。

与此同时，我国货币市场中系统重要性机构的系统重要性在长期维持在高位之后，近两年逐步降低，说明货币市场对系统重要性机构的依赖在逐步地减少，货币市场的流动性供给开始逐渐摆脱单一的供给来源，从而也就降低了由系统重要性机构的单一风险而影响流动性供给导致系统性风险的可能。

我国货币市场系统性风险的综合指标走势如图 4-8 所示。

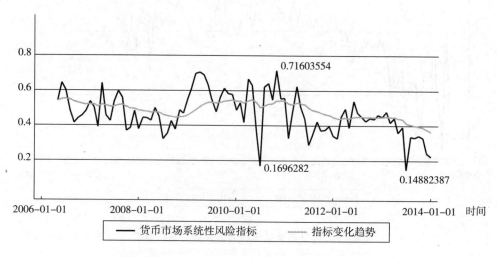

图 4-8 货币市场系统性风险综合指标（SR）

以该指标衡量的我国货币市场系统性风险自 2006 年以来大致在 0.3 ~ 0.7 之间波动。在金融危机之后的 2009 年一度上探至 0.7，而在 2010 年中也曾下探至 0.2。近两年，该指标呈现下降趋势，至 2013 年末，已经降至 0.2 左右。所以，总的来说，我国货币市场系统性风险在近两年中正逐步地降低。

在该指标变化的过程中，我们发觉在 2010 年该指标曾降低至 0.16 左右，同时 2013 年也曾低至 0.15 左右。在此期间，指标 Pri 并没有发生太大的变化，而是指标 Per 的大幅波动才导致该指标 SR 分别于 2010 年和 2013 年出现极低的值。同时，我们还发现这两个极值都出现在 2010 年和 2013 年的 6 月，这两年中 6 月的指标 Per 都迅速地降低至该年的最低值，而 6 月前后的月份中该指标都差不多在平均水平运行，可见指标 Per 在 6 月出现剧烈波动可能只是孤立的现象，或许与 6 月监管部门对银行核心指标的考核有关。

4.4 结论与展望

4.4.1 2001—2013 年货币市场系统性风险的演变特征

我国货币市场经过这么多年的发展，特别是进入到 21 世纪之后，已经成为我国金融体系中非常重要的一个组成部分。在货币市场，不同的金融机构和交易主体相互交流其流动性的盈缺，为流动性盈余的机构提供了融出资金、获取更高收益的机会，同时也为流动性短缺的机构提供了融入资金、维持正常经营的保证。随着货币市场交易量的不断扩大和交易成员数量的不断增加，其保证金融机构正常经营、维持金融体系稳定的作用开始变得日益重要。

在货币市场的重要性日趋增加的同时，货币市场一旦失灵，对于经济正常运行的冲击也变得越来越大。经过对货币市场特点的分析，我们认为，货币市场的两个重要特征与货币市场的系统性风险存在紧密的联系。一个是货币市场各个交易品种的较高风险集中度（高度相关性），另一个是货币市场存在系统重要性的市场参与者。

对于不同交易品种之间的风险集中度，研究发现，交易品种的相关性越高，单个交易品种的风险就越容易传递至其他的交易品种，单个风险事件更加容易导致系统性的冲击。我们采用货币市场三个主要交易品种历史加权利率的主成分分析的第一特征值占比来对风险集中度（相关性）进行衡量。同时，如果货币市场中市场参与者的系统重要性越大，则该参与者一旦发生个体风险，对货币市场的冲击也会越大。所以，市场参与者的系统重要性越高，则意味着越大的系统性风险。我们采用系统重要性市场参与者的资金提供量占市场总交易量的占比来衡量其系统重要性。

最终，我们将以上两个衡量指标综合成一个总的综合指标来对货币市场的系统风险进行一个整体衡量。该综合指标表明，我国货币市场的系统性风险尽管有所波动，但一直维持在一个比较高的水平。进入 2012 年后，我国货币市场的系统性风险开始逐步降低。这主要是因为 2012 年后，系统重要性市场参与者的资金供给在市场总交易量中的占比大幅度减少，货币市场对系统重要性市场参与者的依赖程度大幅度降低，从而系统重要性市场参与者的个体风险对市场整体的可能冲击被削弱。但是，货币市场不同交易品种的风险集中度依然较高，近两年该指标虽然有所下降，但幅度并不明显。从这个角度上来说，我国货币市场各个交易品种的相关性依然很高，个体风险在货币市场中的传染能力依然较强。

4.4.2　未来的系统性风险可能爆发的路径与方式

综合以上的分析，我们认为我国货币市场的风险依然存在系统性爆发的可能。从我们估计出的各个交易品种的相互关联性、系统重要性机构交易量占比以及最终的货币市场系统性风险指标中可以看出，我国货币市场各个交易品种的相互关联性依然很强，整个市场的资金依然主要依赖于某一类机构的提供，系统性风险尽管有所下降，但依然维持高位。因此，一旦货币市场中某一重要参与者发生没有预知的风险，该风险会很迅速地在货币市场中传导，不但对该参与者造成损失，很有可能会对货币市场中其他的参与者带来较大影响。

其中，可能造成最大范围影响的风险点依然是来自于可能爆发在系统重要性市场参与者上的未知风险。比如，政策性银行内部操作风险的爆发而导致资金提供量骤减，国有商业银行资金链断裂而拒绝融出资金等。就像我们在专栏中看到的情况一样，造成货币市场风险爆发的根源还是存在于与之紧密相连的银行业体系中。

总之，货币市场系统性风险是否爆发在很大程度上取决于市场参与者（各个金融机构）个体风险的爆发。货币市场系统性风险往往由金融机构的外部冲击导致，货币市场的稳定性在很大程度上取决于金融机构的稳定性。因此，对货币市场系统性风险的防控也很大程度上取决于对金融机构整体风险的管控。在过去的这些年中，我国央行不断加强对金融机构中暴露出的风险点进行监管，并颁布一系列文件对对这些风险点进行控制。所以，继续维持对金融机构的管控，特别是对银行表内表外资产结构的变化进行即时的监管，是防止既有风险点的风险扩大的必要措施。与此同时，金融机构的风险管理从来都不是静态的，风险的控制和新风险点的出现是一个此消彼长的过程，因此对金融机构中可能出现的监管套利现象需要严密的监查，防止新的风险点的出现。

我国央行向来重视对我国货币市场的管控，并通过各种公开市场的操作实现对货币市场流动性等各个方面的调节。一直以来，中国人民银行采取正回购和逆回购的方式，向金融体系中回收或者注入流动性，该公开市场的操作有效地实现了中国人民银行对货币市场流动性的调节和货币市场利率稳定的作用。2013 年，中国人民银行又推出了两个能够对市场流动性进行调节的工具：公开市场短期流动性调节工具（Short – term Liquidity Operations，SLO）和常设借贷便利（Standing Lending Facility，SLF），与其他市场调节工具相互配合和补充，将进一步增强中国人民银行对货币市场进行管控的灵活性和主动性。

不过，央行在为货币市场的稳定运行提供政策和工具上保护的同时，也会造成货币市场一定的逆向选择效应。以 2013 年发生的"钱荒"为例，当普遍存在强烈的中国人民银行会释放流动性"救市"的预期时，各个金融机构过于专注对资产收益的追逐，忽视对资产流动性的重视，形成某种形式的资产结构性错配。当预期的央行"救市"措施并没有实施的时候，各个金融机构的紧急自救市场操作则对货币市场的平稳运行造成一定程度的冲击。

总的来说，我国货币市场系统性风险爆发的可能性依然存在，主要的风险点来自于与货币市场紧密相关的金融机构，货币市场系统性风险的爆发很大程度上来自于金融机构的风险传导。但在央行对市场进行调节的工具越来越丰富、管控的能力越来越强的情况下，货币市场抵御外部风险冲击的能力已经越来越强，所以冲击力巨大的系统性风险爆发的可能性也变得越来越小。但央行在对货币市场进行调节管控的同时也要警惕逆向选择效应，货币市场的调节措施反而助长了金融机构的风险承担，从而促使金融机构不断积累巨大的风险，反过来对货币市场造成更大影响，形成了一种冲击力巨大的反馈效应，非但没有减少反而增加了货币市场的系统性风险。在这样的情况下，央行对货币市场的调控是一个微妙的过程，在对重要的风险点进行管控、防止破坏力巨大的风险系统性爆发的同时，也要充分发挥市场资源配置的根本作用，让市场本身"激浊扬清"，适当且可控的风险暴露反而会促使市场参与者更加主动地完善自身的风险管理，从而在源头上减少货币市场系统性风险爆发的可能和破坏力。

参考文献

［1］范小云、王道平、方意：《我国金融机构的系统性风险贡献测度与监管——基于边际风险贡献与杠杆率的研究》，载《南开经济研究》，2011（4），3～20页。

［2］胡海峰、代松：《后金融危机时代系统性风险及其测度评述》，载《经济学动态》，2012（4），41～46页。

［3］李东卫：《我国银行业"钱荒"的成因及对策》，载《青海金融》，2013（9），4～7页。

［4］陆磊：《"钱荒"的本质是结构失衡》，载《中国农村金融》，2013（13），18～21页。

［5］潘向东：《钱荒的产生原因及后续冲击》，载《债券》，2014（1），11～14页。

［6］肖璞、刘轶、杨苏梅：《相互关联性、风险溢出与系统重要性银行识别》，载《金融研究》，2012（12），96～106页。

［7］闫立良：《央行：外部唱空中国是钱荒形成原因之一》，载《财经》，2013（7）。

［8］张晓玫、弋琳：《货币空转与银行间市场流动性——基于我国"钱荒"时间研究》，载《财经科学》，2013（12），20～28页。

［9］Viral V. Acharya, Lasse H. Pedersen, Thomas Philippon, 2010, Matthew Richardson, "Measuring systemic risk", *Working Paper*, Federal Reserve Bank of Cleveland.

［10］Tobias Adrian, Markus K. Brunnermeier, 2010, "CoVaR", *Staff Reports*, Federal Reserve Bank of New York.

［11］Billio, M., Getmansky, M., Lo, A. W. &Pelizzon, L. "Econometric measures of systemic risk in the finance and insurance sectors", *NBER Working Paper*, No. 16223（2010）.

［12］Giulio Girardi, A. Tolga Ergun, 2013, "Systemic risk measurement: Multivariate GARCH estimation of CoVar", *Journal of Banking & Finance*, 2013（37），3169－3180.

［13］Zeyu Zheng, Boris Podobnik, Ling Feng &Baowen Li, 2012, "Changes in Cross－Correlations as an Indicator for Systemic Risk", *Scientific Reports*, 2, 888; Doi: 10.1038/srep00888（2012）.

第5章 股票市场风险评估

5.1 我国股票市场运行概况及特征

　　股票市场已经成为我居民和企业的一个重要的投资标的，截至 2013 年底，我国股票开户总数已经达到 1.76 亿户，沪深两市市值达到 27.2 万亿元，其中流通股市值近 20 万亿元。同时，股票市场也已经成为我国企业谋求发展壮大的重要融资场所。据统计，2001—2013 年上市企业通过 A 股市场融资超过 4.8 万亿元，每年的融资规模已经从过去的 600 多亿元发展到目前的 4 000 亿元以上，为我国企业的发展提供了重要的资金支持。

5.1.1 股票市值在波动中逐步增长

　　1990 年我国股市成立初期，整个证券市场只有 8 只股票，我们称为老八股，而经历这短短的二十余年，截至 2013 年底我国 A 股上市公司已经达到 2 500 余家，市值更是一度突破 30 万亿元。从图 5 - 1 中我们看到，A 股市值在 2007 年最高点的时候曾达到 40 万亿元的规模，虽然因为金融危机出现过大幅下滑，但是总体而言，A 股市场总体市值稳步向上逐年递增。

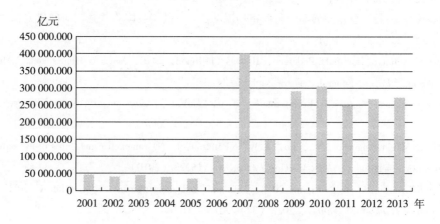

图 5 - 1　A 股市值

从主板、中小板、创业板等各板块市值来看，我们看到虽然目前主板市场依然是市值占比最大的板块，但是自从中小板、创业板推出来之后，这两个板块的发展可谓突飞猛进，在A股市值占比中逐年提高，截至2013年底，中小板和创业板在A股总市值中的占比已经超过24%（见图5-2）。

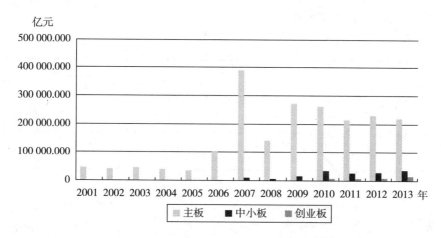

图5-2　主板、创业板、中小板市值

5.1.2　股票融资情况波动较大

而从历年A股的募集规模看，我国A股市场作为上市公司融资渠道的作用也变得越来越重要，通过A股市场进行融资的规模也在逐年递增，在2010年最高峰时年度融资规模甚至接近1万亿元的规模。伴随着A股市场的逐步成熟，我们相信未来股票市场作为企业股权融资的重要渠道，必将会在我国经济发展中占据越来越重要的位置。

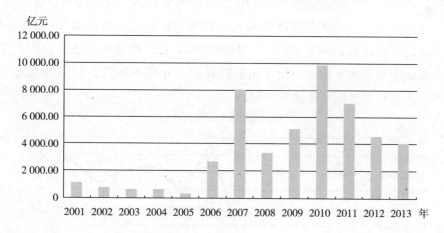

图5-3　A股募集资金额

5.1.3　投资者开户数逐步增多

截至2013年12月，A股开户总数已经从2005年的仅有266万户增长到1.8亿户，无论是增长规模和还是增长速度都是惊人的（见图5-4）。从开户数可以看到，股票已经成为我国居民的重要投资品种，已经成为除银行理财、信托、国债以外的重要投资对象，成为我国家庭资产配置的组成部分之一。从开户的年龄结构看，截至2010年的统计数据，我国开立股票账户的年龄层主要集中在20～50岁，占比76.8%，说明参与A股的投资者主要集中在年富力强的年龄段，市场较为健康。

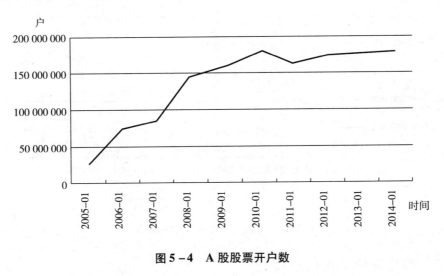

图5-4　A股股票开户数

5.1.4　机构投资者队伍逐步壮大

（一）公募基金

机构投资者的数量和管理规模是衡量一个市场成熟度的重要指标之一。一个市场越成熟，由机构管理的资产规模就会越大。从图5-5中我们看到，我国公募基金2001年以来已经取得了长足的发展，公募基金管理规模从最初的818亿元发展到2013年底的3万亿元，基金管理公司的家数也从2004年的45家发展到2013年的90余家。虽然目前其管理规模的市值占比还无法跟发达国家相比，但是相信随着A股市场的成熟，公募基金的专业性会逐步得到体现，未来管理规模也将会越来越高。

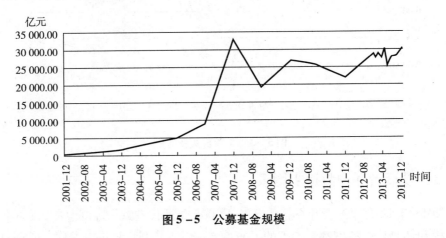

图5-5　公募基金规模

　　而从基金的类型上看，封闭式基金从 2004 年的 54 只增长到 2013 年 12 月的 137 只，增长 154%；而同期开放基金从 107 只增长到 1415 只，增长超过 12 倍。所以我们看到在这一过程中，开放式基金的发展速度要远远超越封闭式基金的发展速度，除了政策方面的原因外，这主要源于开放式基金申购赎回方便，投资者可以根据自身的资金需求和对股市的判断来进行申购和赎回，故受到投资者的广大欢迎。

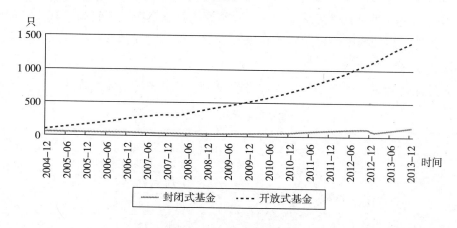

图 5-6　公募基金数量

（二）私募基金

　　在 2013 年 6 月 1 日新修订的《中华人民共和国证券投资基金法》实施后，私募基金在管理上有了重要的法规支持，也使得私募基金走向阳光化。自从 2014 年 3 月第一批 50 家私募公司获得阳光私募牌照以来，目前在基金业协会上公布的基金管理人已达 4 191 家，在基金业协会网站上备案的私募基金产品也已经达到 925 只，从公开的数据查到的私募产品数量更是达到 4 029 只。

　　新基金法使得私募从神秘走向阳光化，反而促进了私募基金公司如雨后春笋般的成立，使得整个私募行业出现了飞跃式的发展。

　　相比公募基金，私募基金虽然门槛较高（一般需要 100 万元以上投资门槛），但是由于私募基金管理人主要依靠帮助客户赚取收益从中提成的形式来获得报酬，因此相比公募基金而言，私募基金的管理人具有更强的动力去做高产品收益。同时，由于私募基金的募集对象少，有时甚至可以为单个客户量身定做一只产品，因此它更能满足多样化的需求。

5.2　股票市场风险评估方法与指标选择

　　市盈率是被广泛用来衡量股票投资价值和测量股市泡沫风险的一个重要指标。市盈率的思想源于欧文·费雪（Irving Fisher）在 1930 年提出的价值评估理论。关于市盈率的讨论，最早的可能是 Nicholson（1960），他在其文章中提出了低市盈率的股票能带来较高收益的结论。Basu（1997）发现低市盈率的股票能比高市盈率的股票带来更高的收益。格雷厄姆最早在《证券分析》一书中对市盈率作较为正式的表述，他综合其数十年的股市投资经验，认为一般好的股票的 PE 在 15 倍左右，那些高成长股的 PE 可以高一些，在 25～40 倍之间。

Landsman（1986）、Barth（1991）、Shevlin（1991）的研究认为，账面净资产包含公司未来活动的相关信息，而且在理论上如果存在强势有效市场的话，仅仅运用账面净资产就足以进行公司内在价值的估价，这时其他任何信息都是多余的。

换手率是单位时间内股票交易量与流通股本之比。股票换手率越高，其交易越旺盛，流通性越好。另外，高的换手率表示股票在投资者手中停留时间越短，投机现象严重，产生泡沫的可能性就越大。

本章通过综合考虑上述三个指标，对目前我国股票市场的整体风险进行综合衡量。

表 5－1　　　　　　　　　　　　　　　　股票市场风险评估指标

指标	释义	分类
市盈率 TTM	每股价格/每股收益（动态计算过去 12 个月的每股收益）	上海 A 股市盈率
		深圳 A 股市盈率
		沪深 300 市盈率
		中小板市盈率
		创业板市盈率
市净率 LF	总市值/最新财报净资产	上海 A 股市净率
		深圳 A 股市净率
		沪深 300 市净率
		中小板市净率
		创业板市净率
换手率（月）	一个月的总成交量/总流通股	A 股整体月换手率

5.3　我国股票市场风险评估

5.3.1　市盈率

（一）A 股总体市盈率

我们通过三个子指标来考察 A 股的总体市盈率：上海 A 股、深圳 A 股和沪深 300。通过观察，2001 年以来股票市场大致经历了三个不同阶段：

1. 第一阶段：2001—2005 年高市盈率阶段。2001 年初，我国沪深板块 A 股市盈率达到了 60～70 倍，这个水平放在整个世界范围也是非常高的。虽然当时我国经济正处于快速发展时期，名义 GDP 的增速达到两位数，60～70 倍的市盈率依然有泡沫成分。

我们看到期间深圳板块的市盈率曾高达 200 倍，这是惊人的。究其原因，是当时 2001 年年报公布之后，由于当年整个深圳板块上市公司的利润出现了 43% 的大幅下滑，进而导

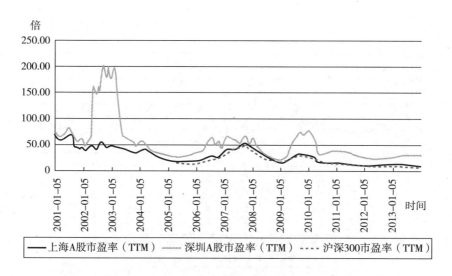

图 5-7 上海 A 股市盈率、深圳 A 股市盈率、沪深 300 市盈率

致以新的业绩数据计算的市盈率大幅上升。

2. 第二阶段：2006—2008 年高市盈率阶段。这一阶段伴随着我国股权分置改革的拉开、国内经济及世界经济的快速发展，A 股市场出现了一波前所未有的牛市，持续的时间长达两年。同样地，伴随着股市的繁荣，上海、深圳板块的市盈率都一度达到 55 倍和 65 倍，沪深 300 指数的市盈率也都一度高达 49 倍。

从这一阶段股市的上涨来看，既有经济因素，也有政策因素，但是当时我国 GDP 增速高达 14%，如果在这样的背景下来衡量当时整个股市的估值，实际上是不能算高的。然而伴随金融危机的爆发，整个世界被拖入经济增长的泥潭，受出口下滑等因素的影响，中国经济也难以独善其身，导致投资者对经济增长的预期下滑，进而引发股市暴跌。上证综指从最高点 6 124 点一路下跌到 1 664 点，市值蒸发 63%。

3. 第三阶段为 2009 年至今合理市盈率阶段。这一阶段从沪深 300 的市盈率来看，整体上 A 股市场的市盈率指标是比较健康的。但是其间深圳 A 股板块的市盈率曾上涨到 77 倍，出现了局部泡沫成分。从深成指的走势来看，受 4 万亿元政策刺激的影响，深圳板块的涨幅的确较大。然而随着危机爆发、股市下滑，A 股迎来了长达 5 年的熊市，而 A 股经历这一波漫长的调整，沪深 300 的市盈率甚至一度下滑到仅有 8.8 倍，同比我国 GDP 的增速在全世界还处于相对高位，A 股的估值在此期间是整体被低估了。

（二）各板块市盈率

分板块看，我们发现一个很明显的特征：创业板的市盈率最高，其次是中小板，最后是沪深 300，并且这种特征多年来一直保持不变。对于这种情况的解释，最常见的是认为每个板块的成长性是不同的，成长性最高的是创业板公司，然后是中小板，最后是以蓝筹股为主的沪深 300。

然而，如果我们对比这几个板块过去几年的财务数据，就能发现：（1）中小板相比沪

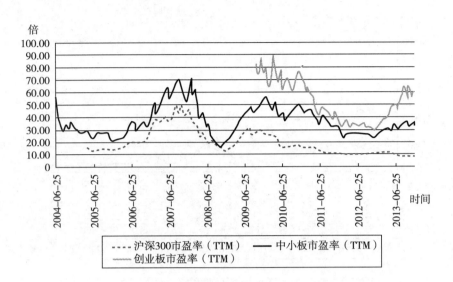

图 5 - 8　沪深 300 市盈率、中小板市盈率、创业板市盈率

深 300，无论在营业收入的成长性方面还是在利润的增长方面，都不具备太大的优势。因此，如果用成长性指标来解释这种估值的差异，我们认为是不合理的，因此我们认为实际上中小板的估值是存在泡沫成分的。并且如果以沪深 300 作为衡量基础，那么中小板的泡沫程度还较高。(2) 虽然创业板的整体利润增速相比沪深 300 的优势并不太强，但是其营收的成长性要远高于沪深 300，而营收指标是考察一个公司和行业成长性最重要的指标。因此，如果通过这个指标来衡量创业板的高估值的话，我们认为 15% ~ 30% 的高速成长性相对 60 倍左右的估值是合理的。

表 5 - 2　　　　　　　沪深 300 成分股、中小板、创业板营收和利润同比增速　　　　　　单位：%

年份	2010	2011	2012	2013
沪深 300 成分股营收同比	35.92	22.25	9.36	9.16
营业利润同比	35.66	16.45	4.36	12.89
中小板营收同比	33.22	22.79	10.81	16.46
营业利润同比	34.56	6.95	-10.66	7.29
创业板营收同比	37.29	26.74	15.70	23.99
营业利润同比	29.63	13.79	-13.13	12.33

注：剔除了当年新上市成分股、ST 股。

(三) 市盈率国际比较

从几个主要发达国家股票指数的历史 PE 来看，2003 年以来标准普尔 500 指数的市盈率平均值为 16.5 倍、富时 100 指数为 19.5 倍、德国 DAX 指数为 18.6 倍、恒生指数为 13.7 倍。而对比我国沪深 300 指数的 8.8 倍市盈率，结合我国相比发达国家快速增长的 GDP，我们认为 A 股的市盈率水平是被低估的，其投资价值和未来成长性值得期待。

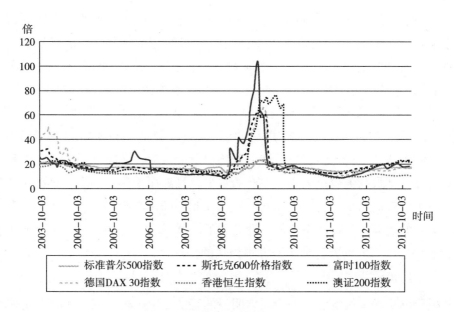

图 5 – 9　国际主要股票指数市盈率

5.3.2　市净率

（一）A 股整体市净率

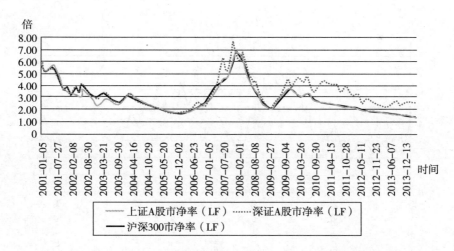

图 5 – 10　上证 A 股市净率、深圳 A 股市净率、沪深 300 市净率

从市净率的走势看，其自 2001 年以来也大致经历了三个阶段：

1. 第一阶段：2001—2005 年。伴随着 A 股在这一时期经历的一波长达 4 年的漫长熊市，我们看到这一阶段上证 A 股市净率和深圳 A 股市净率的趋势几乎是同步的。这一阶段 A 股的市净率走势从近 6 倍的水平起步，一路下滑到 2005 年底的仅有 1.5 倍左右的水平，A 股市净率经历了一个长期的下滑周期，其估值也从泡沫逐渐回归到理性。

2. 第二阶段：2006—2008 年。这一阶段 A 股经历了历史上最大的一波牛市，上证指数从 998 点一路上行到最高的 6 124 点，涨幅超过 6 倍，其间上海 A 股、深圳 A 股、沪深 300 的市净率走势也几乎同步上升到前所未有的近 8 倍的高度。金融危机爆发后，上海 A 股、深圳 A 股、沪深 300 的市净率下滑到 2008 年 10 月底的 2 倍左右的水平。这一时期的 A 股特征表现为泡沫的急剧膨胀和急剧破灭的过程，市净率指标非常好地刻画了 A 股的泡沫演变过程。

3. 第三阶段：2009 年至今。随着 4 万亿元的财政刺激，2008 年 11 月至 2009 年 8 月股市曾走出一波短暂的上行行情，之后迎来了历史上最长的一波熊市。A 股市净率再也没有回归到历史高点，其最高值也仅为 4 倍左右的水平，且沪深 300、上证 A 股的市净率一路下滑到 1.3 倍的历史最低水平。与以往不同的是，在此期间深圳板块市净率走出了与上海 A 股、沪深 300 不同的走势，其市净率走势一直高于上海 A 股和沪深 300，至 2013 年底维持在 2.6 倍左右的水平，显示出投资者对 A 股深圳板块的偏好。

（二）各板块市净率

从各板块的市净率情况看，一个非常明显的特征是中小板、创业板的市净率水平要高于沪深 300 市净率，并且其差距在 2009 年以后表现得异常明显。从各板块的情况看，2013 年底代表着主板的沪深 300 指数其市净率只有 1.3 倍的水平，而同期创业板市净率为 4.45 倍，中小板市净率为 3.14 倍。从各板块成长性的差异看，特别是创业板营收增长速度要明显高于沪深 300 的上市公司，因此我们认为目前这一市净率水平也是处于合理区间。

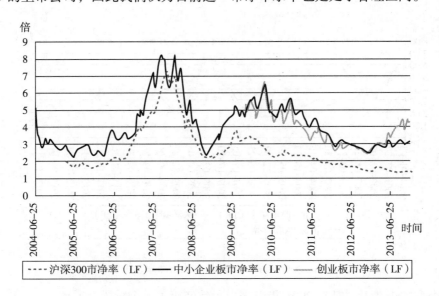

图 5-11　沪深 300 市净率、中小板市净率、创业板市净率

（三）市净率国际比较

从国际几个主要市场过去十几年的市净率走势看，其波动范围基本维持在 1~4 倍的区间。恒生指数的市净率均值为 1.8 倍，富时 100 指数市净率均值为 2.1 倍，德国 DAX 指数市净率均值为 1.5 倍，日经指数市净率均值为 1.6 倍，标普 500 指数市净率均值为 2.6 倍。

因此，2013 年底沪深 300 市净率 1.3 倍的水平，不但低于各主要市场的历史平均水平，同时也低于主要市场的同期水平。因此，从市净率的角度看，我们认为 A 股市场整体的估值是偏低的。

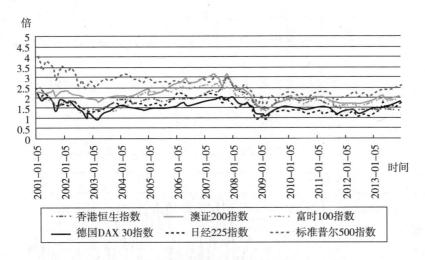

图 5 - 12 国际主要股票指数市净率

5.3.3 换手率

从图 5 - 13 我们能看到，2001 年以来 A 股的换手率大致有两个高峰期，分别为 2006 年 4 月至 2007 年 6 月、2009 年 4 月前后的小高峰。如果仔细对比上证指数的走势，我们会发现这两波高峰都正好处于每一次牛市上涨期间的指数爬升阶段，并且在股市巅峰到来前出现下滑。

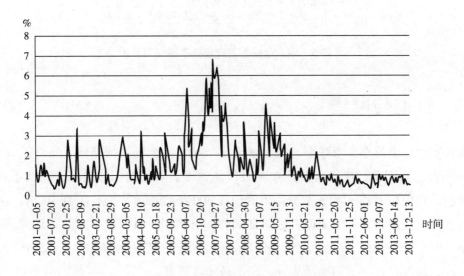

图 5 - 13 A 股整体换手率（日）

因此，换手率可以作为领先指标来预测股市泡沫的到来和破灭。当换手率急剧爬升时，这是泡沫的形成阶段；当换手率达到巅峰后出现下降，伴随着股市继续上扬或者出现回调，则股市的泡沫已经处于破灭前期，其风险已经集聚。

对于换手率的合理区间，由于各国间的制度环境差异较大，难以按照各国的平均水平来衡量其合理水平。图 5 – 14 显示，2001 年以来世界主要交易所的换手率中，上海证券交易所和深圳证券交易所的换手率都是较高的，特别是深圳证券交易所的换手率水平更是绝冠全球。

因此从动态看，A 股目前的换手率是处于历史以来较低水平的，我们认为 A 股估值目前也是处于历史上较合理的状态。

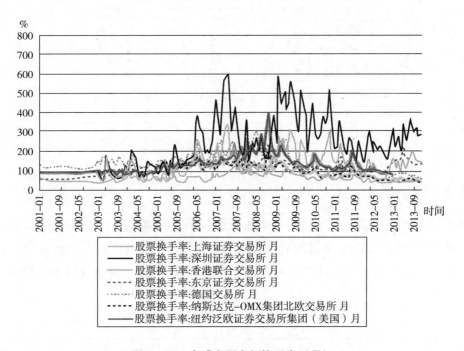

图 5 – 14　全球主要市场换手率（月）

5.4　结论与展望

本章我们通过市盈率、市净率、换手率这几个方面对 A 股现状进行了分析。

1. 从市盈率指标看，我们认为目前 A 股市场整体上不仅不存在泡沫，而且还具有较大的投资价值。目前代表着 A 股大部分市值的沪深 300 指数市盈率尚且不到 10 倍，这么低的市盈率对于我国快速增长的经济而言是非常低的。虽然创业板市盈率较高，达到 60 倍左右的市盈率，但由于创业板上市公司的营收增长速度长年维持在 15% 以上，我们认为其估值也比较合理，即使存在一定的泡沫成分，也不是非常严重。

2. 从市净率指标看，A 股整体市净率也处于历史低位，沪深 300 市净率仅为 1.3 倍左右，这指标放在全球比较也是极低的。虽然同样的创业板和中小板的市净率相对较高，分别达到了 3.1 倍和 4.45 倍，较高的市净率也对应着这两个板块快速增长的营收增速，而且从历史看这两个板块的市净率也是偏低的，对比国外市场的情况来看也不存在严重泡沫。

3. 从换手率指标看，A 股的换手率与纽约、伦敦等世界主要交易所相比长期处于高位，特别是深圳证券交易所的换手率甚至是国外市场的 3 ~ 4 倍。但从动态看，目前上海证券交易所和深圳证券交易所的月度换手率分别为 143.50% 和 287.50%，与其平均水平 138.34% 和 248.03% 比较接近，我们认为目前 A 股整体换手率处于合理区间。

虽然目前 A 股市场总体比较健康，但有些潜在风险也需要警惕。一是融资融券创新带来的潜在风险。自从 2010 年我国融资融券业务试点以来，融资融券业务取得了突飞猛进的发展，截至 2013 年底，融资融券余额已经达到近 3 500 亿元，这对促进 A 股的活跃度是非常有帮助的。但融资融券也是双刃剑，随着融资融券余额的不断提升，A 股的杠杆风险会越来越高，特别是 A 股融资余额的单边放大、融券功能的缺失导致 A 股风险对冲能力不足。届时只要稍微出现一点波动，因杠杆导致的抛售会同样数倍地放大 A 股下跌的风险，进而导致 A 股市场的剧烈波动，引发 A 股系统性风险的爆发。二是监管层习惯性地运用 IPO 停发来呵护股市，加上我国长期缺失完善的退市制度，投资者长期热衷于投资风险过高的股票，容易引起 A 股的泡沫。

因此，要促进我国股票市场的平稳运行，需要进一步完善股市制度。比较迫切的是平衡融资融券的发展，避免 A 股在下一次牛市来临时集聚过高的系统性风险。同时完善 A 股上市和退市制度，让我国股票市场形成良性循环、优胜劣汰，保持 A 股市场的吸引力和投资价值。

参考文献

［1］何诚颖：《中国股市市盈率分布特征及国际比较研究》，载《经济研究》，2003（9）。

［2］赵志君：《股票价格对内在价值的偏离度分析》，载《经济研究》，2003（10）。

［3］周春生、杨云红：《中国股市的理性泡沫》，载《经济研究》，2002（7）。

［4］Nicholson, S. F., "Price – earnings rations", *Financial Analysts Journal*, Vol. 16, no. 4, 1960, 43 –45.

［5］Basu, S., "Investment performance of common stocks in relation to their price – earnings rations：A test of the efficient marketthyppothesis", *Journal of finance*, Vol. 32, no. 3, 1977, 663 –681.

［6］Shiller, R. J., Bubbles, 2001, "Human Judgment, and Expert Opinion", *Cowles Foundation Discussion Paper*, No. 1303, 2000, Irrational Exuberance, Princeton University Press.

第6章 债券市场风险评估

6.1 债券市场发展概况

6.1.1 银行间债券市场

（一）发展历程

1997 年 6 月，根据国务院统一部署，人民银行发布了《中国人民银行关于各商业银行停止在证券交易所证券回购及现券交易的通知》（银发〔1997〕240 号），要求商业银行退出上海证券交易所和深圳证券交易所市场，同时规定各商业银行可通过全国银行间同业拆借中心提供的交易系统进行回购和现券交易，银行间债券市场正式启动。

1999 年，银行间债券市场已成为中国债券发行的首要场所。2000 年 9 月，人民银行批准财务公司进入银行间债券市场。自此，银行间债券市场组织成员达到 693 家金融机构，基本覆盖中国的金融体系。从 1998 年起，中国人民银行开始在部分地区开展试点工作，由一些规模较大、经营状况好的商业银行代理中小金融机构进行债券交易。为了推动结算代理业务，规范业务行为，2002 年中国人民银行又下发了《关于开办债券结算代理业务有关问题的通知》。此后有多家商业银行开展了代理中小金融机构进行债券结算业务，中小金融机构在债券市场的活跃程度明显提高。

为了进一步提高债券市场的流动性，2001 年 9 月中国人民银行批准工农中建等 9 家商业银行成为债券双边报价商。2010 年 12 月，银行间债券市场已有 23 家做市商。此时，银行间债券市场的债券发行量、交易量、托管量已超过了交易所市场。2002 年 4 月，市场准入由审批制改为备案制，2002 年 10 月公布了 39 家开办债券结算代理业务的商业银行，银行间债券市场参与者的范围包括所有金融机构和非金融机构法人。截至 2003 年末，银行间债券市场交易主体从启动之初的 16 家商业银行总行，增加到 11 大类、2 895 家机构投资者，到 2012 年已有上万家机构投资者。

2005 年，人民银行提出了"创新、发展、规范、协调"的银行间债券市场建设方针，大力推进市场创新，实现债券市场的持续协调发展。2007 年 9 月，银行间会员自律组织"中国银行间市场交易商协会"成立，这标志着银行间债券市场进入一个新的发展阶段。

（二）运行特征

1. 债券品种不断丰富。2004 年，银行间债券市场的交易品种包括国债、中央银行票据、政策性金融债及中信集团公司债等；交易工具包括现券买卖、质押式回购和买断式回购；2009 年，银行间债券市场推出地方政府债券、中小企业集合票据；2010 年，推出政府支持机构债券、信用风险缓释工具（CRM）、超短期融资券；2011 年推出非公开定向债务融资工具，2012 年诞生了资产支持票据。截至 2014 年 3 月 31 日，银行间债券市场已有 27 种债券类别，托管量达到 2 826 只债券。银行间债券市场的多品种债券对提高市场流动性发挥了重要作用，在我国债券市场占有重要地位。

2. 市场交易主体数量大幅增加、类型逐渐多样化。1999 年，城乡信用社成为银行间债券市场成员，2000 年 9 月财务公司可以进入银行间债券市场，2002 年起，我国允许境内外资金融机构以备案的形式进入银行间债券市场。2006 年，允许货币经纪公司进入银行间市场。至今，银行间债券市场参与主体从政府、政策性银行扩大到商业银行、企业财务公司、汽车金融公司和金融租赁公司等。2013 年，中国监管机构实行开放政策，鼓励 QFII 进入银行间债券市场。随着参与者不断增加，市场交易队伍亦不断壮大。

3. 债券市场进一步开放。2009 年推动内地港资法人银行和财政部先后在香港成功发行人民币债券，允许金融租赁公司和汽车金融公司发行金融债券；2010 年推动上市商业银行在证券交易所参与债券交易试点，允许境外人民币清算行等三类机构运用人民币投资银行间债券市场，促进了银行间债券市场的开放。2013 年更是放宽政策，鼓励 QFII 进入银行间债券市场。

4. 市场法规不断完善。在银行间债券市场的建设过程中，中国人民银行先后制定了《全国银行间债券市场债券交易管理办法》《债券结算代理业务管理规定》《双边报价商管理规定》《全国银行间债券市场金融债券发行管理办法》《银行间债券市场债券招标发行管理细则》等多项规章文件，不断完善市场法规，使各项业务有法可依，有章可循，为银行间债券市场健康、快速发展奠定了良好的制度基础。人民银行发布了关于债券远期交易、债券借贷等的信息披露和风险监测有关事项的通知，完善了市场债券交易信息披露制度，提高了市场透明度。交易平台的构建和完善，也进一步提高了市场的透明度。

5. 市场自律行为强化。中国人民银行组织中介机构和市场参与者制定了《全国银行间债券市场债券质押式回购主协议》和《全国银行间债券市场债券买断式回购主协议》等行业自律性规范文件，强化市场自律行为。2009 年 9 月，交易商协会发布《银行间债券市场交易相关人员行为守则》，同年 11 月发布《银行间债券市场债券交易资料规则》。2009 年 9 月，《银行间债券市场债券交易监测工作方案》发布，这些规则从自律角度规范了银行间债券市场参与者行为，对防范市场风险有重要作用。

6. 机构创新、服务实体经济功能增强。在银行间债券市场发行的国债和地方政府债、政策性银行金融债、政府支持债券，保证了国家积极财政政策的实施和重点规划项目建设的推进。自银监会分别于 2011 年 5 月和 10 月发布《中国银监会关于支持商业银行进一步改进小企业金融服务的通知》和《中国银监会关于支持商业银行进一步改进小型微型企业金融服务的补充通知》后，2012 年共发行小微企业专项金融债券 22 只，合计 1 680 亿元，募集资金有力地支持了小微企业的经营发展。2013 年，各商业银行共发行小微企业专项金融债券 32 只，发行额合计 1 110 亿元，募集资金全部用于发放小型微型企业贷款；同时，有 100 家企业在银行间债券市场发行了 35 期中小企业集合票据和区域集优中小企业集合票据，募集资金 71.6 亿元，有效地支持了中小企业的经营发展。

6.1.2　交易所债券市场

（一）发展历程

1990 年 12 月上海证券交易所成立，开始接受实物债券的托管，在交易所开户后可进行记账式债券交易，形成了场内和场外交易并存的市场格局。但 1994 年前交易所的交易量一直很小。当时债券市场主要交易的是不记名的实物债券，没有统一的托管机构，交易只能在代保管机构所在地进行，不能跨地区交易。1994 年以后，机构以代保管单的形式超发和卖空国库券的现象相当普遍，市场风险巨大。以各级财政部门的国债服务部、信托和证券公司为主的无记名实物券国债柜台转让市场，因滥发假国债代保管单而被关闭。以武汉证券交易中心等为代表的区域性国债回购市场，由于虚假国债抵押，并且市场回购资金又有相当部分投向房地产或股市，导致它们在 1995 年最终关闭。

1994 年财政部发行国债 1 028 亿元，比上年增加近两倍，从而也促进了交易所债券交易的活跃。更为重要的是，这一年，交易所开辟了国债期货交易，在其配合下，交易所债券市场的债券现货交易开始明显放大。这种状况一直维持至 1995 年 5 月，之后因国债 "327" 事件，国债期货市场关闭，交易陡然萎缩。当时，财政部和市场管理部门将实物券流通中所发生的问题归因于场外市场的存在，并认为记账式债券是交易所才能拥有的特性。1995 年 8 月，国家正式停止一切场外债券市场，证券交易所变成中国唯一合法的债券市场。

1995 年财政部仅试点发行了 117 亿元的记账式国债，到了 1996 年，记账式国债开始在上海证券交易所、深圳证券交易所大量发行。这一年，证券交易所发行了六期共 1 116.7 亿元的记账式国债，占当年国债发行量的 52.5%。同时，二级市场成交量也迅速放大，1996 年上海证券交易所和深圳证券交易所债券成交量比 1995 年增长了近 10 倍，其中上海证券交易所占成交总量的 95% 以上。与此同时，随着债券回购交易的展开，初步形成了交易所债券市场体系。

1997 年 6 月，人民银行要求各商业银行一律停止在交易所进行债券交易，改为在全国同业拆借中心进行债券交易。而随着银行间债券市场的快速发展，交易所债券市场逐渐萎缩，其交易量远小于银行间市场。

2000—2004 年是交易所债券市场的整顿阶段。在此期间其管理体制带有浓厚的计划经济色彩，债权审批程序长，企业债发行规模不大。企业债券以大型央企和银行担保为信用基础，类似准政府债。2000 年财政部、国家开发银行等政策性银行又在银行间债券市场发债

3 904亿元，占当年中国债券发行总量的62%。随着银行间债券市场规模的扩大，场外债券市场已渐渐演变为中国债券市场的主导力量。银行间市场逐渐发展成为一个事实上的全国债券场外交易市场，而交易所的交易量近年却在不断萎缩。2001年以后，中国人民银行、中国证监会和财政部等主管部门加速了交易所债券市场和银行间债券市场的统一互联工作。首先是两个市场的参与机构的统一，其次是财政部开始尝试发行跨市场国债（跨交易所和银行间债券市场）。2002年上海证券交易所推出企业债回购。2003年国债回购开始按月调整标准券比例。

2008年企业债券计入投资者证券账户，国债回购和企业债回购并轨运行。2009年公司债发行实施分类管理。2010年交通银行在上海证券交易所完成首单交易，成为13年后第一家进入交易所市场的上市商业银行。2011年推出上证债券信息网和投资者适当性管理制度。2012年成功推出中小企业私募债券。2013年推出国债期货。

（二）运行特征

交易所债券市场的"边缘化"问题。在银行间债券市场的挤压下，交易所市场处境相当尴尬，尤其是2005年底银行间市场对企业债开放后，交易所企业债与银行间市场企业债的交易投资差距进一步拉大。资金实力雄厚的商业银行能够参与银行间市场，却不能参与交易所市场，而参与交易所市场的券商、基金等，又基本上可以参与银行间市场，这导致企业债交易所市场与银行间市场无法站在同一起跑线上。由于债券市场参与者以机构为主，流动性的好坏直接影响市场的交易投资，银行间市场由于机构众多，流动性更强，进一步吸引更多的机构参与其中，相比之下，交易所市场越是没有成交量，交易投资情况越冷清，也就越来越"边缘化"。

6.1.3 债券市场运行状况

从表6-1可以看出，虽然银行间市场和交易所市场都有快速发展，但银行间债券市场的发展速度要明显高于交易所市场。银行间债券市场的规模和成交金额均远大于交易所债券市场。2012年，银行间市场的规模达到92 318.27亿元，而交易所债券规模仅为11 882.23亿元。但从利率看，2005年之前交易所债券市场的加权平均利率和银行间债券市场加权平均利率大体相等，但2006年以后交易所债券市场的加权平均利率要高于银行间市场加权平均利率。

表6-1 债券市场主要运行数据

		规模 （亿元）	成交量 （笔数/万手）	成交金额 （亿元）	加权平均 利率（%）
2002年	银行间市场	10 102.35	7 211	101 885.21	2.08
	交易所市场	2 991.63	328 128.44	33 128.32	2.07
2003年	银行间市场	11 653.96	26 028	117 203.42	2.34
	交易所市场	4 113.13	587 148.29	58 755.96	2.33

续表

		规模 （亿元）	成交量 （笔数/万手）	成交金额 （亿元）	加权平均 利率（%）
2004 年	银行间市场	15 203.49	26 033	93 104.90	2.19
	交易所市场	4 338.40	472 739.13	47 053.09	2.18
2005 年	银行间市场	20 378.79	54 724	156 784.34	1.37
	交易所市场	4 206.33	265 135.18	26 401.80	1.36
2006 年	银行间市场	25 872.58	87 713	263 020.63	1.96
	交易所市场	3 829.12	96 366.74	10 633.49	2.08
2007 年	银行间市场	33 564.64	90 045	112 914.83	2.23
	交易所市场	3 382.89	195 985.43	19 545.67	2.79
2008 年	银行间市场	42 335.28	183 575	360 050.75	2.61
	交易所市场	4 365.84	268 166.94	26 391.17	2.94
2009 年	银行间市场	51 924.52	214 693	677 007.32	1.07
	交易所市场	4 698.96	378 039.48	37 560.98	1.25
2010 年	银行间市场	59 105.24	307 815	846 533.48	1.79
	交易所市场	6 300.54	681 671.65	67 539.43	2.16
2011 年	银行间市场	75 409.69	407 253	966 649.67	3.49
	交易所市场	8 252.59	2 009 998.78	200 841.33	4.08
2012 年	银行间市场	92 318.27	494 079	1 366 173.92	3.00
	交易所市场	11 882.23	3 473 099.35	347 242.17	3.47

6.2　风险评估指标

在评价我国债券市场的风险时，本报告主要从三个方面加以考虑：违约风险、流动性风险和利率风险。又由于我国债券市场的分隔特性，在评估风险时，针对银行间市场和交易所市场分别进行评估。进一步考虑到不同类型的债券之间的巨大差异，本报告也对每种类型的债券分别进行了考虑。

6.2.1　违约风险

违约风险，又称信用风险，是债券市场中最为重要、最为核心的风险。20 世纪 90 年代以来，一些大型银行和金融集团开始尝试开发信用风险高级模型，主要包括 KMV 模型、CreditMetrics 模型、CreditRisk + 模型等。

具体而言，Kealhofer、McQuown 和 Vasicek 基于期权定价的方法开发出 KMV 模型（也称为信用监测模型），用来评估和预测企业的违约事件。KMV 模型主要使用股票市场的数据，对于公司债来说，股票市场的数据容易获取，使用 KMV 模型没有什么问题。并且由于股票市场的数据处于动态更新中，KMV 模型也可以动态更新其结果，反应迅速。但对于非上市公司来说，由于其资料不易获得，KMV 模型难以适用，结果也往往不够精确。

CreditMetrics 模型是在风险价值（VaR）理论的基础上发展起来的，由 J. P. Morgan 公司于 1997 年推出，主要用于贷款等非交易性资产的风险计算。CreditMetrics 模型认为，如果信用评级体系是有效的，则信用风险来自于企业信用等级的变化，而信用等级的变化可通过信用转换矩阵（Transition matrix）来进行衡量。但如果企业信用评级长时间没有发生变化和调整，CreditMetrics 模型的结果的精确性也难以令人满意。如果缺少信用评级，CreditMetric 模型则无用武之地。

CreditRisk + 模型即信用风险附加模型，是由瑞士信贷银行于 1997 年开发的信贷风险管理系统。CreditRisk + 模型采用保险精算学中的统计学模型来计算贷款的价值损失分布。CreditRisk + 模型的优点是输入参数少，但 CreditRisk + 模型认为违约相关性一般由外部事件引起，如地区经济增长、行业衰退等。此外，CreditRisk + 模型需要将风险暴露划分为不同的频段，也难以运用于所有的债券。

除了上述三种较为流行的信用风险度量模型，还有其他一些方法（例如 Credit Portfolio View 模型）。但这些模型或者需要违约数据，或者需要进行大量的蒙特卡罗模拟。考虑到我国现阶段几乎没有违约事件（特别是本金违约事件），信用评级的覆盖也不够全面，前述模型难以适用于全部的债券种类。为此，本报告暂时采用最为简单明了的方法，运用风险债券和无风险债券之间的息差来度量潜在的违约风险。其中无风险债券使用国债进行替代。

6.2.2　利率风险

利率风险（Interest Rate Risk）是指因利率变动，导致附息资产（如贷款或债券）或金融机构承担价值波动的风险。对债券而言，未来利率的不确定性会导致其未来的价值产生波动。

对债券利率风险的研究来由已久，Macaulay（1938）在研究债券的期限结构时，提出了久期（Duration）的概念。他提出利用收到债券未来现金流的加权平均时间来测定债券价格，用久期来反映债券价格对利率变动的敏感性，从而衡量债券的利率风险。Hicks（1939）对 Macaulay 久期进行了修正，建立了修正的 Macaulay 久期。修正的 Macaulay 久期更直观地反映了久期的本质特征，即利率变动对债券价格变动率的影响。但 Macaulay 久期有一系列的隐含假设，主要包括：（1）价格与收益率之间是呈线性关系的；（2）各期的贴现率是固定不变的，即收益曲线是平坦的；（3）当利率变动时整个收益率曲线移动统一的量，即收益曲线发生平行移动；（4）未来现金流不随利率的变化而发生变化，即固定不变。

显而易见，Macaulay 久期的假定与现实不完全相符。为了弥补 Macaulay 久期的不足，研究者们对其进行了适当的修正。Fisher 和 Weil（1971）在 Macaulay 久期的基础上提出了 FW 修正久期。与 Macaulay 久期按到期收益率贴现未来现金流不同，FW 久期将现金流用每一期限的即期利率进行贴现，该久期弥补了 Macaulay 久期假定收益率曲线平坦的不足。

6.2.3　流动性风险

流动性是资产最重要的属性之一，也是反映金融市场质量最重要的因素之一，适度的流动性能够促进市场交易，提高市场的效率，降低融资成本。按照 Amihud 和 Mendelson（1986）的定义，流动性是指在一定时间内完成交易所需的时间或成本，或者寻找一个理想的价格所需的时间或成本。对债券市场流动性风险的研究也由来已久，有众多指标可从多个维度对流动性进行度量。例如买卖价差、换手率、零收益率天数和 Amihud 指标等。

在上述指标中，买卖价差需要用到每天的交易数据，例如最常用的收盘时刻的买卖价差。如果市场整体的交易较为活跃，能够获得每天的买卖价格数据，买卖价差是度量流动性的较为理想的指标。但就我国债券市场而言，有相当的债券在某些天没有交易，此时用收盘时刻的买卖价差就难以度量。由于没有交易，也就没有价格，这导致采用一阶差分的价格序列的协方差来估计买卖价差的方法也难以使用。基于同样的原因，在现阶段，Amihud 指标在我国的债券市场并不十分适用。其他的指标，例如基于高频数据的方法，在我国债券市场同样不适用。

为此，考虑我国债券市场的现实特征，本报告在度量流动性时主要使用换手率进行测度。

6.3　债券市场风险评估结果

6.3.1　交易所债券市场

（一）国债

国债利率风险总体水平较低。从图 6 - 1 可以看出，交易所交易国债的利率风险逐渐降低。2000—2003 年交易所国债的修正久期较大，随后明显降低，2005—2012 年均维持在4～5 年之间，2013 年降低到 4 年以下。总体来看，交易所市场的国债利率风险 2005 年之后基本维持在一个较低的水平。

交易所市场国债流动性整体较差。见图 6 - 2，国债市值加权平均换手率从 2000 年至 2004 年不断下降，之后一直保持在较低的水平，并且存在逐年降低的趋势。这表明交易所债券市场上国债的流动性较差。

（二）企业债

企业债违约风险总体较低。图 6 - 3 描述了不同信用评级债券与国债的息差。可以看出，四种信用级别的企业债与国债之间的息差没有表现出明显地随时间变化的趋势，均维持在一个较为平稳的水平。各信用等级的企业债息差随着信用评级的提高而降低。特别值得注意的是，在 2008 年、2009 年金融危机期间，企业债的息差达到最高峰，其中无信用评级（No Rating）的企业债其息差在 2009 年达到 4.02%，这表明危机期间的企业债的违约风险较高。

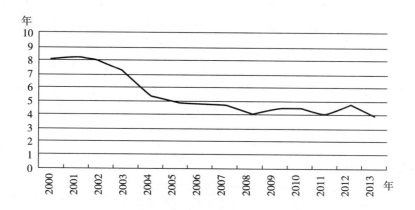

图6-1 交易所交易国债市值加权平均修正久期

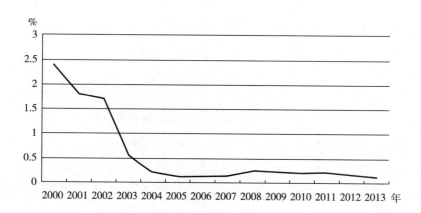

图6-2 交易所国债市值加权平均换手率

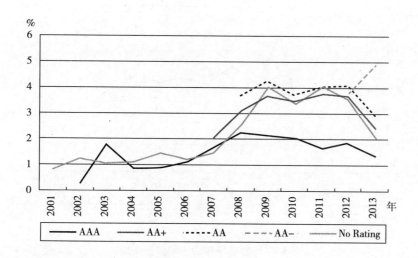

图6-3 交易所债券市场息差

从 2013 年看，企业债的违约风险呈上升趋势。从图 6-4 可以看出，随着时间推移，低信用级别的企业债与国债之间的息差呈上升趋势，而高信用级别的企业债其息差基本不变，或者甚至呈下降趋势。信用级别最低的 AA-级企业债其息差在 2013 年 1 月为 3.83%，但在 2013 年 12 月增加为 5.93%。这意味着企业债的违约风险在 2013 年呈上升趋势。

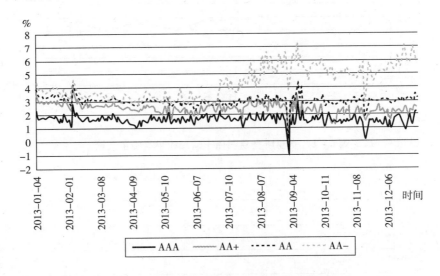

图 6-4　交易所债券市场企业债与国债的息差

企业债久期整体呈下降趋势。图 6-5 描述了交易所债券市场修正久期的时序图，从中可以看出，AAA 级债券在 2002—2004 年波动幅度较大，之后与其他信用评级债券类似，呈逐渐下降的趋势。这表明交易所债券市场的企业债其利率风险也在逐年降低。此外，不同信用评级债券的久期在 2010 年之前差别较大，随后呈逐渐收拢的趋势。

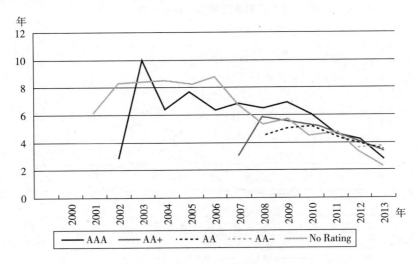

图 6-5　交易所债券市场修正久期

企业债流动性总体较差，低信用等级的企业债流动性相对较高。图 6-6 描绘了交易所交易市场企业债市值加权的平均换手率。从图中可以看出，各信用评级债券的换手率均比较低，但变化趋势不尽相同。除了信用等级最差也是换手率最低的 AA－级债券之外，债券换手率随着信用等级的增加而降低。

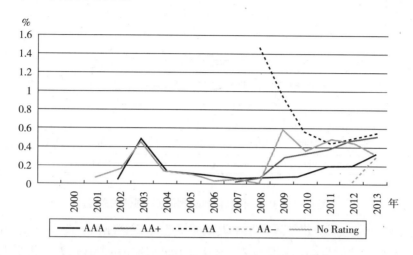

图 6－6　交易所债券市场企业债平均换手率

除换手率之外，各等级债券的交易活跃程度还可以用年平均未交易天数来表示，具体见图 6－7。与换手率传递的信息相类似，平均未交易天数随着债券信用等级的降低而减少，AA－级债券 2013 年的平均未交易天数为 132 天，比 AAA 级债券在当年的平均未交易天数少了近 100 天。这意味着交易活跃程度随着信用等级的降低而增加。

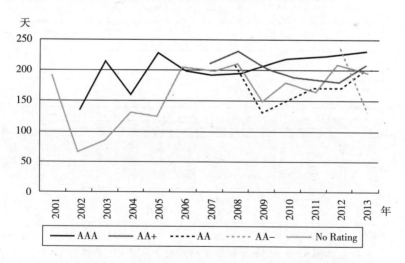

图 6－7　交易所债券市场企业债平均未交易天数

（三）公司债

高信用等级企业债的违约风险不断降低，企业债整体的违约风险小于公司债。图 6－8 给出了交易所债券市场上公司债与国债的息差。从时间趋势上来看，高信用级别的公司债其息差呈现小幅收窄的特征，低信用级别的债券在各年间的息差基本稳定。对于 AA＋和 AA 级债券，公司债的息差要小于企业债，意味着其违约风险要低于企业债。

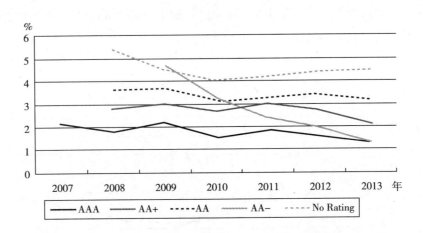

图 6 - 8　交易所债券市场公司债与国债的息差

从 2013 年看，公司债的违约风险呈上升趋势，但小于企业债。图 6 - 9 给出了交易所债券市场上公司债与国债的息差。总体来看，高信用级别的公司债其息差变化不大，甚至略有下降，但低信用级别的 AA - 级债券其息差却呈现出扩大的趋势，从 2013 年 1 月的 3.72% 增加到 12 月的 5.66%。但对比 AA - 级的企业可以看出，公司债的息差要小于企业债。这意味着公司债的违约风险也呈现出上升的趋势，但违约风险要低于企业债。

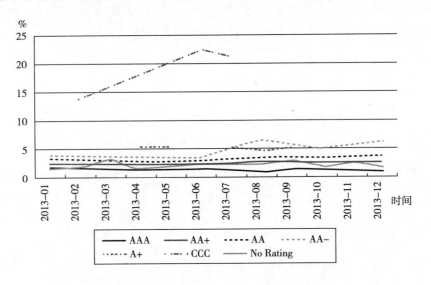

图 6 - 9　交易所债券市场公司债与国债的息差

债券久期逐渐降低，利率风险逐年下降。从图 6 - 10 可以看出，与企业债的修正久期相类似，2010 年之前不同信用级别的公司债久期存在一定的差别，但均表现出逐年降低的趋势，各信用等级债券的久期在 2010 年之后逐渐减小。最高信用级别的 AAA 级债券久期从 2008 年的相对最高，下降到了 2013 年相对最低的水平，这表明高信用级别债券的利率风险下降速度最快。

公司债流动性总体较差，低信用评级的公司债流动性相对较好。图 6 - 11 描绘了交易所

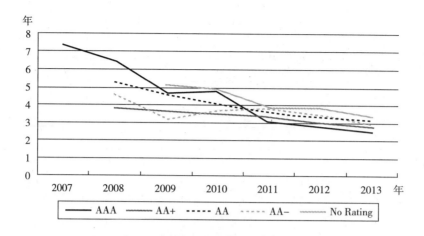

图 6 – 10　交易所债券市场公司债修正久期

市场公司债市值加权平均换手率。公司债的换手率在不同信用评级债券的分布情况同样与企业债类似，具体表现为换手率随着信用等级的下降而增加，特别是最低信用等级的 AA – 债券在 2009 年达到了 3.2% 的最大值。从整体上来看，公司债的换手率略低于企业债。

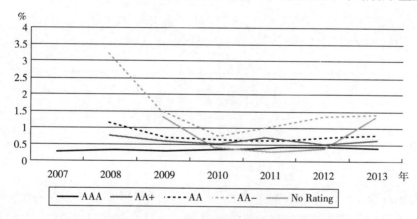

图 6 – 11　交易所债券市场公司债换手率

6.3.2　银行间债券市场

（一）国债

利率风险相对较小，且低于交易所市场。银行间国债市值加权平均修正久期如图 6 – 12 所示。从图中可见，银行间债券市场上国债的修正久期平均在 4.5 年左右，各年间变化幅度不大，2002 年达到了 5.4 年的最大值，在 2007 年处于 3.7 年的最小值。对比交易所债券市场，银行间市场国债的久期略低一些，但波动幅度相对更大。

流动性指标波动性较大，总体呈现出先上升后下降的趋势。从图 6 – 13 可以看出，银行间国债市值加权平均换手率从 2000—2008 年不断上升，在 2008 年到达 1.81% 的峰值之后一路下滑，2010 年之后一直维持在一个极低的水平。这表明银行间市场国债的流动性在 2000—2013 年先上升后下降。

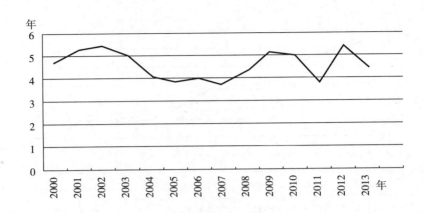

图 6 - 12　银行间市场国债修正久期

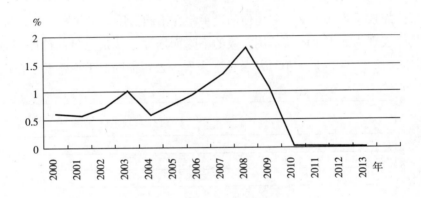

图 6 - 13　银行间市场国债换手率

（二）企业债

违约风险相对较小，但存在较明显的上升趋势。图 6 - 14 给出了银行间债券市场上企业债与国债的息差。息差随着信用评级的降低而增加。并且随着时间的推移，各信用等级的企业债其息差都有略微扩大的趋势。这表明银行间交易市场的企业债的违约率存在上升趋势，但整体仍保持在较低的水平。2010 年之前各信用评级企业债息差的变动形态差别较大，2010 年之后变动形态基本一致。

利率风险相对较小，略低于交易所市场。图 6 - 15 描述了不同信用评级企业债的修正久期。从图中可见，企业债市值加权平均修正久期随着信用评级的增加而增加，并具有随时间推移不断下降的趋势。对比交易所债券市场可以看出，银行间债券市场的久期略低，但波动幅度略大。

流动性相对较好，但随着时间推移其流动性水平不断降低。从图 6 - 16 可以看出，银行间企业债市值加权平均换手率在 2005—2008 年相对较大，但是 2008 年以后迅速降低，2013年 AAA 级债券的平均换手率仅为 0.06%。此外，与交易所市场类似，企业债换手率随着信用等级的增加而降低。

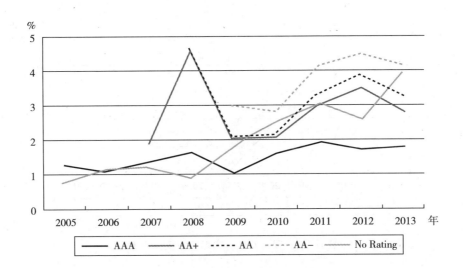

图 6 – 14　银行间债券市场企业债与国债的息差

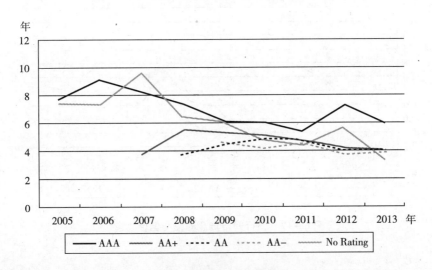

图 6 – 15　银行间债券市场企业债修正久期

（三）金融债

金融债息差整体保持低位，违约风险较低。金融债与国债之间的息差见图 6 – 17。从图中可见，随着时间推移，除了 AAA 级金融债的息差略有小幅度上升，其他评级金融债的息差均保持在较低水平，表明金融债的违约风险较低。

金融债利率风险较小，波动幅度不大。图 6 – 18 描绘了金融债按市值加权计算的修正久期，从图中可以看出，随着时间的推移，无信用评级的金融债的修正久期从 2002 年的最大值逐渐减小，之后一直保持在 4 年左右的水平，有信用评级的企业债的修正 2005 年之后均维持在 4 年以下，且波动幅度不大。这意味着金融债的利率风险整体较低。

金融债流动性呈下降趋势。银行间市场金融债市值加权平均换手率如图 6 – 19 所示。从中可以看出，2008 年之前所有信用评级债券的换手率均逐渐上升，2008 年所有信用评级的

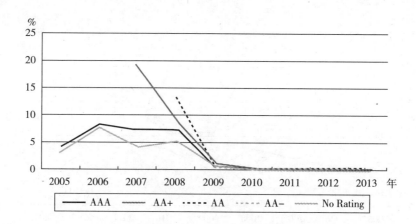

图 6 – 16 银行间债券市场企业债换手率

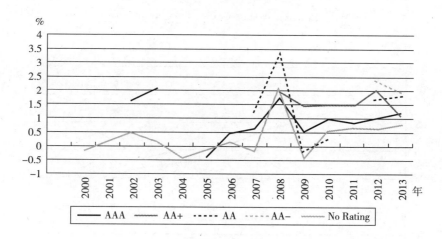

图 6 – 17 银行间市场金融债与国债息差

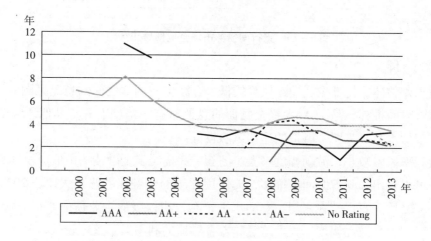

图 6 – 18 银行间市场金融债修正久期

换手率均达到最大值，其中 AAA 级金融债的换手率最高，达到 4.92% 。2008 年之后所有信用评级金融债的换手率迅速降低，自 2009 年之后一直保持在较低的水平。

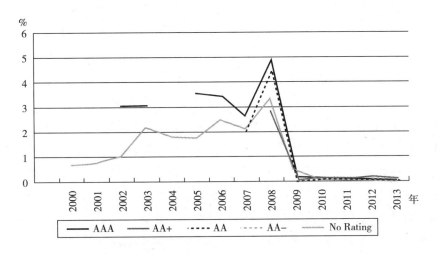

图 6 – 19 银行间市场金融债换手率

6.3.3 地方政府债

地方政府债违约风险低，流动性较差。从表 6 – 2 中的息差可以看出，除 2010 年以外，其他年份平均来看地方政府债的到期收益率均低于国债，因此地方政府债可以近似看做无风险债券。但地方政府债的流动性较差，市值加权平均换手率自 2010 年开始维持在极低的水平，平均每年只有几天时间存在交易。

表 6 – 2   银行间债券市场地方政府债运行状况

年份	年交易债券只数（只）	市值加权平均到期收益率（%）	与国债息差（%）	市值加权平均修正久期	市值加权平均换手率（%）	平均未交易天数（天）
2009	28	1.835 4	− 1.5147	2.586 2	5.705 4	244.352 3
2010	10	1.757 4	0.212 4	2.719 7	0.037 2	243.897 7
2011	29	3.406 8	− 0.059 7	2.619 4	0.049 2	237.954 5
2012	42	2.969 4	− 0.264 1	1.708 5	0.164 9	237.852 3
2013	43	3.432 9	− 0.056 3	1.829 0	0.032 4	241.420 5

6.4   结论与展望

本章前两节对我国交易所债券市场和银行间债券市场的运行情况和风险状况，即从违约风险、利率风险和流动性风险三个方面进行了全面的描述和分析。基于前文分析，本章有如下发现：第一，2013 年之前，就交易所市场中的公司债和银行间市场的金融债而言，其违约风险和利率风险逐渐降低。交易所市场上的公司债与国债的息差表现出随时间推移而下降的特征，意味着其违约风险也在逐渐降低。但是与同在交易所市场交易的企业债相比，其违约风险略高一些。此外，各信用等级的公司债其修正久期随着时间的推移不断减小，表现出利率风险逐年降低的特征。第二，从2013年开始，企业债和公司债的违约风险呈上升趋势。无论是从交易所市场，还是银行间市场，都可以看出，企业债和公司债与国债的息差在2013年呈明显的扩大趋势，特别是低信用评级的债券。虽然目前我国还没有企业债和公司债本金违约的事件发生（目前仅有ST超日债利息违约事件），但潜在的违约风险在增加，并且主要集中于信用评级较低的债券中。这意味着虽然我国的企业债和公司债其息差仍然相对较低，未体现出明显的违约风险，但其潜在风险不可低估。第三，地方政府债的违约风险较小。整体来看，银行间市场地方政府债的到期收益率基本相当甚至低于国债的到期收益率。这意味着我国地方政府债基本上等同于国债，均属无风险债券，这与发达国家有着显著区别。发达国家其地方政府债的违约风险通常都大于国债，进而地方政府债券的到期收益率要高于国债。我国的这一特性意味着我国地方政府背后实质存在着国家担保，即体现出隐形的国家信用担保。这也表明我国地方政府债的改革尚需进一步深化。第四，金融债和次级债违约风险较低。数据表明，从2000年至2013年，随着时间推移，金融债和次级金融债的息差呈现出较为明显的下降趋势，表明我国债券市场上金融债和次级金融债的违约风险较低。第五，交易所市场的流动性整体不如银行间市场。通过对比流动性指标，研究发现交易所市场的流动性总体较差。特别地，从对国债和企业债的对比可以更清晰地看出，银行间市场的规模更大、流动性更好。

总体而言，我国债券市场其风险整体处于较低水平，这与我国近年来经济平稳快速增长有关，亦表现出人们对我国经济未来增长仍然持有较为乐观的预期。但值得特别注意的是，随着经济增速的放缓，债券市场的风险水平也开始积累，主要集中在企业债和公司债中，特别是集中于低信用评级的企业债和公司债。

还需注意的是，我国债券市场的流动性普遍较低，与国外发达国家存在较为明显的差异，此外，我国债券市场上绝大多数有评级的债券均为高信用评级的债券，少见B级及以下信用评级的债券，这也意味着我国债券市场在市场的完备性上还有很大的发展空间。

【专栏6-1】

欧洲债务危机对欧洲债券市场的影响

欧洲债务危机即欧洲主权的债务危机，是指在2008年金融危机发生后，希腊、葡萄牙、西班牙、意大利等国家所发生的债务危机。欧债危机的发生，其根源是政府的债务负担超过了自身的承受范围。2009年12月，希腊的主权债务问题凸显，2010年3月进一步发酵，开始向"欧洲五国"（葡萄牙、意大利、爱尔兰、希腊、西班牙）蔓延。

就欧洲债务危机的起因而言，大致有如下五种因素：（1）整体经济实力薄弱，遭受危机的国家大多财政状况欠佳，政府收支不平衡；（2）财务造假埋下隐患，如希腊因无法达到《马斯特里赫特条约》所规定的标准，于是聘请高盛集团进行财务造假，以顺利进入欧元区；（3）欧元体制天生弊端，作为欧洲经济一体化组织，欧洲央行主导各国货币政策大权，欧元具有天生的弊端，即在经济动荡时期，无法通过货币贬值等政策工具，因而只能通过举债和扩大赤字来刺激经济；（4）欧式社会福利拖累，希腊等国的高福利政策没有建立在可持续的财政政策之上，历届政府为讨好选民，盲目扩大赤字，造成公共债务激增，偿债能力遭到质疑；（5）国际金融力量博弈，一旦经济状况出现问题，巨大的财政赤字和较差的经济状况会使整体实力偏弱的希腊等国成为国际金融力量的狙击目标。

　　为探讨欧洲债务危机对债券市场的影响，我们专门分析葡萄牙、西班牙、意大利等国债券市场的走势。国债收益率是衡量债券投资收益的常用指标，短期收益率（1年以内）是衡量一个国家资金流动性是否充裕的指示器，长期国债收益率是指10年期或以上的国债收益率，一定程度上反映了一国宏观经济的好坏。具体见图1至图3。

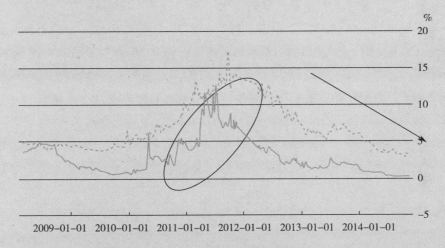

注：实线和虚线分别代表葡萄牙1年期和10年期国债收益率走势。

图1　葡萄牙国债收益率

　　图1表明，自欧洲债务危机爆发后，葡萄牙短期国债和长期国债都趋于上升。短期国债收益率（1年期）自2010年1月的1%左右一路飙升至2011年7月的13%左右，显示市场对葡萄牙债务违约的担心上升；此外，长期国债收益率（10年期）自2010年1月起不断爬升，之后一路震荡上扬，不断创出新高（如椭圆形标志所示），并于2011年10月到达高点18%左右。这表明，自欧洲债务危机爆发后，市场对葡萄牙发生违约的担心不断增加，葡萄牙政府的融资能力不断下降，融资成本不断增加。

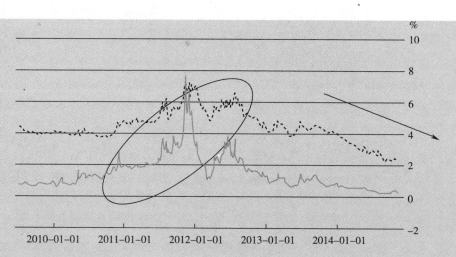

注：实线和虚线分别代表意大利1年期和10年期国债收益率走势。

图2　意大利国债收益率

图2表明，对于身处欧洲债务危机的意大利而言，其1年期和10年期国债收益率亦走出了一波震荡行情。具体而言，如图2所示，自2010年4月起，其1年期国债收益率趋于上升，并震荡上行，于2011年11月达到高点；而其10年期国债收益率从2010年9月起开始攀升，并于2011年12月达到高点。此后，无论是1年期国债收益率，还是10年期国债收益率都趋于下降，表明欧洲债务危机对意大利的影响趋于减缓。

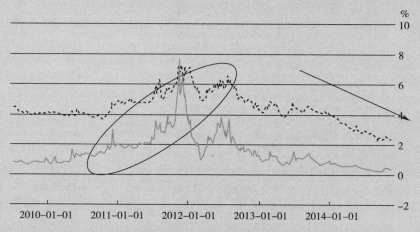

注：实线和虚线分别代表西班牙1年期和10年期国债收益率走势。

图3　西班牙国债收益率

图3表明，对于身处欧洲债务危机的西班牙而言，其1年期和10年期国债收益率同样走出了一波震荡行情。具体而言，如图3所示，西班牙1年期和10年期国债收益率自2010年6月起开始上升，至2012年1月左右达到最大值。此后，无论是1年期国债收益率还是10年期国债收益率都趋于下降，表明欧洲债务危机对西班牙的影响开始消减。

　　总体而言，由以上三图可以看出，欧洲债务危机爆发后，葡萄牙、意大利和西班牙的短期国债与长期国债收益率都呈现出上升的趋势（见椭圆形标志所示），各国融资成本进一步上升，显示市场对以上各国债务违约的担心不断增加。这表明，欧洲债务危机对以上各国确实产生了较大的冲击。但危机的影响范围基本维持在18个月左右，此后在外部各种干预条件下（如欧元区央行的注资、各国政府的财政干预、结构性改革等），其影响势力趋于减弱直至消失。

【专栏 6 - 2】

ST超日债违约对我国债券市场的影响

　　*ST超日于2014年3月4日晚间公告称，"11超日债"本期利息将无法于原定付息日2014年3月7日按期全额支付，仅能够按期支付共计人民币400万元。至此，"11超日债"正式宣告违约，并成为国内首例违约债券。据公司公告显示，*ST超日于2012年3月7日发行的"11超日债"至2014年3月6日将期满2年，第二期利息原定付息日为2014年3月7日，利息金额共计人民币8 980万元，每手"11超日债"（面值1 000元）应派发利息为人民币89.80元。该债券的发行规模为10亿元，票面利率为8.98%，保荐人、主承销商、债券受托管理人为中信建投。但鉴于公司仅落实付息资金共计400万元，因此将于付息日就每手"11超日债"派发利息4.00元，付息比例仅为4.5%。至此，"11超日债"正式成为国内首例违约的债券。这同时也宣告"中国式"刚性兑付的最为核心的领域——公募债务的"零违约"被正式打破。

　　"ST超日债"违约事件意味着隐性刚性兑付的正式结束，对于我国直接融资市场的壮大与经济结构转型、利率市场化下商业银行的转型、债券市场各中介机构的市场功能归位将产生三大影响。（1）有利于直接融资市场的壮大与经济结构转型，长期以来，公募债券市场的隐性刚性兑付预期使得投资者将收益率置于首位，而人为地忽视债券自身的信用风险，这种信用风险的绑架扭曲了市场参与者的心态，大大弱化了市场信用风险定价能力；（2）有利于利率市场化下商业银行的转型，"ST超日债"作为公募债券第一单实质性的违约在让部分投资者遭受损失的同时，也给市场机构与个人投资者上了最重要的一课，这对未来资产管理业务实现"买者自负"奠定了市场基础，有利于商业银行资产管理业务的发展与自身业务转型；（3）有利于债券市场各中介机构的功能归位，长期以来，债券市场的隐性刚性兑付与激烈的市场竞争不仅弱化了信用评级的效力，也迫使保荐机构、审计机构等中介机构出于自身利益在信息跟踪与披露上倾向于融资人的利益，但违约事件有利于改变目前融资主体与中介机构的地位不对称，有效促使中介机构真正实现各司其职与市场功能归位。

　　我们进一步考察"ST超日债"违约事件对我国债券市场的影响，由于ST超日债属于公司债，其对公司债市场的影响最为显著，对企业债市场影响次之。由于ST超日债违约发生于2014年3月4日，我们选取2014年2月至5月的上证公司债指数进行研究。

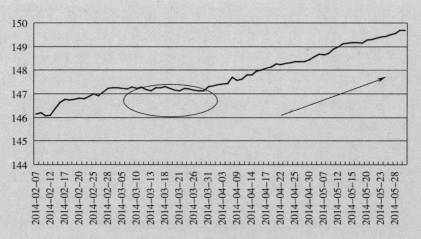

图4　上证公司债指数走势图

　　由图4可以看出（椭圆形标志），在ST超日债违约之后，公司债市场震荡下行，连续多个交易日指数回落，表明违约事件确实对市场产生了负面的影响，较为严重地冲击了市场参与者的信心。不过其影响期限较短，此后公司债指数趋于上升，市场整体呈现上涨态势（箭头标志），这表明待充分消化冲击之后，市场趋势理性，整体又呈现出上涨态势。因此，我们可以认为，ST超日债的违约在短期确实对市场形成了较为严重的冲击，但长期影响有限。

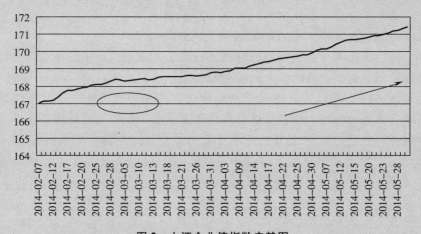

图5　上证企业债指数走势图

　　图5亦表明，ST超日债违约后对企业债市场亦产生负面影响，企业债指数震荡下行（椭圆形标志），但影响期限亦较短，此后企业债市场指数趋于上升（箭头标志）。这表明ST超日债的违约在短期确实对企业债市场形成了较为严重的冲击，但长期影响有限。

　　综合公司债市场和企业债市场的反应来看，就短期而言，ST超日债违约确实产生了较为严重的影响；但从长期来看，ST超日债违约的影响较为有限。

参考文献

［1］巴曙松、姚飞：《中国债券市场流动性水平测度》，载《统计研究》，2013（12）。

［2］董乐：《银行间债券市场流动性溢价问题研究》，载《运筹与管理》，2007（8）。

［3］何志刚、邵莹：《流动性风险对我国公司债券信用利差的影响——基于次贷危机背景的研究》，载《会计与经济研究》，2012（1）。

［4］李焰、曹晋文：《对我国国债市场流动性的实证研究》，载《财贸经济》，2005（9）。

［5］吕双江：《公司债券市场流动性有效衡量及实证检验》，载《金融发展研究》，2013（11）。

［6］时文朝、张强：《透明度对银行间债券市场流动性变化趋势的影响》，载《金融研究》，2008（12）。

［7］谭地军、田益祥、黄文光：《中国企业债券特征与风险补偿》，载《数量经济技术经济研究》，2008（2）。

［8］文忠桥：《国债投资的利率风险免疫研究》，载《数量经济技术经济研究》，2005（8）。

［9］王春峰、杨建林、蒋祥林：《含有违约风险的利率风险管理》，载《管理科学学报》，2006（4）。

［10］王慧敏、刘国光：《公司债券信用价差和国债收益率动态关系研究》，载《山西财经大学学报》，2005（10）。

［11］王克明、梁戌：《基于利率期限结构的随机久期与凸度模型构建及应用》，载《统计与决策》，2010（12）。

［12］王茵田、文志瑛：《股票市场和债券市场的流动性溢出效应研究》，载《金融研究》，2010（3）。

［13］杨朝军、张志鹏、廖士光：《证券市场流动性综合测度指标研究》，载《上海交通大学学报》，2008（11）。

［14］杨文餘：《久期在债券利率风险度量中的应用及修正》，载《中国审计》，2002（2）。

［15］瞿强：《国债市场流动性研究——一个比较分析框架》，载《金融研究》，2001（6）。

［16］张瑞君、李子讳、熊春月：《运用久期模型进行利率风险管理——基于企业集团的视角》，载《财务与会计》，2010（8）。

［17］朱世武、许凯：《银行间债券市场流动性研究》，载《统计研究》，2004（11）。

［18］R. Brooks, B. Attinger, "Using Duration and Convexity in the Analysis of Callable Convertible Bonds", *Financial Analysts Journal*, 1988, 48（4）.

［19］L. Fisher, R. L. Weil, "Coping with the Risk of Interest – Rate Fluctuations: Returns to Bondholders from Naive and Optimal Strategies", *Journal of Business*, 1971, 44（4）, 408 – 431.

［20］T. S. Y. Ho, "Key Rate Durations: Measures of Interest Rate Risks", *The Journal of Fixed Income*, 1992, 2（2）, 29 – 44.

［21］J. Hull, A. White, "Incorporating Volatility Updating into the Historical Simulation Method for Value at Risk", *Journal of Risk*, 1998, 5（3）, 9 – 19.

［22］G. Bierwag, G. Kaufman, "Durations of non – default free securities", *Journal of Business*, 1988（3）, 364 – 370.

［23］F. Macaulay, "The Movements of Interest Rates. Bond Yields and Stock Prices in the United States since 1856", *National Bureau of Economic Research*, 1938.

［24］T. Angelidis, A. Benos, "Liquidity Adjusted Value – at – Risk Based on the Components of the Bid – ask spread", *Applied Financial Economics*, 2006 (16), 835 – 851.

［25］Y. Amihud, H. Mendelson, "Asset Pricing and the Bid – ask Spread", *Journal of Financial Economics*, 1986, 17 (2), 223 – 249.

［26］Y. Hisata, Y. Yamai, N. Ginkō, "Research Toward the Practical Application of Liquidity Risk Evaluation Methods", *Institute for Monetary and Economic Studies*, Bank of Japan, 2000.

第7章 衍生品市场风险评估

7.1 衍生品市场运行概况及特征

7.1.1 股指期货市场

股指期货（Stock Index Futures）是指以股价指数为标的物的标准化期货合约。股指期货的交易双方约定在未来的某个特定日期，可以按照事先确定的股价指数的大小，进行标的指数的买卖。

沪深300股指期货是以沪深300指数①作为标的物的期货品种，于2010年4月由中国金融期货交易所推出，沪深300除了被用于投机交易外，也被广泛用做股票现货的对冲工具。

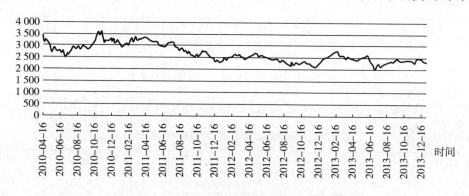

图7-1 沪深300股指期货指数的历史走势

目前，股指期货是中国金融期货交易所的主要期货品种。2013年，在国内经济下行压力较大，金融风险隐患有所增加的背景下，股指期货全年呈现重心逐步下移的走势。

同时，期货现货拟合程度较高，两者相关系数高达0.995。自推出以来，沪深300股指期货与现货指数保持高度相关性，主力合约与沪深300价格相关系数达99.84%。2013年，

---

① 由中证指数公司编制的沪深300指数于2005年4月8日正式发布。沪深300指数以2004年12月31日为基日，基日点位1 000点。沪深300指数是由上海证券市场和深圳证券市场中选取300只A股作为样本，其中沪市有179只，深市121只，样本选择标准为规模大、流动性好的股票。沪深300指数样本覆盖了沪深市场六成左右的市值，具有良好的市场代表性。

基差率维持较低水平，大体在 ±1% 以内波动，并且以负基差为主。

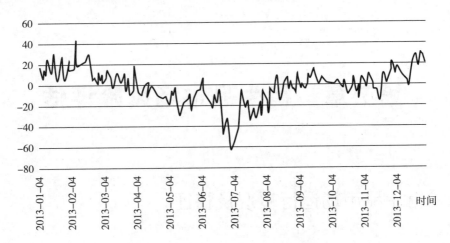

图 7 - 2　2013 年沪深 300 期现货基差

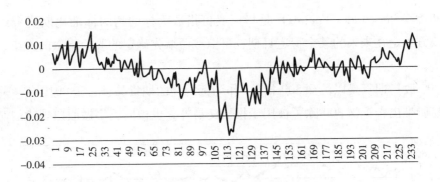

图 7 - 3　2013 年沪深 300 期现货基差率

表 7 - 1 为股指期货指数收益率的年度描述性统计结果。

表 7 - 1　　　　　　　　　股指期货指数波动幅度的年度描述性统计结果

年度	均值	标准差	偏度	峰度	Q（5）
2010	- 0.062	1.872	- 0.569	1.770	5.664（0.340）
2011	- 0.130	1.283	- 0.103	1.038	5.240（0.387）
2012	0.023	1.266	0.942	3.139	9.822（0.080）
2013	- 0.044	1.443	- 0.315	4.182	4.290（0.509）

注：表中 Q（5）为检验股指期货波动幅度序列是否具有自相关性的滞后 5 阶 Ljung - Box Q 统计量，其中滞后结束通过 $\ln$（n）（n 为样本总数）计算。

资料来源：文华财经。

由表 7 - 1 可以看出：

（1）就年度波动幅度来讲，2013 年股指期货指数的波动幅度较 2012 年有所增加，但低于股指期货刚刚推出时的 2010 年；

（2）尽管 2013 年股指期货指数的整体波动幅度不是最高，但极端波动出现的次数却在 4 年中最多，这表现为 2013 年股指期货指数波动幅度的峰度最大；

（3）从 Q（5）统计量的计算结果来看，2012 年的股指期货指数的价格波动表现出了较为明显的自相关性，其余 3 年股指期货指数价格波动的自相关性均不显著；

（4）从表 7-1 中均值和偏度系数的估计结果来看，股指期货指数在推出 4 年中的 3 年都取得了负的均值和偏度系数，这意味着价格波动更多的是以下跌为主，这与 2008 年后我国股票市场一直处于下行走势有密切关系。

综观 2013 年的股指期货市场，虽然在国内宏观经济下行压力较大，现货市场走势不佳的情况下未取得较大的上升幅度，但总体上仍然保持了走势较为平稳，基差风险不大、流动性较为充裕的态势。但在市场总体保持平稳的背后，仍贯穿着由技术风险和制度缺陷所引发的重大市场风险隐患，最为典型的是 2013 年 8 月 16 日发生的"光大证券乌龙指"事件。

【专栏 7-1】

光大证券乌龙指事件

1. 事件描述

2013 年 8 月 16 日上午 11 时 05 分，3 分钟内上证指数暴涨超过 5%。一时间，场内"利好消息说"和"阴谋说"传得沸沸扬扬。几分钟后，有媒体指出，指数异动是由于光大证券乌龙指引起的，但市场并不相信，指数继续上涨。中午，光大证券董秘声称"乌龙指"子虚乌有，使得该事件更加扑朔迷离，严重干扰了市场部分人士的判断。午后开市，光大证券停牌，同时发布公告称，光大证券策略投资部门自营业务在使用其独立的套利系统时出现问题，公司正在进行相关核查和处置工作。至此，此次指数异常波动被确认为光大证券"乌龙指"所导致。投资者在得知真相后，人气涣散，指数逐级回落，至收盘，上证指数收跌 0.64%。

2. 原因分析

触发原因包括技术风险和制度缺陷。

该事件中，光大证券策略投资部使用的套利策略系统出现了问题，该系统包含订单生成系统和订单执行系统两个部分。核查中发现，订单执行系统针对高频交易在市价委托时，对可用资金额度未能进行有效校验控制，而订单生成系统存在的缺陷，会导致特定情况下生成预期外的订单。

由于订单生成系统存在的缺陷，导致在 11 时 05 分 08 秒之后的 2 秒内，瞬间重复生成 2 608 笔预期外的市价委托订单；而由于订单执行系统存在的缺陷，上述预期外的巨量市价委托订单被直接发送至交易所。

另外，我国证券市场至今仍在执行"当日透支，次日回补"的政策。这一政策出台的背景在于要活跃国内证券市场，保持充足的流动性。然而，在目前我国金融市场，特别是资本市场的体量已足够大的前提下，是否仍有必要采用该政策，是一个值得商榷的问题。

3. 后续影响

事后，证监会对光大证券作出没收违法所得，罚款5倍，依法追究行政责任，并对涉及的所有违法行为进行处罚，包括券商内控法律法规的责任等。该案并未移送司法机关。由于出现的乌龙事件，光大相关负责人已经辞职。

另外，2013年11月，证监会以光大证券决策层了解相关事件的重大性之后，在没有向社会公开之前进行的交易，应当认定为内幕交易为由，决定对原光大证券策略投资部总经理杨建波给予行政处罚及市场禁入，随后杨建波不服行政处罚及市场禁入决定，向法院提起行政诉讼，请求法院撤销两被诉决定。

7.1.2 国债期货市场

国债期货（Treasury future）是指通过有组织的交易场所预先确定买卖价格并于未来特定时间内进行钱券交割的国债派生交易方式。我国目前上市的是5年期国债期货合约。

在经过一年多的仿真交易之后，暂停18年之久的国债期货再次于2013年9月6日重新正式启动。在2013年的76个交易日里，国债期货价格走势呈现出明显的三阶段特征，即在2013年11月之前，市场价格走势以宽幅震荡、缓步下行为主，2013年11月7日，央行暂停逆回购，前期的阴跌走势演化为快速下跌，2013年11月下旬之后，市场价格走势以窄幅震荡为主要特征。

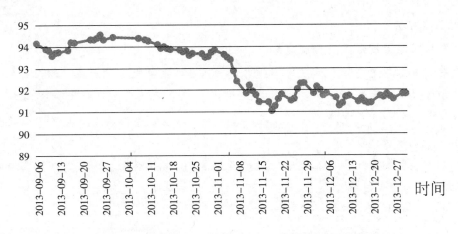

图7-4　国债期货的历史走势（2013年9月6日至2013年12月31日）

【专栏7-2】

国债期货11月暴跌的原因分析

国债期货在2013年11月出现重挫，主要有以下三个原因：

其一，11月以来国债期货估值偏高，存在价值回归的需求。另外，国债期货最便宜可交割券的IRR居高不下也带来了正向套利机会，正向套利操作也会促使国债期货价格向其合理价格回归。

其二，央行暂停逆回购导致市场对未来流动性的悲观情绪急剧放大，市场空头情绪弥漫，引发了市场的剧烈下跌；同时市场的暴跌也触发了止损盘的涌出，多头坚守不住，加剧了市场的杀跌气氛。

其三，周五时，面临重要会议的召开和一系列宏观数据的公布，政策面和基本面不确定性较大，市场情绪较为谨慎。

7.1.3 黄金期货市场

黄金一直都是世界上最重要的金属之一，同时具备货币和商品特性。

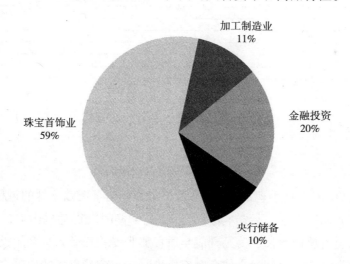

图7-5 2013年世界黄金需求结构

从图7-5可以看出，黄金用于普通的商品用途占用70%的黄金消费，即商品属性占用绝大部分。但黄金具有的货币职能以及其是天然金融投资品的特性，使得黄金与普通商品有着显著的不同。

黄金商品货币金融的特殊综合特性使得影响黄金价格的因素比较复杂。由于全球黄金供应量相对稳定，价格对供给变化不明显。黄金价格变化主要受到需求，尤其投资需求变化的影响，而投资需求变化在很大程度上又与全球通货膨胀率、美元汇率、全球金融市场动荡程度等因素密切相关。具体价格的影响因素、影响作用与影响效果如表 7 – 2 所示。

表 7 – 2 黄金价格的影响因素

黄金特性	影响因素	与价格关系	影响显著性
商品	需求：制造业需求、金饰需求	正相关	强
	供给：矿产金量、再生金量	负相关	弱
金融	通货膨胀率	正相关	强
	美元指数	负相关	强
	石油价格	正相关	弱
	实际利率	正相关	强
	全球金融市场动荡程度	正相关	强
货币	战略储备	正相关	强
	官方售金	负相关	强

国内的黄金期货起步较晚，在 2008 年 1 月，上海期货交易所推出黄金期货合约，推出后，沪金价格一直在 150～400 点之间波动。从整体来看，沪金的行情可以分为三个阶段。

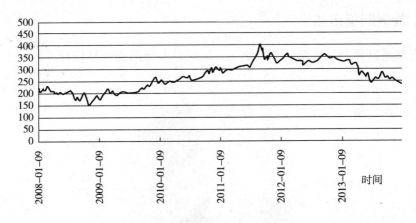

图 7 – 6　沪金期货价格走势情况

第一阶段，从 2008 年 1 月至 2008 年 10 月，金价经历了震荡下挫的过程。

金价下跌的重要原因在于国际资本市场受 2007 年美国次货危机影响，已经表现出经济下滑的现象。全球经济放慢增长、美元升值与通货膨胀萎缩均导致黄金的投资需求减少。与此同时，美国华尔街金融风暴席卷全球金融市场也是导致金价下跌的原因之一。

第二阶段，从 2008 年 10 月至 2011 年 9 月，金价基本表现为震荡上行，一直到达沪金的历史峰值 395.25 元/克，其间共出现三波大的涨势。

金价如此强劲上涨的原因主要有：（1）国内经济好转以及国人对黄金的偏好拉动了黄金的需求。（2）随着全球经济形势恶化、未来通货膨胀预期形成之后，黄金的保值避险特性增加了投资需求，将帮助价格走高。（3）救市计划提振了黄金市场的信心，同时政府为市场注入了流动性，投资者为了抵御通货膨胀的影响，提高了投资需求。

第三阶段，从 2011 年 9 月至今，金价达到最高点后迅速回落并进入盘整阶段。在 2013

年 1 月之后，金价一直震荡下挫。

2013 年 1 月后的金价向下变动主要是由于：部分投资需求锐减。经济低迷以及美联储将退出量化宽松政策的预期，使得全球范围内通货膨胀压力较低，全球金融市场大幅动荡从而推升金价的可能性不大，各方面的因素导致新兴市场国家购入黄金储备的需求或有下降和机构对 ETF 的大规模减持。但是，珠宝需求和工业需求，以及金币与金条的投资需求强劲上升，缓解了总需求的下降。

7.2　风险评估方法与指标选择

金融衍生品虽然是为了避险而诞生的，但作为一种新兴的金融工具，其本身就具有极高的风险性。随着金融衍生品交易规模的扩大，国际证券事务委员会及巴塞尔银行监管委员会在 1994 年发布了《衍生工具风险管理指南》，其中将金融衍生品的风险分为市场风险、信用风险、流动性风险、操作风险及法律风险等方面。综合考虑国内金融衍生品市场的规范程度、准入制度、风险特点、监管措施、投资者结构及行为特点、数据可得性等因素，本章主要考察场内金融衍生品市场的市场风险和流动性风险。

7.2.1　市场风险

市场风险是金融衍生品最基本的风险，它存在于每一种金融衍生品之中。市场风险是由于原生金融产品（如股票指数、利率，汇率等）价格发生变化，从而为衍生产品交易者带来损失的风险，属非系统风险。市场风险的成因有以下几点：

1. 所有金融衍生品的市场价格都会受到全球政治、经济等各种因素的影响。

2. 由于投资者的交易目的与方式的不同，即使同样数量的同种衍生品，对于不同的市场参与者来说风险程度也是不一样的。一般来说，套期保值者面临的市场风险较小；投机者面临的市场风险也就较大；期权类衍生品的风险主要由卖方承担；远期交易由于事先锁定交易价格，所以市场风险可以得到有效控制。

3. 金融衍生品本身具有"以小博大"的杠杆效应，这就带来了杠杆风险，因为衍生品价格 10% 的变动都可能给投资者带来 100% 的亏损。

4. 不同种类的金融衍生品所面临着不同程度的市场风险。对于金融期货和金融互换业务而言，市场风险就是基础金融产品价格或利率变动带来的风险。对于金融期权而言，市场风险还受到基础金融品价格波动幅度和期权行使期限的影响，期权合约双方承担的风险和收益状况是不对称的，期权合约的买方的最大亏损额也就是期权费用，而最大收益却是无限的，期权合约卖方的收益是期权费，但是因市场变动带来的亏损却是无限的。

我们用价格变化（收益率）的标准差及日内价格波动程度为主要指标，来考察金融衍生品市场的市场风险状况。

最早采用数量方法定量研究金融市场风险度量问题的是 Markowitz。在 Markowitz 的资产组合理论中，市场风险被定义为资产收益的不确定性，这种不确定性的大小用统计学中随机变量偏离其期望值的方差或标准差来度量。由于方差具有概念明确、容易理解，以及良好的统计特性等特点，特别是在收益率服从正态分布的假设条件下，用方差度量的资产组合的风险即组合的方差，可以分解为组合中单个资产收益率的方差和各个资产收益率之间的协方差，因此用方差度量风险具有简便易行、适用性较强等优点，这使得直至目前为止，方差方法仍然是影响最大、应用范围最广的市场风险度量方法。

另外，考虑到我国场内金融衍生品市场中的高频投机交易者数量众多，如果衍生品价格在日内有较大幅度的波动，则该部分投资者将面临较大的市场风险，因此有必要对衍生品日内的价格波动情况开展探索。本章采用日内最高价与最低价之间的波动比率来考察日内波动情况。

7.2.2　流动性风险

衍生品交易涉及的流动性风险主要有与特定的产品或市场有关的市场流功性风险和与衍生品交易业务的资金有关的资金流动性风险。流动性风险的大小取决于合约的标准化程度、市场交易规则以及市场环境的变化。

市场流动性风险，主要是指由于缺乏合约交易对手而无法变现或平仓的风险，是由于市场深度、广度不够或市场价格剧烈波动，致使衍生产品持有者无法在一定价位上对特定头寸予以轧平或对冲而产生的。场内的标准化合约流动性风险相对较小。而在场外交易的衍生品流动性风险大。资金流动性风险是指交易方因为流动资金的不足，造成合约到期时无法履行支付义务，或者在结算日或需要时无法按合约要求追加保证金，从而被迫平仓，造成巨额亏损的风险。这种风险会对企业现金流产生重大影响，它可能导致企业资金周转困难而发生财务危机，严重的话可能引起企业倒闭。

虽然学术界目前对衡量流动性尚缺乏统一的标准，但根据流动性的价格、数量、时间等属性，可以把各种衡量流动性的方法分为五种类型，即价格法、成交量法、价量结合法、时间法以及其他方法。

价格法是从流动性的宽度属性演变而来的。主要的价格指标有：价差衡量指标、价格改善指标和价格自相关模型。基于成交量的流动性衡量方法也是较常使用的一种方法，常见衡量指标有市场深度（Market Depth，主要是指报价深度，即在某个特定价位的订单数量）、成交率（提交的订单中在该市场实际得到执行的比率）和换手率（交易周转率，是一个衡量证券持有时间的指标）。综合考虑到指标的直观性和数据的可得性，我们通过观察成交量、持仓量以及成交/持仓比来观察金融衍生品市场的流动性风险状况。

其中，成交量（成交手数）是市场深度的一种估计方式。通过观察该指标的长期走势，可以非常方便地对当前市场流动性状况有基本的认识。如果该指标比较大，则市场交易活跃，流动性状况良好，反之则流动性出现萎缩。另外，考虑到成交/持仓比可以从一个侧面观察进入市场的投机资金数量，从而对市场流动性有所反映，我们也将其纳入考察的范围。

表 7 - 3 流动性风险指标

指标	指标释义
价格变化的标准差	价格变化的不确定性大小
日内最高价对最低价的波动比率	日内价格波动幅度
成交金额	市场深度
成交/持仓比	投机性资金规模大小

另外，金融衍生品还涉及信用风险、操作风险和法律风险。衍生品的信用风险有两种形式：一是结算前的信用风险，指由于交易对手在交易期内未能履行合约而带来的亏损。风险水平随着时间改变而改变，交易者的亏损额只有在交易对手违反合约时才能知道。二是结算时的信用风险，是指交易者在根据合约在结算日履行责任后，交易对手不能履行合约而带来的亏损风险。

操作风险指由于公司或企业内部管理不善、人为错误等原因而带来的损失。其风险来源包括两种情况：一种是在日常经营过程中由于各种自然灾害或意外事故，一种是由于经营管理上的漏洞，使交易员在交易决策出现故意的错误或者非故意的失误，从而给整介机构带来损失的风险。前者能通过保险等方式转嫁，带来的损失有限，而后者往往会带来巨大风险，且无法避免、无法转嫁，更无法承担。

法律风险指因为法规不明确或交易不受法律保障，从而使合约无法履行而给交易商带来损失的风险。其形成原因主要有两方面：一是合约确认文件不充分，交易对手不具法律授权或超越权限，或合约不符合某些法律规定，法院依据有关规定宣布金融衍生品合约无效；二是交易对方因破产等原因不具清偿能力，对破产方的未清偿合约不能依法进行平仓，导致损失。

7.3 衍生品市场风险评估结果

7.3.1 股指期货市场

（一）市场风险

图 7 - 7、图 7 - 8、图 7 - 9 显示了股指期货自推出以来的市场风险情况。

由上述三图可以看出，股指期货在 2013 年 6—8 月经历了一次较高的波动，市场风险水平较高，这主要是由于现货市场在此期间经历了一次快速探底后（2023.1 点）又迅速回升的过程。

（二）流动性风险

自 2010 年 4 月上市运行以来，沪深 300 股指期货的成交金额与参与人数呈几何倍数增长。其中，2013 年沪深 300 股指期货共 238 个交易日，全年成交金额已突破 140 万亿元，占

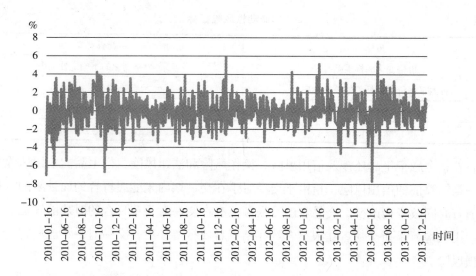

图 7－7　股指期货指数的日收益率（2010 年 1 月 16 日至 2013 年 12 月 31 日）

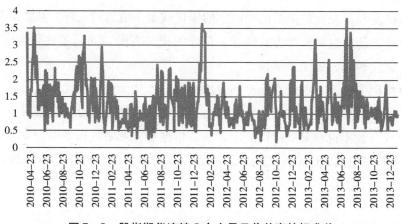

图 7－8　股指期货连续 5 个交易日收益率的标准差

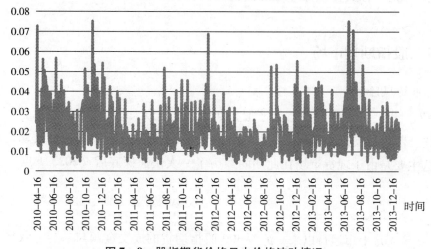

图 7－9　股指期货价格日内价格波动情况

2013 年全年期货市场成交总额的 52.6%。

由图 7 - 10、图 7 - 11 可以看出，自 2010 年沪深 300 股指期货推出以来，2013 年的成交金额处在历年中的最高水平上。同时，伴随着成交金额的放大，成交/持仓比总体上呈现快速降低——保持平稳态势，说明在经历了一段时间的观望之后，能够为市场提供流动性的投机资金开始逐渐介入市场，市场流动性风险逐步降低。

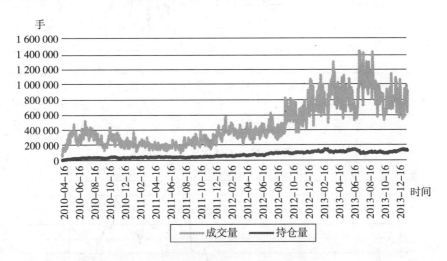

图 7 - 10　沪深 300 股指期货的成交量与持仓量

（2010 年 4 月 16 日至 2013 年 12 月 31 日）

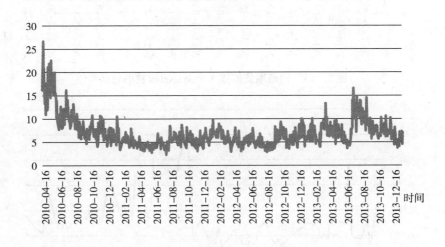

图 7 - 11　沪深 300 股指期货的成交/持仓比

7.3.2　国债期货市场

（一）市场风险

图 7 - 12、图 7 - 13、图 7 - 14 显示了国债期货自推出以来的收益率、标准差、日内波动情况。

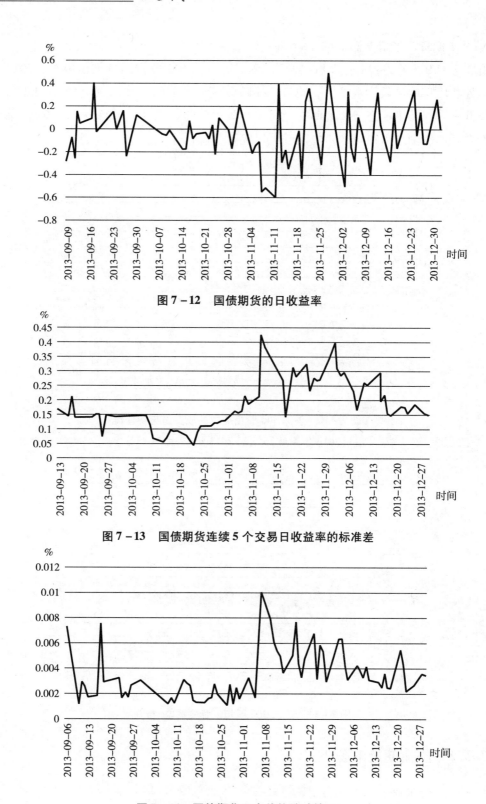

图7-12　国债期货的日收益率

图7-13　国债期货连续5个交易日收益率的标准差

图7-14　国债期货日内价格波动情况

由上述三图可以看出，国债期货自推出后，在经历了一段波动较为平稳的时期后市场波动幅度开始上升，特别是在 2013 年 11 月初，市场波动幅度急剧放大，后续呈现逐渐衰减的态势。其中，当时的主力合约 TF1312 于 11 月 11 日大幅下跌 0.74%，刷新单日最大跌幅记录。总体而言，国债期货的波动较大，其市场风险也相对较大。

（二）流动性风险

图 7 - 16 和图 7 - 17 是国债期货成交量和成交/持仓比的变化情况。

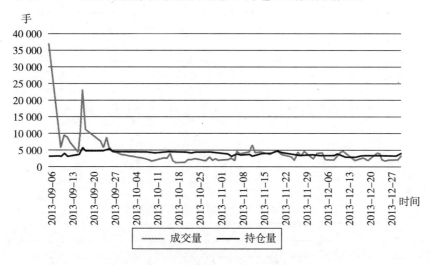

图 7 - 15　国债期货成交量和持仓量

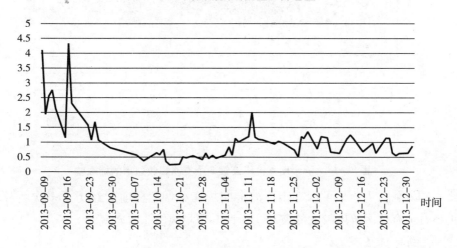

图 7 - 16　国债期货成交/持仓比

2013 年 9 月 6 日上市首日的成交量水平较高，显示已有大量资金做好了参与国债期货交易的准备，随后逐渐回落，但仍保持较高的平均水平。9 月 6 日到 12 月 31 日，国债期货日均成交 4 326.25 手，日均持仓 3 738.38 手，成交持仓比为 1.188。通过考察投资者结构可以发现，这样的成交量特征与投资者结构有密切关系，目前该市场上的投资者多为个人投资者，投机氛围较为浓厚，且风险厌恶程度较高，以博取价差获利的日内交易为主。

7.3.3 黄金期货市场

（一）市场风险

图 7 - 17 至图 7 - 19 显示了沪金期货自 2008 年以来收益率、标准差和日内波动的变化情况。

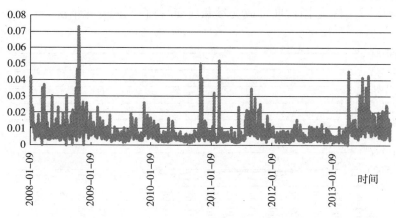

图 7 - 17　沪金期货价格变化幅度

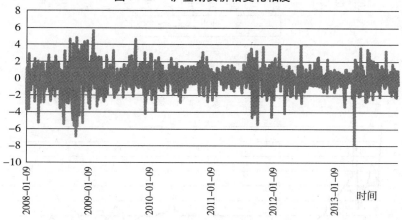

图 7 - 18　沪金期货价格连续 5 个交易日收益率的标准差

由图 7 - 17 至图 7 - 19 可以看出，沪金期货在金融危机前后经历了多次明显较高的波动，在此之后也有几次幅度较大的波动，因此其市场风险水平较高。

（二）流动性风险

我们通过观察成交量、持仓量以及成交/持仓比来分析沪金期货市场的流动性风险状况。

从图 7 - 20 和图 7 - 21 来看，自 2008 年后，黄金持仓量稳步攀升，黄金市场资金稳步流入。成交/持仓比在 2008 年底有一个大峰值，这说明金融危机使得黄金价格出现巨大波动，市场投机性资金参与进来。之后，成交量和成交/持仓比都迅速回落，流动性降低。黄金交易量在 2011 下半年之后相比之前有大幅度的提升，出现三个大峰值，最高达到 664 060；交易与持仓比也在 2011 下半年之后有类似的表现。这说明黄金市场交易过度活跃，流动性非常强，投机气息浓重。

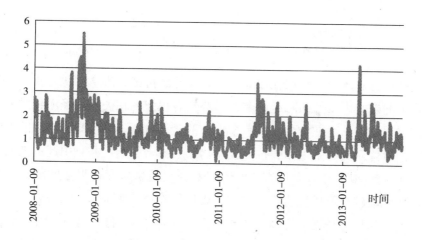

图 7-19 沪金期货价格日内价格波动情况

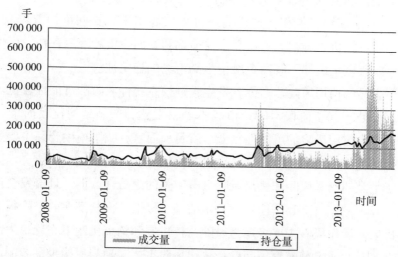

图 7-20 沪金期货的总持仓量和总成交量

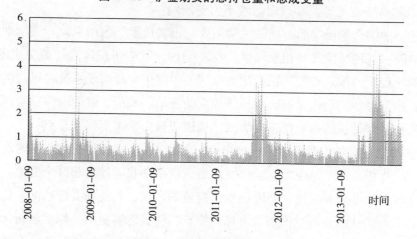

图 7-21 沪金期货的成交/持仓比

7.4 结论与展望

中国衍生品市场总体而言波动性较大。随着世界经济金融的全球化，我国衍生品市场的市场风险与我国的宏观因素及国际经济金融形势具有很强的相关性。经济金融的波动影响到基本商品的价格波动，从而在金融期货市场独特的运行机制下产生高市场风险，具体表现为经济事件、政治事件对我国衍生品收益和波动均具有显著影响，并且引起的波动存在很强的持续性特征。尤其是2008年金融危机事件普遍对我国衍生品存在很强的影响，收益率的标准差和日内价格波动较金融危机前明显加大，市场风险处于较高水平。

中国金融衍生品具有较强的流动性，同时投机性也较为明显：自衍生品市场成立以来，多数衍生品的持仓量稳定有序上升，市场深度逐渐增加；成交/持仓比在经历金融危机事件时显著增加，价格剧烈波动引起了大量投机资金的流入，市场投机氛围相当浓郁。危机之后，成交/持仓比有所回落，但相比危机前还处于较高水平。长期维持着较高的成交/持仓比，表明我国市场中投机成分很大，追涨杀跌追逐利差的投资者普遍存在，而价值投资者相对缺乏，这在一定程度上破坏了我国金融衍生品市场的稳定性。

中国金融衍生品的信用风险非常低，发生大规模系统性风险的可能性较低。主要原因是我国衍生产品市场处于起步阶段，OTC市场不是很发达，产品结构比较简单，交易量也较小，因此诱发大规模信用风险的可能性较低。就目前而言，我国衍生产品主要是在交易所中交易，而在期权交易所中交易衍生产品几乎没有信用风险。

中国金融衍生品的操作风险和法律风险具有很强的隐蔽性，但一旦爆发会产生难以估计的后果。目前在我国操作风险和法律风险发生的频率极低，但其潜在的风险很大，一旦发生将造成严重的后果。操作风险主要表现为风险监控机制和约束机制不完善、内部稽核监督乏力、人员缺乏专业和职业道德教育等问题。法律风险主要表现为机构投资者的产权不明、法律不完善（尤其是场外市场）和政府监管不力等问题。

综合上述，中国金融衍生品市场的风险主要有市场风险、信用风险、流动性风险、操作风险及法律风险。各种风险又是相互联系、相互制约，其中市场风险是最关键的风险因素。由于经济金融化程度的深入和资产证券化的发展，中国衍生品市场系统性风险的危害程度正在逐步加深，由于经济周期、国家宏观经济政策的变动、外部金融冲击等风险因素引起的一国金融体系发生激烈动荡的可能性正在加大。我们应该力争做到以下几点：

1. 加大法律制度建设。政府部门应该出台《期货交易法》，为期货市场的发展及其风险管理体系的完善提供立法上的保障。法律的出台可以帮助我国建立起健全的监管制度、完善的信息披露制度和财务公开制度，明晰机构投资者的产权、利益和责任匹配，建立有效的委托代理制度，等等，从而规范我国期货市场的操作，使其能够更加平稳地运行。

2. 加强打造基础性市场。目前我国期货市场的投资者结构出现明显的不平衡，主要以个人投资者为主，这也在一定程度上导致了我国期货市场较强的投机性。因此，我国需要进一步完善国内市场结构，积极改善市场投资者结构。与此同时，我国还需要进一步完善现有的衍生品结构，在条件允许的情况下适时推出有着明显价格波动，与经济活动关系密切的衍生品品种，如利率期货、外汇期货，更好地发挥期货市场套期保值以及风险对冲的作用。最后，在金融期货的品种上，我国还需要防止机构化的主导及扭曲期货市场的发展。

3. 市场参与主体要建立完善的风险管理系统。衍生品市场虽是风险对冲的场所，但其自身具有较强的风险属性。因此，为防范风险的发生，交易所、期货公司以及客户都要建立内部控制机制，以便能有效地对期货活动进行内部控制和审计。与此同时，中央银行、银行业监督委员会、证券监督委员会、交易所组成的风险管理体系对于期货活动要能够进行有效的控制和监督，并且协调一致，避免对头监管以及监管漏洞的发生。

参考文献

［1］王鹏、魏宇、王鸿：《沪深 300 股指期货的风险测度模型研究》，载《数理统计与管理》，2014 （4），724～733 页。

［2］淳伟德、陈王、潘攀：《典型事实约束下的上海燃油期货市场动态 VaR 测度研究》，载《中国管理科学》，2013 （2），24～31 页。

［3］林宇、魏宇、高勇、黄登仕：《上海伦敦铜期货市场风险的测度与传导效应研究》，载《管理评论》，2008 （11），3～9 页。

［4］Chung - Chu Chuang A. , Yi - Hsien Wang B. , Tsai - Jung Yeha, Shuo - Li Chuangc, Backtesting VaR in Consideration of the Higher Moments of the Distribution for Minimum - variance Hedging Portfolios, *Economic Modelling*, 2014 （42）: 15 - 19.

［5］Roberto Casarin, Chia - Lin Chang, Juan - Angel Jimenez - Martin, Michael McAleer, Teodosio Pérez - Amaral, "Risk Management of Risk Under the Basel Accord: A Bayesian Approach to Forecasting Value - at - Risk of VIX Futures", *Mathematics and Computers in Simulation*, 2013 （94）: 183 - 204.

［6］Gregor N. F. Wei, Copula - GARCH Versus Dynamic Conditional Correlation: an Empirical Study on VaR and ES Forecasting Accuracy, Review of Quantitative Finance and Accounting, 2013, 41 （2）: 179 - 202.

［7］Füss, Roland, Adams, Zeno, Kaiser, Dieter G, "The Predictive Power of Value - at - risk Models in Commodity Futures Markets". *Journal of Asset Management*, 2010, 11 （4）: 261 - 285.

［8］Cao, Zhiguang, Harris, Richard D. F. , Shen, Jian, "Hedging and Value at Risk: A Semi - parametric Approach", *Journal of Futures Markets*, 2010, 30 （8）: 780 - 794.

［9］Xun Fa Lu, Kin Keung Lai, Liang Liang, "Portfolio Value - at - risk Estimation in Energy Futures Markets with Time - varying copula - GARCH Model", Annals of Operations Research, 2014, 219 （1）: 333 - 357.

［10］Qingfu Liu, Yunbi An, "Risk Contributions of Trading and Non - trading Hours: Evidence from Chinese Commodity Futures Markets", *Pacific - Basin Finance Journal*, 2014, 30: 17 - 29.

［11］A. Tolga Ergün, Jongbyung Jun, "Time - varying Higher - order Conditional Moments and Forecasting Intraday VaR and Expected Shortfall", *The Quarterly Review of Economics and Finance*, 2010, 50 （3）: 264 - 272.

第 8 章　金融机构与金融
市场的风险传染性评估

系统性风险的产生途径一般可以概括为两类，即内生途径和外生途径。前者主要来自金融机构风险累积、金融市场动荡和金融基础设施的不完善，而后者主要源于宏观经济的不稳定和突发事件的冲击。但不管是什么途径，系统性风险主要都是通过金融机构间、金融市场间以及金融机构和金融市场相互交叉的传染得以实现的。从本次国际金融危机来看，系统性风险不仅表现在跨部门方面，也表现在跨时间方面。后者指的是金融体系的顺周期性导致金融风险在时序上被放大，从而加剧经济的周期性波动和自身的不稳健性。本部分将重点从金融机构和金融市场两个层面出发，尝试对中国金融领域系统性风险的传染性进行简要的评估。

8.1　金融机构的风险传染性评估

8.1.1　关于金融机构风险传染性的现有研究

金融机构间的风险传染渠道大致包括内部实际业务往来带来的直接关联传染、由信息不对称引发的信息传染和外部因素带来的被动传染等，它们之间的共同点在于都强调金融机构之间存在的直接或间接的相互关联。

以这些相互关联为基础，IMF（2009）归纳了四种评估系统性风险传染的研究方法。与其他主要通过金融市场数据来分析金融机构之间潜在关联的方法不同，其中网络方法主要通过实际业务往来来分析金融机构间的直接关联。在金融网络中，所有节点通过各种金融关联相互连接在一起，这种金融关联反映了金融节点之间的风险暴露状况。任何系统层面或者节点层面的风险冲击都可能在网络中形成连锁反应，从而导致风险的放大和扩散，并最终导致系统性风险的形成。

Allen 和 Gale（2000）以及 Freixas 等（2000）在标准的货币经济学理论框架内构建了银行间风险传染的理论模型，开创性地研究了网络结构对系统风险传染的影响，被广泛认为是网络方法的金融理论基础。基于网络的系统风险分析不仅能够对不同风险场景下的传染性系统风险进行测度，对系统重要性节点进行识别，还能够对冲击传染的具体路径进行追踪，对监管资源的配置和监管的成本收益进行分析（Upper，2011）。正是由于拥有较好的理论基础和直观的表现方式，在传染性系统风险的研究中，网络方法备受推崇。ECB（2010）、Allen 和 Babus（2009）以及 Upper（2011）对该方法作了较为详尽的综述。

还有一些文献研究了网络结构对系统性风险传染性及其程度的影响，如 Allen 和 Babus（2010）、Amini 等（2010）、Chapman 和 Zhang（2010）、Rotemberg（2011）等。其中一些研究还发现金融系统存在着"稳健并脆弱"的现象，即风险传染的概率可能很低，但一旦问题出现，情况将非常严重。

8.1.2　中国金融机构风险传染性的时序评估

从理论上看，金融机构的风险传染性主要取决于金融机构之间资金流的规模及其网络结构，即金融机构间业务往来的紧密程度和内部结构。由于缺乏资金流网络结构的时间序列数据，我们主要从资金流规模的时间变化上来进行分析。一般而言，金融机构间业务往来的紧密程度越大，风险冲击在系统内的扩散程度也会越大，系统对风险冲击的分担程度也同样越强。因此，这时的系统对小规模风险冲击的抵抗能力会越强，即使发生较大范围的风险传染，其整体影响程度也会较小，系统功能不会遭受破坏；但一旦发生较大规模风险冲击，则风险的传播范围和影响程度就会更为严重，系统整体就越容易崩溃，从而导致系统功能无法发挥。

本部分将利用中国银行间同业拆借市场、上市银行财务报表和大额支付系统交易数据等公开信息来评估中国金融机构间（尤其是商业银行间）业务往来的紧密程度及其时序变化，并利用这些不同来源的数据来相互印证。

（一）同业拆借交易量及其相对指标：基于银行间同业拆借市场数据

银行间同业拆借市场是银行间资金往来的主要市场，也是银行间融通准备金头寸的主要渠道。图 8 – 1 展示了全国银行间同业拆借市场的主要交易品种，即隔夜拆借的交易数据和相应的月度加权平均利率。从图中可以发现，2007 年之后同业拆借市场隔夜拆借交易量迅速增加，并在 2012 年 5 月达到 5 万亿元的峰值，之后交易量出现震荡下滑趋势，并在 2013 年 6 月出现高达 70% 的月度降幅，而加权平均利率也正是在该月达到了 6.43% 的峰值。加权平均利率在 2008 年下半年出现大幅下降，之后一路震荡走高，波动明显加大。

单纯的银行间同业拆借数据还不足以说明银行间的业务往来程度，我们在此基础上计算了隔夜拆借月度金额与当月存款性金融机构准备金余额之间的比值（见图 8 – 2），这一指标可以更好地表明银行利用同业拆借融通准备金头寸的情况，从而能更准确地表示银行间业务关系的紧密程度。

从图 8 – 2 来看，与之前相比，2007 年之后金融机构间联系的紧密程度及其波动性都明显增强。

（二）商业银行同业存放数据及其相对指标：基于上市银行数据

由于证券市场数据的公开性和连续性，上市银行的财务数据为我们提供了分析中国银行

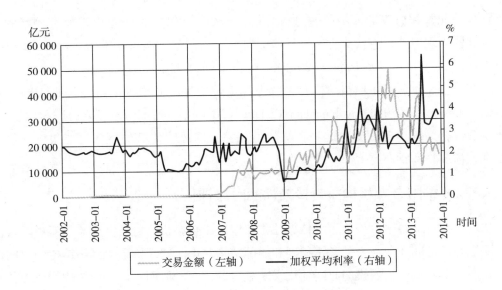

资料来源：中国人民银行网站。

图8－1 全国银行间同业拆借市场隔夜拆借数据

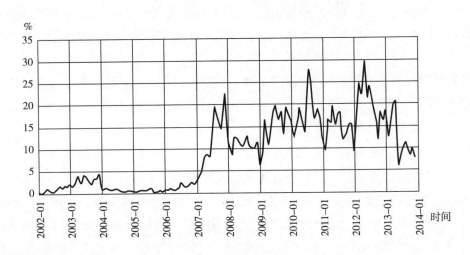

资料来源：根据中国人民银行统计数据计算得出。

图8－2 全国银行间隔夜拆借金额与存款准备金余额的比值

间相互关联性的重要数据支持。

从2002年第一季度以来，中国银行在国内证券市场的上市家数逐步从很少的3家增加到目前的16家。主要的增加发生在2006年和2007年，先后有10家银行上市。由于前后上市银行数量存在显著差异，下文的研究均基于各家银行财务报表数据总量的相对指标进行。

在上市银行财务报表中，反映银行间业务往来的主要指标"存放同业款项"与"同业及其他金融机构存放款项"分别位于流动性资产和流动性负债方。这两项的总额反映了银行间资金往来的整体规模，而其与银行总资产的比值在一定程度上反映了银行间相互联系的紧密程度（见图8－3）；这两项之间的净额（负债项减去资产项）为银行同业资金的净贷方头寸，其与银行存款准备金之间的比值在一定程度上反映了银行在短期内对同业债务的依赖情况（见图 8-4）。

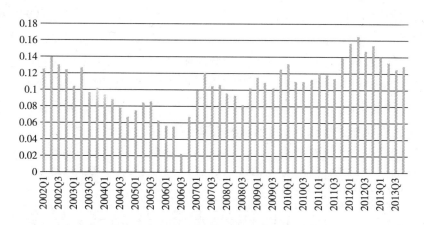

图 8-3 上市银行同业资金总额占总资产的比例

从图 8-3 来看，在 2002 年至 2006 年第三季度，上市银行同业往来资金总额占总资产的比例呈现快速下跌的态势，即从 2002 年第二季度最高的 13.86% 下降到 2006 年第三季度的 2.26%；此后该指标又逐步上升到 2012 年第二季度最高的 16.44%，其后一直维持 12% 以上的高位；在 2007 年第二季度至 2008 年第三季度金融危机期间，该指标从 12.06% 逐季度下降到 8.10%，这在一定程度上反映了银行的谨慎态度。

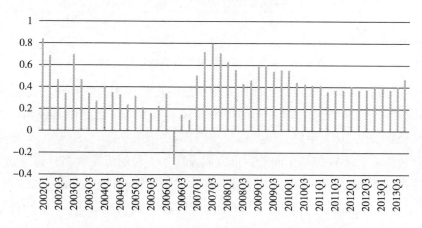

图 8-4 上市银行同业资金净额占存款准备金的比例

从图 8-4 来看，上市银行同业资金净额占存款准备金比例的走势与图 8-3 所反映的走势非常类似，即从 2002 年的高位一路下滑到 2006 年中期的最低位，之后快速上涨。由于该指标越高，说明银行短期流动性对同业借贷的依赖越高，所以其在金融危机前迅速达到高位是不令人惊异的。从 2010 年至 2013 年，该指标一直处于 40% 左右的较高水平。

（三）金融机构往来支付数据及其相对指标：基于大额支付系统数据

作为金融机构跨行资金转移和跨行资金融通的重要通道，大额支付系统交易数据在很大程度上反映了银行间的业务往来和相互依存关系。下面利用中国大额实时支付结算系统交易数据来进行相关评估。

银行间的跨行资金转移主要是通过各银行在央行准备金账户的划拨实现的，因此跨行资金交易数据与准备金余额之间的比值在一定程度上反映了金融机构之间业务往来的紧密程度（见图 8 - 5）。其中大额支付系统的月度交易数据来自于中国人民银行支付结算司定期发布的年度报告《中国支付体系发展报告》，而准备金账户的月度数据来自中国人民银行发布的货币当局资产负债表中的存款性公司存款项。由于至 2014 年底中国人民银行尚未发布该报告的 2013 年版，因此相关数据和指标计算截至 2012 年 12 月。

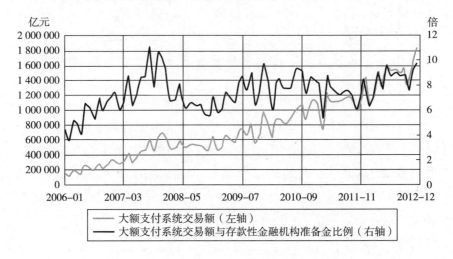

资料来源：中国人民银行网站。

图 8 - 5　基于大额支付系统交易数据的评估

从图 8 - 5 来看，该指标的走势与前面其他指标的走势有相当的共同之处，即从 2006 年的低位（4 倍左右）迅速上涨到 2007 年的高位（10 ~ 11 倍），之后在 2008 年快速下滑到 6 倍左右后逐步稳定。到 2012 年底，该指标又接近到 10 倍水平。

从上述分析来看，不管是基于同业拆借或同业往来支付的流量数据，还是同业存放的存量数据，相关指标都表明，中国金融机构间业务往来的紧密程度在 2006—2007 年迅速上升，并在 2007 年中期左右达到相对高点，之后则出现剧烈震荡，到 2013 年依然处于一个相对高位。

8.1.3　中国金融机构风险传染性的横截面评估：基于大额支付系统数据

对中国金融机构风险传染性的时序分析能从整体上给出关于传染性的变化，但由于数据过于宏观，因此无法进行更为细致的评估。本部分将利用金融机构间支付结算的横截面数据，对中国金融机构的风险传染性进行更为深入的评估。

作为重要的金融基础设施，支付体系是一国经济金融体系的重要组成部分。安全高效的支付体系对于加速资金周转，提高资源配置效率，有效促进经济增长，满足社会公众日益增长的支付需求具有重要意义。尤其是作为系统重要性支付系统的大额支付系统，其不仅是银行间资金转账的重要渠道，也是有效传导货币政策的重要渠道，是维系金融机构和金融市场间的重要纽带。因此，支付系统，尤其是大额支付系统，成为分析金融体系内部关联性的重要视角。更为重要的是，支付系统中的单个或多个参与者支付能力不足有可能直接引发流动性风险和信用风险，并在支付系统内产生"多米诺骨牌"效应，从而引发严重的系统性风险。

目前，我国已初步建成以中国人民银行现代化支付系统为核心，银行业金融机构行内支付系统为基础，票据支付系统、银行卡支付系统为重要组成部分的支付清算网络体系。其中，中国人民银行现代化支付系统是中国人民银行为银行业金融机构和金融市场提供资金清算服务的公共平台，也是中国人民银行发挥金融服务职能的核心支持系统，主要由大额实时支付系统和小额批量支付系统两个业务应用系统组成。

2013 年，中国大额实时支付系统处理业务 5.95 亿笔，金额 2 060.76 万亿元，业务金额是 2013 年全国 GDP 总量的 36.23 倍。日均处理业务 236.30 万笔，金额 8.18 万亿元。

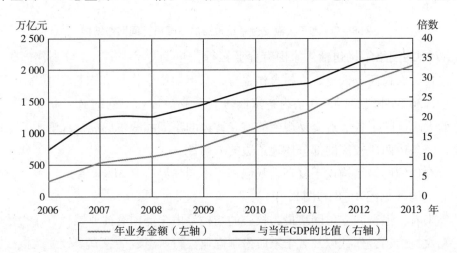

资料来源：中国人民银行网站。

图 8-6　中国大额支付系统年度业务交易情况

（一）基于大额支付系统数据的银行间网络

在大额支付系统中，系统直接参与者通过相互间的支付流形成了一个复杂的金融网络，并在一定时间范围内表现出一定的结构稳定性。

假设大额支付系统的支付网络由 N 个节点（直接参与者）和节点间的加权有向边（支付流）构成，可用 $N \times N$ 维的矩阵 P 表示。矩阵 P 的元素 p_{ij} 表示参与者 i 向参与者 j 在一定时间内[1]支付的总金额，且对所有 $i, j \in N$ 有 $p_{ij} \geq 0$ 和 $p_{ii} = 0$。

根据中国大额支付系统的月度交易数据，我们计算得到基于 84 个节点交易数据的中国

---

① 时间粒度可根据研究需要而变化，一般为一个交易日。

大额支付系统网络结构。

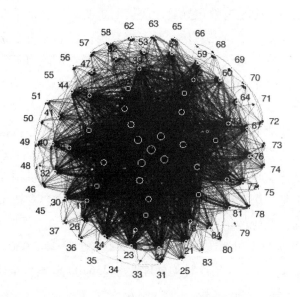

图 8-7　基于大额支付系统数据的中国银行间网络结构

图 8-7 中的网络结构包括 4 家国有商业银行，3 家政策性银行，分别作为整体存在的城市商业银行、农村商业银行、农村合作银行、城市信用合作社和农村信用合作社，1 家邮政储汇银行，56 家外资银行，其余为各家股份制商业银行和单列的城市商业银行等。在图中，节点的大小反映了各节点交易规模的差异，边的粗细和颜色的深浅反映了节点间交易规模的差异，每条边两段较深的部分体现了边的方向性。

包含所有边的网络结构过于复杂，我们基于不同临界值（Alpha 值）得到了银行间网络结构的核心结构（见图 8-8 和图 8-9）。

从结果来看，银行间支付网络最为核心的结构是由全部国有商业银行、作为整体的城市商业银行和农村信用合作社以及若干家股份制商业银行所组成的；其余较为次核心的圈层则逐步包含了其余的股份制商业银行、邮政储汇银行、农村商业银行、政策性银行、城市信用合作社以及部分外资银行；大多数外资银行都位于网络结构的外围。

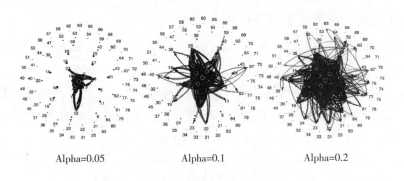

Alpha=0.05　　　　　Alpha=0.1　　　　　Alpha=0.2

图 8-8　中国银行间网络核心结构

（二）基于风险传染性的系统重要性节点评估

参与者 j 要在当日实现对其所有支付指令的结算，其流动性需求即为其当日所有对外支付金额的总和 $\sum_{n=1}^{N} p_{jn}$，流动性供给即为其能用的自身日初流动性 L_j（称为内部静态流动性）和动态流动性 $\sum_{n=1}^{N} p_{nj}$ 之和。

在日间流动性需求一定的条件下，如果在全额实时结算中不存在任何僵锁问题[①]，那么只要参与者的流动性供给不小于流动性需求，该参与者就能结算其全部支付指令。特别地，如果 $L_j \geqslant \sum_{n=1}^{N} p_{jn}$，那么仅依靠内部静态流动性，参与者 j 就能结算其所有支付指令，这一临界静态流动性水平被称为最大流动性水平（Maximum Boundary of Liquidity，MBL）；而当 $L_j = \sum_{n=1}^{N} (p_{jn} - p_{nj})$ 时，只有在所有动态流动性都能获得的情况下，参与者 j 才能结算其所有支付指令，这一临界内部静态流动性水平被称为流动性水平下限（Lower Boundary of Liquidity，LBL）。

基于 $N \times N$ 维的支付网络矩阵 P，我们可计算得到支付流迁移矩阵 S，有

$$ S = \left[\frac{p_{ij}}{\sum_j p_{ij}} \right]_{N \times N} $$

在迁移矩阵 S 中，s_{ij} 表示在参与者 i 的所有对外支付流中，参与者 j 所占的比重，也即参与者 i 每一单位金额对外支付是支付给参与者 j 的概率。

设参与者的内部静态流动性向量为 $L_{1 \times N}$，内部静态流动性全部进入支付网络形成动态流动性，并进而推动支付结算。在进过 n 轮流转后，流动性在系统参与者中的分布可用下式来度量：

$$ L \times S^n $$

那么流动性周转的过程，即每个参与者所结算的支付金额向量 $Q_{1 \times N}$ 为

$$ Q = L + L \times S + \cdots + L \times S^n + \cdots $$
$$ = L \times (I - S)^{-1} $$

如果不存在任何流动性漏出机制，那么静态流动性在支付网络中的周转会推动无限量金额的支付结算，上面的等式将不会收敛。

在实践中，存在的漏出机制主要有：（1）某个系统参与者出现风险事件，导致其只能接收而不能发送支付流，从而导致流入该网络节点的流动性在该节点永久性沉淀；（2）在纯粹全额实时结算机制下，由于排队指令无法绕行或拆分，导致参与者存在在拥有可用流动性的同时也具有未结算支付指令的情况，即存在僵锁；（3）某个系统参与者的流动性流入

[①]　僵锁指的是全额实时结算中参与者在拥有静态流动性的同时无法实现支付结算的现象，是影响动态流动性网络循环的一个重要技术性原因。僵锁一般可以通过结算机制的改变或流动性的注入得到解决。

量大于流出量，导致超过流出量的流入流动性在该节点永久沉淀；（4）所有系统参与者由于无法进行结算或所有支付都已被结算而导致流动性周转终止。其中，第（2）种漏出机制必须通过考虑逐笔的支付流才能进行研究，因此本书暂不加以分析。

如果只考虑第（1）种漏出情况，那么在迁移矩阵中剔除风险节点所在的行与列，得到新的迁移矩阵 S_{-1}，则流动性周转过程变为 $Q = L \times (I - S_{-1})^{-1}$。进一步考虑第（3）种和第（4）种漏出机制，对上述过程进行修正，得到的节点违约模型可以对支付网络的节点系统作重要性评估。在各系统参与者的日初静态流动性均处于 *LBL* 临界水平的假设下，具体评估结果如表 8 - 1 所示。

表 8 - 1　　　　　　　　基于风险传染的系统重要性金融机构评估

编号	重要性指标*	排序	编号	重要性指标*	排序	编号	重要性指标*	排序	编号	重要性指标*	排序
1	0.9446 (83)	2	22	0.0106 (52)	29	43	0.0067 (56)	32	64	0.0006 (43)	47
2	0.8813 (83)	6	23	0.0112 (53)	27	44	0.0012 (43)	42	65	0.0001 (38)	65
3	0.9028 (83)	5	24	0.0359 (64)	22	45	0.0000 (39)	82	66	0.0000 (39)	73
4	0.9112 (83)	4	25	0.0004 (38)	52	46	0.0003 (40)	53	67	0.0030 (45)	35
5	0.7421 (82)	11	26	0.0014 (41)	40	47	0.0003 (40)	56	68	0.0000 (39)	70
6	0.2136 (81)	18	27	0.9129 (83)	3	48	0.0001 (39)	67	69	0.0000 (38)	74
7	0.0409 (65)	21	28	0.2850 (81)	17	49	0.0001 (39)	69	70	0.0003 (40)	54
8	0.8575 (83)	7	29	0.0135 (65)	25	50	0.0000 (40)	75	71	0.0000 (38)	83
9	0.6992 (82)	12	30	0.0018 (43)	38	51	0.0002 (40)	58	72	0.0003 (40)	55
10	0.7812 (82)	9	31	0.0001 (40)	63	52	0.0005 (45)	49	73	0.0000 (37)	72
11	0.6575 (82)	15	32	0.0038 (51)	34	53	0.0002 (40)	61	74	0.0003 (39)	57
12	0.6915 (82)	13	33	0.0000 (38)	71	54	0.0020 (47)	37	75	0.0000 (38)	79
13	0.2928 (81)	16	34	0.0000 (38)	77	55	0.0000 (37)	81	76	0.0017 (49)	39
14	0.2120 (81)	19	35	0.0000 (38)	84	56	0.0001 (37)	64	77	0.0011 (45)	43
15	0.8101 (83)	8	36	0.0001 (38)	68	57	0.0002 (41)	60	78	0.0005 (38)	48

续表

编号	重要性指标*	排序	编号	重要性指标*	排序	编号	重要性指标*	排序	编号	重要性指标*	排序
16	0.6821 (82)	14	37	0.0001 (40)	62	58	0.0010 (43)	45	79	0.0000 (37)	80
17	0.7551 (83)	10	38	0.0000 (37)	78	59	0.0077 (50)	31	80	0.0000 (37)	76
18	0.9584 (83)	1	39	0.0129 (62)	26	60	0.0009 (42)	46	81	0.0011 (42)	44
19	0.0320 (63)	23	40	0.0013 (46)	41	61	0.0268 (71)	24	82	0.0111 (60)	28
20	0.0613 (70)	20	41	0.0020 (46)	36	62	0.0002 (41)	59	83	0.0001 (39)	66
21	0.0053 (45)	33	42	0.0095 (59)	30	63	0.0004 (41)	51	84	0.0004 (38)	50

注：　*括号内数据为受影响的金融机构数。

从结果来看，金融机构的系统重要性排序与前面对中国支付网络核心结构的分析结果是基本一致的，即四家国有商业银行与城市商业银行及农村信用合作社在风险传染方面的重要性最高，其次是各股份制商业银行。值得关注的是，个别外资银行的系统重要性已超过了部分内资银行。

另外，从表8-1来看，整体来说，由于系统参与者的静态流动性处于实现支付结算的临界水平，任意一个参与者的违约都会在系统内导致广泛的影响，但影响程度差别很大。其中，系统重要性高的参与者导致的系统性风险非常严重，且影响几乎所有参与者；而系统重要性低的参与者违约导致的是轻微而较为广泛的系统性影响。可见，在较为极端的情况下，由于金融机构间支付网络的紧密联系，系统性风险在网络中的传染范围是很广的，即使是在风险冲击很小时也是如此，而一次大规模的风险冲击将很快导致系统的崩溃。

（三）中国银行间网络的稳健性评估

基于上面的分析结果，我们评估了中国银行间支付网络在随机冲击和重点冲击下的网络稳健性。

在对网络节点的平均概率的随机冲击下，系统未结算支付金额的比例约为16.08%，受影响的金融机构平均为53家；在对网络节点依据节点支付结算规模的随机冲击下（对大规模节点冲击的概率更大），系统未结算支付金额的比例约为77.91%，受影响的金融机构平均为81家。

在对网络某个具体节点进行重点冲击时，系统未结算支付金额的比例最高约为95.84%，最低为零，而受影响的金融机构数最高为83家，最低为37家。

注意，上述评估是基于每个节点的自身流动性均处于支付结算临界值时得到的估计值，而当节点自身流动性水平较高时，系统对节点冲击的抵抗力会大大增强。但上述评估说明，由于中国银行间的相互关联是很强的，在流动性很欠缺时，任意的冲击都可能导致严重的后果。

8.2　金融市场的风险传染性评估

金融市场联动性指的是金融市场之间存在长期的、稳定的关系，一般包括收益率之间、收益率波动率之间和资产流动性之间三个层面。从某种经济意义上说，金融市场间的联动效应就是不同金融市场之间的风险传递过程。

为了研究中国各金融交易市场之间的联动性，我们从中国股票市场、债券市场、货币市场、外汇市场、金融期货市场和商品期货市场共选取了 13 个相关指数或交易品种价格作为分析对象。这 13 个价格（指数）对应的子市场和编号如表 8-2 所示。

表 8-2　　　　　　　　　　　　市场交易品种编号对应表

子市场	市场指数/价格	起始年份	编号
股票市场	沪深 300 指数	2006	1
	中小板综合指数	2006	2
	创业板综合指数	2011	3
	恒生指数	2006	4
债券市场	上证国债指数	2006	5
	上证企债指数	2006	6
货币市场	SHIBOR 七天隔夜拆借利率	2007	7
外汇市场	人民币对美元中间价	2006	8
金融期货市场	股指期货（下月）	2011	9
商品期货市场	中证化工材料期货指数	2006	10
	中证金属期货指数	2006	11
	中证能源期货指数	2006	12
	中证农产品期货指数	2006	13

资料来源：Wind 数据库。

针对这 13 个交易品种，我们获取了从 2006 年 1 月至 2013 年 12 月的周收盘价数据，并计算得出各品种市场每年周收益率之间的相关性以及相关性绝对值的均值，该均值在一定程度上反映了中国各金融市场之间的相关性及其变化（见图 8-9）。

从图 8-9 可以看出，金融市场之间的相互关联性在 2008 年迅速上升，并在 2010 年达到最高点，之后呈现下降趋势，并在 2013 年达到 2008 年来的最低水平。

为了更为细致地分析各金融子市场之间的相关性，我们绘制了子市场之间在特定年份的相关性网络，并剔除了其中相关性不显著的边（ p 值大于 0.1），以便于分析网络的主干部分（见图 8-10）。在图 8-10 中，节点之间的相关性越强，它们之间的连线就越粗；图中节点在越内层，则表明其与其他各节点之间的整体相关性越强。

在 2006 年，沪深 300 市场处于中国金融市场相互关联的核心，其与中小板市场、化工

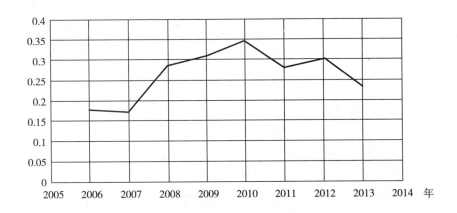

图 8 - 9　金融市场间相关性的时序变化

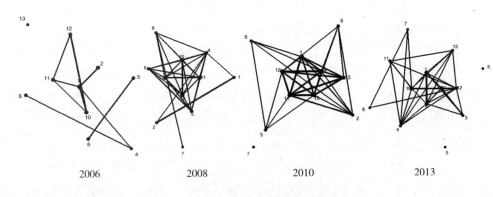

图 8 - 10　中国金融市场之间的相关性网络

材料期货市场、金属期货市场和香港证券市场都有很强的相互关联；非农产品的商品期货市场之间、两个债券市场之间、香港证券市场与外汇市场之间也都存在显著关联，但债券市场和农产品期货市场较为自成体系。

到 2008 年，各市场之间的相互关联明显加强，每个市场都与其他若干市场之间存在显著的相互关联，并且不存在市场间的相互分割。另一个显著特征是，四个商品期货市场相互之间的强关联成为核心，其次是债券市场和香港证券市场，而内地股票市场与其他市场之间的相关性则明显下降。

2010 年情况又发生了变化，沪深 300 市场、香港证券市场、商品期货市场两两之间存在的显著关联成为了相关性网络的核心，而货币市场从网络中分离出来。2013 年，股指期货市场、股票市场以及商品期货市场之间的相互关联依然非常重要，但内部关联性明显较 2008 年和 2010 年有所下降，且债券市场、货币市场和外汇市场之间及其与其他市场之间的相关性也明显下降。

从上面的分析来看，在金融危机最高峰的 2008 年，中国金融市场之间的关联性应该是最为显著和最为紧密的。股票市场、债券市场、货币市场、外汇市场和期货市场两两之间几乎都存在显著的联动关系，这与 2006 年各市场之间的分割状况呈现出明显的区别。到 2010

年，虽然主要市场之间的联动性进一步加强，但某些市场已经从这种强关联中脱离出来。这一趋势到 2013 年更为明显，不仅跨子市场的联动性已大幅下降，而且子市场内部的联动性也有所下降。

8.3　结论与展望

本章利用中国金融体系的实际数据，从金融机构和金融市场两个角度出发，对中国金融系统性风险的传染性进行了评估。

在金融机构的风险传染性评估方面，本章选用了同业拆借交易数据、上市商业银行同业存放数据和大额支付系统金融机构间往来支付数据等不同的数据来源，通过构建一些相对指标，分析了金融机构间业务往来关系的紧密程度。结果发现，金融机构间关联的密切程度在金融危机爆发前达到最大，并且在金融危机最严重的 2008 年间迅速下降，之后则主要呈现出震荡趋势，并维持一个较高的水平。之后，本章利用大额支付系统的横截面数据对金融机构风险传染性问题进行了更为深入的分析，并发现，由于金融机构间往来支付联系较为紧密，系统对风险冲击的抵抗力是较强的，但一旦风险冲击足够大，则会导致非常严重的系统性风险。

利用金融子市场价格指数之间的相关性，本章对中国金融市场的传染性进行了评估。结果也表明，在金融危机期间，金融市场之间的联动性迅速上升，而到了 2013 年，无论是金融子市场内部还是金融子市场之间的联动性都已有所下降。显然，金融市场间风险传染性的时序变化与金融机构间风险传染性的时序变化虽然在细节上有所不同，但大体趋势是一致的。

由于数据（尤其是金融机构间相互关联数据）的可获得性、问题的复杂性和章节篇幅的限制，本章的研究还显得很不足够。不过，我们由不同数据和不同方法得到的结论都具有相似性，这表明本章的研究还是有一定可靠性的。

参考文献

［1］黄聪、贾彦东：《金融网络视角下的宏观审慎管理——基于银行间支付结算数据的实证分析》，载《金融研究》，2010（4），1～14 页。

［2］贾彦东：《金融机构的系统重要性分析——金融网络中的系统风险衡量与成本分担》，载《金融研究》，2011（10），17～33 页。

［3］马君潞、范小云、曹元涛：《中国银行间市场双边传染的风险估测及其系统性特征分析》，载《经济研究》，2007（1），68～78 页。

［4］童牧、何翔慧：《大额支付系统中的系统风险及其决定因素研究》，载《吉林大学学报（信息科学版）》，2012，30（3），297～305 页。

［5］童牧、何奕：《复杂金融网络中的系统性风险与流动性救助——基于中国大额支付系统的研究》，载《金融研究》，2012（9），20～33 页。

［6］童牧、何奕：《系统外部效应与流动性救助策略：大额支付系统中的系统风险》，载《系统管理学报》，2012（5），619～628页。

［7］王爱民、王理平、王慧：《净额支付系统中银行危机的传染过程与应对策略》，载《上海金融》，2008（1），89～91页。

［8］Allen, F. and D. Gale, "Financial Contagion", *Journal of Political Economy*, 2000, 108（1）: 1 – 33.

［9］Ashcraft, A. , et al. , "Precautionary Reserves and the Interbank Market", *Journal of Money*, *Credit & Banking*, 2011, 43（7）: 311 – 348.

［10］Atalay, E. and M. L. Bech, "The Topology of the Federal Funds Market", *Physica A*: *Statistical Mechanics and its Applications*, 2008, 389（22）: 5223 – 5246.

［11］Bech, M. L. and K. Bonde, "The Topology of Danish Interbank Money Flows", *Banks and Bank Systems*, 2009, 4（4）: 48 – 65.

［12］Beyeler, W. E. , R. J. Glass, M. Bech, and K. Soramäki, "Congestion and Cascades in Payment Systems", *Physica A*: *Statistical Mechanics and its Applications*, 2007, 384（2）: 693 – 719.

［13］Degryse, H. and G. Nguyen, "Interbank Exposures: an Empirical Examination of Systemic Risk in the Belgian Banking System", *International Journal of Central Banking*, 2007, 3（2）: 123 – 171.

［14］Docherty, P. and Wang, G, "Using Synthetic Data to Evaluate the Impact of RTGS on Systemic Risk in the Australian Payments Systems", *Journal of Financial Stability*, 2010, 6（2）: 103 – 117.

［15］Freixas, X. , B. Pargi and J. C. Rochet, "Systemic Risk, Interbank Relations, and Liquidity Provision by the Central Bank", *Journal of Money*, *Credit and Banking*, 2000, 32（3）: 611 – 638.

［16］Gai, P. and S. Kapadia, "Contagion in financial networks", *Proceedings of the Royal Society A*: *Mathematical*, *Physical and Engineering Sciences*, 2010, 466（2120）: 2401 – 2423.

［17］Nier, E. , J. Yang, T. Yorulmazer and A. Alentorn, "Network Models and Financial Stability", *Journal of Economic Dynamics and Control*, 2007, 31（6）: 2033 – 2060.

［18］Soramäki, K. et. al. , "The Topology of Interbank Payment Flows", *Physica A*: *Statistical Mechanics and its Applications*, 2007, 379（1）: 317 – 333.

［19］Soramäki, K. and S. Cook, "SinkRank: An Algorithm for Identifying Systemically Important Banks in Payment System", *Economics*: *the Open – Access*, *Open – Assessment E – Journal*, 2013, 7（2013 – 28）.

［20］Upper, C. , "Simulation Methods to Assess the Danger of Contagion in Interbank Markets", *Journal of Financial Stability*, 2011, 7（3）: 111 – 125.

第二篇

经济系统中的金融安全评估

上一篇我们侧重于对金融系统的稳定性及安全状态进行了评估，这是我们金融安全状况评估最为核心的部分。但是，金融系统作为国民经济的重要组成部分，我们须将金融系统植根于经济系统中，研究经济系统隐患的评估，找出我国金融安全存在的隐患，并通过各部门的资产负债关联，来研究金融安全对我国宏观经济的相互影响及传染路径。Grayetal（2008）、Castren 和 Kavonius（2009）等运用金融网络模型探讨了各部门间的风险转移路径。这种方法能够进一步认清宏观金融风险的源头及传染模式，进而全面地分析负面冲击在宏观金融中的传导过程及其对宏观经济、金融脆弱性的影响作用。宫晓琳（2010）通过网络模型量化分析了冲击在经济中的传导及系统危机的演生过程，量化分析了资产—负债表传染发生时，各个部门于各传染轮次中的损失量。宫晓琳（2012）分步骤、分层次地解析了系统性金融危机酝酿及演化过程中，宏观金融风险在各类因素推动下加速增高的具体机制——风险联动综合传染机制，同时利用我国 2000—2008 年系统性宏观金融数据实证分析了风险传染的现实状况和不同实现机制。叶永刚、宋凌峰（2007）和王丽娅（2008）考察了宏观金融风险在一国主要部门之间的分担和传递问题。这些研究表明，当风险在各个主要部门之间最优分担的情况下，一国宏观经济可以健康地运行；而当风险在某一部门内部积累到一定的水平时，宏观经济就会出现严重问题，爆发货币危机或财政危机。在这个方面的研究中，最为关键的是寻找到部门之间的联系，以及风险如何在各个部门之间进行传递，在此过程中风险又是如何被放大或抵消的。为此，本部分研究侧重于资产负债表方法，将我国经济系统分为非金融部门、金融部门、住户部门及公共部门，拟共同解决以下问题：第一，宏观经济金融状况监测，用于评估金融部门受某一特定冲击或组合性冲击时面临的主要风险，一般采用 EWS 模型中的指标体系，对金融体系带来极大冲击的可能性进行前瞻性评估；第二，各经济部门的资产负债状况分析，拟解决两个关键问题：一是宏观财务联系分析，力图了解引发冲击的风险敞口如何通过金融体系传递到宏观经济，评估金融部门对宏观经济状况的冲击效果，所需要的数据包括各部门的资产负债表、私营部门获得融资的指标；二是宏观经济状况的监测，主要是监测金融体系对宏观经济状况的总体影响，特别是对债务可持续性的影响。本部分的逻辑结构为：第一部分对我国 2001—2013 年的经济状况进行总体评估，分析我国宏观经济运行的特征及其变动趋势；第二部分在文献基础上构建了经济系统中金融安全评估的框架、方法与指标体系；第三部分为本篇的核心部分，对我国经济系统中的金融安全进行了多维度的解读及评估；第四部分为基本结论及简要政策建议。

第9章 经济系统中的金融安全评估

9.1 中国宏观经济运行概况（2001—2013年）

2001—2013年，中国经济发展整体较平稳，其中2007年经济发展达到高峰，由于受全球金融危机的影响，此后经济增长迅速回落，2009年最低。近两年经济增长速度降至2009年水平，我国目前经济形势不容乐观。

9.1.1 经济增长逐渐放缓，产业结构持续优化

我国国内生产总值从2001年到2013年持续增长。2007年我国经济快速增长，前三季度同比增长率均超过13%，其中，第二季度增长率达到峰值，累计同比增速14.5%，当季同比增速15%。随后增速迅速放缓，2009年第一季度累计同比增速和当季同比增速均为6.6%，为12年来最低。2009年第二季度增速回升，累计同比增速和当季同比增速上升到第四季度的9.2%、10.2%。此后GDP增速又开始新一轮下降，近两年增速较平稳。2013年第四季度GDP总额达到56.9万亿元，累计同比增长7.7%，与上年持平。

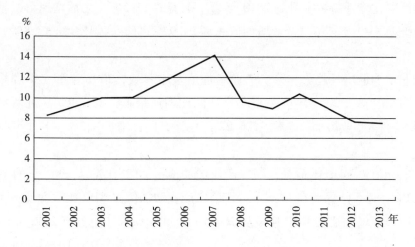

资料来源：Wind资讯。

图9-1 历年我国GDP同比增速

从克强指数①看，从 2009 年 11 月开始克强指数呈下降趋势，2013 年 2 月降至负值
－3.7%，此后开始回升，2013 年 11 月克强指数为 8.76%，比 2013 年 GDP 名义增速 9.5%
低，但比 GDP 实际增速 6.7% 高。

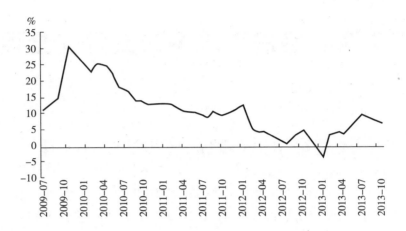

资料来源：Wind 资讯。

图 9 - 2　我国历年克强指数

分产业看，第一产业增加值增速较慢，2001—2013 年季度累计同比增速均低于 7%，
2004 年第四季度累计同比增长最大，为 6.3%，整体增速十分平稳。2013 年第一产业增加
值总额为 5.7 万亿元，同比增长 4%，比上年回落 0.5 个百分点。

第二产业增加值累计同比增速波动较大，增速持续从 2001 年上升到 2007 年，2007 年第
四季度累计同比增速均高于 14%，其中第二季度累计同比增长最快，高达 15.3%。随后增
速持续下降至 2009 年第一季度，累计同比增速仅为 5.8%，创 12 年以来新低。2009 年第二
季度开始累计同比增速持续上升到 2010 年第一季度的 14.5%。之后增速再次持续下降，近
两年增长较平稳，2013 年第二产业增加值总额 24.97 万亿元，同比增长 7.8%，比上年回升
0.1 个百分点。

第三产业增加值增长趋势与第二产业增加值基本一致，2007 年第三季度累计同比增速
达到最大，为 16.1%，2009 年第一季度累计同比增速最低，为 7.9%。近两年，增速缓慢
回升，2013 年第三产业增加值总额为 26.22 万亿元，同比增长 8.3%，比上年回升 0.2 个百
分点。

从产业增加值占 GDP 比重看，第一产业增加值占 GDP 比重从 2001 年的 14.4% 下降到
2013 年的 10%，近 5 年保持在 10% 左右；第二产业增加值占 GDP 比重变动不大，在 45% 左
右波动；第三产业增加值占 GDP 比重从 2001 年的 40.5% 稳步上升到 2013 年的 46.1%，首

---

　　①　克强指数最早源于李克强总理 2007 年任辽宁省委书记时，通过耗电量、铁路货运量和贷款发放量三个指标分析
当时辽宁省经济状况，后英国《经济学人》杂志于 2010 年以这些指标评估中国 GDP 增长量。本书所指的克强指数 = 金
融机构中长期贷款增加值同比增速×35% + 工业耗电量同比增速×40% + 铁路货运量同比增速×25%。

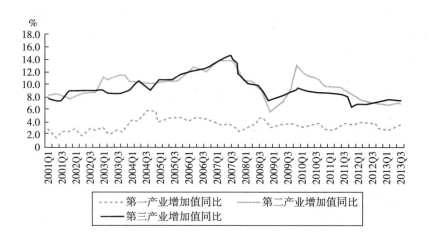

资料来源：Wind 资讯。

图 9 - 3　三大产业增加值累计同比增速

次超越第二产业。第三产业的快速发展增强了劳动力吸纳能力，保证了就业稳定，为下一步经济社会改革创造了条件。

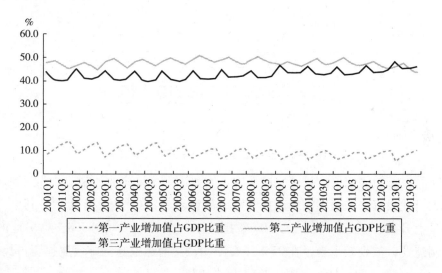

资料来源：Wind 资讯。

图 9 - 4　三大产业增加值占 GDP 比重

由图 9 - 1 至图 9 - 4 可知，我国国内生产总值和三大产业增加值均在 2007 年发展很快，原因在于：第一，宏观调控措施的积极性。2007 年，采取了 10 次提高存款准备金率、5 次提高金融机构存贷款利率等的货币政策，出台了提高部分出口产品关税和降低出口产品退税率等一系列财政政策。第二，短期经济中经常要考察的三大需求：消费、投资和净出口，都保持了一个比较快速的增长。

2009 年经济增长迅速降低。从 2007 年以来，由美国次级债所引发的金融危机，不仅从金融领域发展到了实物经济领域，导致经济衰退，全球经济也面临着 20 年来前所未有的衰退。中国对外贸易依存度较高，出口与国内投资和消费之间存在着较高的相关性，在全球经济衰退的环境中不可避免地会受到冲击，消费和进出口在 2009 年急剧下降，从而引起经济增长下降。

9.1.2　投资、消费和净出口增速放缓，国际收支顺差增速回升

全社会固定资产投资在 2009 年同比增长达到峰值 30%，扣除价格因素[1]实际增长 33.2%；2010 年增速最小为 12.1%，扣除价格因素实际增长仅为 8.2%。2013 年固定资产投资总额达到 44.71 万亿元，同比增长 19.3%，扣除价格因素实际增长 19%，相对于 2001 年，固定资产投资总额 3.72 万亿元，增长了 1 200%，增幅较大。

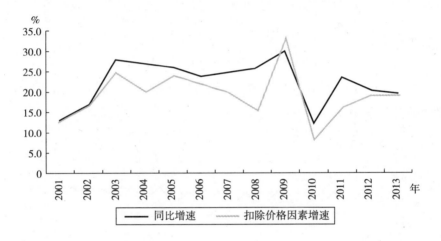

资料来源：Wind 资讯。

图 9 - 5　全社会固定资产投资总额增长率

分行业看，城镇固定资产投资完成额中，主要用于房地产业、制造业和交通运输仓储邮政业，几大行业投资占城镇固定资产投资完成额比重趋势如图 9 - 6 所示。其中，制造业投资额占比呈上升趋势，从 2001 年的 17.6% 持续上涨到 2013 年的 33.8%；房地产业投资占比仅次于制造业，波动较平稳，在 25% 左右浮动；交通运输仓储邮政业投资占比在 2001 年保持较高的 21.9%，此后持续下降，2013 年占比仅为 8.3%。

社会消费品总额从 2001—2013 年持续增长，2003 年增速最小为 9.1%，2008 年增长率达到峰值 22.7%。2013 年社会消费品总额达到 23.78 万亿元，同比增长 13.1%，扣除价格因素[2]实际增长 11.5%，相对于 2001 年社会消费品总额 4.31 万亿元，增长了 5.5 倍。

货物进出口总额 2013 年达到 4.16 万亿美元，除 2009 年有较大幅度下降，其他年度均有所增加，增长率波动较大，2013 年最终保持在 7.6%，与 2001 年增长率 7.5% 相近。进、出口总额 2013 年分别为 1.98 万亿、2.21 万亿美元，同比分别增长 7.3%、7.8%，增长率

---

[1]　使用的价格指数是固定资产投资价格指数。
[2]　使用的价格指数是商品零售价格指数。

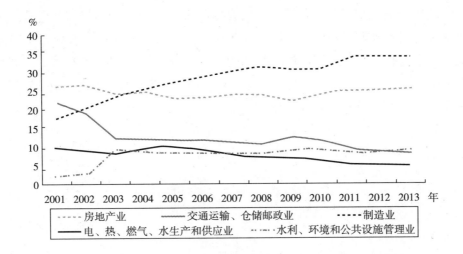

资料来源：Wind 资讯。

图 9 - 6　城镇固定资产投资完成额分行业

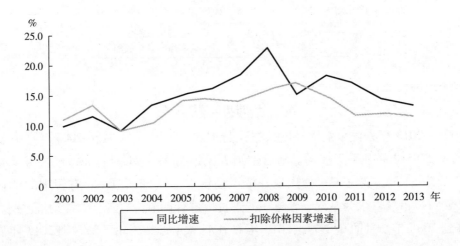

资料来源：Wind 资讯。

图 9 - 7　社会消费品总额增长率

也波动较大，相应在 2009 年出现负值，分别为 - 11.2%、- 16%。整体看，进口总额、出口总额和进出口总额增长趋势基本一致。

贸易顺差总额波动较大，2005 年同比增长幅度高达 217.8%，此后迅速回落，近两年呈下降态势，2013 年贸易顺差总额为 2 590.5 亿美元，同比增长 12.5%，比上年回落 36.2 个百分点。

2005 年贸易顺差总额激增的原因在于：

首先，世界经济的良好增长态势使国际市场需求总体趋旺。目前以美国为代表的我国主要贸易伙伴经济增长呈良好态势，尤其是日本经济的复苏势头已日趋稳固。这种强有力的经济增长势头使近年来国际市场需求一直走旺。

其次，2005 年我国贸易顺差的急剧扩大是由于进口增速慢于出口增速所致，进口增速不高主要受宏观调控政策影响。2004—2005 年我国出现了由固定资产投资过度引起的经济过热现象，很多行业出现了产能过剩，政府因此出台了一系列宏观调控措施，对资源性产品进口产生了明显的抑制作用，进口增幅出现大幅下降。与此同时，国内有效消费需求依然不足，许多外贸企业只能千方百计地扩大出口。

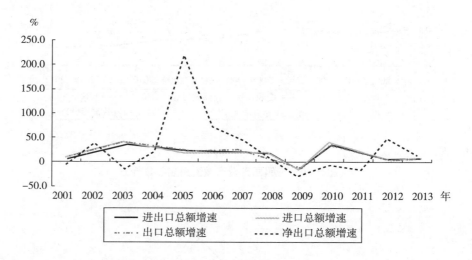

资料来源：Wind 资讯。

图 9-8　进出口额增长率

从 2001—2013 年人民币汇率月度数据走势图看，2001 年 1 月至 2005 年 7 月，汇率在 8.2791 到 8.2765 之间几乎无波动。随后中国人民银行 7 月 21 日宣布，经国务院批准，自 2005 年 7 月 21 日起，我国不再使用以外汇市场供求为基础，单一、有管理的浮动汇率制度，开始实行以市场供求为基础、参考一篮子货币进行调节、有管理的浮动汇率制度。汇率逐渐下降到 2008 年 6 月的 6.8971。2010 年 6 月汇率开始又一轮下降，到 2013 年底，汇率已降到 6.116。

2005 年 8 月开始人民币持续升值，主要源于高额贸易顺差的持续，2008 年贸易顺差总额开始下降，人民币对美元汇率基本不变。2010 年 6 月人民币升值的直接原因是 6 月 19 日中国人民银行在官方网站上发布公告称“进一步推进人民币汇率形成机制改革，增强人民币汇率弹性”，人民币汇率将不进行一次性重估调整，并坚持以市场供求为基础，参考一篮子货币进行调节。这一公告被外界视为货币当局重启汇率改革的信号。

从 2001 年到 2013 年，最终消费和资本形成总额对 GDP 拉动百分比差距较小，消费对经济增长的拉动在 4% 上下浮动，资本对 GDP 拉动百分比在 2009 年最大，为 8.1%；2001—2010 年，资本拉动作用相对最终消费较为明显，其中 2009 年资本拉动百分比高于最终消费 3.5 个百分点。随后两年最终消费拉动百分比略高于资本形成总额，2013 年资本开始恢复主导作用，拉动百分比高于最终消费 0.3 个百分比。

净出口对经济增长的拉动百分比均较小，甚至为负值，2002 年净出口开始发挥作用，

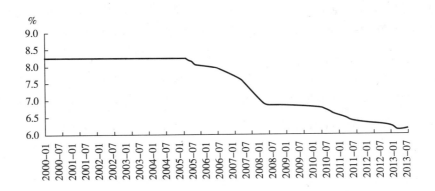

资料来源：Wind 资讯。

图 9 - 9　人民币汇率走势图

2001 年中国加入世界贸易组织对扩大中国经济的外向型程度起到关键作用。2009 年净出口拉动经济增长 -3.5 个百分点。2013 年消费、投资和净出口分别拉动经济增长 3.9 个、4.2 个和 -0.3 个百分点，分别比上年下降 0.2 个百分点、上升 0.3 个百分点和下降 0.1 个百分点，经济的内生增长动力尚待增强。

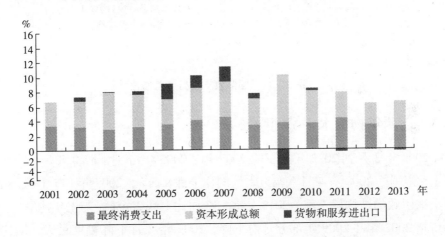

资料来源：Wind 资讯。

图 9 - 10　三大需求对经济增长的拉动率

国际收支保持顺差。据国家外汇管理局统计，国际收支总顺差在 2009 年略有下降，2011 和 2012 年下降幅度较大，分别为 -23.5%、-56.1%，2012 年国际收支顺差出现大幅下降，源于资本和金融项目继 1997 年亚洲经济危机后中国首次出现年度逆差，逆差总额 168.16 亿美元，同比下降 106.3%，2013 年国际收支总顺差 5 090 亿美元，同比上涨 144.6%。

经常项目顺差在 2001—2013 年有升有降，2002 年增速最大为 103.5%，2013 年经常项目顺差为 1 828 亿美元，同比下降 5.3%，与同期国内生产总值之比为 2.1%。资本和金融项目顺差在 2001—2013 年波动率较大，2001 年、2013 年分别同比增长 1 709.4%、2 039.8%；

2012 年由于世界经济增速放缓、国际金融动荡加剧、国内经济增长减速，我国总体面临资金流出的压力，资本金融项目出现逆差，同比下降幅度高达 106.3%，2013 资本和融资项目顺差总额为 3 262 亿美元，同比上涨 925.8%。

国际收支口径的外汇储备资产（不含汇率、价格等非交易价值变动影响）2001—2013 年持续增加，2008 年增加额最大为 4 795 亿美元，同比多增 4%；2013 年增加 4 327 亿美元，同比多增 338.5%，增幅较大。

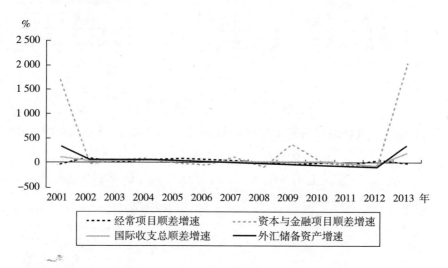

资料来源：国家统计局。

图 9 – 11   国际收支项目顺差增速

9.1.3   近两年物价水平涨速缓慢

CPI 从 2002 年 3 月到 2013 年底，除 2002 年、2009 年分别下降 0.8%、0.9%，其他年份均处于上涨状态，2008 年 4 月涨幅最大，同比上涨 8.5%，2008 年 CPI 上涨是由于食品价格大幅度上涨引致的结构性上涨；2013 年底 CPI 同比上涨 2.6%，与上年持平。

食品价格 2002 年和 2009 年部分月份下降，2002 年 2 月下降幅度最大，同比下降 2%；2008 年 4 月涨幅最大，同比上涨 22.1%，2013 年底食品价格同比上涨 2.5%，与上年同期持平。我国食品价格的上涨具有明显的成本推动型特征，种粮成本提高推动粮食价格上涨，粮食价格的上涨又会推动养殖成本的上升，引致肉类产品和水产品价格上涨，从而引发食品价格上涨。

非食品价格在 2002 和 2008 年均有所下降，其他年份虽均处于上涨状态，涨幅较小，2013 年底非食品价格同比上涨 1.7%，与上年同期持平。

消费品价格在 2002 年和 2009 年出现下降，2002 年 4 月降幅最大，同比下降 2.1%；2008 年 1 月涨幅达峰值，同比上涨 10.9%，2013 年底消费品价格同比上涨 2.2%，比上年同期回升 2 个百分点。服务价格除在 2008 年 12 月到 2009 年 11 月持续下降，最大降幅出现在 2009 年 2 月，同比下降 1.8%，其他月份均处于上涨状态，2013 年底服务价格同比上涨

3.3%，比上年同期增加0.8个百分点。

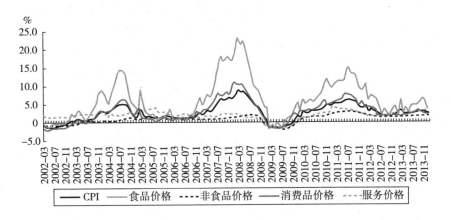

资料来源：Wind 资讯。

图 9 - 12　CPI 价格增速

2002 年 3 月到 2013 年 12 月，工业生产者出厂价格指数（PPI）在 2002、2009、2012 和 2013 年有所下降，其他年份均保持上涨状态；2009 年 7 月降幅最大，同比下降 8.2%，2013 年底同比下降 1.4%，比上年同期降幅回落 0.5 个百分点。其中，生产资料价格在 2002、2008 和 2009 年部分月份下降，2012 年 2 月开始至今，生产资料价格持续下降，2013 年底同比下降 1.8%，比上年同期降幅回落 0.9 个百分点。生活资料价格在 2002、2003、2005、2006 和 2009 年均有所下降，近两年价格略有上涨，2012 年底同比上涨 0.5%，2013 年底价格同比保持不变。

工业生产者购进价格（PPIRM）和企业商品价格指数（CGPI）走势与 PPI 大体一致，均在 2009 年 7 月出现最大降幅，同比分别下降 11.7%、8%。2012 年底和 2013 年底，PPIRM 同比分别下降 2.4%、1.4%，CGPI 同比下降 1.6%、0.7%。

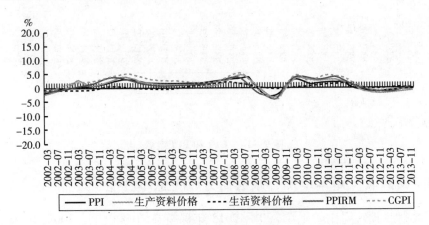

资料来源：Wind 资讯。

图 9 - 13　工业价格指数

分析 2002—2013 年 CPI 和 PPI 走势，不难看出，2007 年下半年到 2008 年上半年，CPI 和 PPI 涨幅持续增大，2008 年下半年增速回落，2009 年 CPI、PPI 持续下降，直到 2009 年第四季度慢慢回升。

从消费结构看，2007 年下半年到 2008 年上半年，CPI 上涨的主要原因是食品价格上涨过快，2007 年 6 月以来，食品价格上涨速度均超过 10%，最高达 23.3%，2008 年 6 月，食品价格增速回落。2009 年第一、第二季度，食品价格出现负增长，分别下降 0.7%、1.1%，第三季度食品价格开始慢慢回升。

从资料结构看，PPI 上涨主要源于生产资料价格增速较快。2007 年 6 月以来，生产资料价格持续上涨，2008 年 8 月最高达 12%，此后，生产资料价格增速回落。2008 年 12 月开始，生产资料价格持续下降，2009 年 7 月下降幅度最大为 10.1%，2009 年 12 月生产资料价格开始慢慢回升。

从宏观经济环境看，由于 2008 年前金融危机还没有爆发，我国宏观经济处于通货膨胀的上升通道中，下半年国家为了调控过热的地产市场，缩小信贷规模，采取较保守的财政政策，各方面投资减少。

工业价格指数在 2009 年大幅下降，源于经济的低迷、国际金融危机导致的需求疲软，加上持续泡沫化高企的国内房价和低位徘徊的中国股市，使得企业和个人的生产生活、投资融资受到严重冲击，导致实际消费凋零，经济畸形发展。

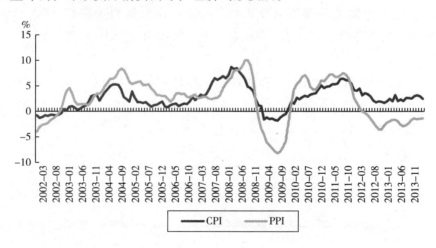

资料来源：Wind 资讯。

图 9 - 14　CPI 和 PPI 走势

9.1.4　财政收支基本平衡，政府债务风险总体可控

我国公共财政收入同比增速在 2001—2013 年保持在 10% 以上，2007 年增长幅度最大，同比增长 32.4%，2009 年受国际金融危机影响，经济增幅下降，企业效益减少，并且在企业所得税税率大幅下调的基础上，又出台了一系列促进经济增长的税费减免政策，全国财政

收入增幅逐月回落。2013 年公共财政收入 12.91 万亿元,同比增加 1.19 万亿元,增长 10.2%,增速比上年回落 2.8 个百分点。

其中,中央财政收入增速在 2007 年达到峰值,为 35.6%,2013 年中央财政收入 6.02 万亿元,同比增长 7.1%;地方财政收入增速在 2011 年达到峰值,为 29.4%,2013 年地方财政收入 6.9 万亿元,同比增长 12.9%。

从中央财政收入和地方财政收入占公共财政收入比重看,2001—2008 年,中央财政收入占比大于地方财政收入,从 2009 年起,地方财政收入占比一直大于中央财政收入,且占比差距越来越大,说明地方财政在财政收入中的作用越来越大。

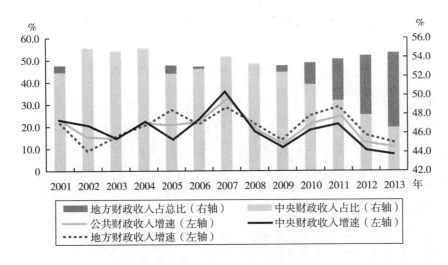

资料来源:Wind 资讯。

图 9 – 15 财政收入增速及占比

从收入结构看,税收收入持续增长,增速在 2007 年达最高值 31.1%,2013 年税收收入 11.05 万亿元,增速比上年回落 2.3 个百分点,为 9.8%;非税收入增幅同样在 2007 年最大,为 44.1%,2013 年非税收入 1.87 万亿元,同比增长 12.5%,比上年回落 2.5 个百分点。税收收入占财政收入比重虽呈下降趋势,但一直保持较大比重,近 12 年均高于 85%,2013 年税收收入占财政收入的 85.6%;非税收入占财政收入比重保持上升趋势,但不高于 15%,远远低于税收收入,说明我国财政收入最重要的来源是税收收入,但非税收收入来源越来越重要。

公共财政支出在 2001—2013 年持续增长,2011 年第二季度涨幅最大,当季同比增长 35.4%,2013 年支出 13.97 万亿元,同比增加 1.38 万亿元,增长 10.9%,增速比上年回落 4.4 个百分点。赤字率分季度看,部分季度的财政赤字率较高,2008 年第二季度高达 14%,远超过 3% 的国际标准;但从年度数据看,赤字率均低于 3%,2013 年财政赤字 1.2 万亿元,与同期 GDP 之比为 2.1%。

政府债务水平总体可控。根据审计署 2013 年 12 月 30 日公布的全国政府性债务审计结果,2013 年 6 月底,全国各级政府负有偿还责任的债务共计 20.7 万亿元,负有担保责任的

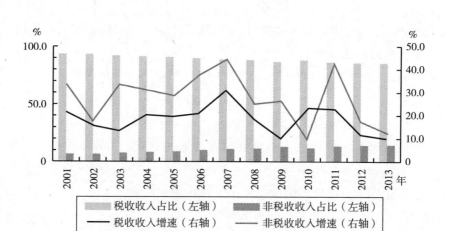

资料来源：Wind 资讯。

图 9 – 16　税收收入、非税收入占比及增速

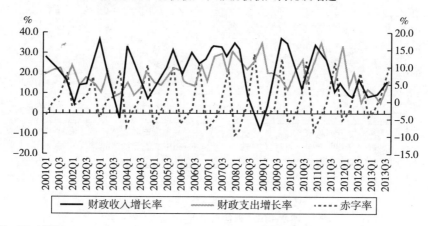

资料来源：Wind 资讯。

图 9 – 17　财政收入、支出、赤字率增速

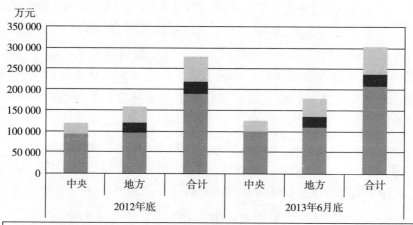

图 9 – 18　地方政府债务结构

债务 2.9 万亿元，可能承担一定救助责任的债务 6.65 万亿元。2012 年底全国各级政府负有偿还责任的债务共计 19.07 万亿元，负有担保责任的债务 2.78 万亿元，可能承担一定救助责任的债务 5.93 万亿元。2012 年底全国政府性债务的总负债率为 39.43%，低于 60% 的国际常用标准。政府性债务大部分投向了基础设施建设和公益性项目，多数有经营收入作为偿债来源，风险总体可控。但部分地方和行业债务负担较重，债务偿还压力较大。

9.1.5　工业企业利润持续下降，资产负债率持续上升

全国规模以上工业企业主营业务收入当季值除在 2009 年 2 月出现小幅度下降（-3.1%），其他月份均为正增长，增速整体较平稳，2010 年 2 月营业务收入增速达到峰值 39.7%；2013 年 11 月主营业务收入累计为 92.39 亿元，当季同比增长 11.8%，比上年下降 0.5 个百分点。

全国规模以上工业企业利润总额当季同比增速波动较大，2003 年 2 月和 2010 年 2 月出现两个增长高峰，累计同比分别增长 94.3%、119.7%，2009 年 2 月出现最大负增长 -37.3%；近两年收入增速回落，趋于平缓，2013 年 11 月利润总额累计为 5.33 万亿元，当季同比增长 13.9%，增速比上年回落 3.3 个百分点。

2009 年工业企业利润下降的原因在于，受 2009 年金融危机影响，国内的企业出口受到了很大的影响，前半年的银根紧缩，使很多企业无法周转，不得不收缩产品规模，故处于通货紧缩状态。

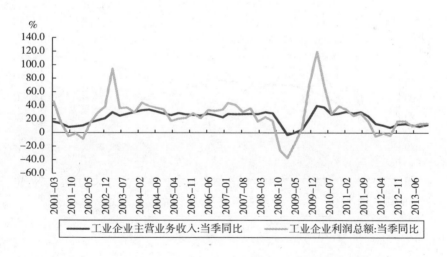

资料来源：Wind 资讯。

图 9 - 19　规模以上企业主营业务收入、利润增速

5 000 户工业企业流动资产周转率小幅上升，从 2001 年的 1.2 次逐步上升到 2013 年的 1.9 次，流动性增强；流动比率保持在 100% 左右，资产负债率逐渐上升，2001 年资产负债率为 57.2%，2013 年上涨到 62.1%，资产负债率较高，偿债能力有所下降。

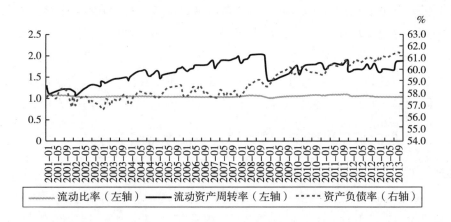

资料来源：Wind 资讯。

图 9 - 20　5 000 户工业企业流动比率、资产负债率、流动资产周转率

9.1.6　就业保持基本稳定，居民收入增长放缓

2001—2013 年，城镇就业人口稳步上升，2013 年就业人口总数 3.82 亿，新增 1 138 万，比去年少增 40 万；城镇登记失业率从 2001 年的 3.6% 持续上升，2009 年受金融危机影响，失业率最高为 4.3%，近四年失业率呈下降趋势；2013 年失业率为 4.05%，比 2012 年回落 0.05% 个百分点。

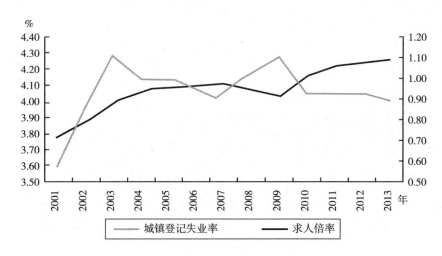

资料来源：Wind 资讯。

图 9 - 21　城镇登记失业率、求人倍率

城镇居民人均可支配收入从 2001 年的 6 860 元持续增加到 2013 年的 26 955 元，扣除价格影响后的实际增速在 2002 年最大，为 13.2%，2013 年增速最小，实际增长 7%，增速比上年下降 2.6 个百分点，比 GDP 增速高 0.3 个百分点；农村居民人均纯收入从 2001 年的 2 253元持续增加到 2013 年的 8 896 元，扣除价格影响后的实际增速在 2011 年最大，为

11.8%；2013 年实际增长 9.5%，增速比上年下降 0.9 个百分点，比 GDP 增速高 2.8 个百分点。

随着城镇居民人均可支配收入的增加，城镇居民恩格尔系数也逐渐减小，2001 年恩格尔系数为 38.2%，2013 年恩格尔系数下降到 35%，比上年回落 1.2 个百分比，说明人民生活质量有所提高。

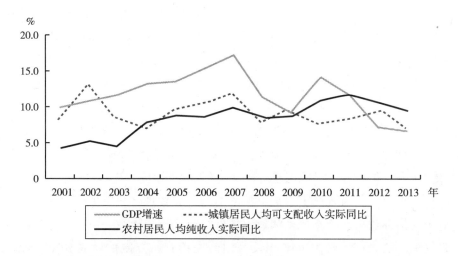

资料来源：Wind 资讯。

图 9-22　纯收入增速与 GDP 增速比较

9.2　经济系统中的金融安全评估框架与指标选择

9.2.1　文献基础

过去的文献多对金融安全与系统性风险作出总体描述，在许多综合评估模型中，很大篇幅都涉及经济系统中金融安全的评估。为此，本章从各主体模型的演变出发，研究经济系统中对金融安全评估的方法与框架。

（一）经济系统中金融安全评估的模型

1. 早期预警模型。Goldstein、Kaminsky 和 Reinhart（2000）运用 1970—1995 年的数据来计算指标的最优临界值，同时用 1996—1997 年末的数据来评估信号法识别受亚洲金融危机影响最深国家的能力。具体使用该方法时，需要注意几个关键问题：第一，如何定义货币危机和银行危机；第二，如何定义早期预警系统中的早期；第三，如何运用经济学原理来选择先行指标；第四，如何确定最好的先行指标，如何估计危机概率。

2. 投资银行的早期风险预警模型。美国银行 The Bank of America（November 2002）Currency Crisis Indicator（Monograph 182，Volume 30）衡量了 18 个新兴经济体的货币贬值风险，其中用到了 3 种全球通用的风险预警指标和 8 种美国特有的风险预警指标，观测值导入了

Five – tier 评分系统，得分作为面板数据进行分析。瑞士联合银行 The UBS Financial Vulnerability Indicator（UBS Investment Research，6/2006）衡量了 16 个新兴经济体的主权债务违约风险，以确定外部筹融资比例。雷曼兄弟 Lehman Brothers（2006）推出的达摩克利斯模型（Lehman Brothers，Global Economics，24 May 2006）预测在一年内美元月度汇率变动，模型中用到了 10 个每月公布的宏观经济变量，涉及 17 个新兴经济体。Deutche Bank's AlarmClock（October 2002）估计了 22 个新兴经济体的汇率和当地利率变动，运用了宏观经济指标月度数据进行了 Logit 回归。花旗银行的货币危机指数 Citibank's Currency Crisis Index for Risk Management（July 2004）是对新兴经济体潜在风险的识别指标。

3. IMF 的早期预警体系。IMF 早在 2001 年就建立了风险预警体系（VE），实则加强 20 世纪 90 年代新兴经济体抵御危机的风险基金管控。这项实践最初用的是 Berg and Pattillo（1999）模型。2007 年 VE 得到了一次大规模的重新修正：第一，对"潜在的风险"和"发生危机的风险"两个不同概念加以明确区别；第二，对"潜在风险"的评价基于更为系统化的风险预警体系。但是，对新兴经济体的风险预警仍旧基于资本账户。VE 定位是关注资产账户危机，这种危机很大程度上由汇率波动引起，导致现金流发生重大变化，金融市场开始萧条。常用的指标还有：资本流动的忽停、外汇市场压力指数、主权债务违约、IMF 项目和银行企业危机。危机迹象交由 IMF 相关部门研究审查，方便估计危机发生时间，并识别先行变量预测错误的风险信号。研究"潜在风险"与"经济危机"的关系借鉴了 Kaminsky et al.（1998）的模型。当信号值超出预先设定的临界值，则认为危机发生，低于临界值，则危机未知。临界值的设定遵循各国一致的原则。每个先行变量被赋予权重，因国家不同而异。这种方法的好处是：第一，最开始运算是单变量的，不同国家和时间的数据处理采用了相对简单的方式；第二，大量变量被用于模型，防止出现过度拟合。这种方法估计的是每个变量绝对效应，尽管理论上条件效应更为有效，但对于小样本实证结果不如绝对效应理想；第三，易于理解。临界值和权重都容易计算。VE 对于样本内数据的模型检验非常有效，预测存在危机的成功率高达88%，预测无危机的成功率高达77%。需要注意的是，该模型是为了找到潜在的危机，并非简单预测危机发生时间。用该模型预测的 2007—2009 年金融危机的效果也不错。签有备用协定的 15 个新兴经济体中，在 2007 年 9 月都存在着中等或者较高的潜在风险危机。

4. 资产负债表的方法。近 20 年来公允价值得到逐步强调，传统资产负债表不能公允地反映主体的财务状况，原因在于：一是混杂了性质不同的数字。资产负债表上资产价值的计量有两种根本不同的方法，有些资产用公允价值计量，另外一些则由于公允价值不可得，用历史成本计量。二是忽略了主体不可计量的部分重要资产。资产方不可能反映主体拥有或控制的所有资源，例如高质量的管理、商誉、人力资本、社会资本等资产，由于公允价值和历史成本都不可得，因此它们没有被列示在资产负债表上。三是有负债没有体现在资产负债表上，例如政府对金融部门的隐性担保，而这部分价值并不低，对分析整体风险暴露有至关重要的作用。经济资产负债表与传统资产负债表的不同在于，经济资产负债表体现了包含或有要求权在内的所有资产负债的市场价值，而传统资产负债表只是按稳健性原则记录传统资产的价值，不包含或有要求权价值。例如：政府对银行系统的金融担保并未包括在传统资产负债表中。资产负债表有助于分析部门间联系的渠道，但是这是基于能反映市场价值的经济资产负债表，而传统资产负债表只反映了资产负债账面价值，没有反应公允价值，不能作为分析的基础，为了更真实地揭露风险暴露状况，我们应该编制反映公允价值的经济资产负债表。

（二）经济系统中金融安全评估的指标体系

"潜在风险"的识别指标囊括 19 种变量［详见 IMF（2011）］，分别取自宏观经济四大区间：进出口贸易、公共经济、金融经济、实体经济。Kaminsky et al.（1998）罗列了 105 个解释变量，其中有内生性的、金融的、实际的、政策相关的、制度的、政治上的变量，等等。对前人研究进行总结，归纳较为全面的还有 Hawkins and Klau（2000）和 Abiad（2003）。Frankel and Saravelos（2012）对以前与 2002 年来的七余篇文献进行了综合分析，发现外汇储备、实际汇率、借贷利率增长、通货是最常用到的统计指标。其中具有代表性的指标体系包括：

1. 学术界研究指标体系。Jeff Frankel（2011）对 2008 年以前的早期预警模型所涉及的先行指标进行了概括和分类。具体指标如表 9 – 1 所示。

表 9 – 1　　　　　　　　　　2008 年之前的早期预警指标摘要

主要指标[1]	KLR（1998）[2]	Hawkins and Klau（2001）[3]	Abaid（2003）[4,6]	其他[5,6]	总计
外汇储备[a]	14	18	13	5	50
实际汇率[b]	12	22	11	3	48
GDP[c]	6	15	1	3	25
信贷额[d]	5	8	6	3	25
经常账户余额[e]	4	10	6	2	22
货币供给[f]	2	16	1	0	19
进出口额[1a,g]	2	9	4	2	17
通货膨胀率	5	7	1	2	15
资产回报率	1	8	3	1	13
实际利率[h]	2	8	2	1	13
债务结构[1b,i]	4	4	2	0	10
预算余额	3	5	1	0	9
贸易条件	2	6	1	0	9
传染性[j]	1	5	0	0	6
政策/法律条件	3	2	1	0	6
资本流动[1c,k]	3	0	0	0	3
外债[l]	0	1	1	1	3
研究出现次数	28	28	20	7	83

附注：

第一列主要指标[1]采用 Hawkins and Klau（2000）的分类方法，除了进出口额[1a]包括进口，债务结构[1b]取代国际银行债务，资本结构[1c]取代资本账户。

第二列 Hawkins and Klau（2000），但是外汇储备中加入了 M_2 的占比，实际利率考虑了利息差。

第三列中，S&P、J. P. Morgan、IMF Indices、IMF WEO、IMF ICM、IMF EWS 的研究结果由于缺乏可验证性已被剔除，作者对此作了如下调整：由于 Kaminsky（1999）关心总量而不是增长率，将信贷变量的引用次数从 10 减到 8；由于定义与此处不一致，Honohan（1997）的资本账户变量去除；由于与短期债务相关，Kaminsky（1999）的外债变量重新分类为债务结构。

第四列中的30次研究中有10次在分析中被剔除，其中7次已经包括在 Hawkins and Klau（2000）中，另外3次由于缺乏正式的变量测试无效。

第五列中包括了 Berg、Borenzstein & Pattillo（2004）、Manasse &Roubini（2005）、Shimpalee &Breuer（2006）、Davis & Karim（2008）、Bergmen et. al.（2009）、Obstfeld，Shambaugh & Taylor（2009）、Rose &Speigel（2009a）等的研究成果。

第六列参考附录1Abiad（2003）以及其他研究中对统计显著性的标准定义，其他的参考 KLR（1998）、Hawkins & Klau（2001）的文章。

表 9 - 2　　　**Reinhart and Rogoff（2014）银行危机与货币危机早期预警指标摘要**

指标排序（从最好到最差）	描述	频率
银行危机		
最佳的		
实际汇率	对趋势的偏离	按月
实际房价[①]	12 个月（一年）的百分比变动	按月、季度或年（取决于各国）
短期资本流入/GDP	百分比	按年
经常账户余额/投资	百分比	按年
实际股票价格	12 个月百分比变动	按月
最差的		
国际投资者（Ⅱ）及穆迪的主权评级	指数变动	Ⅱ每年两次，穆迪按月
贸易条件	12 个月百分比变动	按月
货币危机		
最佳的		
实际汇率	对趋势的偏离	按月
银行危机	两分变量	按月或按年
经常账户余额/投资	百分比	按年
实际股票价格	12 个月百分比变动	按月
出口	12 个月百分比变动	按月
M_2（广义货币）/国际储备	12 个月百分比变动	按月
最差的		
国际投资者（Ⅱ）及穆迪的主权评级	指数变动	Ⅱ每年两次，穆迪按月
国内外利率差异（贷款利率）[②]	百分比	按月

资料来源：Kaminsky、Lizondo 和 Reinhart（1999），Goldestein、Kaminsky 和 Reinhart（2000），以及笔者的计算。

2. 亚洲开发银行（2006）指标体系。亚洲开发银行（2006）研究表明：货币危机表现最好的9个先行指标为：本币对美元的实际汇率对其趋势的偏离；短期外债与外汇储备的比率；在国际清算银行系统的存款与外汇储备的比率；广义货币 M_2 与外汇储备的比率；短期资本流动与GDP的比率在12个月内的变化；银行业的外债与国外资产的比率；短期外债与外汇储备的比率在12个月内的变化；经常账户余额与国内总投资的比率；商业银行实际存款在12个月内百分点变化。同时发现，6个部门综合指标具有较好的预警效果。银行危机最好的10个先行指标为：银行业的外债与国外资产的比率；外汇储备能支持进口的月数；美国实际利率；短期外债与外汇储备的比率；国内实际利率在12个月内的变化；短期资本流动与GDP的比率在12个月内的变化；在国际清算银行系统的存款与外汇储备的比率；以美元计的世界石油价格水平；对公共部门的信贷净额与GDP比率；短期外债与外汇储备的比率在12个月内的变化。其指标体系如表9-3所示。

表9-3　　　　　　　　　　　金融危机的先行指标和经济学原理

先行指标	经济学原理
一、经常账户	
经常账户余额/国内投资总额	出口不振、进口过度增长和货币高估会导致经常账户的恶化
出口	
进口	
实际有效汇率	
兑美元的实际汇率	外部脆弱性和货币高估会增加银行的脆弱性，因为外部市场上竞争力的丧失会导致经济衰退和银行危机
贸易账户余额/GDP	
二、资本账户	
在国际清算银行系统的存款/外汇储备	随着经济金融全球化程度的不断提高，资本账户问题会使得一国面对冲击时非常脆弱；资本账户问题包括不断下降的外汇储备、过多短期外债、期限错配、货币错配以及资本外逃
国内实际利率与美国利率的差异	
银行业的外汇债务/银行业的外汇资产	
外汇储备	
M_2/外汇储备	
短期资本流动/GDP	
短期外债/外汇储备	
三、金融部门	
存款/M_2	在很多国家，货币危机和银行危机与由货币过度扩张所引起的信贷快速增长相关；银行存款的收缩、较高的国内实际利率、较大的借贷利差经常反映了银行的困境和问题
国内信贷/GDP	
存贷款利差	
贷款/存款	
M_1/GDP	

续表

先行指标	经济学原理
M_2 乘数	
实际商业银行存款	
国内实际利率	
四、实体部门	
CPI	在银行危机和货币危机之前经常发生经济衰退以及资产价格泡沫破灭
工业生产指数	
股票价格指数	
五、财政部门	巨额财政赤字会使经常账户恶化，进而对汇率构成压力
中央银行向公共部门的贷款/GDP	
政府消费/GDP	
向公共部门的信贷净额/GDP	
六、全球经济	
国际原油价格	外国的经济衰退溢出会影响本国经济，导致国内经济衰退
实际美元/日元汇率	
美国实际利率	
美国经济增长率	

资料来源：亚洲开发银行：《金融危机早期预警系统及其在东亚地区的运用》，北京，中国金融出版社，2006。

3. 全球金融稳定报告指标体系。全球金融稳定报告侧重于三个领域：一是从货币和金融状况、风险偏好等七个领域对全球金融稳定状况作出综合评估；二是对当前重大风险银行进行专题分析；三是提供相应的政策建议。

表 9-4　　　　　　　　全球金融稳定报告的评估体系及编制方法①

状况与风险	指标释义
一、货币和金融状况	与全球货币和金融状况相关联的融资可得性和成本
七国集团实际短期利率	
美国、欧元区和日本的流动性过剩	广义货币增长与货币需求估计之差
金融状况指数	衡量实际汇率、实际短期和长期利率、信贷利差、股权收益和市值的变动
官方储备的增长	中央银行在本币市场和全球市场的流动性
	上述指标体现了货币和金融状况的价格效应
美国、欧元区和日本的贷款条件	对成熟市场高级贷款官员的调查
二、风险偏好	投资者会在多大程度上积极去承受高风险，并增加对高风险类资产的暴露
投资者风险偏好调查	基金经理调查、机构投资者对高风险资产的持有量和流向高风险资产的资金
投资者信心指数	道富投资者信心指数，衡量机构投资者持有的股权相对于国内投资者情况的变化来衡量相对风险承受能力
新兴市场资金流动	流向新兴市场债券和股票基金的资金，代表一种高风险类别

---

① 开始构建稳定图时，按每个指标的当前水平相对于其历史状况的百分位数进行排位。

续表

状况与风险	指标释义
风险规避指数	高盛风险规避指数根据资本资产定价模型来衡量投资者投资高风险资产的意愿
三、宏观经济风险	衡量宏观经济冲击
《世界经济展望》的全球增长风险	
美国、欧元区和日本的信心指数	各国信心指数 GDP 加权，衡量企业及消费者的乐观程度
OECD 先行指标	衡量经济活动扩张与减缓之间的转折点
隐含的全球贸易增长	衡量全球贸易的拐点，运用波罗的海干散货指数
全球平准贸易膨胀率	对名义利率和与通货膨胀率相关的国内债券中期收益之差的估计，反映通货膨胀预期
成熟市场主权信用违约掉期利差	评价主权资产负债表压力水平，检验投资者为规避违约风险选择的成熟市场主权债务所支付成本的 GDP 加权平均值
四、新兴市场风险	
基本 EMBIG 利差	基本面变化引起的全球新兴市场债券指数利差的变动
主权信贷质量	信用评级机构数据
信贷增长	私人部门信贷增长指数
平均通货膨胀波动性	
公司利差	主权交易对手的公司信贷利差
资本流动风险	预测资本从美国信贷市场流入新兴市场的规模
五、信用风险	
全球公司债券指数利差	基于市场价格的方式衡量投资者对公司信用风险的评估
公司债券指数信贷质量构成	CCC 级或更低评级的债券在指数中所占的百分比
投机性公司违约率预测	穆迪公司全球投机级违约率预测数据库
银行稳定指数	衡量在至少一家大型综合金融机构违约的情况下，其他大型综合金融机构的预期违约数量；凸显市场对金融部门系统违约风险的看法
贷款拖欠	包括公司部门、居民住房抵押贷款、商业地产抵押贷款以及西用卡贷款拖欠率
住户资产负债表压力	包括未偿还的抵押贷款余额、消费者债务、汽车租赁、租赁合约、房主保险以及财产税在内的估计支付占可支配收入的比例
六、市场和流动性风险	
对冲基金估计杠杆率	
期货市场非商业净头寸	
资产收益的共同组成部分	估计由共同因素导致的不同资产类别的受益方差比例
世界隐含的股权风险溢价	三阶段股利贴现模型估计
综合波动性指标	各类资产的综合波动性
金融市场流动性指数	衡量对融资状况、二级市场流动性和交易对手风险的看法，包括主要成熟市场政府证券收益率与银行间同业买卖汇率之间的利差、银行同业买卖汇率与预期隔夜利率之间的利差、主要成熟市场货币的买卖价差以及股票市场每日收益与交易量的比率

4. 世界银行、IMF（2004）金融稳健指标集。

世界银行与 IMF 于 2004 年提供了一套完整的金融评估框架，其中金融文件指标集被世界上大多数中央银行采用。

表 9 - 5　　　　　　　　　　　　金融稳健指标表

非银行金融机构	资产/金融体系总资产
	资产/GDP
公司部门	总债务/权益
	净收入/平均资本金
	收益/本息支出
	外汇风险暴露净额/权益
	贷款人申请保护的申请书数量
家庭部门	家庭债务/GDP
	家庭债务本息支出/家庭部门的可支配收入
房地产市场	房地产价格
	住房房地产贷款/全部贷款
	商业房地产贷款/全部贷款

5. 公共部门风险评估的方法与指标。由于公共部门对风险承担最后风险责任，我们有必要对其进行专门的分析与评价。本书对公共部门风险的评估是从公共部门债务可持续性角度出发的，债务的可持续分析是对债务规模（或相对规模）在设定经济条件或状态下能否维持下去，当前债务规模是否存在引起债务危机状况的分析。公共债务的持续性是与政府偿付能力相联系的一个概念，偿付能力是指一个政府能够履行它的债务义务而不是拖欠或拒偿债务的能力。因此，公共债务可持续性研究的是政府债务清偿能力问题。当政府有能力偿还债务时，公共债务就是可持续的；反之，公共债务就不可持续，政府就要违约或"破产"。针对如何对公债进行可持续性分析，现有研究文献在对可持续性条件的研究中已形成了两个主要的思路：一是可持续指标研究：依据对当前公共债务水平和财政状况的认识以及对未来财政收支的预期，计算出适当的可持续性指标，这可以视为一种展望的视角；二是可持续性检验研究：根据历史数据来检验公共债务可持续性状况，虽然这也会对未来作出预测，但可以认为它更多的是一种回顾的视角。

①可持续指标研究。著名学者 Domar 提出了著名的政府债务可持续性条件：如果名义 GDP 的增长率高于名义未偿债务的增长率，那么公共债务是可持续的。因为如果这个条件成立，那么未来的债务负担率将是收敛的。但是这个条件也有缺陷，主要是这个条件的政策意义模糊。根据 Domar 条件，政府应当采取满足名义 GDP 增长率高于未偿债务的名义增长率的政策。然而，政府不能直接控制实际国内生产总值增长率和通货膨胀率。因此，政府可以尝试执行这种政策，但不能确保满足该条件，也就是说 Domar 条件并没有告诉我们一个去实现这个条件的政策，只是说在这种政策下，公共债务是可持续的。

Yanagita 和 Hutahaean 这两位学者以 Domar 条件为理论基础，提出了公共债务可持续性指数，该指数是指未偿名义债务的年变化率与名义国内生产总值年增长率的差额。我们把该指数简称为 IFS（Index of Fiscal Sustain – ability），它代表着政府债务与国内生产总值比率的动态变化，此外，名义 GPD 的年增长率相当于年通货膨胀率。因此，IFS 是通过从政府债务的年变化率中扣除年通货膨胀率和实际国内生产总值增长率得到的。当 IFS 为负时，它意味着政府债务与国内生产总值的比率有下降的趋势，也就意味着公共债务是可持续的；当它为负时，意味着政府债务与国内生产总值的比率有上升的趋势，即可以说公共债务是不可持续的。

综上所述，可持续性指标的理论含义简单且直观，许多学者运用这些指标测算了各国的公共债务可持续状况，同时，可持续性指标能够为政策制定者提供明确的判断依据与控制目标，所以它们比较容易被政策制定者所采用，比如 IMF 对发展中国家的经济评估中就应用了 Blan – chard 的方法。但正是由于它们所追求的"简单"实用，也使得可持续性指标的结论被批评为"任意武断"。

②基于政府跨期预算约束的可持续性检验。政府预算约束理论是研究政府债务问题的理论基础，目前大多学者都是基于此理论进行论述的。Alfred Greiner、Uwe Kollery 和 Willi Semmlerz（2007）将政府预算约束理论概括为三个方面，即非庞奇博弈条件、债务有界和跨期预算约束。非庞奇博弈条件要求在未来的某个时点一个理性的政府必须还清所有债务，不存在借新债还旧债的情况。债务有界理论关注政府债务规模，要求政府长期债务是有界的，否则政府终将不能偿还债务。跨期预算约束要求政府长期债务的现值收敛于零，此时，初始债务等于未来基本盈余的现值之和。债务可持续性是与政府偿付能力相联系的一个概念，如果在一定的预算盈余和公共债务路径下政府保持有足够的偿付能力，那么财政是可持续的。

6. 次贷危机后研究重心的变化及指标体系选择。全球金融稳定报告（2009）认为，从被检验的全球金融机构样本来看，杠杆比率[①]和资产回报率被证明是最可靠的指标，而资本资产比率和不良贷款数据则缺乏预测能力。Obstfeld，Shambaugh and Taylor（2009，2010）发现过度的外汇储备（相对于 M_2）是预测外汇贬值的有利指标，但是还不能作为金融危机的预警指标。Rose and Spiegel（2009a；2009b）建立了一个实际 GDP、股市和国家信用评级以及汇率在内的模型，尽管样本量超过 Obstfeld，但是没有发现显著性的风险预警指标。Rose and Spiegel（2011）将样本数据更新到了 2009 年，发现货币贬值、股市萧条、GDP 下滑更能预示危机的到来。Berkmen et al.（2009）发现那些财务杠杆更大的国家更容易遭受经济的下滑，外汇汇率的灵活性能够起到补救作用。Lane and Milesi – Ferretti（2011）主要关注 GDP 变化以及国民消费需求水平，发现遭受危机重创的国家都兼具以下特点：第一，危机前经济增幅非常快；第二，经常性账户赤字严重；第三，贸易开放程度较高；第四，制造业占比较高。Reinhart 和 Rogoff（2012）认为经济体的高度杠杆运转，容易遭遇信心的不稳

---

① 杠杆比率在不同文献中有两种解释，一是债务占普通股的比例，二是短期债务占总债务的比例。

定与变化无常，尤其当大规模短期债务需要不断延期时，经济金融很有可能遭遇金融危机。

9.2.2 评估框架与指标体系选择

（一）评估框架

从最近研究发展趋势及各国实践来看，金融安全的评估存在以下变化趋势：一是从准确预测预警危机发生时刻转向全面评估金融系统的潜在风险，金融稳定分析的内容是金融体系抵御不可预见冲击的能力；二是金融安全评估范围扩展到整个经济系统，金融系统的稳定主要依靠构成系统的机构、体系和管理安排。因为金融系统也影响或被宏观经济环境影响，不稳定的影响或冲击可能来自于其内部或其外部，能相互作用引发一个比局部影响总和要大得多的整体影响；三是在指标体系的选择上面，更为强调经济金融杠杆率、金融周期的运行和经济体系各部分的资产负债结构。为此，本部分的评估框架拟解决以下问题：第一，宏观经济金融状况监测，用于评估金融部门受某一特定冲击或组合性冲击时面临的主要风险，一般采用 EWS 模型中的指标体系，对金融体系带来极大冲击的可能性进行前瞻性评估。第二，各经济部门的资产负债状况分析，拟解决两个关键问题：一是宏观财务联系分析，力图了解引发冲击的风险敞口如何通过金融体系传递到宏观经济，评估金融部门对宏观经济状况的冲击效果，所需要的数据包括各部门的资产负债表、私营部门获得融资的指标；二宏观经济状况的监测主要是监测金融体系对宏观经济状况的总体影响，特别是对债务可持续性的影响。

（二）指标体系

表 9-6　　　　　　　　　金融安全评估指标

一级指标	二级指标	三级指标	数据来源
宏观经济金融指标	宏观经济总量指标	名义 GDP 增速、实际 GDP 增速、名义 GDP、克强指数、PMI	Wind 资讯
	价格指标	CPI、PPI、国际原油、伦铜、焦炭、螺纹钢价格	Wind 资讯
	常用先行指标	短期资本流入/GDP、经常账户余额/投资、贸易账户/GDP、外汇储备/GDP、短期外汇储备/GDP、短期借款/外汇储备	Wind 资讯、外汇管理局
	金融价格	利率指标（贷款加权平均利率、实际利率、AAA 级企业债券到期收益率、SHIBOR 月度加权利率）、实际有效汇率、沪深 300 指数价格	Wind 资讯
	金融总量	社会融资规模/GDP、货币总量（M_2/GDP、M_2 同比增速、M_1 同比增速、基础货币同比增速）	Wind 资讯
	金融结构指标	（企业债券＋非金融企业股票融资）/社会融资规模、人民币贷款/社会融资规模	Wind 资讯
	全球经济状况	OECD 领先指数、美国、日本、欧盟、俄罗斯、印度 GDP 增速	OECD 官网、欧盟统计局、Wind 资讯

续表

一级指标	二级指标	三级指标	数据来源
非金融企业部门	杠杆率	总负债占股本比率	李扬（2013）
	收益与盈利性	股本收益率、行业景气程度	国务院发展研究中心（DRC）行业景气监测平台
	债务偿还能力	收入占利息和本金支出比例、利息/EBIT、经营性现金流净额为负的上市公司比例、债权人申请破产保护的数量	
	分行业资产负债结构	总负债占股本比率、股本收益率、收入占利息和本金支出比例、行业景气程度、行业主要商品价格变化、房地产（房地产价格、住宅/商业房地产贷款占总贷款的比例、住宅/商业房地产贷款增速）	中宏产业数据库、CEIC
住户部门	杠杆率	（私营企业及个体贷款＋个人短期消费贷款和个人中长期贷款）/GDP	李扬（2013）
	偿债能力	居民还本付息/可支配收入	
金融部门	杠杆率	金融部门发行债务/GDP	李扬（2013）
	金融周期	金融业增加值/GDP、私营部门信贷/GDP、私人部门信贷同比增速、金融资产/GDP	Wind 资讯
	期限匹配	存款/M_2、中长期贷款占比、流动资产/流动负债	Wind 资讯
公共部门	杠杆率	负债率、债务率、外债占 GDP 比率	李扬（2013）、Wind 资讯、CEIC
	偿债能力	赤字率、债务依存度、债务负担率	Wind 资讯、BVD
	中央银行资产负债结构	中央银行向公共部门贷款/GDP、中央银行对其他存款性公司债券/GDP、中央银行资产总额/GDP、中央银行发行债券和国外负债/总资产、外债/GDP	Wind 资讯

9.3　经济系统中的金融安全监测与评估

9.3.1　我国宏观经济运行中存在的金融安全隐患

（一）全球经济并未完全企稳，仍存在下滑态势，但下降速度逐渐降低

从 OECD 领先指标来看（见图 9－23），自 2009 年以来一直下滑，从 2009 年的 102 下降到 2013 年的 99.6。从各国实际 GDP 增长来看（见图 9－24），各国 GDP 增速下降速度有所趋缓，但均未能回到危机前水平，尤其值得注意的是俄罗斯、印度和欧盟，此项指标它们下降较为明显。

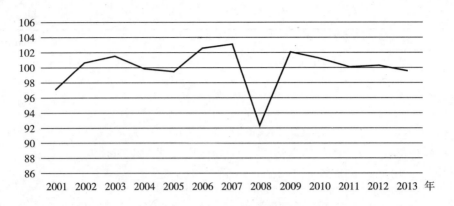

图 9 - 23　OECD 领先指标

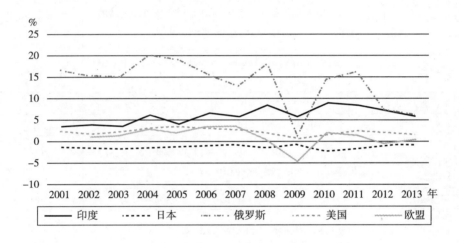

| —— 印度 | ------ 日本 | —·—· 俄罗斯 | —··— 美国 | ········ 欧盟 |

图 9 - 24　各国实际 GDP 增速

（二）我国经济增长速度下滑明显

如图 9 - 25 所示，我国 GDP 同比增长速度由 2007 年的 14.2% 下降到 2013 年的 7.67%。与此同时，领先指标克强指数和 PMI 指数都在 2008 年经济刺激后迅速下降，尤其是克强指数下降较为明显，其反映了两个变化趋势：一是我国经济结构的调整导致用电量发电量等能源消耗速度下降；二是我国经济整体存在较大的下滑隐忧。

（三）通货膨胀得到了有效控制，但 PPI 和大宗商品价格下降趋势较为明显，反映了经济的悲观预期与全球经济需求的严重不足

如图 9 - 26 所示，我国 CPI 2011 年 7 月达到 6.45 的高峰，随后一直下降到 2014 年 10 月的 1.6 。但值得注意的是，我国 PPI 指数下降较为明显，从 2011 年 7 月的 7.54 下降到 2014 年 10 月的 -2.2，这严重侵蚀了工业企业的利润。与此同时，我们可以看到全球大宗商品价格的进一步下滑，凸显了全球经济需求的严重不足。从国内外大宗商品价格走势来看，2009 年以来价格都有所下滑，但值得注意的是我国螺纹钢和焦炭价格大幅下降，而国际大宗商品价格基本保持平稳，这进一步说明了我国投资需求的严重下滑。

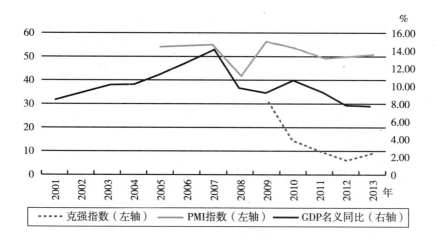

图 9-25　经济增速指标

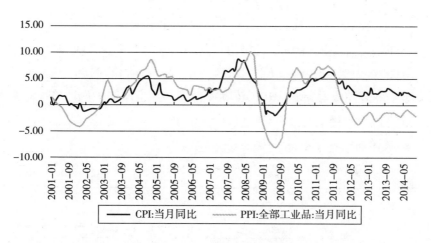

图 9-26　CPI 和 PPI 走势

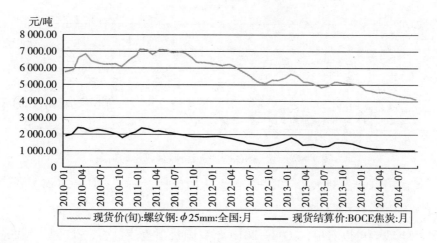

图 9-27　国内大宗商品价格

图9-28　国外大宗商品价格

（四）我国资金融资成本较高，2008年以来呈上升趋势

如图9-29所示，我国金融机构人民币贷款加权平均利率从2008年12月的5.56%上升到2013年12月的7.2%。2014年以来，融资贵的现象有所化解，但仍然保持较高的水平。而我国AAA级债券到期收益率和SHIBOR隔夜拆借利率也印证了这种趋势，尤其注意的是，在我国货币总量高企的情况下，2013年6月SHIBOR隔夜拆借利率高达6.69%，被业界俗称为"钱荒"，其详细解释见本章［专栏9-1］。

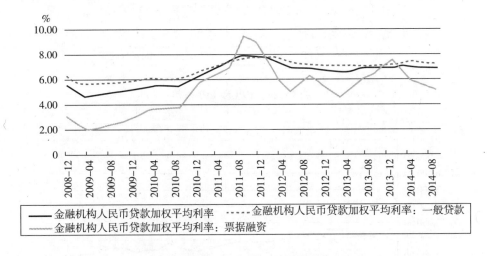

图9-29　金融机构人民币贷款加权平均利率

（五）我国金融行业过度扩张，货币总量发行过多，M_2/GDP不断攀升，致使金融企业不能有效服务于实体经济

从图9-31我们可以看出，2008—2010年我国货币投放过多，M_2同比增长速度最高达到29.74%，致使我国M_2/GDP不断上升，从2002年的153.75上升到2014年的194.52。同

图 9 – 30 货币市场利率

时，我国社会融资规模2005—2009年也大幅攀升。我国货币总量过多，导致我国金融机构、企业部门、住户部门杠杆率不断攀升，同时不断高企的资金利率进一步侵蚀了实体经济的利润。

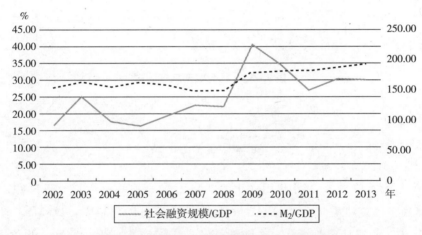

图 9 – 31 我国货币发行规模和社会融资规模

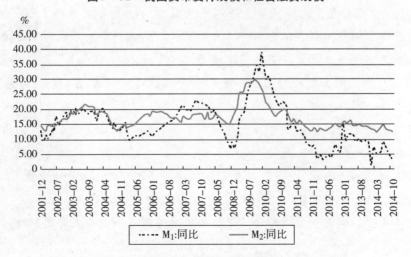

图 9 – 32 货币发行增速

（六）从金融结构来看，我国影子银行体系和直接融资规模不断攀升，致使传统监管模式的失效，导致我国社会融资规模不断攀升

从图9-33我们可以看出，我国人民币贷款/社会融资比例不断下降，从2002年的92%下降到2013年的51%，与此同时，企业债券融资与股票融资比例从5%上升到12%。同时，值得注意的是，银行的影子比如信托贷款、委托贷款、票据贴现融资等比例大幅度攀升。

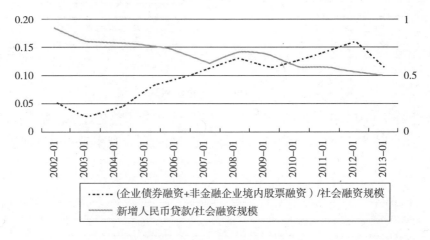

图9-33　社会融资规模结构

【专栏9-1】

"钱荒"的生成原因

自2013年5月中旬始，SHIBOR（上海银行间同业拆放利率）一路攀升，6月20日其隔夜拆借利率更是冲高收于13.444，七天期回购利率收于11%，当日隔夜拆借利率更是创下高达30%的罕见交易纪录，这场银行间市场流动性问题引发的金融动荡被形象地称为"钱荒"。幸运的是，这场钱荒很快以中央银行的抚慰和柔性解决而暂时得以平息，但其仍然留下许多问题值得我们思索：在货币供应总量较高与金融机构备付金较为充裕的情况下，钱荒为何此节点爆发？其原因体现为以下方面：

1. "钱荒"生成的宏观原因在于季度性、外部性与监管政策交织致使银行体系的流动性大幅度下降。第一，外汇占款的异常下降导致银行体系整体流动性投入下降。2013年初人民币突然大幅升值，国内外贸企业将上年囤积的外汇资金兑换成人民币，并采用大量的虚假贸易交易进行套利，致使1—4月外汇占款大幅增加，但随着美国QE政策的逐渐退出与外汇政策的逐渐收紧，5月后外汇占款规模迅速下降，5月新增外汇占款仅有668亿元人民币，远低于此前3 000亿～4 000亿元的月均增量。第二，由于政策宏观调控的趋紧，此次季度性的流动性需求超过了银行的普遍预期。一是四五月因财政存款增加占用的同业市场基础货币接近1万亿元；二是受政策影响，2013年前5个月银行大量表外理财

资金进表，致使银行存款负债大幅增加，2013 年 1—5 月，银行各类存款相较上年同期多增 3.04 万亿元，由此导致法定存款准备金冻结量至少增加 5 000 亿元；三是端午节的节假日备付叠加，居民的可能现金需求增加 3 000 亿~5 000 亿元；四是大量理财产品在 6 月底集中到期，在 7 月新发理财产品之前需要进行短期融资。第三，宏观调控与监管政策的收紧进一步加剧了银行流动性的紧张，并强化了市场的悲观预期。一是由于我国货币总量、社会融资规模与总体杠杆率的偏高，中央银行认为整体社会流动性较为充裕，在 5 月 10 日重启中央银行票据的发行，截至 2013 年 6 月 21 日，中央银行当月共发行中央银行票据 220 亿元，正回购 240 亿元，合计从市场抽离资金 460 亿元。二是监管政策逐渐收紧，对市场流动性造成较大影响的有银监会的 8 号及 135 号文、外管局的 20 号文、债券市场丙类户违规行为的清查等，这些政策无一例外地都造成了资金市场流动性的紧缺。

2. "钱荒"生成的微观原因在于银行体系的同质化经营与严重的资金期限及行业错配。由于金融体制改革与金融脱媒的推进，市场普遍预期利率市场化进程加剧，致使银行大规模从事理财产品、同业业务等表外业务。第一，商业银行理财产品"短借长贷"的流动性管理模式就很难继续维持下去。近年来，商业银行理财产品规模迅速膨胀，截至 2012 年末，资金余额达 7.1 万亿元，较上一年增长 56.3%。但在所有理财产品中，有 50% 以上的理财产品是通过"资金池"方式运作，即通过滚动发售不同期限的多只理财产品来持续募集资金，并纳入同一个资金池，投资和收益互补，从而能够保持资金来源和资金运用的流动性平衡，但这种模式致使银行现资产与负债的双重表外化，天然蕴含着期限错配风险以及信息不透明、权责不明确等问题。为此，银监会 8 号文等一系列规定对非标资产的比例等进行了严格限制。第二，当监管模式改变后，既有的非标理财产品模式难以维持，银行很快运用表内的同业业务资金对接上非标资产。截至 2013 年 3 月，除四大国有商业银行以外，多家上市银行的同业资产大多超过了总资产的 20%。尽管同业业务可以在表内进行监管，但其本质仍然存在严重的"短借长贷"的期限错配问题。为此，当监管政策收紧并遭遇流动性冲击时，商业银行便需被迫从市场高息融资，促发 6 月货币市场利率的急剧攀升，任何一个谣言的出现或社会预期的改变，必然导致资金的某个节点出现问题，因其规模庞大，就必是大面积的资金链断裂，导致系统性的流动性危机爆发。第三，当前银行业面临严重的行业错配与资产错配。商业银行原本的主要客户群体应是工商业企业客户，但在目前，各银行的资产主要集中于政府平台、房地产与基础设施建设，在 2013 年 1—5 月的新增贷款中，中长期新增贷款占比高达 52%。

3. "钱荒"生成的根本制度性因素在于金融管制与预算软约束下的高杠杆率。第一，在预算软约束下，政府主导投资的模式导致大量信贷资源进入低效或产能过剩的领域，消耗掉大量的信贷资源，致使实际利率居高不下。由于近年来房地产价格的不断攀升与地方政府融资平台对价格的不敏感性，致使只有房地产、地方政府融资平台能承受如此高额的实际利率。但是，由于国家的信贷管制政策，信贷资源无法直接投向这两个领域，必须通过信托、小额信贷、债券等方式来搭桥，这就必然导致资金的空转与高杠杆率的形成。第二，在利率管制的背景下，银行也只能通过理财产品、同业业务等"影子银行"方式来高额吸收存款，并将资金投向高收益的领域，这种模式也就必然导致所谓的"期限错配"等问题。

4. 从我国资本项目构成来看，我国经常项目与贸易项目竞争力大幅度下降

第一，我国短期资本流动波动幅度较大，值得注意的是，自2010年以来，我国短期资本流入/GDP比例不断下降，我们须警惕短期资本的持续外流迹象；第二，我国贸易差额占GDP比例自2008年以来不断下降，代表我国贸易端竞争力的下降；第三，我国经常项目占投资比例自2008以来大幅度下降，从2008年的306%下降到2013年的77.4%。

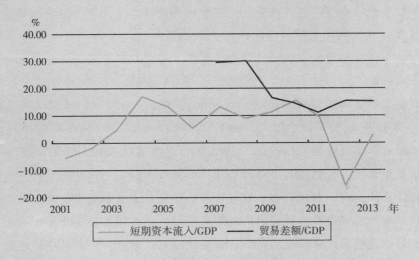

图1　短期资本流入与贸易差额

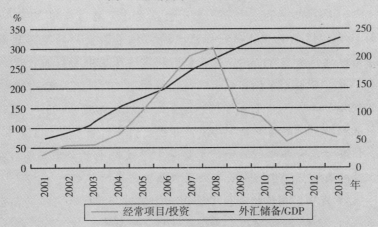

图2　经常项目

9.3.2　非金融企业部门风险评估

（一）非金融企业部门杠杆率评估

我国非金融企业部门杠杆率不断攀升。从图 9 – 34 中我们可以看出，我国非金融企业杠杆率自 2007 年后不断攀升，从 2007 年的 97% 上升到了 2012 年的 113%。程定华（2012）以上市公司数据进行了研判，非金融业在 2000 年资产负债率是 40%，然后一路上升，2012 年上升到 60% 以上。铁道部在 2004 年负债率为 37%，2012 年上升到 61%～62%。杠杆的增加源于两个进程：一是 2001—2006 年制造业收益率上升引起的投资冲动；二是 2008 年后 4 万亿元投资冲动引发的国有企业投资冲动。我们以上市公司资产负债率数据来看，其资产负债率从 2001 年的 54.5% 上升到了 2013 年的 85.8%。

非金融企业部门杠杆率不断攀升，致使：第一，企业长期负债偿还能力不断下降，信用违约风险急剧上升；第二，企业财务费用不断攀升，企业盈利能力不断下降；第三，企业抵御风险能力急剧下降，且其风险很容易传染到金融部门。

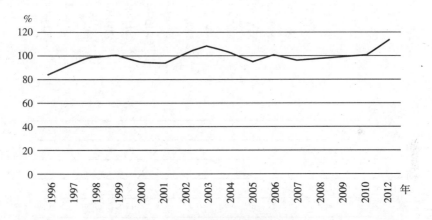

图 9 – 34　非金融企业部门杠杆率

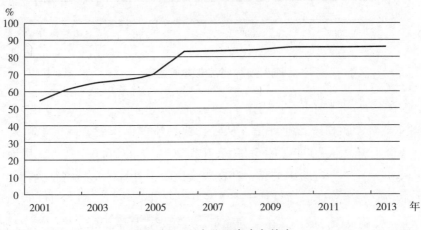

图 9 – 35　上市公司资产负债率

（二）非金融企业盈利能力评估

企业盈利能力下降，严重影响企业还本付息能力。从图9－36我们可以看出，行业景气程度从2010年的107.94下降到了2014年的103.7；与此同时，股本收益率在2011年后遭遇了大幅度的下降。从上市公司净资产收益率来看，2007年后进入下行通道，从2007年的16.73%下降到2013年的13.58%。

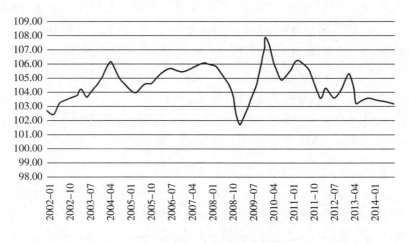

图9－36　行业景气指数

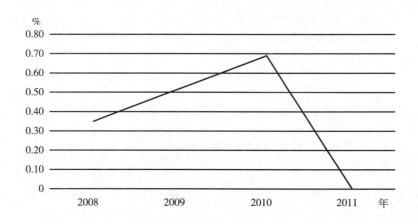

图9－37　企业股本收益率

（三）非金融企业行业评估

1. 非金融企业资产负债率行业评估。从各行业具体数据来看，我国上市公司整体负债占股本的比率不断上升，从2004年的5.89上升到2012年的26.6。其中，房地产业、建筑业杠杆率上升较快，且资产负债率较高，存在较大风险，其具体运行特征为：

（1）农林牧渔、运输仓储、信息技术、文化传播、住宿餐饮、制造业、科研服务、公共卫生、教育、卫生行业负债占股本比率较为稳定，近年来杠杆率扩张速度较慢，风险较小。

（2）采矿业、批发零售、水电煤气、商务服务、综合类负债占股本比例一直上升，且

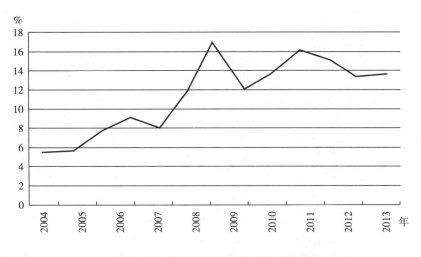

图 9 – 38　我国上市公司净资产收益率

占比较高,存在一定风险,需要进行关注。

(3) 房地产业、建筑业近年来总负债占股本比例大幅度攀升,且占比非常高,存在较高的风险,需要重点进行关注。其中,房地产行业总负债占股本的比例从 2004 年的 4.72 倍上升到了 2013 年的 14.38。

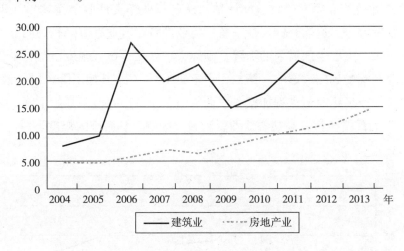

图 9 – 39　房地产业和建筑业总负债占股本比例

表 9 – 7　　　　　　　　　　　各行业负债/股本趋势变化

年份	2004	2005	2006	2007	2008	2009	2010	2011	2012	2013
加权均值	5.89	6.56	12.39	15.52	16.81	20.04	22.22	24.36	26.60	缺失
农林牧渔业	3.39	3.89	3.50	4.24	3.10	3.55	3.53	2.87	2.47	2.66
采矿业	3.05	3.39	3.87	3.76	3.39	4.50	5.13	6.20	5.87	6.00
水电煤气	3.28	4.14	5.57	3.54	15.30	9.91	9.23	9.72	9.25	8.74
建筑业	7.70	9.56	26.77	20.03	22.91	14.76	17.20	23.02	20.90	缺失
批发零售	4.76	5.57	5.31	4.65	5.88	6.83	7.20	8.04	8.36	9.21

年份	2004	2005	2006	2007	2008	2009	2010	2011	2012	2013
运输仓储	3.64	4.68	3.19	2.16	4.06	3.10	4.30	4.66	4.56	4.84
信息技术业	4.08	2.80	4.27	4.23	7.35	8.96	8.46	8.24	6.46	6.26
金融业	73.46	75.74	23.06	73.21	33.47	41.98	41.84	47.21	52.85	59.10
房地产业	4.72	4.62	5.71	7.21	6.51	8.28	9.72	10.91	12.00	14.38
文化传播	3.35	2.70	2.56	3.95	3.92	2.76	2.28	2.53	2.12	2.21
综合类	3.46	2.53	2.27	3.08	3.08	3.61	3.84	4.64	7.59	4.54
住宿餐饮	—	—	—	—	—	—	—	—	2.26	2.78
制造业	—	—	—	—	—	—	—	—	5.69	5.84
商务服务	—	—	—	—	—	—	—	—	5.70	8.23
科研服务	—	—	—	—	—	—	—	—	3.38	2.94
公共环保	—	—	—	—	—	—	—	—	4.02	4.84
教育	—	—	—	—	—	—	—	—	3.16	3.20
卫生	—	—	—	—	—	—	—	—	0.87	0.96

资料来源：CEIC。

2. 非金融企业分行业净资产收益率评估。从各行业净资产收益率来看，近两年农林牧渔、采矿业、批发零售、运输仓储、住宿餐饮行业净资产收益率下降较为明显，存在较大风险。第一，近年来，由于中国需求的下降，国际大宗商品价格大幅度下滑，采矿业、运输仓储和批发零售业利润受到较大影响。第二，由于2013年CPI开始下降，国际粮油价格下滑，再加上我国农业的市场化改革进程加剧，农业牧渔业净资产收益率开始下降。第三，由于我国"八项规定"的严格执行，高端餐饮业受到较大影响，利润率大幅度下滑。

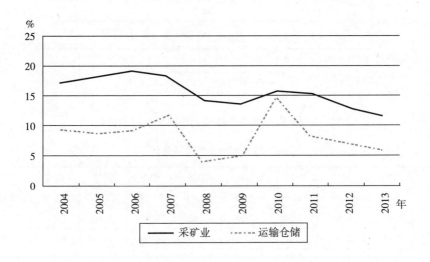

图 9-40　采矿业、运输仓储业净资产收益率

表 9-8　　　　　　　　　　各行业净资产收益率变化

年份	2004	2005	2006	2007	2008	2009	2010	2011	2012	2013
农林牧渔业	1.81	-1.1	4.28	12.26	3.809	5	7.39	6.68	3.87	1.728
采矿业	17.09	18.14	19.32	18.45	14	13.41	15.77	15.07	12.84	11.56
水电煤气	10.69	8.86	10.26	8.11	-0.46	7.39	8	6.3	11.53	13.53
建筑业	3.42	4.23	6.34	8.55	5.461	10.63	11.41	12.04	11.21	13.27
批发零售	5.95	3.53	8.96	13.5	10.68	10.44	11.83	12.44	9.06	9.522
运输仓储	9.33	8.56	9.1	11.42	4.044	4.9	14.28	8.23	7.14	5.95
信息技术业	2.41	0.6	3.58	3.52	17.41	7.89	7.38	7.12	7.64	7.872
金融业	11.48	12.89	11.14	20.71	16.07	17.21	17.5	18.15	18.94	18.86
房地产业	7.53	8.44	9.46	5.01	9.412	10.78	12.29	12.26	14.56	14.7
文化传播	4.08	3.05	4.34	6.86	4.38	4.73	8.44	9.76	11.7	12.21
综合类	2.42	0.72	0.81	12.23	3.025	7.2	10.8	8.17	16.08	10.04
住宿餐饮	—	—	—	—	—	—	—	—	7.46	2.153
制造业	—	—	—	—	—	—	—	—	7.55	8.477
商务服务	—	—	—	—	—	—	—	—	10.26	13.2
科研服务	—	—	—	—	—	—	—	—	11.16	11.8
公共环保	—	—	—	—	—	—	—	—	13.47	13.84
教育	—	—	—	—	—	—	—	—	-12.8	4.144
卫生	—	—	—	—	—	—	—	—	14.56	15.8

资料来源：CEIC。

（四）房地产价格处于下行周期，其巨额的贷款存量存在较大风险

1. 房地产价格处于下滑周期，房屋销售与投资同比增速下降。第一，从 70 个大中城市新建住宅价格指数来看，自 2010 年以来，我国房屋价格同比增速下降，尤其是 2013 年 12 月以来下降速度加快；第二，房地产市场销量销量增速呈下降趋势；第三，2010 年以来，房地产投资增速大幅度下降，最近有所放缓趋势。

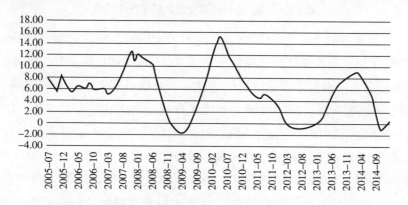

图 9-41　70 个大中城市新建住宅价格指数：当月同比

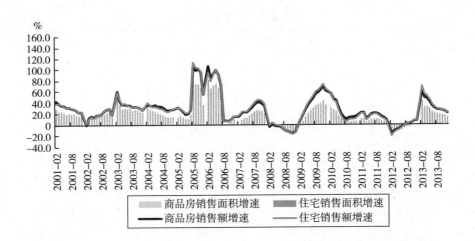

资料来源：Wind 资讯。

图 9 - 42　商品房、住宅销售面积和销售额

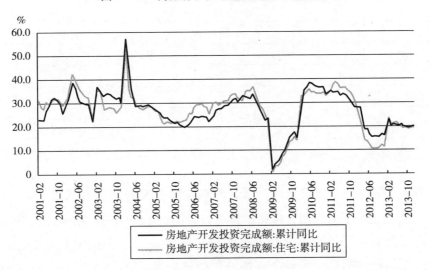

资料来源：Wind 资讯。

图 9 - 43　房地产开发投资、住宅投资增速

2. 房地产贷款余额较大，近两年增速有所回升。房地产贷款余额从 2006 年到 2013 年稳步上升，2010 年第一季度累计同比增幅最大为 44.3%，2010 年 4 月，国务院出台"房贷新政"，确定实行更为严格的差别化住房信贷政策，对楼市产生了较大的影响，随后房地产开发贷款额增长率迅速下降。2012 年第一季度累计同比增速最低为 10.1%，随后缓慢回升，2013 年房地产贷款余额 14.6 万亿元，同比增加 19.1%，比上年上升 6.9 个百分点。其中，房地产开发贷款余额也稳步上升，2010 年第一季度增幅最大为 31.2%，2012 年第一季度增速最小为 6.3%，2013 年房地产开发贷款余额 4.6 万亿元，同比增加 14.7%，比 2012 年上升 3.6 个百分点。购房贷款余额增长趋势与房地产贷款余额增长趋势基本一致，2010 年第一季度累计同比增幅最大为 52.6%，之后开始回落；2012 年第二季度累计同比增速最小为

10.2%，随后缓慢回升，2013 年购房贷款余额 9 万亿元，同比增加 21%，比 2012 年上升 7.1 个百分点。

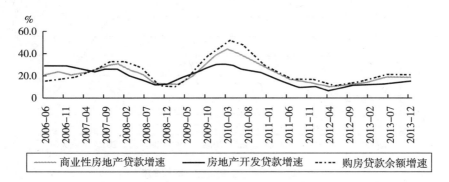

资料来源：Wind 资讯。

图 9 - 44　房地产贷款余额增速

9.3.3　住户部门风险评估

（一）住户部门杠杆率大幅度攀升，风险集中于房地产泡沫的破灭

住户部门负债包括私营企业及个体贷款、个人短期消费贷款和个人中长期贷款。我们可以看出，2008 年以后，我国住户部门杠杆率从 18% 上升到了 31%，其主要为房地产消费贷款的增长。

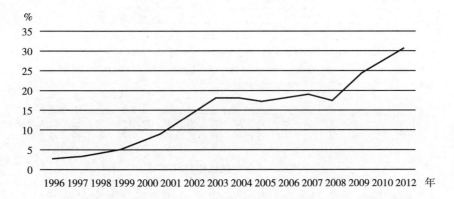

图 9 - 45　住户部门杠杆率

（二）居民总负债占人均可支配收入比例增速不断上升，居民偿债能力受到较大影响

从图 9 - 46 我们可以看出，2009 年和 2010 年由于我国住房刺激政策的实施，该比例同比增速分别达到 31.7% 和 23.7%，我国居民负债率大幅度攀升。

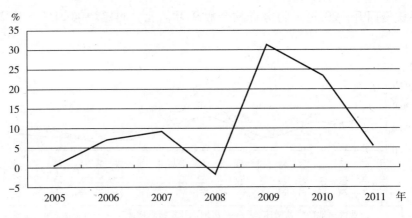

图9-46 负债/收入同比增速

9.3.4 金融企业部门风险评估

（一）金融企业杠杆率不断上升，从2001年的8%上升到2012年的18%

这里的金融杠杆率为金融企业发行债券/GDP，扣除了通货与存款因素。这表明金融机构硬性约束不断上升。与此同时，我国金融资产占GDP比例不断攀升，从2005年的2.02上升到2013年的2.68。

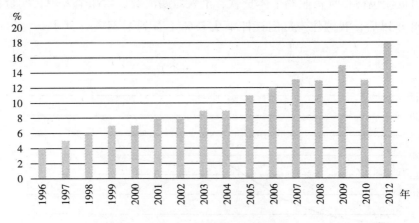

图9-47 金融机构杠杆率

（二）从我国金融运行周期来看，2010年以来我国开始进入金融运行的下行周期

2010年以后我国私人部门信贷同比增速明显下降，从2009年的33.15%下降到2013年的14.71%。同时，我国金融资产/GDP和私人部门信贷/GDP的增速也自2010年开始停滞。

（三）从期限匹配结构来看，我国金融机构存在严重的期限错配

具体表现为：第一，存款增速开始下降，从图9-50我们可以看出，存款/M_2比例从2011年的100.78下降到2014年的93.72，其主要原因为影子银行体系和直接融资体系的发展，致使银行体系存款增长速度开始下滑；第二，中长期信贷占比不断上升，从34.94%最高上升到61.19%，近年来虽然略有下滑，但仍然保持在55.87%的高位。

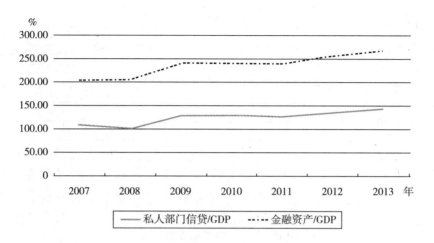

图 9 – 48　金融部门资产膨胀图

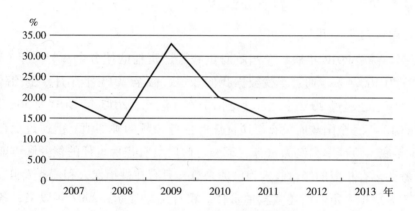

图 9 – 49　私人部门信贷同比增速

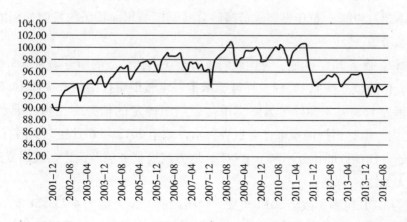

图 9 – 50　存款/M$_2$

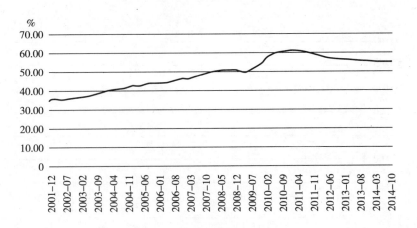

图9-51　中长期贷款占比

9.3.5　公共部门风险评估

（一）我国政府部门风险评估

1. 负债率。截至2012年底，全国政府负有偿还责任的债务余额与当年GDP（518 942亿元）的比率为36.74%。通过查找数据我们知道，截至2013年6月，全国政府负有偿还责任的债务余额已经超过20万亿元，达到20.7万亿元，2013年GDP为568 845.21亿元，虽无法查知2013年底全国政府负有偿还责任的债务余额的确切值，但通过上述数字可以估计，到2013年底，负债率大概为36%～38%。政府负有担保责任的债务和可能承担一定救助责任的债务大多有相应的经营收入为偿债来源，只有在被担保人和债务人自身偿债出现困难时，政府才需承担一定的偿还或救助责任。审计结果显示，2007年以来，各年度全国政府负有担保责任的债务和可能承担一定救助责任的债务当年偿还本金中，由财政资金实际偿还的比率最高分别为19.13%和14.64%。考虑以上因素后测算，2013年底全国政府性债务的总负债率不超过40%，低于欧盟成员国签订《马斯特里赫特条约》时使用的60%的负债率控制标准参考值。

2. 债务率。截至2012年底，全国政府负有偿还责任债务的债务率为105.66%。若将政府负有担保责任的债务按照19.13%、可能承担一定救助责任的债务按照14.64%的比率折算，总债务率为113.41%，处于国际货币基金组织确定的债务率控制标准参考值90%～150%范围之内。但是根据国家审计署报告显示，截至2013年6月底，全国有3 465个乡镇政府负有偿还责任债务的债务率高于100%，地方政府债务波及面广、成因复杂，这需要引起我们的重大关注。

3. 外债与GDP比率。截至2012年底，全国政府外债余额为4 733.58亿元，占GDP的比率为0.91%，低于国际通常使用的20%的控制标准参考值。从我国近几年外债负债率和偿债率的变化可以看出，我国外债余额虽然有所增加，但是各项安全性指标仍在安全线以内。

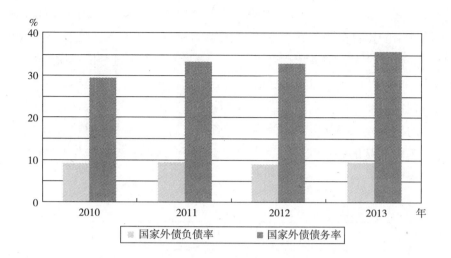

图 9 – 52 2010—2013 年外债负债率和偿债率

4. 赤字率。所谓赤字率，是指财政赤字占国内生产总值的比重。按照国际上通行的《马斯特里赫特条约》标准，一般将赤字率 3% 设为国际安全线。很多学者对符合中国国情的赤字率警戒线给出不同的结果，刘迎秋（2001）认为中国基本赤字率应以 2.5% 为控制目标，最高限为 3.5%。赤字率的高低与一国的经济发展水平并没有直接的关联关系，而主要取决于国家的政策选择、宏观经济调控的力度和所面临的特殊的经济社会情况。

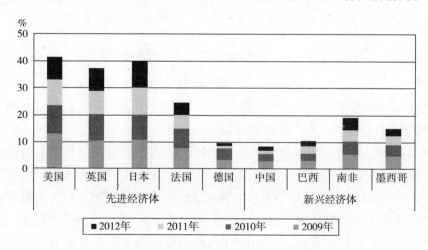

资料来源：国际货币基金组织财政监测报告。

图 9 – 53 世界主要经济体财政赤字情况

从图 9 – 53 可以看到，我国最近三年的财政赤字率虽然呈一种上涨的趋势，但远低于 3% 的国际安全线，也明显低于欧元区和新兴经济体的平均水平，更远远低于美国、日本等发达经济体水平。并且我国财政调整的方向与世界主要经济体的方向是一致的，即赤字率于 2009 年达到一个高点后近两年逐渐下降，这表明我国在大规模扩张政府支出的状态下依然保持了比较强劲的财政状况。

5. 债务依存度。衡量债务风险程度的另一个重要指标是债务依存度，它是指当年的债务收入与财政支出的比例关系，反映了一个国家的财政支出有多少是依靠发行国债来实现的。当国债的发行量过大，债务依存度过高时，表明财政支出过分依赖债务收入，财政处于脆弱的状态，并对财政的未来发展构成潜在的威胁。在我国，这一指标的计算有两种不同的口径：一是用当年的债务收入额除以当年的全国财政支出额，即国家财政的债务依存度；另一个是用当年的债务收入额除以当年的中央财政总支出，称为中央财政的债务依存度。关于这两个指标，国际公认的警戒线分别为 15%～20% 和 25%～30%。我国最近几年的债务依存度如图 9-54 所示。

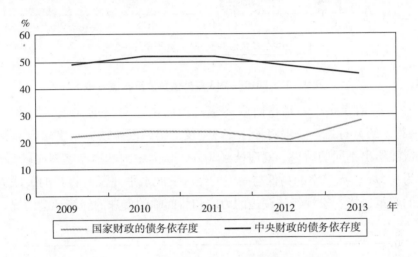

图 9-54 我国 2009—2013 年的债务依存度

从图 9-54 可以看出，自 2009 年以来，国家财政的债务依存度和中央财政的债务依存度都已经突破国际公认的警戒线，两个指标在 2012 年都有所下降，但总体看来，我国财政支出对债务收入的依赖性偏高，风险也较大。

6. 债务负担率。债务负担率是当年债务余额占国内生产总值的比重，是国际上确立的公认的政府债务警戒线。国际经验表明，发达国家的债务负担率一般在 45% 左右，它与发达国家财政收入占 GDP 的比重为 45% 左右有关，即债务余额与财政收入的数值相当时，也就达到了适度债务规模的临界值，超过此界限就意味着债务危机或债务风险。

从图 9-55 中我们可以看到，自 2010 年以来，我国债务负担率在 15% 左右，未超过国际负担率的临界值。

通过上述几个指标对我国现如今的债务规模和可持续性进行了分析，从总体上我们可以得知我国政府债务是可持续性的，风险是可控的。

（二）中央银行资产负债结构分析

1. 中央银行资产规模总体扩张速度保持稳健。可以看出，2011 年后中央银行资产占 GDP 比重有所下滑，目前为 55.78%。

2. 从央行资产负债结构来看，央行资产结构较为健康。第一，2007 年以来，其对其他

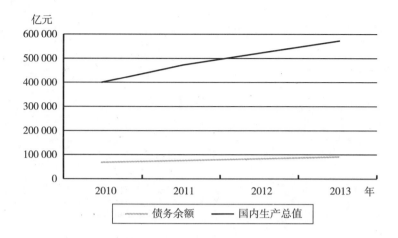

图 9 - 55 我国近几年的债务负担

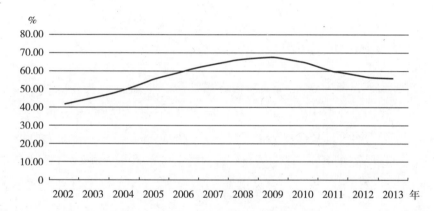

图 9 - 56 中央银行资产总额/GDP

存款性公司和公共部门贷款占 GDP 比例都开始下降。第二，中央银行硬性财务约束降低，中央银行债券发行和国外负债占 GDP 比例不断下降。

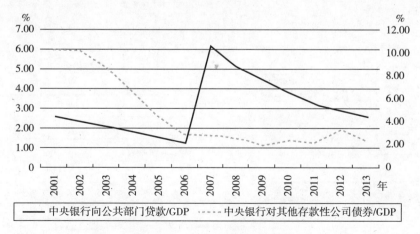

图 9 - 57 中央银行资产结构

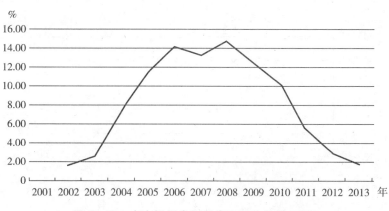

图9-58 中央银行发行债券和国外负债/GDP

9.4 结论与展望

9.4.1 经济系统中重要金融安全隐患分析

（一）经济金融体系杠杆率过高是当前我国金融安全面临的最大隐患

从图9-59中我们可以看出，自2008年以后我国经济部门杠杆率大幅度提升，从2001年的147%上升到2012年的215%。分部门来看，我国经济部门的杠杆率主要集中在非金融企业部门手中，一直保持在100%以上的高位；与此同时，我国政府部门和居民部门杠杆率上升较快。经济金融部门杠杆率过高容易诱发系统性风险：第一，高杠杆率致使全社会产生对资金的渴求，容易诱发资金的高利率出现，而高利率既会损害企业利润，也会致使资产价格泡沫尤其是房地产泡沫的破灭，诱发系统性风险；第二，高杠杆率致使整个经济体系抵御风险能力较差，一个较小的外部冲击均有可能造成全社会流动性的短缺与系统性风险，近年来的钱荒事件、温州民间金融风险、各地抵押担保破产事件等均体现了高杠杆率下经济金融体系的脆弱性。

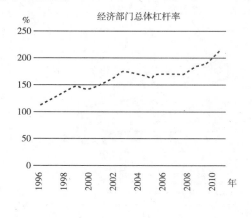

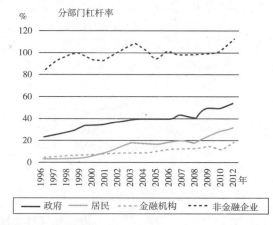

图9-59 经济部门杠杆率

（二）金融周期与经济周期的下行及其相互反馈机制将有可能引爆我国金融系统性风险

从上文的数据分析我们可以看出，金融周期（信贷与房地产价格衡量）与经济周期均处于下行周期，其必然引发以下后果：

1. 银行体系去杠杆化及影子银行的治理必然导致整个金融体系去杠杆化进程的加剧。从最近的经济发展态势与政策运行趋势来看，银行体系乃至整个金融体系去杠杆化的趋势可能将持续延续下去：一是全球经济的衰退致使我国经常项目顺差不可能大幅度增长，同时美国 QE 政策的退出与人民币升值预期消失致使资本流入大幅度减小，这必将导致外汇占款增加的减缓与货币流动性投放的减少；二是我国金融杠杆率与货币总量偏高，中央银行宏观调控可能将持续收紧。据社科院报告统计，我国 M_2/GDP 占比自 2008 年的 151.31% 攀升到 187.58%，整体杠杆率从 146.37% 攀升到 194.04%。而从惠誉此前公布的数据来看，中国整体私人部门的负债占 GDP 的比重，从 2008 年的 125% 上升至当前的 198%。与此同时，我国投资/产能比例却一路下滑，这种情形意味着我国金融体系的去杠杆化可能正刚刚开始，而最近国务院发布《国务院办公厅关于金融支持经济结构调整和转型升级的指导意见》，更是指出我国资金分布不合理的问题仍然存在，与经济结构调整和转型升级的要求不相适应。这印证了在未来很长一段时间内，我国流动性不可能更为宽松，而金融体系的去杠杆化进程也会随之推进。在去杠杆化进程中，银行体系资产负债表的收缩与影子银行体系的治理，必然会通过资产关联、流动性争夺、预期效应三个渠道，从银行体系波及票据市场、债券市场、信托市场及股票市场，造成整个金融体系的动荡与流动性危机。

2. 金融体系的去杠杆化与房地产泡沫破灭、融资平台风险及资本突然逆转交织是我国未来面临的最大系统性金融风险隐患。在金融体系去杠杆化背景下，我国经济体系仍然遭遇以下重大风险隐患：第一，地方融资平台风险的爆发。随着 2012 年反周期经济政策的运用，地方政府融资平台规模又开始上升，虽然受制于银行贷款的收缩，地方债务来源于债券发行、其他单位和个人借款逐渐增多，分别比 2010 年增加 1 782.13 亿元、1 308.31 亿元，增长比率分别为 62.32%、125.26%，这些融资方式都不可避免地遇到刚性兑付问题，地方债务风险不断累积和向后推移。同时，地方政府融资手段变得更为隐蔽，信托、融资租赁、BT 和违规集资等高额利率方式变相融资现象突出，部分地方甚至还通过造假方式来回避债务监管。但值得关注的是，地方债务的偿债来源更为依赖于土地出让，如未来土地价格的下跌与财政收入的下滑将引爆融资平台的风险。第二，房地产泡沫破灭的风险。目前我国房地产融资严重依赖于境外融资、信托融资与销售款项，CreditSights 的报告认为至少有 50% 的小规模开发商资产负债表上的债务是来自信托融资，2013 年上半年，共有 27 家上市房企发债融资 759 亿元，已超 2012 年全年 25%。但在未来经济形势下，这两条融资渠道都有可能受到限制，而上海证券交易所上市的 127 家房地产开发商资产负债表显示短期债务占据总债务的 40% ~ 50%，这必然导致房地产业资金链的紧张乃至断裂，对房地产价格造成较大的下滑压力。第三，人民币贬值预期与资本突然逆转可能性的加大。随着美国经济改善、QE

的逐渐退出，以及国内经济增长预期的向下修正，人民币可能一改 2014 年上半年大幅度升值的趋势，将有可能出现贬值预期，同时大量国际游资向美国的流动可能会导致我国资本项目的大幅度流出，如中央银行既要对冲资本外流导致的基础货币投放减少，又会偏离既有政策框架，形成两难选择。前述实体经济单独遭遇一个问题，可能对中国经济都不会造成太大影响，但是三个问题本身就是紧密联系的，同时又遭遇我国金融体系的去杠杆化进程，在经济下滑预期下很可能形成所谓的螺旋式加速下滑模式，即金融体系本身固有的顺周期效应，进而导致我国金融系统性风险的出现。

（三）从我国非金融部门的行业特征来看，杠杆率较高与盈利能力较弱成为未来引爆系统性金融风险的重要隐患，具体需要重点关注房地产业、建筑业、采矿相关行业

第一，房地产业、建筑业近年来总负债占股本比例大幅度攀升，且占比非常高，存在较高的风险，需要重点进行关注。其中，房地产行业总负债占股本的比例从 2004 年的 4.72 倍上升到了 2013 年的 14.38 倍。第二，从各行业净资产收益率来看，近两年农林牧渔、采矿业、批发零售、运输仓储、住宿餐饮净资产收益率下降较为明显，存在较大风险。

（四）公共部门当前风险处于可控状态，但长期存在较大隐忧

1. 当前风险评估。第一，我国中央政府债务风险较低。本书对描述债务风险的重要指标，如赤字率、债务率、负债率、债务依存度等进行分析，通过分析发现，最近几年我国赤字率、债务率、负债率、政府外债与 GDP 比率、逾期债务率均处于安全范围内，债务依存度高于国际警戒线。综合来说，目前我国的债务风险较低，爆发主权债务危机的可能性小。第二，我国债务规模是可持续的。虽然通过构建的可持续性指标得出未来第一年债务是可持续性的，未来第二年、第三年债务是不可持续的，但是这个结果是基于假设得到的，同时通过对一些指标的分析，我们可以知道在未来几年我国财政状况是比较强劲的。第三，目前我国的债务处于安全范围，预测未来几年处于安全范围的概率较大。通过对我国最近几年赤字率、债务率、政府外债与 GDP 比率、逾期债务率等指标的计算和分析及预测，得知我国近几年赤字率、债务率、政府外债与 GDP 比率、逾期债务率都保持在国际安全范围内；根据我国目前的债务状况和经济发展情况，得出未来几年债务处于安全范围的概率较大。

2. 未来的系统性风险可能爆发的路径与方式为：第一，内部风险占突出地位。来自内部的这些风险大多具有体制性、长期性、隐蔽性的特征，从而可能加剧危机的突发性。即隐性债务和或有债务的规模大大超出显性债务，导致总体债务透明度很低，这种情况下容易出现债务风险约束低、累积快和管理的误判，而一旦曝光大大超出意料，则诱致潜在风险向危机转化。所谓长期性，是指总体政府债务规模膨胀的因素是长期作用的，渐进性的。已经形成的债务也需要时间消化。因此克服债务风险也是一个长期的过程，不可能短期取得明显成效。所谓体制性，大都可归源于新旧体制转换的不彻底和体制衰变弱化下的道德风险因素。一是微观治理亟须加强。政府与学校等事业单位的关系、地方政府与地方金融企业的关系尚待规范；金融体系中，国有商业银行、股份制银行以外的金融机构的治理尚待规范。二是财政治理亟待加强。中央地方的财政体制尚须进一步理顺；政府财政民主化、法治化亟待完

善。三是政治经济运行环境处于变革期。公共财政转型尚未完成；区域、居民之间的分配不均衡加剧，社会矛盾集中。原来经济运行的高增长、高投资、高经常项目盈余、利率限制和资本项目兑换限制都要面临渐进调整。旧的模式不可持续，但新的模式尚未形成。第二，外部风险具有复杂性。从外部来看，也面临着一定的系统性风险，这些风险具有冲击力强、与政治因素交织的复杂特征。一是全球金融体系的不确定性增强。自布雷顿森林体系崩溃后，此次金融危机可能成为第二次世界大战后世界金融秩序第二次重大调整的前奏。二是发达国家经济低迷和我国内部投资增速放慢等因素交互作用，经济增速降低，随之财政收入增长将放慢。三是贸易保护主义势力抬头，外部迫使人民币快速升值压力上升，贸易增速和贸易盈余将可观下降，个别时候甚至为赤字。四是随着我国经济增速放慢，外国直接投资可能出现集中的利润汇出潮。按照已开放可兑换项目，这是允许自由流出的，中期会加大资本项平衡压力。

（五）其他需要关注的焦点隐患

第一，我国金融结构的急剧变化与金融监管体系的不匹配风险：一是在我国现行分业监管体制下，金融监管侧重于微观审慎监管，各监管部门以防范本行业和单一机构风险为目标，同时扮演金融监管和促进行业发展的角色，监管空白、监管套利、监管过度、监管宽容并存，难以有效防范经济与金融之间，以及金融行业相互之间的关联可能引发的系统性风险；二是我国当前的监管部门主要由"一行三会"构成，均没有执行或实施宏观审慎监管的独立权力，分设的监管体制导致金融体系的信息和数据分割，部门之间的监管协调机制往往运转艰难，同时协调机制的成员、协调的话题和内容均有待进一步充实；三是监管技术和监管资源不充分，对防范系统性金融风险的工具、手段、运行机制及其有效性均缺乏充分认识，在实践过程中尚未形成正式的规则，调整监管措施的自由度过大，监管部门的研究能力也有待提高。第二，金融总量过高与实际贷款利率过高的矛盾，大量资金集中于金融体系形成空转，大幅度提升了实体经济资金成本，削弱了整个经济体系的稳健性。第三，我国贸易账户/GDP 比例与经常账户余额占 GDP 比例自2008 年以来大幅度下降，我国对外竞争力开始下降。第四，我国企业部门盈利能力开始恶化，经济下滑趋势仍未得到有效遏制。

9.4.2　政策建议

（一）构建多层次、差异化及纵横交错的金融监管体系

第一，鉴于地方政府在金融资源控制力度的实质性上升及其在系统性风险生成中的重要作用，我们必须合理分配中央与地方政府在监管中的权限与责任，构建纵横交错的金融监管体系。具体可以在中央与地方之间按照风险类型和影响范围划分监管权限，全国性存款类机构和跨区域金融风险由中央监管，地方性金融机构和区域内金融风险主要由地方负责；建立地方金融发展与风险防范之间的正向激励机制，对地方管理进行评级分类，评级越高的地区被授予金融优先发展权；构建基于中央和地方的分层次金融安全网，特别需要建立地方财政

风险救助基金，优先建立地方金融机构的存款保险制度，以硬化地方预算约束。第二，建立差异化的金融监管体系，鼓励中小金融机构、民营金融机构的发展，建立金融机构为中小企业服务的正向激励机制，以此来解决资金空转与调整产业结构的问题，具体可从市场准入、业务与区域范围、风险防范、退出与存款保险制度、风险分担、基础设施与配套措施、向其他金融机构转换升级的通道与条件等方面建立多层次的金融监管体系。第三，"影子银行"具有隐蔽性高与变化迅速的特点，其本质在于金融创新与金融监管不足之间的矛盾冲突，我们可以考虑引入市场、行业监管的理念，比如独立的第三方分析和评价机构，来消除信息不对称，弥补政府监管的不足。

（二）构建基于系统性金融风险传染路径的控制与应急体系

第一，在宏观经济状况良好、企业经营正常的情况下，金融机构投资风险相对较低，投资成功的概率较大，不易发生流动性危机。此时，中央银行采取"建设性模糊"的政策，能有效抑制金融机构道德风险，而不易引发系统性危机。但是在宏观经济因素冲击，系统性危机有可能发生的条件下，商业银行容易在市场恐慌情绪的主导下遭受挤兑或由其他因素引发流动性危机，此时，中央银行有必要考虑宏观经济环境因素作为政策制定和选择的参考变量，作出确定性救助的承诺。比如央行此次在危机时期的流动性不稳定预期就放大了市场的动荡，其后续的符合宏观审慎管理原则的银行救助也无明确的标准。第二，监管当局须有效地隔断银行、证券、信托、保险等不同主体金融风险的传染与扩大机制。比如将性质不明确的理财产品固化为标准的资产证券化产品，明确理财产品的风险责任与归属，以银行遗嘱等方式来明确银行破产的处置办法。

（三）构建基于系统性风险防范的宏观审慎管理与货币调控政策

第一，加强利率与汇率市场化的建设，将货币政策从传统的数量型工具转向价格型工具。2013年"钱荒"从某种程度上被市场解读为对利率市场化的一次不合格的全面演练，而"钱荒"中暴露出的资金期限错配、资金空转与影子银行问题本质也来自于利率与贷款规模的管制，资本的突然变动对货币政策带来的挑战本质也来自于汇率与资本项目的管制。同时，影子银行体系的兴起也暴露出我国传统数量型工具的不足。第二，尽快开发符合我国国情的宏观审慎管理工具。包括纳入银行影子体系的总体杠杆率计算、逆周期资本乘数的提取、监管范围的明确及混业监管模式的确定等。

（四）加强地方政府债务管理

一方面，严格规范管理地方新增债务，规范债务发行偿还程序；另一方面，灵活处理地方政府旧债，树立或保持各级政府的信用形象，事前做好政府债务安排，绝不能让政府陷入债务危机。

【专栏 9 - 2】

关于切实加强地方政府债务管理的政策建议

当前，地方政府债务的巨大规模及其潜在的偿付流动性危机，或可对经济社会带来巨大冲击，甚至可能演化为区域乃至全国系统性金融风险。中共十八届三中全会明确提出要建立规范合理的中央和地方政府债务管理及风险预警机制。落实《中共中央关于全面深化改革若干重大问题的决定》精神的关键在于：一方面严格规范管理地方新增债务，规范债务发行偿还程序；另一方面灵活处理地方政府旧债，树立或保持各级政府的信用形象，事前做好政府债务安排，决不能让政府陷入债务危机。

一、厘清地方政府债务规模及结构

当前我国地方政府债务规模巨大，期限与现金流结构严重不匹配，存在较大的偿付风险。审计署数据表明，截至 2012 年底，36 个地方政府本级政府性债务余额为 38 475.81 亿元，比 2010 年增长 12.94%。与此同时，地方政府债务借债主体与借债方式混乱，存在多头举债、多头管理现象，地方政府融资平台也存在多元举债、资产随意划拨、违规担保、出资不实等特点。政府平台清理后，地方政府融资变得更为隐蔽与多元化，地方政府开始更多地冒险尝试通过城投债、银行表外业务、财务公司、信托公司、基金公司、金融租赁公司、保险公司、BOT 等公司合营，甚至民间集资等"影子银行"渠道融资。为此，对地方政府债务很难有准确的评估，各民间研究机构甚至推测我国地方政府债务规模可能已经突破 20 万亿元。值得注意的是，无论官方还是民间，统计均着眼于省、市、县三级政府，而对于基层的乡村债务并未覆盖，也很难有准确的度量。

此种情况下，燃眉之急在于厘清我国地方政府债务的规模与结构。基础性工作在于将地方政府债务收支纳入预算统一管理核算，编制地方资产负债表与地方政府性债务子预算，据此进行公共资源的有效配置和起到对政府性债务决策的约束作用，并采用恰当方式向社会进行公开。同时，从法律责任和道义责任的角度将政府负债划分为"显性负债"和"隐性负债"，从债务责任确定性和非确定性的角度将政府负债划分为"直接负债"和"间接负债"。进而在明确划分政府责任的基础上评估地方政府债务的结构，重点包括：债务对应的投资项目收益与现金流覆盖情况、债务对应的公益性特征、举债方式与期限结构、信用增级措施、偿债资金来源。

二、建立健全政府债务管理的体制机制

当前我国地方债务管理体制存在的主要问题在于：在当前的干部考核与任期制体系下，地方政府均有刺激与推动经济增长的冲动，而地方政府官员对未来债务的偿还并不负主要责任，这必然诱使地方政府通过融资举债来突破预算与资金的约束。同时，由于我国中央政府不断要求地方政府对经济进行刺激，地方政府的举债行为也必然受到中央政府的支持与兜底。最后，地方政府债务管理体系的不健全是我国地方政府债务规模无节制的重要制度根源，具体表现为：我国地方政府债务管理主要采用行政控制方式，缺乏市场控制、规则控制机制；地方政府债务发行的程序与规则不健全，债务规模的控制指标、债务的资金用途、债务的抵押品设置及偿债方式均无清晰的规则指引；地方政府债务的发行缺乏明确的权力制衡与监督机制。

（一）地方政府债务管理模式由行政控制逐渐转为规则控制，辅之以行政与市场控制。地方政府性债务管理体制的构建受到政治、财政、历史甚至文化传统等的影响。市场控制需要完备的市场与地方政府的独立主体责任，这在我国短时期内难以达到。规则管制的国家中央政府的宏观管理制度较为健全，对地方政府监管能力较高，这符合我国现实情况。为此，我们可逐渐从行政控制转变为规则控制，建立统一的地方债务管理体制，再通过金融市场建设与我国财政管理体系的健全，逐渐增加市场约束的作用。当务之急在于抓紧制定出台《地方政府债务法》及其实施细则，规范政府融资行为，建立全国统一的政府债务管理体系，在财政部下设地方政府债务管理部门，对地方政府债务进行统一管理和控制。在此基础上，逐步理顺政府间财政关系，硬化预算约束，明确偿债人的责任，建立相应的追究机制。以公共产品受益范围为标准，科学划分各级政府之间的事权与财权，完善省以下财政体制，弥补地方政府财政收入主要来源不足的问题，减少地方政府债务融资的增加。

（二）规范地方政府的举债规则。第一，规范举债权限与规模。要求地方政府严格按照每年编制的年度资本预算与举债程序，规定地方政府必须向中央政府提交发债计划，并由中央政府审批。同时，将发债规模与地方政府资产负债规模、风险状况等指标相关联。第二，限制政府融资的渠道与主体。将融资平台债务与地方政府债务完全分离，融资平台债务由平台公司按商业原则自主进行。地方政府的债务由一个部门进行筹集和偿还，同时考虑限制，可提供政府融资的渠道和银行范围，要求金融机构配合政府实施需求控制等。第三，规范地方政府债务的用途。建立地方政府经常预算与资本预算分离制度，制定资本发展计划，限定举债只能用于资本计划，不能用于经常性开支。第四，建立地方政府债务偿债准备金制度，可要求按照债券发行额的一定比例计提准备金，准备金主要来源于债券发行溢价收入和投资项目收益。

（三）建立健全地方政府债务的监督与权力制衡机制。建立健全地方政府债务的三级监督管理机制。具体模式为：上级政府管理债务总量、同级人大管理债务结构及用途、社会第三方机构监督债务的使用、评价债务的信用等级，这其中的关键在于建立地方政府信用评级管理体系，据此确定地方政府的发债规模及发债价格。同时，建立地方干部的举债问责制，对地方干部开展全方位考评。试行行政首长举债备案登记制度，探索实施地方政府财政破产制度并追究主要领导人的责任，建立评价制度，把当前债务的存量、债务增长率列入财政审计范围和领导干部经济责任审计范围。最后，建立地方政府债务风险预警、信息披露机制，促进市场主体对地方政府债务的监督。

三、做好政府到期债务的财务安排，防范债务危机及区域性金融风险的爆发

2014 年是政府债务集中到期、还本付息之年，也是十八届三中全会后"新政"实施的改革发展关键之年。如处理不好，很容易爆发系统性金融危机：我国地方政府债务透明度较低，刚性兑付问题严重，一旦全国出现一例局部违约事件，必然会带来巨大的"多骨米诺牌"效应，导致地方政府债务挤兑风潮的出现。地方政府债务问题必然带来整个社会资金的紧张与利率的上升，现金流的紧缺与争夺必然导致社会资产价格的下跌与银行体系不良资产的增加，导致整个金融体系的崩溃。为此，帮助各级政府渡过债务难关，防范债务危机的爆发与阻止债务问题向金融危机的爆发成为当前债务管理的关键。

（一）根据债务的期限结构与现金流结构，提前做好银行债务安排。对于期限不匹配而具有稳定现金流的项目，提前做好展期的安排，如借新还旧；对于项目不可能建成，或建成后无还本付息能力的项目，银行应主动与有关部门联系，商量进行债务重组，尽可能落实还款人；对于有还款能力的项目，提前落实还款计划与偿债资金来源，以便政府部门提前做好财务安排。

（二）对于城投债本息的偿还可以考虑多种渠道筹集。由于城投债具有刚性兑付和债权人更为广泛的特点，一旦违约可能引发整个债券市场乃至金融体系的崩溃。为此我们可以考虑：从短期来讲，考虑由政策性银行发行专项票据，对城投债进行购买与处置。从长期来讲，由国家成立专项偿债基金，由财政部负责偿还政策性银行持有的城投债，基金资金来源为财政部储备、超额预算收入和全国土地出让金的部分款项、专项国债。最后，将损失与地方政府进行逐年分摊，并加强规则建设，确保这是最后一次中央兜底行为。

（三）将非标准化融资规范化、透明化。进一步理清政府债务规模，将非标准化债务转为标准化及透明度较高的债务，隔断金融风险的传递链条。可以考虑：由地方政府债或银行贷款来代替非标准化融资；将非标准化融资进行资产证券化处理；未来将禁止非标准化融资方式，限制政府的融资渠道。

（四）创新金融工具与社会制度，帮助地方政府引入社会资本。探索建立政府购买公共服务的运作机制，通过支付服务费或给予一定营运补贴等方式，鼓励民间机构、社会投资者进入公益或准公益领域。有效运用经营性项目产权市场、资产证券化、收费受益权信托计划等，募集社会资本，实现公众、投资者、建设方多赢局面。同时，创新金融工具，加强对地方政府投融资平台的风险管理，可以开发 CDS、保险、再保险工具来对地方政府投融资平台进行保险，同时，考虑把不同的地方政府联合在一起形成一个自保险的机构。将部分符合条件的省级融资平台公司转型为金融控股公司或国有资本公司，通过引入社会资金进入长期开发性项目，解决基础设施建设的期限错配问题。

（五）完善金融风险分担机制，防止地方政府债务风险向区域性金融风险的转移。构建地方政府债务"遗嘱"制度，规范地方政府债务破产后的风险承担主体，避免金融风险的扩散。同时，构建地方政府金融风险处置体系，具体包括地方存款保险制度建立、地方金融管理公司的构建与地方金融机构破产制度的建设等。

参考文献

［1］刘锡良等：《中国金融国际化中的风险防范与金融安全研究》，北京，经济科学出版社，2012。

［2］刘锡良等：《中国经济转轨时期金融安全问题研究》，北京，中国金融出版社，2004。

［3］中国人民银行杠杆率研究课题组：《中国经济杠杆率水平评估及潜在风险研究》，载《金融监管研究》，2014（5）。

［4］李扬等：《中国国家资产负债表2013》，北京，中国社会科学出版社，2014。

［5］IMF、世界银行：《金融部门评估手册》，北京，中国金融出版社，2007。

［6］中国人民银行金融稳定局：《国外金融稳定报告选译》，2005。

［7］Reinhart、Rogoff：《这次不一样：八百年金融危机史》，北京，机械工业出版社，2014。

［8］李孟刚：《中国金融产业安全报告》，北京，社会科学文献出版社，2012。

［9］IMF：《全球金融稳定报告》（2008－2014），北京，中国金融出版社。

［10］叶永刚等：《2013中国与全球金融风险报告》，北京，人民出版社，2013。

［11］中国人民银行金融稳定分析小组：《中国金融稳定报告》（2008－2014），中国金融出版社。

［12］张春霖：《如何评估我国政府债务的可持续性》，载《经济研究》，2002（2）。

［13］马拴友：《中国公共部门债务和赤字的可持续性分析》，载《经济研究》，2001（1）。

［14］刘迎秋：《论中国现阶段的赤字率和债务率及其警戒线》，载《经济研究》，2001。

［15］罗云毅：《财政赤字率和债务率：〈马约〉标准与国际安全线》，载《经济研究参考》，2003。

［16］管涛：《债务危机离中国有多远——中国对外债务可持续性状况评估》，载《宏观经济》，2009。

［17］李晓嘉：《金融危机背景下我国财政可持续性的实证研究》，载《煤炭经济研究》，2010。

［18］李腊生、耿晓媛、郑杰：《我国地方政府债务风险评价》，载《统计研究》，2013（10）。

［19］Fisher, Stanley and William Easterly, 1990, "The Economics of the Government Budget Constraint", *The World Bank Observer*, Vol, 5, no. 2, 127－142.

［20］DOMAR E. D., "The burden of the debt & the national income", *American Economic Review*, 1944, 34（4）：798－827.

［21］Yanagitat, Hutahaeanp, "Maintenance of the Fiscal Sustainability（Chapter 4）", Handbook of Fiscal Analysis, Agency of Fiscal Analysis, Ministry of Finance, the Republic of Indonesia, 2002.

［22］Buiter W., "Guide to Public Sector Debts & Deficits", *Economic Policy：A European Forum*, 1985, 1（November）：13－79.

［23］Buiter W. H., Patel U. R., "Debt, Deficits and Inflation：An Application to the Public Finances of India", *Journal of Public Economics*, 1992, 47（March）：171－205.

［24］GreinerR A., Kauermann G., "Sustainability of US public debt：Estimating smoothing spline regressions", *Economic Model－ling*, 2007.

［25］Bahmanis, "Do Budget Deficits Follow a Linear or Non－linear Path?", *Economics Bulletin*, 2007.

第三篇

国家层面的金融安全评估

第 10 章　外债安全评估

10.1　2001—2013 年中国外债概况及特征

改革开放以来，我国在利用外资促进国内经济建设和发展中取得了长足的进步。就整个利用外资的结构来看，债务性融资一直占有较大的比重。特别是改革开放初期直到 20 世纪 90 年代初，国际金融组织和政府间优惠贷款、商业贷款等外债资金流入超过了外商直接投资或其他项下的资金流入。1985—1995 年，外债项下的资金流入金额累计达到 2 093 亿美元，而同期外商直接投资项下的累计资金流入只有 1 301 亿美元，前者是后者的 1.6 倍。可见，在改革开放初期，外债资金的流入对缓解经济建设资金缺口，促进我国国民经济迅速发展起到了积极作用。

综观我国改革开放后这 30 多年来利用外债资金的发展历程，大体可以分为四个不同阶段：

第一阶段，改革开放初期（1979—1990 年）。这一时期我国外债流入呈现出快速增长态势。在 1985 年我国开始建立外债统计体系并对外公布外债数据，当时我国外债余额仅为 158.3 亿美元；而到了 1990 年末已达到 525.5 亿美元，这五年间外债余额增长了 2.32 倍，年均增长高达 27.13%。这一阶段的外债增长速度是由于我国外债利用起点比较低造成的。

第二阶段，亚洲金融危机前（1991—1998 年）。这一阶段外债余额增速有所放缓，到 1998 年末达到 1 460.4 亿美元，8 年间增长了 1.78 倍，年平均增速下降到 13.63%。我国外债资金的流入和利用进入了平稳期。

第三阶段，亚洲金融危机影响期（1999—2001 年）。受亚洲金融危机的影响，外债增速显著下降。1999 年的外债增速只有 4%，2000 年、2001 年甚至出现了负增长。

第四阶段，加入世界贸易组织后外债增长恢复期（2001—2013 年）。进入 21 世纪以来，尽管遭遇到了多次自然灾害和国际金融风险的冲击，中国外债流入重新恢复增长的势头。尤其是加入世界贸易组织以后，我国融入经济全球化的程度大大加快。由于对外经济交流越来越频繁，中国进出口规模和多渠道利用外来资金的总量不断扩大。伴随着跨境资本流动的逐年增长，外债存量和流量都保持大幅度上升的趋势。除 2001 年外，外债流量始终保持净流入。2001—2013 年，中国外债余额年均增长率为 11.76%，外债净流入从 2001 年的 -61.2

亿美元增加至 2013 年的 1 028.5 亿美元，年均外债净流入 251.6 亿美元。

由于国家外汇管理局自 2001 年起调整了外债统计口径，将境内外资金融机构对外负债也纳入我国外债统计范围，扣除了境内机构对境内外资金融机构的负债；同时将 3 个月以内贸易项下对外融资纳入外债统计，使外债统计的范围与国际标准进一步接轨。这使得新的外债统计数据与 2001 年以前的外债统计数据不具有可比性。因此，本章的研究主要针对第四阶段我国外债运行情况和风险水平进行分析，时间范围自 2001 年初开始，到 2013 年底为止。

如图 10-1 所示，2001—2013 年，我国外债余额的增加趋势虽然稳定，但增加幅度明显落后于 GDP 和外汇储备的增长幅度，外债余额的增加也是同进出口贸易总额不断攀升相适应的。因此，从总量上来看，尽管我国外债总量是在不断增加，但外债安全度却是进一步提高。从整体风险水平看，我国外债偿还能力充足，外债风险总体可控。

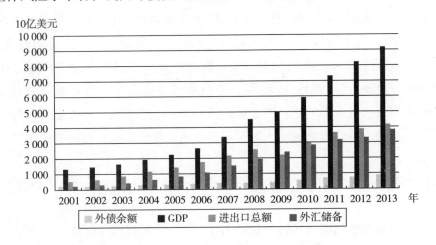

资料来源：国家外汇管理局、国家统计局。

图 10-1　2001—2013 年中国外债余额、GDP、对外贸易与外汇储备的变化

另一方面，从外债余额的期限构成上来看，调整后的外债数据有两种不同的统计口径，一种是按照外债的签约期限来计算，另一种是按照现有外债距离到期日的剩余期限来计算。2001 年中国对外债统计口径进行调整时，在期限结构方面也作了调整，将未来一年内到期的中长期债务也纳入短期债务。同时将原来按照签约期限划分短期债务和中长期债务的标准，改为按照剩余期限来划分。从图 10-2 的条形图中不难发现，2001—2013 这 13 年期间，我国中长期债务水平始终保持稳定，在 2010 年以后甚至略有下降。但是剩余期限在一年以内的短期债务水平却不断攀升，除了在 2008 年的国际金融危机影响下略有下降外，其他年份都增长迅速，这体现出我国短期外债的潜在风险正在加大，期限结构方面的安全性令人关注。

根据外债的来源划分，登记外债余额可以分为外国政府贷款、国际金融组织贷款和国际商业贷款三大类。

外国政府贷款是指一国政府向另一国政府提供的，具有一定赠与性质的优惠贷款。它具

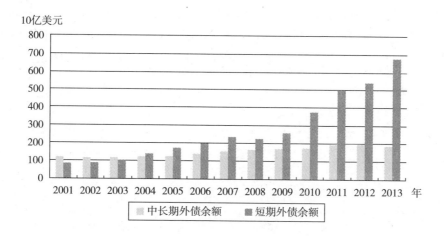

10亿美元

资料来源：国家外汇管理局、国家统计局。

图10－2　2001—2013年中国外债余额剩余期限构成

有政府间开发援助或部分赠与的性质，在国际统计上又叫双边贷款。主要包括软贷款、出口信贷和赠款三方面。外国政府贷款是目前我国所借国外贷款中条件最优惠的贷款，有些国家贷款的赠与成分一般在35%，最高达80%。贷款的利率一般在0.2%～3%之间，少数国家的政府贷款为无息贷款。同时贷款的偿还期限也较长，一般为10～40年，并且包含有2～15年的宽限期。

国际金融组织贷款也是相对安全的一类贷款，其债权人一般是那些为了帮助成员国开发资源、发展经济和平衡国际收支而建立的国际金融组织，他们是由一些国家的政府共同投资组建并共同管理的。这些国际金融机构包括国际货币基金组织、世界银行、国际复兴开发银行（IBRD）、国际开发协会（IDA）、国际金融公司（IFC）、亚洲开发银行（ADB）、联合国农业发展基金会和其他国际性、地区性金融组织。其在采购上通常没有国别限制，贷款期限长。我国的国际金融组织贷款主要用于中西部，涉及交通、能源、城建、环保、农业和农村发展、教育、卫生、工业等国民经济重点领域，为促进中国经济和社会发展发挥了积极的作用。

国际商业贷款是指境内机构以商业性条件在国家金融市场筹措，并以外国货币承担契约性偿还义务的资金。包括向境外银行和其他金融机构借款，向境外企业、其他机构和自然人借款，境外发行的中长期债券（含可转换债券）和短期债券（含商业银行票据、大额可转让存单等），买方信贷，延期付款（贸易信贷），海外私人存款，国际金融租赁，补偿贸易中直接以现汇偿还的债务，等等。国际商业贷款具有筹资方式灵活多样、资金投向限制性小、手续简便、附加条件少等特点。

来自外国政府和国际金融组织的贷款属于官方优惠贷款。它们在一定程度上具有开发援助性质，其优点是利率低、偿还期限长，但是条件较为严格，且贷款数量有限。相比较而言，国际商业贷款更容易获得，但是借贷时间短、利息高，且大多数为浮动利率，国际金融市场的波动会对其产生一定的影响。因此，合理的外债来源结构应当适当控制国际商业贷款的数量，将其占外债总额的比例控制在 60% 以下，防止出现偿债风险。从图 10 – 3 中不难发现，在这一项安全性指标上，我国外债余额中国际商业贷款的比重是逐年攀升的，如果不考虑其中银行提供的贸易融资所占的比重，我国登记外债的结构性风险有所增加。

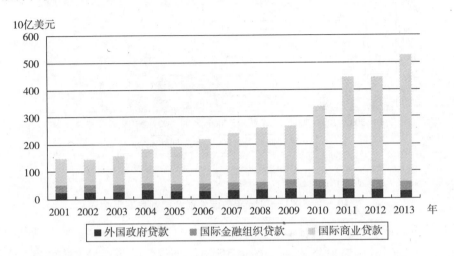

资料来源：国家外汇管理局。

图 10 – 3　2001—2013 年中国外债余额类型构成

　　外债的期限结构是指在某一时点上一经济体外债总额头寸中，短期债务与中长期债务的比例关系。一般来说，中长期外债具有偿还期限比较长、相对稳定、债务偿还负担比较小的优点。而短期外债的偿还期比较短，债务集中偿还的可能性相对比较大，而且短期外债容易受到国际金融市场波动的影响，频繁变动的可能性比较大，风险相对较大。短期外债规模容易随着国际经济形势趋好而扩大，反之，当世界经济发展进入慢车道时，相关国家将遇到出口规模减小的严峻问题，使得外汇收入受到一定程度的影响。这时，巨大的国际收支逆差需要相关债务国以短期债务这一外债期限形式来补充。值得注意的是，短期借款增加的同时会给债务国造成巨大的偿债压力。减少外债期限结构风险，确保外债安全性，一方面需要减少短期外债的比重，另一方面也要避免长期外债由于偿还期限过于集中造成的偿债压力。因此，只有短期借款规模控制在较合理的水平基础上，通过错开短期、长期外债偿还日期，减少集中偿还债务的风险，才能让期限结构更趋合理。

　　从图 10 – 4 中我国短期外债（剩余期限）构成比例上来看，我国的短期外债尽管在逐年攀升（除去 2008 年由于次贷危机导致的短暂下降），企业间的贸易信贷在短期外债余额中的占比超过了 50%。实际上，企业间的贸易信贷尽管属于短期外债，但它是以真实的对外贸易支付作为基础的，与一般的登记短期外债有很大不同，安全性较高。因此，短期外债比例偏高并不意味着我国外债总体的流动性偏高。

　　从图 10 – 5 可以看出，我国登记外债余额地理分布极不平衡。中央各部委和北京、上海、广东占据了我国外债去向的绝大部分。但从 2005 年以后，其他省份的外债占比开始稳定在 20% 左右。北京及中央部委的外债占比降至 50% 左右。不难发现，经济越发达的地区，

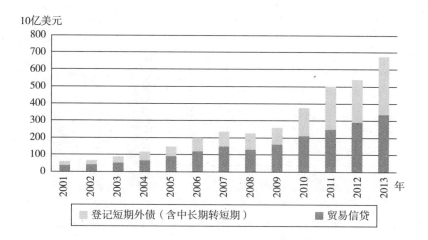

资料来源：国家外汇管理局。

图 10 – 4　2001—2013 年中国短期外债（剩余期限）构成

越能争取并有效利用国外贷款投资，如果要在未来解决我国经济发展的地区间不平衡问题，不同地区间的外债利用问题是一个很好的突破口。

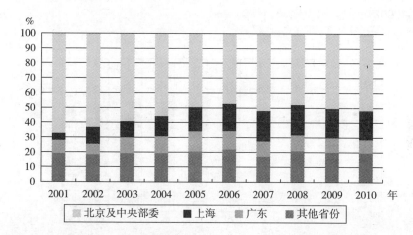

资料来源：国家外汇管理局。

图 10 – 5　2001—2010 年中国登记外债余额（签约期限）地理分布

比较 2001 年与 2013 年我国登记外债余额债务人构成，我们在图 10 - 6 中可以发现：中资金融机构借入外债无论从总量上还是占比上，都占据很大的优势。而一般的中资企业借入外债的金额，其 2013 年的总量反而不如 2001 年，这从另一个侧面体现出国内企业由于没有政府信用担保，也不像外资企业和外资金融机构那样在利用国外债务融资上具有先天优势，最终导致中资企业在外债利用方面日益萎缩。

从图 10 - 7 反映的登记外债行业投向来看，2002—2012 年这十年间，我国外债投资于制造业和交通运输等基础设施建设的比重逐年上升，投资于金融业的比例在 2008 年以前呈逐年上升的趋势，而在 2008 年以后，外债比重趋于稳定。2008 年以后，随着国内房地产市

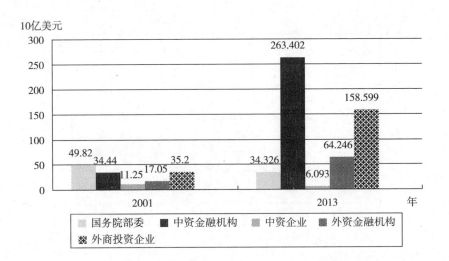

资料来源：国家外汇管理局。

图10－6　2001年和2013年中国登记外债余额（签约期限）债务人构成比较

场泡沫化程度的不断上升，国外债权人也开始注重房地产行业的贷款风险，因此，这一行业的外债比重在2008年以后开始逐年下降。

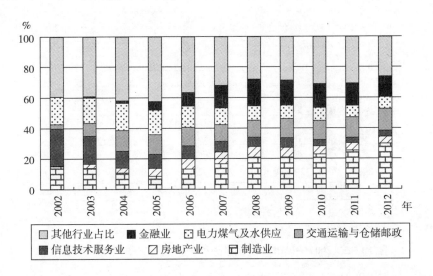

资料来源：国家外汇管理局。

图10－7　2002—2012年中国登记外债余额（签约期限）的行业投向

　　外债的币种结构是指某个时点上一经济体外债总量中不同货币币种的构成比例。由于外债总量中不同货币币种占比的不同，可能导致外债使用与偿还金额发生变化，进而引起外债风险。这其中，币种风险主要表现为汇率风险。由于外债从借入到偿还有一定的时间跨度，在这期间外汇市场上本币对外币以及外币之间的汇率会发生变化，这就会导致本币或者某种外币的债务余额发生变化，直接形成债务风险。

　　许多发展中国家都会因为借入外债的币种结构不合理引发外债风险，他们总结经验得

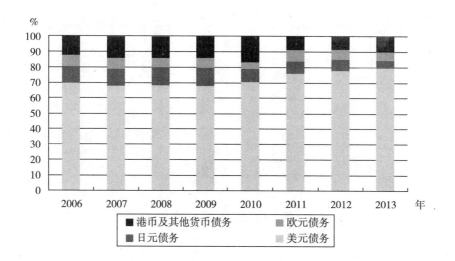

资料来源：国家外汇管理局。

图 10 - 8　2006—2013 年中国登记外债余额（签约期限）的币种构成

出，借入外债的币种多元化可以使得在汇率变化时损失和收益相抵消，有助于降低外债风险。

图 10 - 8 描述的是我国登记外债余额的币种构成，从中我们可以发现美元债务在我国外债中占有很高的比例，一直维持在 70%，在次贷危机和欧债危机发生以后，这一比例在 2013 年达到了 80%。这主要是因为我国的对外贸易结算体系以美元为主。其余外债币种主要是日元、欧元和港元。其中，由于国际金融市场上欧元汇率的波动，以及欧债危机的影响，欧元债务在外债总额中的比重由 2006 年的 7.3% 下降至 2010 年末的 4.4%。根据国家外汇管理局最新公布的 2013 年中国外债数据，我国登记外债余额中，美元债务占比79.6%，日元债务和欧元债务分别占比 5.02% 和 5.54%，港币及其他货币外债合计占比9.84%。由此可见，我国这种以美元、日元为主的外债币种结构相对单一，增加了因汇率变动带来的外债风险。同时这也对我国的外汇管理产生一些不良影响，阻碍我国对外贸易发展的深度。为此，我国外债管理部门应改变这一现状，避免外债币种过于集中化。

从图 10 - 9 反映出的中国登记外债余额债权国来看，我国从美国、日本和中国香港借入的外债最多，限于数据的可得性，我们仅仅搜集到了 2006—2010 年的外债债权国的构成，但从这三个国家或地区借入的外债合计占比几乎维持在 65% 以上。这表明我国外债从借入国来源上来看过于集中。外债安全同这些相关国家（地区）的债权债务关系依赖性很大。这不得不引起我们一定程度的重视。

以上部分我们回顾了我国 30 多年来利用外债资金的四个主要发展阶段，也分析了当前我国外债运行概况和一些基本特征，从中可以初步发现我国目前外债运行总体安全，但外债结构、外债期限和外债的来源及用途都存在一定的不合理性，需要我们定量分析我国外债的安全状况和未来的变化趋势。

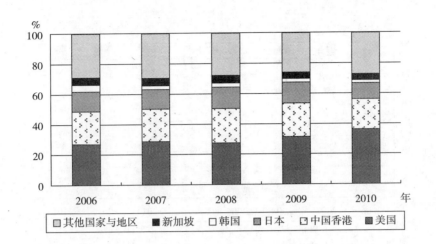

资料来源：国家外汇管理局。

图10-9　2006—2010年中国登记外债余额（签约期限）的债权人来源

10.2　中国外债风险评估模型

根据我国对外债风险的定义，外债风险是指在一国的外债管理活动中，在一定时间内由于某些因素发生的不确定性变动或者自身的缺陷，给经济、政治、社会造成一定的损失或者负面效应。按照我国外债风险来源的不同，可以将其分为规模风险、结构风险两大类。

外债规模风险是指随着一国外债规模扩张到一定程度，有可能导致的偿付危机。一般来说，一个国家的负债规模受到三方面因素的共同制约，这三方面因素分别是国家经济建设对外债的需求、一国对外债的承受能力以及国际资本市场可供给量。其中，最重要的因素是一国对外债的承受能力。当举借外债的总量超出了本国经济所能承受的规模，就会带来本息偿还的债务风险，影响该国的经济发展，甚至导致金融危机。

外债结构风险是指某个时点上一经济体外债总量中各个因素的结构比例，主要包括外债期限结构、币种结构、利率结构、债务人类型结构和债务类型结构等多方面。不合理的外债结构有可能导致期限结构风险、币种结构风险、利率结构风险等。

以预测并监控外债风险为目的的实证研究在最近的几十年中快速发展并逐渐形成体系。20世纪80年代的拉美债务危机和90年代的东南亚金融危机，以及2010年开始的欧洲主权债务危机等，为实证研究提供了丰富的素材和佐证，一大批风险评估模型和风险评估指标体系纷纷建立。

10.2.1　各类金融风险评估模型及指标

金融风险评估模型的研究始于20世纪50年代，研究对象是货币贬值。布雷顿森林体系崩溃后，金融危机频繁发生，使金融风险评估模型和风险评估内容都得到了创新和提高。典型的模型有 FR 模型、KLR 模型、STV 模型和 ANN 模型等。

由于这些模型的发展自成体系，所用的风险评估方法、危机的定义也不同，因此即使是采用相同时期的数据样本和指标变量，也可能得出同一指标不同模型中显著性不同的结论。

表 10 -1 　　　　　　　　　　各类风险评估模型及指标

风险评估模型	指标变量类型	指标体系
KLR 信号模型	资本账户	国际储备、资金流入（出）、短期资金流入（出）、FDI、国内外利率差
	经常账户	实际汇率、经常账户余额、贸易余额、出口额、进口额、贸易条件、出口价格、储蓄、投资
	债务结构	公共部门外债、外债，短期债务，还本付息额、外国援助规模
	国际变量	外国 GDP 实际增长率、利率、价格水平
	金融变量	信贷增长率、货币乘数变化、实际利率、银行存贷利差、央行在银行体系头寸、货币供需缺口、货币增长、债券收益、国内通胀、"影子"汇率、平行市场汇率溢价、中央汇率平价、M_2/国际储备
	实体经济变量	实际 GDP 增长率、产出、失业，工资、股价变化
	财政变量	财政赤字、政府消费、公共部门债务
	制度变量	开放度，固定汇率制存在时间、金融自由化程度，货币危机历史，银行危机历史，汇率操纵
	政治变量	政府任期、政治稳定性
	风险评估结果显著的指标	国际储备、公共部门外债增长、实际汇率、出口额、信贷增长率
FR 模型	宏观指标	国内信贷增长率、政府预算/GDP、国际储备/GDP、经常账户余额/GDP、实际人均产出增长率
	外部指标	外债/GDP、外汇储备/进口、汇率高估
	债务结构指标	FDI/债务、商业银行贷款/债务、优惠债务/债务、浮动利率债务/债务、公共债务/债务、多边债务/债务
	风险评估结果显著的指标	国内信贷增长率、国际储备/GDP、外债/GDP、外汇储备/进口、汇率高估、FDI/债务
STV 模型	包含的指标	实际汇率变化、私人部门信贷/GDP 变化、M_2/国际储备、储蓄/GDP、投资/GDP、资本流入/GDP、短期资本流入/GDP、政府消费/GDP、经常账户余额/GDP
	风险评估结果显著的指标	实际汇率变化、私人部门信贷/GDP 变化、短期资本流入/GDP、政府消费/GDP

10.2.2　我国外债风险的一般度量指标

（一）存量性指标

国际通用的外债指标由世界银行在 20 世纪 80 年代提出，主要包括负债率、债务率和偿债率三个存量性指标。

　　首先是负债率。负债率作为分析外债风险的国际通用指标，指的是一国或经济体年末外债余额和当年国内生产总值的比率。对于负债率，国际上没有普遍认同的安全警戒线。根据国际货币基金组织对一些发生过债务危机的国家主权外债的经验分析，相对"安全"的负债率应在49.7%以下。目前，国际上比较公认且相对保守的安全线为20%。我国现采用的是20%这一安全线。

　　负债率可以用于衡量一国的偿债能力，也就是看一国是否具备将用于国内生产的资源转作为出口产品生产以清偿外债的潜力。它体现了一国外债总规模和它的整体经济实力之间的关系，是一个总体长期指标。从一国经济的长远发展来说，该国综合经济实力的大小决定了其对外债的负担能力，而国家整体经济实力是用 GDP 这一指标来衡量的。

　　如果负债率较大，一般反映出该国家对外债务总体金额处于较高水平，国内经济对外债的依赖程度较高，若不及时限制，容易使一国经济面临偿债风险；相反，如果该比率较低，说明这个国家外债的总体规模比较合理，国家经济不会受到外债波动的影响。

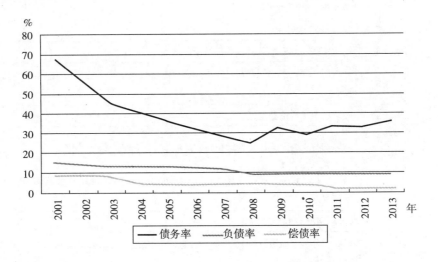

资料来源：国家外汇管理局。

图 10 - 10　2001—2013 年中国三大外债存量安全性指标

　　从图 10 - 10 可以看到我国 2001—2013 年的负债率变动情况。虽然在个别年份有增长，但从整体趋势上来看，我国的外债负债率指标是在逐渐下降的，而且都处于 20% 的安全警戒线以下。在 2008—2009 年，我国的负债率指标出现了最低值，这是由于次贷危机的影响在这其间波及我国。国外借贷市场出现信用恐慌，导致借贷成本上升，使得这两年我国向国外借债相较于正常年份变得困难。但到了 2010 年以后，次贷危机的影响逐渐消失。我国外债负债率回升至正常水平。此外，欧洲主权债务危机的影响在我国体现得并不明显，究其原因是我国外债的币种构成中，美元债务、日元债务和港币债务占到了 75% 左右。从上文的相关图表中可以看到，无论是来自欧洲国家的债权人，还是以欧元计价的外债，在我国外债结构中都只占很小的一部分，所以欧债危机对我国的影响并不如想象中那么大。

　　其次是债务率。债务率是指一国当年外债余额占当年商品和劳务出口收入的比率。通常，世界上公认的参考数值为100%。在经济活动中，债务率一般用来测算一国对外债务的可持续性特征。它能够反映某一时期内国家对外债务是否能够通过外汇收入偿还。外汇收入主要有两个方面，一方面来自经济活动中的对外出口收入，另一方面来自对外再融资。通过举借新债来偿还、延长已有债务，在国家外汇储备减小的处境下是很难实施的。因此，通过贸易中的出口创汇，就成为解决外债偿还资金的主要来源和渠道。

由图10-10我们可以看到，2001—2008年，中国外债的债务率处于下降阶段，这是由于我国对外贸易出现明显的顺差。债务率数值逐渐减小一直延续到2008年，债务率下降到24.7%的最低值。这表明在改革开放、加入世界贸易组织之后，我国经济在很长一段时期内坚持以出口为导向，这就提升了国家的出口创汇能力，从而使得我国外债吸收能力增强。

到了2009年，受次贷引起的国际金融危机影响，我国货物和服务外汇收入同比下降15.7%，而外债余额同比增长了9.9%，因此债务率回升了7.5个百分点，达到32.2%；2010年，随着货物和服务外汇收入的快速回升，债务率又下降了近3个百分点至29.3%。截止到2013年，我国债务率为35.59%。总体来看，我国的债务率均低于100%的警戒线。外债规模的增长速度低于出口创汇的增长速度，使得我国对外融资实力逐渐提升。因此，如果单从债务率这一指标来判断，应该说中国目前的外债规模是适度的，没有潜在的外债偿付危机。

第三个国际通行的安全指标是偿债率。它是指一国外债的本金和利息偿还额（中长期外债还本付息与短期外债付息额之和）与当年货物和服务出口外汇收入的比率，是分析债务可持续性的又一重要指标。目前国际上公认的偿债率安全线为20%。

偿债率是一个综合反映偿付能力和流动性的混合指标，因为它能够反映一个经济体的出口收入有多少将用于偿还其外债，进而能反映出一旦出口收入突然或意外下降，该经济体在履行偿债义务方面是否会面临困难。由图10-10可以看出，自2001年以来，我国外债偿债指标一直处于10%以下，远低于国际公认的偿债率安全线。截止到2013年，偿债率的总趋势是降低的。从2004年开始一直维持在3.2%以下，到2013年甚至达到最低点1.57%。这些都说明我国的外汇收入充足，不会因偿还到期外债而出现外汇缺口，也不会制约经济的发展后劲。

从这三个存量性外债安全指标可以看出：我国借债的还款能力较强，出现债务危机的可能性很小，外债安全程度很高。

（二）流动性指标

外债的期限结构是指在某一时点上一经济体外债总额头寸中短期债务与中长期债务的比例关系。一般来说，中长期外债具有偿还期限比较长、相对稳定、债务偿还负担比较小的优点。而短期外债的偿还期比较短，债务集中偿还的可能性相对比较大，而且短期外债容易受到国际金融市场波动的影响，频繁变动的可能性比较大，风险相对较大。短期外债规模容易随着国际经济形势趋好而扩大，反之，当世界经济发展进入慢车道时，相关国家将遇到出口规模减小的严峻问题，使得外汇收入受到一定程度的影响。这时，巨大的国际收支逆差需要相关债务国以短期债务这一外债期限形式来补充。短期借款增加的同时会给债务国造成巨大的偿债压力。减少外债期限结构风险一方面需要较少短期外债的比重，另一方面也要避免长期外债由于偿还期限过于集中造成的偿债压力。因此，只有短期借款规模控制在较合理的水平基础上，通过错开短期、长期外债偿还日期，减少集中偿还债务的风险，才能让期限结构更趋合理。大多数情况下，普遍认为短期外债占外债总额的比重应该保持在20%这一安全警戒线以下。该指标的剧烈变化，往往被认为是债务危机的征兆。在拉美债务危机发生国中，墨西哥1982年的该比率为30%，哥伦比亚为32%，委内瑞拉达到48%；1997年的东南亚金融危机中，印度尼西亚的该项指标为27.9%，泰国为41.4%，韩国自1990年至1997年平均都在40%以上。

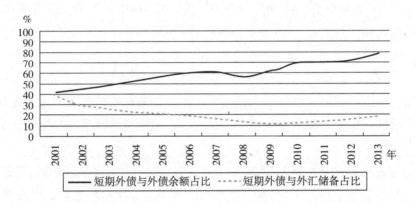

资料来源：国家外汇管理局。

图 10-11　2001—2013 年中国外债流量安全性指标

从图10-11可以看出，自2001—2013年，由于我国对外开放程度不断加强，对外贸易发展速度不断加快，使得我国的短期外债规模也随之不断扩大。从图10-11中可以明显看出，2001年短期外债占比为41.2%，到2012年末，这一比重迅速扩大到了78.3%，是2001年的近两倍。尽管2001年起我国外债统计口径的变化会对短期外债规模产生一定程度的影响，但是其增长速度之快不得不引起国家外债管理部门的重视。过高的短期债务率及其较快增长，暗含着大量国际游资的涌入，其对国际收支和人民币汇率稳定将产生较大的压力。

短期外债的增加进而外汇储备的急剧增加影响了货币政策的独立性，容易引发宏观经济风险。并且从目前看来，由于受到美国次贷危机和欧债危机的影响，全球经济形势不容乐观，我国对外贸易也受到了一定冲击，这说明，在未来我国的外汇收入是否具备偿还短期外债的能力还是未知数。因此，我国外债期限结构存在着不合理因素，可能引起一定程度的外债风险。

但短期外债占比高并不能说明存在较高的流动性风险，因为从另一个流动性指标——短期外债与外汇储备之比来看，我国的流动性风险呈总体下降态势。2001年，我国短期外债与外汇储备之比为39.48%，已经远远低于国际公认的100%的安全警戒线，到了2013年，这一指标更是降至 17.71%。这表明我国不易因短期外债增长导致发生债务流动性危机。

（三）宏观经济开放度指标

贸易开放度和金融开放度是衡量一个国家经济与金融市场的对外开放程度。金融开放度是指一国对外金融资产负债的总和与 GDP 的比值。贸易开放度是指一国对外进出口贸易的总和与 GDP 的比值。2013 年末，中国对外金融资产 5.94 万亿美元，对外负债 3.97 万亿美元，分别较 2012 年末增长 14% 和 19%，较 2012 年增速分别上升 4 个和 9 个百分点；对外金融净资产 1.97 万亿美元，较 2012 年末增长 6%。中国对外金融开放度为 108%，对外贸易开放度为 21.47%。从图 10 - 12 可以看出，我国金融开放度和贸易开放度都处于稳中有升的趋势，这表明我国外债产生的贸易与金融环境趋于稳定，没有不安全的剧烈波动。但与主要发达经济体相比，中国对外金融开放度仍存在一定差距。

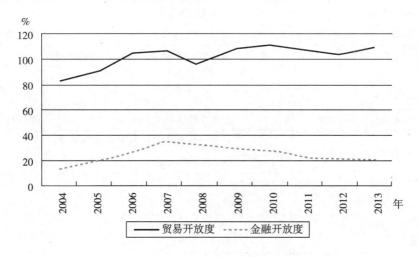

资料来源：国家外汇管理局。

图 10 - 12　2004—2013 年中国宏观经济开放度指标

10.2.3　我国外债安全性的风险评估指标体系

参考外债危机的理论分析、风险评估指标体系的理论研究和已有的实证研究结果，考虑到数据的可得性和统计口径的误差，本章选取了 30 个可能的风险评估指标来构建我国的外债风险评估模型，分类如下：

债务国宏观经济状况：为了反映债务国的宏观经济基础和外债危机之间的关系，本章选取了国际储备增长率、财政赤字/GDP、GDP 增长率、失业率、FDI 增长率、FDI/国民收入、通货膨胀率和开放度八个指标。其中，国际储备的统计中包含黄金储备，开放度用债务国进出口额度与 GNP 比值来衡量。

外债结构变量：本章在指标选择上着重对可能的结构变量进行甄别，选取了外债平均宽限期、外债平均利率和外债平均期限三个指标，其中的外债平均宽限期是在外债规模研究中经常使用的变量，本章借鉴研究经验，将指标纳入考察范围。

　　债务国清偿能力：为了衡量债务国的外债偿还能力，我们将外债利息支付/国际储备、外债利息支付/出口额、短期外债利息支付/国际储备、短期外债利息支付/出口额、外债还本付息额/国际储备、外债还本付息额/出口额、总债务还本付息额/国民收入、短期外债还本付息额/国际储备、短期外债还本付息额/出口额纳入考察范围。很多指标可能是高度相关的，后文将根据这些指标的风险评估效果作出取舍。

　　债务国外部竞争能力状况：为了衡量债务国的外部竞争能力，本章选取了进口额/国际储备、进口额/国民收入、经常账户余额/FDI、经常账户余额/国际储备、经常账户余额/国民收入、出口增长率、进口增长率和实际汇率增长率等指标。

表 10 - 2　　　　　　　　　　　　　　　　外债安全风险评估指标体系

指标类型	指标名称	指标计算公式及经济含义	安全阈值
外债结构安全性指标	公共部门外债占总外债的比例	公共部门外债/外债余额	
	短期外债占外债总额的比例	短期外债/外债余额	低于30%
	外债平均宽限期	签订债务合同与第一次还本的时间间隔	
	外债平均利率		
	外债平均期限		
	商业性借债与外债总额的比率	商业性借债/外债总额	低于30%
	偿还本金的现值对长期对外债务的比率	1. 设偿还期限；2. 按平均分期摊还折现；3. 计算比值	IMF 的公开数据
	不同利率债务（浮动利率或固定利率债务）对 EDT 的比率		
宏观经济状况安全性指标	国际储备对商品和劳务进口的比率	Reserves/Import	
	政府收支规模	财政赤字/GDP	
	国际储备实力	国际储备/外债余额	
	GDP 增长率	衡量国家经济总量增幅	
	FDI 增长率	衡量外商直接投资增幅	
	失业率	衡量劳动力市场供需状况	
	FDI/国民收入	FDI/国民收入	
	国际储备增长率		
	贸易开放度	进出口总额/GDP	
	通货膨胀率		
外部竞争能力指标	进口额/国际储备	进口额/国际储备	
	进口额/国民收入	进口额/国民收入	
	经常账户余额/FDI	经常账户余额/FDI	
	经常账户余额/国际储备	经常账户余额/国际储备	
	实际汇率增长率	（本年汇率 - 上年汇率）/本年汇率	
	经常账户余额/国民收入	经常账户余额/国民收入	
	出口增长率	（本年出口 - 上年出口）/本年出口	
	进口增长率	（本年进口 - 上年进口）/本年进口	

续表

指标类型	指标名称	指标计算公式及经济含义	安全阈值
外债总量安全性指标	债务率	公共部门外债/外债余额	
	偿债率	短期外债/外债余额	
	负债率		
	外债还本付息对 GNP 的比率		
	利息偿债率		低于40%
	不同利率债务（浮动利率或固定利率债务）对 EDT 的比率		

10.3　中国外债安全状态评估结果

10.3.1　基于二元 Logistic 模型的中国外债风险评估

首先，对样本数据进行均值 t 检验。将样本数据按照是否发生危机分为两组，分析指标在两组中方差是否为零。根据输出结果，将 t 值不显著的变量从指标体系中剔除，剔除的变量有：税收收入在政府收入中比重、工资支出在政府支出中的比重、进口额/国际储备、进口额/国民收入、经常账户余额/FDI、经常账户余额/国际储备，经常账户余额/国民收入，FDI 增长率、FDI/国民收入，外债利息支付/出口额、外债还本付息额/国际储备、总债务还本付息额/国民收入、短期外债还本付息额/国际储备、短期外债还本付息额/出口额、国际储备增长率、财政赤字/CDP、出口增长率、失业率、开放度和实际汇率增长率。

考虑到备选指标之间可能存在的多重共线性，我们进一步作了多重共线性检验。以是否发生危机作为因变量，将外债平均宽限期、外债利息支付/国际储备、外债平均利率、外债利息支付/出口额、短期外债利息支付/出口额、外债平均期限、外债还本付息额/出口额、通货膨胀率、进口增长率、GDP 增长率、贸易开放度 11 个备选指标作为自变量进行简单回归分析。可以发现，这些指标的多重共线性在可容忍的范围之内。

对经过第一步筛选的风险评估指标进行 Logistic 模型检验，自变量筛选使用向前 LR 法，截断值取纳入分析的样本中的发生频率。检验的结果表明，最终进入模型的变量是外债平均宽限期、外债利息支付/国际储备、外债平均利率、通货膨胀率、外债平均宽限期、外债利息支付/出口、贸易开放度 7 个指标。

根据筛选出的风险评估指标，计算我国 2001—2013 年中各年份的风险评估指标取值，进而可以根据 Logistic 模型计算出各年度发生外债偿付危机的概率，具体如图 10 - 13 所示。不难发现，我国外债偿付风险水平总体呈现下降的趋势，发生外债危机的可能性在 5% 以下。

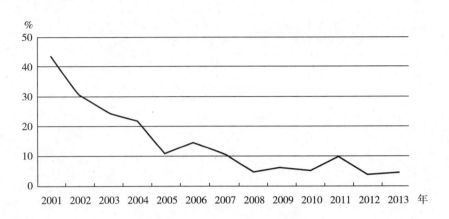

图 10 – 13 中国外债风险综合指数

10.3.2 中国外债风险综合指数的解读

根据刚刚得到的我国外债风险综合指数，不难发现，我国外债偿付风险水平自 2001 年到 2013 年以来，总体呈现出下降的趋势，但在 2006 年和 2011 年出现间歇性的上升。之所以出现这样的风险总体变化趋势，我们认为是如下几方面的原因造成的。

1. 风险水平的不断下降得益于我国经济总量的上升和对外贸易的快速增长。自改革开放以来，我国整个经济规模和对外贸易增长在 30 多年间都出现了井喷式的增长。外债风险综合指数在 2001—2005 年，从 44% 的风险水平下降到了 11% 左右，这是由于我国宏观经济在经受住了东南金融危机的短暂的间接影响后，从 2001 年加入世界贸易组织开始逐渐融入经济全球化进程。在这期间，无论国内宏观经济的增长态势，还是世界经济发展的大环境都处于平稳且安全的发展时期。我国通货膨胀处于合理的区间内，相比于不断增长的外贸出口额，外债水平虽然也有大幅增长，但其所占比重反而在不断下降。与此同时，我国的外汇储备也达到了前所未有的高额度，这使得外债的兑付能力进一步加强。这些积极的信号最终反映到我们上述分析后得到的风险综合指数，即出现了大幅度的下降。而到了 2005 年以后，我国经济的增长方式开始出现调整，对外贸易总额的增长也从加入世界贸易组织初期的快速增长态势逐渐进入了平稳增长态势。因此，外债风险综合指数的变化趋势变成了"稳中有降"的整体表现，风险水平从 10% 逐步降至 5% 左右。

2. 2005—2006 年的外债风险水平反弹源于 2005 年人民币"汇改"的影响。自 2005 年开始的人民币汇率改革后，我国的贸易信贷突然上升，尤其是 2005 年的第四季度贸易信贷增长突然加速，增长了 128 亿美元，甚至超过了 2005 年前三个季度的总和。这在当时显示出国际投机资本正好利用了我国汇率改革的机会，以合法的手段进入投机套利。这是因为贸易信贷的货款交付时间存在着一定的时间差，这种时间差正好被投机资金利用，由于国外的投机资本普遍对于汇改后的人民币存在着升值预期，导致它们大量以短期外债，尤其是贸易信贷的方式停留在我国，等待着人民币升值后再获利退出。这种国际资本的套利行为在

2006 年 3 月达到了顶峰，这一时期短期外债占比达到了 55.94%。就外债风险综合指数来看，2006 年风险水平回升至 13.4% 左右，这从一个侧面反映了 2005 年的人民币汇率改革对外债风险水平带来的影响，但这种影响是暂时的。

3. 2010—2011 年的欧洲主权债务危机导致了我国外债风险的再度攀升。欧洲主权债务危机始于 2009 年 12 月的希腊主权债务问题。但真正波及世界经济是在 2010 年 3 月，那时葡萄牙、意大利、爱尔兰和西班牙分别步希腊的后尘，出现了主权债务的信用危机。世界主要的三大评级机构纷纷调低了对上述欧洲五国的信用评级，最终导致上述各国实行财政紧缩政策。欧盟主要经济体在 2010 年和 2011 年的经济增长速度出现了不同程度的下滑。欧债危机对我国外债安全的影响虽然较大，但却是短暂的。这种风险的传导主要体现在以下两个方面：

4. 欧债危机对我国对外贸易尤其是对欧出口贸易造成较大冲击。作为中国对外贸易中最大的出口市场，欧盟各成员国的经济增速下降，将会影响到我国外贸出口中 18% ~ 21% 的贸易额。欧盟外需的下降一直延续到 2013 年下半年，致使我国的对欧出口贸易额在这期间大不如前。

5. 欧债危机的爆发和持续发酵，使得国际短期资本流动的波动性大大加剧。具体表现为国际投资者的避险情绪高涨，美元和人民币作为安全性较高的货币重新受到投资者们的青睐。从 2010 年开始中国面临着更多的短期债务流入，这加大了中央银行冲销压力，不但给国内通货膨胀和资产价格造成更大的压力，而且由于热钱的大量流入，也给我国外债的安全性带来了挑战。

但是与此同时，欧洲债务危机正在逐步得到多个国家和国际组织的救助和控制，我国政府和相关机构也意识到了欧债危机对我国经济的负面影响，并采取了一系列的措施来规避和转嫁潜在的外债风险。正是由于这种努力，我国外债风险的综合指数从 2010 年的 5.2% 上升至 2011 年的 10.1% 以后，在 2012 年和 2013 年没有进一步上升，而是掉头回落到 5% 的正常水平。

10.4　结论与展望

本章通过建立二元 Logistic 模型，对拉美国家的外债危机、东南亚金融危机进行实证研究，以求寻找有效的外债危机的风险评估指标体系。实证研究的结果表明，外债平均宽限期、外债利息支付/国际储备、外债平均利率、通货膨胀率、外债平均宽限期、外债利息支付/出口、贸易开放度 7 个指标是有效的风险评估指标。本章基于这样的风险评估指标和模型测算出了我国从 2001 到 2013 年 13 年间每年的外债风险综合指数（也就是基于历史数据得到的发生外债危机的概率），结果发现，除了个别年份以外，该指数总体处于不断下降的趋势。这表明我国外债的风险水平是令人放心的。

但我们也不能过于乐观，因为相对于货币危机，外债危机持续的时间更久，危机的好转需要更加持续的努力。一旦进入外债危机，就很难从容地渡过危机，因此宏观经济的恶化是必然的。通货膨胀往往是一国宏观经济紊乱的征兆，也同样预示着一国可能存在的外债危机。因为通货膨胀的结果是本国货币偿还能力的下降（对于指数化负债）或者获得外汇储备能力的下降（对于外币负债），而且一国宏观经济的恶化导致投资环境的恶化，外资的流出将直接影响到一国的短期流动性，因此，无论从短期流动性不足还是从长期支付能力恶化方面，通货膨胀率均是有效的风险评估指标。研究结果显示，高通货膨胀（通货膨胀率大于50%）的债务国更容易发生外债危机。

偿债率（外债利息支付/出口额）是 IMF 常用的衡量一国债务偿还能力的指标。一国短期流动性持续依靠本国创汇部门，特别是在外币负债为主体的负债国中，出口部门的创汇是本国外债偿还能力的主要来源。外债利息支付/出口额是对一国短期流动性的一种量度，反映一国外债的短期偿还压力，研究结果表明，其在外债危机风险评估方面也是显著的指标之一。

外债平均宽限期是自外债合同签订日至首次偿还本金的期限。外债合同一般会在整个贷款期内规定宽限期（国际金融组织贷款的宽限期一般为5年，而外国政府贷款的宽限期一般为具体投资项目的建设期）。在宽限期内，只对已使用的贷款计收利息，在宽限期结束后按一定的方式（如等额偿还、等比偿还），逐年偿还一定的本金及利息。宽限期对外债还款的压力有显著的影响。如果宽限期较长，在外债期限确定时，容易造成后期外债偿还面临很大压力，外债危机的风险加大；如果宽限期较短，外债投资于国内基础设施建设等周期较长、创汇能力缓慢的用途，则会造成短期内还款压力的上升，并影响已有的投资项目和后续资金的获得。研究结果表明，外债平均宽限期是外债危机的风险评估指标之一。

次贷引发的全球性金融危机以后，世界主要的经济体大多实行较为宽松的货币政策，这就造成境外的流动性相比境内更为充足，融资成本也更为低廉。在我国，中央银行长期执行稳健的货币政策，带来了境内流动性趋于紧张。与此同时，外汇贷款利率正在逐步上调，已经明显高于境外。这就导致了目前外债借款利率低于同期国内外汇贷款利率，寻找更低廉成本的融资方式是企业的一个理性选择。2013年，境内外资企业借用外债的利率为 LIBOR 上浮1.5%左右，相比2012年外债借款利率有相当程度的下降。而在同期的国内市场上，外汇贷款利率为 LIBOR 上浮4%左右，人民币贷款利率则更高，约为6%。很明显，境内外巨大的利差推动了国内企业借用外债从而降低融资成本。这正是近年来我国短期外债总量不断攀升的原因。

从研究结果来看，在国际通行的存量性指标和流量性指标之外，一国的宏观经济基本面（通货膨胀率）、外债期限结构（外债平均宽限期）和短期流动性（外债利息支付/出口额）都是外债危机的显著风险评估指标。这无疑给债务国敲响了警钟，也为债务国外债危机的风险评估提供了理论支撑。我国若想在未来避免发生外债危机，让外债风险水平始终处于安全边际以下，就要从以下几个方面改善本国的外债状况。

1. 谨慎的国内宏观经济政策。债务国应该把稳定物价、有效管理货币供应作为政府的施政目标，谨慎制定扩张性的财政和货币政策，不能盲目追求带来高通货膨胀的高增长，要把通货膨胀率控制在一定水平。通货膨胀率高的债务国更容易发生外债危机。温和通货膨胀下的持续增长是维持外债偿还能力的有效途径。如果债务国处在外债危机中，通货膨胀将带来很严重的经济秩序混乱，当务之急便是采取相应的货币和财政政策，甚至是行政干预来防止恶性通货膨胀的发生。只有长期内控制了通货膨胀，改善本国的宏观经济状况，债务国才可能走出外债危机的阴影。

2. 应该综合外债投资项目的特点，优化外债期限结构。外债合同中规定的宽限期和外债投资项目建设期、外债偿还期和项目投资回收期限之间的对应匹配关系应该得到重视。通过外债宽限期和投资项目收益特点的匹配，避免短期内流动性不足导致的外债利息支付出现困难，影响到项目的进行，甚至是发生外债危机。事实上，由于外债期限结构问题导致的外债危机在 20 世纪 80 年代也是比较常见的。如南美洲出现的债务危机中，外债投资于基础项目、交通设施等回收期较长或者非营利性项目，导致债务国外债偿还出现困难。同样的情况在 20 世纪 90 年代也出现，因此，债务国应该重视外债的期限结构，并根据本国的外债情况适时优化外债期限结构，防止外债危机的发生。对于已经进入外债危机的国家来说，外债的期限结构也是非常重要的因素，因为它决定了一国走出外债危机的速度。研究结果表明，选择债务减免和各种形式的展期和延长宽限期的债务国，往往能够更加快速地摆脱外债危机的负面影响。

3. 应优化债务规模和外债偿还能力。外债的适度规模是外债研究中的热点，政策建议也是一个难点。一国的适度外债规模和该国的宏观经济基础、经济开放程度、国际贸易中的贸易地位等诸多因素相关，其确定本身就是个复杂的过程，需要各国针对自身情况进行专门的研究。我们认为最优外债规模的确定要将债务偿还能力作为主要的衡量指标。债务国应该从长期和短期两个方面分析自身的外债偿还能力，对超出自身偿还能力的外债应该采取各种有效的措施，如以 FDI、政府间贷款、地区合作银行贷款等形式弥补偿还能力的缺口，避免发生外债危机。历史的经验告诉我们，借新债还旧债的循环一旦被打破，债务国面临的是无资金可筹和外资各种形式的抽逃，因此短期的偿还能力不足直接导致了债务国陷入恶性循环。各种形式的债务重组和债务减免从资产负债表角度看降低了外债的偿还压力，也减少了外债规模，但是走出外债危机的最根本保证依然是债务国具备持续的外债偿还能力。对于已经陷入外债危机的债务国来说，外债的规模已然超出了偿还能力，因此最重要的是如何在争取削减债务规模的同时保证短期的外债偿还能力。

4. 防范人民币外债风险。我国目前的外债统计数据和风险评估，虽然人民币外债的水平在当前只占整个外债余额的很小比例，但随着人民币的国际化趋势，我们可以预期人民币外债的规模将在未来一段时间迅速攀升，风险不容忽视。人民币外债是否需开立人民币外债专用账户不明确。外债资金的使用有别于其他资金，外汇管理部门有专门的规定，因此，外汇管理部门会要求外币外债举借企业针对每笔外债合同登记开立外债专用账户，便于监管企业的资金使用。而现行人民币外债管理没有法规或规章明确规定人民币外债需开立人民币外债专用账户，这就带来了对于资金用途监管的难题。在实际业务操作中，一些开户银行出于对自身内控风险防范的目的，在受理企业人民币外债业务时，都要求企业开立人民币外债专用账户。但就整个外债规模的安全性考虑，相关的政府监管机构应该尽快将人民币外债的统计数据纳入到当前的外债安全性评估中去。

5. 重视与外商投资企业相关的外债风险。自 2005 年我国实施汇率机制改革以后，人民币呈现出持续升值的趋势。尤其是在金融危机之后，升值速度进一步加快。外汇市场上人民币的升值预期，导致外商投资企业"负债外币化"的意愿更加强烈。具体而言，外资企业可以在借款时高价卖出外币资产，而在还债的时候低价买入外币资产，从而进一步降低企业的资金成本。但在客观上，这种套利行为进一步加剧了短期外债的攀升，反映在我们报告中的统计数据上，就是海外套利资金通过外债的形式大规模涌入，对我国的外债完全造成冲击。目前对外商投资企业采用的"投注差"外债管理模式，对其借用外债额度的约束能力不足。具体而言，风险来源于两个方面：

一是"投注差"外债管理模式下，中长期外债是按照累计发生额来进行管理的，短期外债却是按照余额来进行管理。在这种区分管理的模式下，由于没有设定短期债务存量控制指标，导致短期外债可以在"投注差"内循环使用，企业通过借新还旧或不断展期的方式，形成事实上的长期外债，从而规避"投注差"的外债额度限制。

二是由于当前企业投资总额和注册资本都是由商务部门审批确定，当企业认为"投注差"不足而影响其借用外债时，可以申请增加总投资扩大差额，进而造成企业随意扩大"投注差"，这就直接导致外商投资企业可借外债规模的失控。

参考文献

[1] 陈卫华、张睿：《基于"可能—满意度"法的金融危机预警系统的构建与应用》，载《国际金融研究》，2007（4）。

[2] 付江涛、王方华：《货币危机预警指标体系的构建及实证分析》，载《世界经济研究》，2004（12）。

[3] 高永进、葛志强：《金融危机的反思与我国金融体制改革的深化》，载《中州学刊》，2009（1）。

[4] 高媛：《金融美元化、货币错配与拉美的金融危机》，河北大学硕士学位论文，2006。

[5] 金洪飞：《外债的期限结构与货币危机》，载《金融研究》，2003（6）。

[6] 刘传哲、张丽哲：《金融危机预警系统及其实证研究》，载《系统工程》，1999（5）。

[7] 郑振龙：《构建金融危机预警系统》，载《金融研究》，1998（8），28~32 页。

[8] Harrod R. F., "Towards a Dynamic Economics", London University Press, 1948.

[9] Rostow W. W., "The Stages of Growth", Cambridge University Press, 1960.

[10] HolIis B. Chenery, Alan M. Strout, "Foreign assistance and economic development", _The American Economic Review_, Vol. 56, 1966（9）：679 – 733.

[11] Bardhan P. K., "Optimum Accumulation Economic Review", 1965（13）：54 – 542.

[12] Bardhan P. K., "Optimum Foreign Borrowing, Essays on the Theory of Optimal Economic Growth", IT

Press, Cambridge, MA: 117 – 128.

[13] McFadden, Daniel, Richard Eckaus, Gershon Feder, "Is there Life After Debt? An Econometric Analysis of the Creditworthiness of Developing Countries", *World Bank*, 1985.

[14] Aylward Lynn and Rupert Thorne, "An Econometric Analysis of Countries repayment Performance to the International Monetary Fund", *IMF Working Paper*, 1998.

[15] Detragiache, Enrica and Antonio Spilimbergo, "Crisis and Liquidity: Evidence and Interpretation", *IMF Working Paper*, 2001.

[16] Reinhart, Rogoff and Savastana, "Proposed Features of a Sovereign Debt Restructuring Mechanism", *IMF Working Paper*, 2003.

[17] Kunt and Detragiache, Interest Rate, "Official Lending and Debt Crisis – A Reassessment", *The World Bank*, 1992.

[18] Cole and Kehoe, "Optimal Fiscal and Monetary Policy in an Economy Without Capital", *Journal of Monetary Economics*, 2000.

[19] McCabe J. L. and Sibley D. S. , "Optimal Foreign Debt Accumulation with Export Revenue Uncertainty", *International Economic Review.* 1976 (17): 17 – 30.

[20] Ramsey F. A. , "Mathematical Theory of Savings", *Economic Journal*, 1928 (38) : 543 – 559.

第 11 章　资本流动异常状态评估

11.1　中国跨境资本流动概况

跨境资本流动是指为了获得收益或降低风险，资金进行跨国界的转移，主要有国际直接投资、国际股票投资、国际债券投资、国际金融机构贷款和官方援助等形式。

不同国家间存在正常的跨境资本流动在当今世界是十分普遍的现象。早有理论指出，两国间的比较优势与利率水平差异会引起国际资本流动，并认为只要存在利率差，国际资本流动就会一直持续下去。国际资本流动的存量调整理论认为，投资者是根据收益与风险的权衡来配置国内外各种资产的比例，利率差引起的资本流动是暂时的，只有当投资者财富持续增加时，才会出现持续的国际资本流动，存量理论阐述的是"利率—风险"效应驱动型的国际资本流动机制。总之，逐利性是资本的根本属性，是国际资本流动的强大动力，资本的逐利性使投资者在面临决策时会比较投资的风险与收益，以寻找更多的增值空间。

更值得关注的是资本流动的异常状态。尤其在当前形势下，全球经济复苏程度差异很大，许多发达经济体复苏乏力，但多数新兴和发展中经济体的复苏步伐坚实。美国等发达经济体采取刺激经济的措施，向新兴经济体释放流动性，催生资产泡沫。而泡沫会产生需求，发达国家进而可以扩大对新兴经济体的出口，借此机会转嫁美国等发达国家在经济复苏中遇到的困难。而投机者闻风而动，为拉高新兴经济体的货币和资产市场、酝酿需求泡沫，国际资本在新兴经济体中的表现日趋活跃。从我国跨境资本流动形势来看，资本项下呈现出收支双向大幅增长的整体态势，收支顺差和结售汇顺差进一步扩大，人民币升值预期又成为投机资金流入的"助推器"。在此背景下，不排除异常资金通过虚假外资、溢价并购、外债等方式流入，因此当前对异常资本流动的监管是涉外经济管理部门的重点工作（柳光程，2010；苑治亭，2010）。

发达经济体财政货币化，也使得新兴市场资本净流入大幅上升。根据国际金融协会的统计，在美联储大规模推行 QE 的 2009—2011 年，新兴经济体资本净流入超过 2 万亿美元，年均增幅近 40%，远超过去 15 年 18% 的平均水平。然而在大量资本涌入新兴市场国家之后，未来却存在两种情形会触发全球跨境资本流量的增减和流向的转变。一是量化宽松政策退出。近期美联储公布的 2012 年 12 月政策会议纪要显示，其内部在何时停止量化宽松政策上已出现分歧。美联储会后还发布了明确的量化宽松政策退出标准，包括 6.5% 以下的失业率、2.5% 以上的通货膨胀率及其他相关经济指标。二是国际金融市场动荡，投资者避险情绪上升，资金回撤至发达国家。上述两种情形无疑都会对新兴市场国家十分脆弱的金融市场带来冲击，打乱其经济发展进程。因此，新兴市场国家应居安思危，提高对跨境资本流动的预判和预警能力，防范跨境资本大进大出（王小奕，2013）。

对于我国来说，随着我国资本项目的逐渐放开和投资工具的不断创新，我国资本市场的规模迅速膨胀，国际资本流动的规模日益庞大。加速涌入的国际资本在为我国经济发展提供充足资金保障的同时，其负面效应也越来越明显。目前我国虽未完全放开资本项目，但伴随着合格的境外机构投资者制度（QFII）和合格的境内机构投资者制度（QDII）的实施，短期投机资本流入与流出的通道被进一步打开。跨境资本的异常涌入增加了我国经济的不确定性，若未来市场预期发生逆转，便会集体流出，从而带来巨大的经济风险。具体表现在：宏观层面冲击人民币币值的稳定性，对内表现为通货膨胀，对外表现为人民币升值。还会加剧国际收支的持续失衡、国内资产价格的泡沫化、证券市场的波动和银行体系的脆弱性，滋生外汇非法交易，扰乱正常的外汇市场秩序，从而对我国货币政策和汇率政策的有效性构成严峻的挑战。微观层面，会通过国内金融市场的传递，产生对微观行为主体的负向"激励"作用，具体表现为增加国内企业对前景预期的不确定性，降低投资和创新的积极性，并影响居民的储蓄和消费决策，从而不利于长期经济增长（辛佳临，2011）。

在跨境资本流动方面，我国不仅面临着与其他新兴国家同样的问题，同时还面临着一些与其他新兴国家不同的特殊现状，分析与总结这些问题对我国未来经济的持续稳定发展具有重要意义。鉴于此，本报告基于 2000—2013 年的数据，针对我国资本流动异常状态进行一次分析与总结，评估历史与现状，并展望未来可能的走势。报告主要包括如下内容：首先是对中国跨境资本流动概况进行分析，其次进一步讨论跨境资本流动的异常情况，再次探究跨境资本异常流动背后的可能原因，最后给出报告结论。

目前测度跨境资本流动状况常用国际通用口径和宽口径两种方法。国际通用口径方法一般用国际收支平衡表中的资本和金融项目，主要包括直接投资、证券投资和其他投资，不含储备资产变动（剔除了汇率、资产价格等影响）。而宽口径的跨境资本流动检测除国际收支平衡表数据外，还包括跨境收付和结售汇数据。因此，本小节首先从这三个方面来对中国跨境资本流动的总体概况进行初步分析。

11.1.1　资本和金融项目基本情况

跨境资本流动虽有小幅波动，但资本和金融项目取代经常项目成为外汇储备增加的主要来源。从图 11 - 1 可以看出，2012 年，我国资本和金融项目首次出现了逆差。但就整体发展趋势而言，从 2011 年开始，资本和金融项目差额明显超出经常项目差额，这与 2006—2010 年的情况正好相反。到 2013 年，资本和金融项目顺差达到 3 262 亿美元，对外汇储备资产增加的贡献率也高达 64%。事实上，从 2012 年第四季度开始，资本和金融项目已呈现

11.1.3　结售汇基本情况

　　跨境收付之外的结售汇数据采用非银行部门结售汇（或称银行代客结售汇），主要反映企业和个人在实现跨境支付前后，卖给银行外汇（结汇）或从银行购买外汇（售汇或购汇）的数额。与前面不同，只能获取 2010—2013 年的月数据。从图 11 - 5 中可以发现，与 2010年、2011 年相比，2012 年与 2013 年的月度结售汇差额呈现出一种年初和年末高于年中的态势。而且月度结售汇一直呈现为净流入，2012 年和 2013 年的净流入额度略低于 2010 年与2011 年。

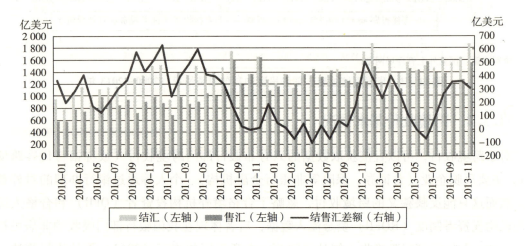

　　资料来源：国家外汇管理局网站。

图 11 - 5　2010—2013 年各月我国非银行部门结售汇情况

　　从上述三个方面的分析可以看出，我国跨境资本流动总体而言呈现出以下特征：资本和金融项目逐渐取代经常项目成为外汇储备增长的更重要来源，而在资本和金融项目中，直接投资占比最大，一直呈现净流入的态势，更为值得关注的是非直接投资部分的可能波动，尤其是其他投资波动的影响；我国跨境收付会时而顺差、时而逆差，不断变化，但幅度均不会很大；结售汇一直呈现为净流入状态，并且常常呈现出一种年初与年末结售汇差额高于年中的态势。

11.2　中国跨境资本流动异常情况度量指标选择

　　与跨境资本流动总体概况相比，更为值得关注的是跨境资本流动可能出现的异常状态。目前研究的大部分就是从资本流入和资本流出两个方面来研究资本流动异常状况的。

　　辛佳临（2011）分别从热钱流入和资本外逃两方面进行分析，全面地研究了跨境资本异常流动的变化趋势和影响因素，得到的结论是：我国热钱流入与资本外逃并存，近几年来在总量上呈现出双双扩大态势。

　　莫国刚（2009）也主要从资本流入和资本流出两个方面来对资本流动进行评估。其中，资本流入包括利用外资、外债规模等，而资本流出包括资本外逃、进口等方面。在考察资本流入和资本流出的基础上，再综合考虑外汇储备、外债总额、资本外逃、进出口总额、外国直接投资、银行信贷等指标，采用主成分分析构建一个关于资本流动的总体度量指标，并进一步采用突变理论方法对资本流动的可能异常进行预警分析。

　　王丽娅和吴玲（2009）也认为在跨境资本流动的不同形式（国际直接投资、国际股票投资、国际债券投资、国际金融机构贷款和官方援助）中，除了官方援助以外，其他四种方式均可以分为短期资本和长期资本。人们大多都认为短期资本属于"热钱"。而跨境资本异常流动指的就是"热钱"的流动。"热钱"蜂拥而入往往造成一国股市、债市、房市价格超涨暴跌，影响货币政策正常操作，扰乱金融体系的正常运行，加剧国内通货膨胀的压力。因此，他们主要通过分析热钱的流动情况来评价资本流动异常状况，关注热钱流入的几个主要渠道：贸易渠道、直接投资渠道及地下钱庄和外商投资渠道。

　　潘赛赛（2012）也是从资本流入和资本流动两方面来展开研究，不同的是，他是通过资本流入的突然中断和资本的突然外逃来刻画资本流动的异常状况。他认为，国际资本的突然变动才更倾向于会给一国宏观经济带来严重的不良影响。潘赛赛对总资本流动结构进行研究，分析了不同类型资本突然变动的异同，还对中国国际资本流动突然变动的情况进行了分析阐述。他将外国直接投资和证券投资及其他投资作为外国投资者的总资本流入，而将本国对外直接投资和证券投资及其他投资的资产作为本国投资者的总资本流入。

　　也有少数研究是从其他方面对资本流动异常进行分类分析的，例如喻平与黄晗梅（2011）就是从 FDI 流动规模与趋势的异常现状、证券投资及其他投资流动趋势的异常现状、官方与私人资本流动趋势的异常现状三个方面来对国际间资本流动异常进行研究的。而且大量研究强调了金融危机对资本流动异常的明显影响，除了喻平与黄晗梅（2011）外，Alba（1998）、鄂志寰（2000）、朱孟楠等（2002）、Jansen（2003）、何慧刚（2006）以及金祥荣等（2006）的研究普遍发现，在金融危机爆发前后，资本流动，包括流入量和流出量，均存在很大的异常变化。众所周知，"热钱"是造成全球金融市场动荡乃至金融危机的重要根源，无论是 1994 年爆发的墨西哥金融危机还是 1998 年爆发的东南亚危机，都是典型的热钱动摇经济稳定的实例。

　　总的来说，莫国刚构建的关于资本流动总体度量指标的方法可以实现，只是方法难度会相对有所增加，而且基于总量的分析可能与我们的关注点"异常"对应不是那么明显。而潘赛赛的从资本总流入突然中断和总流出突然外逃进行分析的方法有一个很明显的缺陷——关于突然变动的刻画会有些困难，多基于直观判断而不够严谨。基于此，本书认为：既然主要关注是资本流动的"异常"，可能并不是总量，因而本书参考辛佳临（2011）的思路，此思路直观且便于理解与实现，主要从热钱流入和资本外逃两个方面进行分析即可。这两者的计算方法均已相对成熟，热钱流入的粗略估算方法为，热钱流入额 = 外汇储备增加额 − 经常项目顺差 − 外商直接投资，但本书拟进一步借鉴 Claessens & Naude（1993）的宽口径估算方法，基于国际收支平衡表中的标准项目，计算为：热钱流入额＝经常项目下投资收益贷方余额＋资本和金融项目下证券投资贷方余额＋资本和金融项目下其他投资贷方余额＋净误差与遗漏项目贷方余额。而资本外逃规模的测算采用世界银行（1985）的宽口径残差法，计算为：资本外逃额＝外债余额变化量＋净直接投资＋经常项目余额－外汇储备变化量。指标汇总如表11－1所示。

表11－1　　　　　　　　　　　　中国跨境资本流动异常情况度量指标

指标名称	热钱流入额（A）	资本外逃额（B）
指标含义	投机性短期资金流入我国的金额，是指只为追求高回报而迅速流入我国的短期投机性资金	资产流出中"异常的"那一部分，其中既包括规模未被政府准确掌握着的资产流出部分，也包括渠道未被政府准确掌握着的资产流出部分
分项指标	A_1：经常项目下投资收益贷方余额 A_2：资本和金融项目下证券投资贷方余额 A_3：资本和金融项目下其他投资贷方余额 A_4：净误差与遗漏项目贷方余额	B_1：外债余额变化量 B_2：净直接投资 B_3：经常项目余额 B_4：外汇储备变化量
计算公式	$A = A_1 + A_2 + A_3 + A_4$	$B = B_1 + B_2 + B_3 - B_4$

11.3　跨境资本流动异常情况及原因分析

11.3.1　热钱流入情况

从图11－6可以看到，进入21世纪来，涌入我国的热钱一直在不断增加。从2002年之后，热钱开始加速流入中国，到2007年曾达到一个顶峰。有研究指出，这主要归功于短期贷款、短期其他资产以及短期贸易信贷流入规模的超常增加（辛佳临，2011）。进入2008年，受全球金融危机影响，热钱流入规模略有下降，并一直持续到2009年。但受市场浓厚的人民币升值预期及我国经济率先复苏等因素影响，从2010年开始热钱流入额又开始回升，截至2013年，这种上升势头仍旧一直在持续。可见，由于我国经济能够保持平稳增长，从而使得国外相关利益方对我国有着长期的投资热情与信心。而从热钱流入的结构来看，流入的热钱中，资本和金融项目下其他投资贷方余额所占比重在大多数年份远高于经常项目下投资收益贷方余额以及资本和金融项目下证券投资贷方余额所占比重。正是因为其他投资贷方余额的迅猛增长，使得从2002年开始热钱大规模加速流入。而其他投资项目中的贸易信贷和短期外债的增加尤为明显，这与我国宏观经济的实际情况相符。

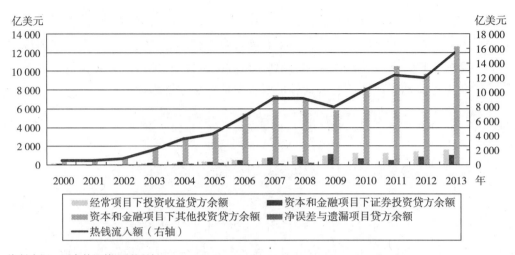

资料来源：国家外汇管理局网站。

图 11－6　2000—2013 年我国热钱流入额及其结构

11.3.2　资本外逃情况

与热钱流入的一直增长不同，我国资本外逃经历了几个不同阶段的变化：21 世纪刚开始，资本外逃具有一定规模。但从 2002 年开始，由于我国开始实施 QFII 制度，再加上人民币升值的预期越来越强烈，导致接下来一段时期（2003—2004 年）的短期资本流动发生逆转，资本外逃额开始下降并由正变负。然而从 2005 年之后，我国外汇管制政策取向发生了变化，由"宽进严出"逐渐转变为"严进宽出"。这一政策不但没有有效遏制热钱的不断流入，还导致资本外逃规模趋于回升。虽然 2009 年曾短暂出现一次逆转，资本外逃额为负，但 2005 年之后的资本外逃规模与之前相比有明显的水平增加。直至 2013 年，资本外逃才再次下降，成为负的资本外逃额。对于资本外逃的结构，可以发现，我国资本外逃主要是通过经常项目渠道而非外债渠道得以实现，呈现了我国资本账户管制下的鲜明特征。从图 11－7可以明显看出，近年来经常项目余额开始变得显著高于外债余额变化量和净直接投资。

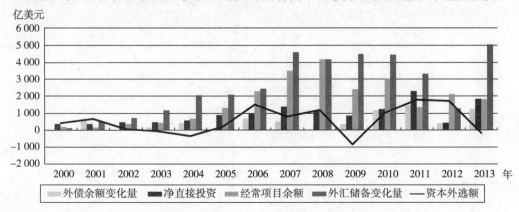

资料来源：国家外汇管理局网站。

图 11－7　2000—2013 年我国资本外逃额及其结构

　　总之，我国热钱流入与资本外逃情况并存，呈现双向流动的局面。我国跨境资本异常流动具有与其他新兴国家不同的独特特征，主要通过合法合规的渠道流动。由于我国目前对跨境资本和金融交易仍有一定管制，异常跨境资金往往通过经常项目、直接投资、银行自营和个人等非管制渠道流动，而不会通过证券投资、外债等短期资本项目实现。

【专栏 11 - 1】

美联储启动 QE 退出对我国资本流动的影响及对策

　　2013 年 12 月 18 日，美联储宣布削减量化宽松（以下简称 QE）。此项政策将通过金融市场基础定价工具美元汇率和利率的变动，以及跨境资金流向变动对全球金融稳定性造成重大影响，虽然目前中国资本账户尚未开放，外汇储备充足，国际收支连年顺差，QE 退出对中国跨境资金流动不致产生严重冲击，但由于 QE 退出持续时间较长且规模较大，其现实与潜在影响仍然可能会存在。

　　从整体上看，QE 退出对中国的负面影响有限。随着美联储年内放缓 QE，全球资金流向发生逆转，部分依赖外资、信贷扩张较快的新兴市场经济体，以"脆弱五国"（巴西、南非、印度、土耳其和印尼）为代表的新兴市场受到较大冲击，资本外逃加剧、货币大幅贬值，而我国跨境资本流动遭遇 QE 退出直接冲击的可能性较低（参见表1）。

　　究其原因，QE 退出使美国经济增长趋稳，将对我国进出口外需增长具有一定促进作用，为我国出口贸易提供新机会。从历史经验看，我国已经历过 2010 年 4 月 QE1 和 2011 年 6 月 QE2 退出的调整，在我国财政金融状况相对稳健、货物贸易持续较大顺差、外储居于全球首位等前提下，两轮 QE 退出均未对我国经济产生较为实质性的负面冲击，且国内经济已开始深化结构调整，有足够的经验面对 QE 退出带来的挑战。

表1　　　　　　　2013 年受 QE 退出影响较大的"脆弱五国"与
中国部分对外经济数据相对变动比较　　　　　　单位：%

国家	经常账户占GDP 比重	外债占GDP 比重	外储对经常赤字和短期外债覆盖率	CPI 同比	财政赤字占GDP 比重	政府债务占 GDP 比重
巴西	-3.7	30	1.8	6.21	-3.6	68
印度	-3.7	22	1.4	10.92	-7.1	67
印度尼西亚	-3.4	30	0.8	6.40	-2.4	26
土耳其	-7.6	52	0.5	7.49	-1.6	36
南非	-6.4	40	0.8	5.76	-4.2	43
中国	2.4	8	5.9	2.63	-2	26

注：以上数据均为 2013 年度预估值。

资料来源：国际金融协会（IIF）、国际货币基金组织（IMF）、国际清算银行（BIS）等。

一、美联储 QE 退出对中国资本流动的不利影响

首先，流动性紧张加剧，短期资本外逃风险增加。美国三轮 QE 导致大量热钱以不同的渠道流入，进一步加剧中国某些资产泡沫化倾向。美联储启动 QE 退出，正强化美国利率走高的市场预期，如果未来美联储加速减少购债规模或收紧银根，美元汇率将会进入升值通道，致使大部分套利交易平仓，国际资本将加速回流美国。如果大量投机性资金撤出中国，市场预期极有可能出现消极变化，中国流动性将出现紧张，资产泡沫或存在破裂风险。

其次是美元汇率走高，人民币调整陷入两难。美国经济复苏，美联储 QE 退出，直接促使强势美元回归。由于目前中国正处于人民币汇率制度改革阶段，有效的汇率形成机制尚未建立，面对美元汇率走高将处于较为被动的地位，人民币汇率上升幅度较大（见图1）。

资料来源：国家外汇管理局。

图1 人民币对美元汇率

最后，美联储酝酿新型政策工具，中国所处国际金融环境更趋复杂。目前美联储正测试新型货币政策工具——定期存款工具和隔夜逆回购工具，试图以最小的成本实现 QE 平稳退出和流动性紧缩。这些工具未来与 QE 政策相配合，美联储将不再顾及眼前资产负债表风险和退出成本，面对天量流动性将更加收放自如，控制利率体系能力更趋成熟，转嫁危机处理成本能力更强。从长期看，世界金融环境将更加复杂，人民币国际化的外部环境也将不容乐观。

二、针对 QE 退出的应对方法

第一，加强资本账户管制，密切关注跨境资本流动动向。审慎对待资本账户的开放，尤其是短期资本流动开放，并加强短期资本账户管控，缓解非常时期中国外汇储备、资金需求和资本市场压力。

第二，分散外汇储备风险，推进人民币汇率形成机制改革。积极创新外汇储备管理方式，分散外汇储备风险，设立外汇基金。

第三，主导新兴市场合作，共同应对风险挑战。通过直接援助贷款、货币互换等方式，帮助新兴经济体渡过难关，以化解中国面对的潜在溢出风险，分散外汇储备风险。

11.3.3 与欧美国家的比较分析

在以上基于绝对指标的分析基础上，为了明确我国资本流动异常风险究竟大小如何，接下来进一步将我国情况与欧美情况进行比较分析。鉴于经济规模的不同，我们将热钱流入额与资本外逃额除以 GDP 计算出相对指标以进行比较。从表 11 - 2 中可以看出，在整个经济体面临较大风险的时候，往往会伴随着资本流动的异常情况：2008 美国金融危机期间，其热钱流入占 GDP 比重达到近年来的最大值（9.84%）；而同样在 2010 欧债危机期间，欧元区 17 国的资本外逃占 GDP 比重也达到了其近年来的最大值（8.70%）。

表 11 - 2　　　　美国和欧元区 17 国的资本流动异常情况（2000—2013 年）　　　　单位：%

年份	美国		欧元区 17 国	
	热钱流入占 GDP 比重	资本外逃占 GDP 比重	热钱流入占 GDP 比重	资本外逃占 GDP 比重
2000	3.07	−5.10	9.16	1.85
2001	3.07	−5.49	8.71	3.10
2002	2.97	−3.16	3.89	2.73
2003	4.63	−2.28	5.83	3.12
2004	6.79	0.09	8.42	5.15
2005	6.05	0.90	14.45	5.72
2006	8.20	1.28	17.30	3.74
2007	8.92	7.77	16.65	2.35
2008	9.84	0.15	3.89	6.18
2009	8.57	5.07	−4.11	7.76
2010	7.13	8.27	4.08	8.70
2011	5.87	2.80	2.81	5.40
2012	7.31	5.17	1.49	6.18
2013	6.07	6.33	0.06	5.57

资料来源：Wind 资讯。

与之相对应，图 11 - 8 和图 11 - 9 分别给出我国热钱流入额和资本外逃额占 GDP 的比重，并将美国 2008 金融危机期间的热钱流入占比、欧元区 17 国在欧债期间的资本外逃占比，以及美国资本外逃占比最大值和欧元区 17 国热钱流入占比最大值作为临界值，观察我国热钱流入和资本外逃所面临的现状，以判断我国跨境资本流动是否已达到不可控之危险境地。

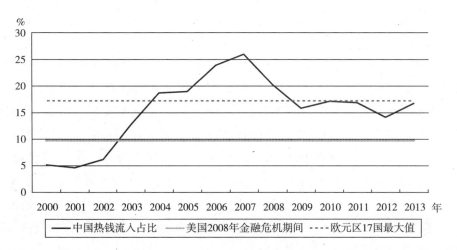

图 11 - 8　2000—2013 年我国热钱流入额占 GDP 比例

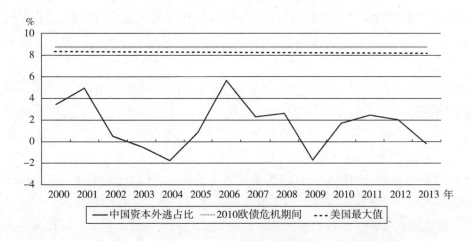

图 11 - 9　2000—2013 年我国资本外逃额占 GDP 比例

从图 11 - 8 可以看出，与热钱流入额绝对值持续上升的趋势不同，热钱流入额占 GDP 的比重从 2000 开始增长，到 2007 年达到顶峰后，近年来有所回落。但与欧美国家相比，我国热钱流入额占 GDP 比重始终相对过高，大部分时期都甚至比美国 2008 年金融危机期间还要高，即使与欧元区 17 国过去十几年来曾出现的最大值相比，我国也曾在 2004—2008 年明显高出，近年来虽有所回落，但仍在该临界值附近徘徊。这进一步警示我们，相比欧美国家，我国热钱流入压力仍旧较大，应当进一步控制其规模，以免给我国经济带来风险。而图 11 - 9 显示，相比热钱流入占比，我国资本外逃占 GDP 比例一直上下波动而无明显趋势，无论与欧元区 17 国在欧债期间的资本外逃占比相比，还是与美国过去十几年来资本外逃占比最大值相比，均还有一定距离，尚处于可控范围之内。

11.3.4　跨境资本流动异常的原因分析

在对过去十几年来我国跨境资本流动异常状态进行分析后，值得探寻这些异常流动背后的可能原因，进而为将来防范和应对跨境资本流动异常状况提供一些对策与建议。本章根据现有研究考虑了以下影响因素：

1. 国内外利率差异（LCHA）：计算为一年期人民币存款利率和美国联邦基金利率的差异。这是因为，国际短期资本的流动可能会受到国际间资产收益率（利率）差异的影响。当人民币存款利率高于外币的存款利率时，投资者会将外币兑换成人民币存入我国银行，以获得更多的存款利息收入或套取利差，从而形成短期资本流入；反之，出于追逐更高利息的目的，投资者又会将人民币兑换为外币存入境外的金融机构，从而形成短期资本流出。

2. 人民币汇率预期（EXRA）：计算为香港一年期的无本金交割远期交易（Non – Deliverable Forward，NDF）市场上的一年期人民币对美元远期汇率升贴水点数。这是因为，人民币汇率预期会直接影响到人民币和外汇资产未来收益率之差，外国短期投机资本可以利用人民币升值预期来获得汇差收入。

3. 外贸依存度（WMYC）：计算为历年经常项目下的货物服务进出口总额与GDP的比值。这是因为，随着贸易开放程度的提高，国际短期资本可以通过伪报进出口（进口高报或出口低报）、贸易金额的提前错后（迟付早收或迟收早付）、贸易信贷等渠道实现隐蔽进出。

4. 国内生产总值增长率（GDPR）：这是因为，短期资本的流入流出会受到一国国内经济发展水平的影响。GDP的高增长率在一定程度上是一种信心指数，往往也意味着市场化改革趋向、高投资回报率以及宏观经济政策的稳定性、连续性，因此会吸引国际资本大量流入。

5. 国内通货膨胀率（THPZ）：计算为消费者物价指数（CPI）的变动。这是因为，一国通货膨胀会导致生产要素价格和生产成本的上升及本币贬值，从而引起生产、汇率的波动及企业资产、居民财富实际价值的缩水，影响经济发展和投资环境的稳定。一国的国内通货膨胀率上升，一般会减少资本流入、增加资本流出。

6. 外债（WZZB）：计算为外债占GDP的比重。这是因为，一国外债的增长通常会带来易于引发通货膨胀的大规模融资，相当于对国内居民征收通货膨胀税。这势必会影响投资者的心理预期和行为决策，从而可能会引发短期资本的跨境流动。

7. 财政赤字（CZCZ）：计算为财政赤字占GDP的比重。这是因为，一国财政赤字的增长会影响该国的清偿支付能力，一旦投资者意识到财政赤字所带来的未来可能的税负，便会将资产转移至海外，从而形成资本外流。

表 11 – 3 回归分析结果

解释变量	被解释变量为 RQLR			被解释变量为 ZBWT		
	系数	t 统计量	p 值	系数	t 统计量	p 值
LCHA	– 0.126	– 0.903	0.3841	– 4.863	– 0.047	0.9632
EXRA	– 1.095 ***	– 4.839	0.0004	– 310.183	– 1.174	0.2631
WMYC	0.192	1.505	0.1581	93.598	0.975	0.3488
GDPR	5.291	0.586	0.5687	1.140	0.761	0.4613
THPZ	– 1.476	– 0.127	0.9007	8863.475	1.121	0.2844
WZZB	– 40.695 ***	– 4.972	0.0003	– 9262.564	– 0.934	0.3687
CZCZ	– 11.255 ***	– 3.586	0.0037	– 5221.523 *	– 1.820	0.0938

注：被解释变量 RQLR（热钱流入额）由于量纲相对较大，所以经过取对数处理。" * 、 ** 和 *** "分别代表在 10%、5%、1% 的水平下显著。

从表 11 – 3 的回归结果可以看出，对于热钱流入，主要的影响因素为人民币汇率预期、外债占 GDP 比例及财政赤字占 GDP 比例，而且这些变量的系数均为负。这可能说明，人民币汇率变动预期、外债规模和财政赤字越低，越可能吸引更多的热钱流入我国。反之，这些指标的回升，尤其是例如中资金融机构外债余额增加所推动的外债总规模增加，会使得我国的热钱流入存在不确定性，有发生突然逆转的潜在风险。而国内外利率差异、GDP 增长率、通货膨胀率以及外贸依存度这些实体经济因素的系数在统计上却并不显著，说明追逐短期利润的投机资本较少考虑经济增长等长期因素，加之我国经济快速稳健增长的良好势头给了投机者稳定的心理预期和行为决策，因而可能导致对热钱流入规模的影响不显著。

与热钱流入不同的是，对于资本外逃额，结果显示，GDP 增长率、通货膨胀率及外贸依存度对其有正向影响，而国内外利率差异、人民币汇率预期、外债占 GDP 比例及财政赤字占 GDP 比例对资本外逃额的影响为负。但这其中只有财政赤字的影响是显著的，这说明我国财政赤字占 GDP 的比重虽然相对于世界平均水平较低，但正因为如此，其变动会敏感地影响到投机者的心理预期和行为决策，从而会对资本外逃规模产生显著影响。前文曾指出，资本外逃额并不像热钱流入一样表现出持续增加的趋势，而是分为几个阶段上下振荡，这与我国宏观经济稳健增长势头并不一致，因而这些指标对资本外逃的影响并不显著。

此外，可以发现，同一指标对热钱流入额和资本外逃额的影响并不一定会表现出相反的方向。这再次说明，热钱流入额增加的同时并不一定会伴随着资本外逃额的减少。两者之间并没有此消彼长的关系，这再次印证了前文描述性统计的结果，在我国，跨境资本流动更倾向于呈现出的是一种热钱流入和资本外逃并存的局面。

【专栏 11 - 2】

2009 年反危机的扩张性财政政策中的财政赤字对资本外逃的影响

新中国成立后实行计划经济，财政预算实行较保守的收支平衡的原则。改革开放初期，由于国家底子薄，财政收支出现财政赤字是无奈之举。东南亚金融危机后，我国财政预算发生重大转折，主动利用财政赤字来实施积极财政政策。财政赤字在 2001 年为 2 596 亿元，而在 2013 年 12 月，中央经济工作会议提出 2014 年全国财政赤字规模达到 1.3 万亿元，如此大幅度地增强财政赤字力度，其目的是着力保持国内外投资稳定增长，努力拓展外需。

2008 年 9 月，美国次贷危机演变为全球性金融危机，并且金融危机加速从虚拟经济向实体经济，从发达国家向新兴经济体和发展中国家蔓延。在 2008—2010 年，我国针对严峻的经济形势，在经济低迷时采取扩张性财政政策，刺激总需求，从而拉动经济增长，出台了以 4 万亿元投资计划为主的扩张性财政政策。而此次扩张性财政政策的主要推动力即财政赤字，因此在 2009 年，我国财政赤字有巨幅的上升（见图 1），通过财政投资带动银行贷款和社会资金的进入，从而引起全社会投资总量的扩大和增速的提高，有效地减少了资本外逃。

图 1　2000—2013 年我国财政赤字

2009 年，在财政赤字增加的同时，减税政策增强了企业的投资能力，稳定了大量外资的流出，土地优惠政策提高了企业的投资积极性；财政用于投资项目的资金增加，直接扩大投资规模，并带动我国投资增长。总之，此次扩张性财政政策的实施，对稳定信心、遏制复杂联动国际经济导致的我国经济下滑，对保持国际资金的继续注资有很好的效果。

11.4　结论与展望

在全面建成小康社会的具体目标中，经济持续健康发展为第一要务。而国际收支平衡与否，与经济发展的平衡性、协调性和可持续性密切相关。国际收支失衡可能意味着国内有效需求不足、生产要素价格扭曲、金融市场体系发展滞后等经济对内失衡的状况，同时也会影响国内市场流动性及地区平衡发展和产业转型升级。跨境资本流动异常会带来如外债风险、银行风险、资本市场风险、房地产市场风险、货币政策风险等诸多风险。

基于资本流动总体概况的分析显示：资本和金融项目逐渐成为影响跨境资本流动的主要因素，而其中非直接投资形式的资本流动尤为关键。进入 21 世纪以来，早期经常项目顺差是我国国际收支顺差和外汇储备增长的主要来源。但后来，尤其是随着国际金融危机的爆发，资本和金融项目对跨境资本流动的贡献开始超过经常项目，其中非直接投资形式（即证券投资和其他投资）的资本流动表现得尤为活跃。这可能因为，国内金融资产交易越来越开放，人民币汇率也越来越具有资产价格属性，由此打破了以往以经常项目为主的国际收支稳定状态，双向波动可能成为跨境资本流动的新常态。

而对于资本流动异常状况评估的进一步分析显示：跨境资本流动呈现出双向波动的局面，但总体偏流入压力。资本外逃规模尚处于可控范围之内，但热钱流入的风险已经不容忽视，需要进一步对其规模进行控制。导致跨境资本偏流入压力的原因除了实体经济和市场因素外，还有基本稳定的人民币汇率和当前较大的本外币利差等。过去十几年中，我国经济基本面较好，财政、金融和外部账户相对稳健，长期被市场看好，人民币汇率在大部分时期稳中有升。但随着国际金融危机的爆发，境内外经济金融运行中出现一些新的不确定性因素，使得我国跨境资本流动的波动性增大，倾向于呈现为双向波动状态。虽然具有经济基本面健康、外汇储备充足、贸易持续顺差等诸多有利因素，但对于我国跨境资本流动的双向变动局面，还是要在政策上为粗，平衡释放市场空间，为防风险完善调控工具，同时要注意外债规模的控制，以及保证财政赤字继续维持在一个较低的水平之下。

11.4.1　影响热钱流入波动的潜在风险

从热钱流入的回归模型可以得到，热钱流入受人民币汇率预期、外债、财政赤字的显著影响。从国内环境看，中国经济持续高速发展，国内政局稳定，资本管制逐步放开，尤其是金融危机后中国经济显示出强大的内生动力，率先从危机影响下复苏，长期发展趋势看好，这些均成为吸引国际资本流入的基础条件和直接动因。同时，随着涉外经济发展和汇率形成机制改革步伐的加快，人民币持续升值，负债外币化、资产本币化成为境内企业的较优选择。在这样的背景下，现从人民币汇率预期、外债、财政赤字三个方面来分析影响我国热钱流入波动的潜在风险。

从人民币汇率因素来看，在目前情况下，官方当局承担维持人民币汇率稳定的隐性义务，但是随着外汇占款的增加、我国汇率体制改革的进一步深入，以及国际上增加人民币汇率制度弹性的压力越来越大，汇率波动风险便随之而来。同时，在我国外汇市场发展程度较低、私人部门规避和管理汇率风险的工具和技能缺乏的情况下，汇率波动性的增加将会对热钱流入产生严重影响，使热钱流入上下波动、忽大忽小，从而对跨境资本的管制带来严峻的挑战。

我国外债管理模式无从约束借用外债规模及结汇资金用途。在规模管理方面，对外资企业外债实施的"投注差"管理模式常常造成外债规模和计划难以有效控制，企业投资总额由上游审批部门核准，而地方政府又比较重视招商引资工作，往往对外资企业新设或变更投资总额把关不严，从而造成企业随意扩大"投注差"。外汇管理局为企业办理外债登记时只是对企业所提供的资料进行表面真实性审核，无法有效控制外债资金的流入，致使境外投机资金可通过改变"投注差"的方式轻松实现流入。在外债期限管理方面，现有政策未设定短期外债展期资格、次数等限制条件，外商投资企业经常以资金暂时性周转困难为由，将短期外债多次展期甚至无限期展期，致使外债结构及资金流向得不到真实反映和监控。管理模式漏洞会造成外债的不确定性，从而导致热钱流入忽高忽低。

对于财政赤字，从长期来看，由于我国经济快速稳健增长的良好势头，在未来，财政赤字变化的风险并不显著，从而对跨境资本流动异常产生影响的可能性不大，但这并不意味着可以忽视这一指标。从模型可以看出，由于财政赤字指标变量的系数显著且为 −11.255，因此它的微小变动会较大地影响到热钱流入的波动，这很大一部分的原因可以归结为财政赤字指标可以作为一个指引因素，当其过高时，表示我国当局存在信用风险的概率加强，同时，加上存在铸币税的可能，会削弱投资者的信心，使得热钱流入减少，资本外逃增加。

11.4.2　影响资本外逃波动的潜在风险

从资本外逃的回归模型可以得到，GDP 增长率、通货膨胀率以及外贸依存度对其有正向影响，而国内外利率差异、人民币汇率预期、外债占 GDP 比例及财政赤字占 GDP 比例对资本外逃额的影响为负。有趣的是，由于资本外逃额是分为几个阶段上下振荡，因此这些指标中只有财政赤字的影响是显著的。

实际上，资本外逃的原因主要是东道国的投资环境恶化，如投资机会遭受限制或歧视、资产组合管理受到约束等，从而致使投资的安全性受到风险威胁，或是出于纯粹的恶意投机意图。当东道国投资环境改善时，它们仍可能流回，或者当初的外逃只是一种过渡，真正的目的就是要流回。因此，资本外逃的主要驱动因素是套利和避险。任何不利于我国经济发展的因素均有可能导致资本外逃，其中最值得关注的一个威胁便是美国的 QE 退出政策，全球美元向美国回流将导致各个经济体陷入流动性紧张。新兴国家普遍经过一轮外资突发性涌入，资产价格已经大幅增长，甚至出现畸形发展，这种情况下的流动性紧缩将刺破资产价格泡沫。而我国当下存在的几个隐患则将放大资本外逃对实体经济的影响，并导致更大的危害。

首先，人民币升值已缺乏实体经济支撑，大涨必将大跌，刺激资本外逃力度。人民币对美元汇率在近三年始终保持单边上升，甚至在我国贸易顺差逐年收窄的情况下，人民币汇率依然表现上升的态势，早已脱离实体经济的支撑。2012 年下半年，基于国内经济硬着陆的担忧，人民币汇率曾出现 3 个月的短暂贬值走势，但在经济始终下行且 2013 年未出现复苏迹象的情况下，人民币汇率却继续单边升值。有学者将其解释为息差套利的结果或中央银行缓解资本外逃的权宜之计，但均表明汇率早与正常水平偏离。目前我国经济正面临产业转型，暂时看不到明确的复苏信号，人民币不断升值加大了未来贬值的风险和危害。

其次，房地产泡沫和地方债务问题严峻，驱动资本外逃。当前，中央多次对地方债务审计摸底，预计中央与地方政府性债务总额在 25 万亿元以上，2012 年负债率约为 50%，远超国际警戒线 25%。而房地产价格在连续 4 年上涨后，增速已经放缓，国内商业银行在连续三年降低房地产开发贷款规模后，最近开始在个别地区放缓甚至停止个人房贷授信，房地产行业流动性已然收紧。一旦出现资本大规模外逃，国内流动性骤然紧缩，房地产行业将最先受到冲击，上下游产业乃至地方财政也将受到影响，国内资本向外转移趋势明显。中国银行发布的《2011 年中国私人财富管理白皮书》显示，在中国高净值人群中，14% 的人已经移民海外，46% 的人正在计划或者办理移民手续。美国复苏后，美元资产对国内资本的吸引力进一步增强，国内流动性将遭受更大程度的抽离。

最后，金融新政提供做空工具，将放大资本外逃的影响。一直以来我国的资本账户对外开放进程较慢，但是外资仍可通过贸易项下的各种伪造手段实现相对自由地进出。2012 年以来，我国陆续推出外汇期权、转融通制度，并且在 2013 年 9 月恢复了中断 18 年的国债期货交易，这使得我国在外汇、股票和国债市场都具备了机构做空工具。2013 年中央银行还宣布放开贷款利率上限，这使得通过国债期货做空引致的利率上行将直接传导至实体经济。

11.4.3 未来展望

我国跨境资本将继续面临较大的净流入压力。受 2008 年国际金融危机的影响，全球经济均受到重创，我国经济增长速度也有所放缓，但近期已有明显复苏迹象，预期 2015 年及未来全球经济以及我国经济表现将好于现在，有助于我国出口增长。此外，党的十八届三中全会对全面深化改革作出了总体部署，提出了"使市场在资源配置中起决定性作用和更好发挥政府作用"。我国全面深化改革、进一步提高市场的作用，将提升外国投资者信心，促进直接投资等长期资本持续流入。同时，人民币汇率具有一定升值空间，发达经济体维持低利率货币政策，使得国内外继续维持正向利差，"本币资金贵、外币资金便宜"的局面还会存在，导致外汇资金净流入较多。

但也要注意，一些潜在市场因素可能会触发我国跨境资本流动双向波动。例如，美联储量化宽松货币政策（以下简称 QE）退出机制的影响。美联储 QE 退出会带来诸多不确定性，如果对美国和外部经济金融带来的负面影响经过反复炒作、逐渐累积、最后释放，部分新兴经济体可能会再次出现波动，甚至爆发局部危机。这些均可能对我国对外贸易产生冲击，从而成为触发我国跨境资本流向逆转的诱因。美联储 QE 退出同样可能会加剧人民币汇率的波动，加速国内降杠杆进程，对我国跨境资本流动产生负面影响。虽然美联储启动 QE 推出对我国并非完全负面影响，且我国有足够的底气（财政金融状况相对稳健、货物贸易持续较大顺差、外汇储备规模庞大等）来应对美联储 QE 退出可能带来的冲击，但其对我国跨境资本流动管理带来的调整不容忽视。此外，由于我国经常项目顺差占比有所收窄，容易出现跨境资本额波动，特别是当国内经济运行的部分风险被市场关注和炒作时，也可能会加剧跨境资本流动的阶段性波动。

未来，从宏观层面，应尽快建立健全跨境资本流动的宏观审慎监管体系。监管机构应及时改变以行政审批为主防范风险的惯性思维，加强对跨境资本流动形势变动的触发条件、实现渠道和潜在风险的检测分析，积极研究采用宏观审慎的逆周期手段，防范市场大幅波动风险。而从微观层面看，境内机构应重视短期外债占比过高的问题，防范跨境资本和人民币汇率双向波动可能引发的外汇流动性风险和汇率风险。

参考文献

［1］苑治亭：《跨境资本异常流动现象剖析》，载《金融发展研究》，2010（11）。

［2］柳光程：《跨境资本异常流动的作用机制及外汇管理对策》，载《南方金融》，2010（12）。

［3］王小奕：《谨防跨境资本异常流动风险》，载《中国外汇》，2013（Z1）。

［4］辛佳临：《我国跨境资本异常流动的变化趋势及影响因素分析》，载《科学经济社会》，2011（2）。

［5］常春凤、欧阳丽：《国际游资涌入我国的原因与对策》，载《山东经济》，2005（2）。

［6］陆前进：《"热钱"流入中国的套利机制及其防范》，载《上海金融》，2008（8）。

［7］张明、林晓红：《当前热钱大规模流入我国的原因及对策》，载《中国党政干部论坛》，2008（7）。

［8］邵川：《热钱对货币政策的冲击及应对策略》，载《中国管理信息化》，2009（1）。

［9］黎友焕、龚成威：《热钱入境的特殊动因与潜在风险》，载《西安电子科技大学学报（社会科学版）》，2010（1）。

［10］韩立岩：《国际热钱与国际资产价格波动》，载《中国流通经济》，2010（1）。

［11］李扬：《中国经济对外开放过程中的资金流动》，载《经济研究》，1998（2）。

［12］宋文兵：《中国的资本外逃问题研究》，载《经济研究》，1999（5）。

［13］宋文兵：《国际短期资本的流动机制》，上海，复旦大学出版社，2000。

［14］任惠：《中国资本外逃的规模测算和对策分析》，载《经济研究》，2001（11）。

［15］汪洋：《中国的资本流动：1982—2002》，载《管理世界》，2004（7）。

［16］徐扬、李治国：《转型期中国表外资本流动实证研究》，载《世界经济研究》，2005（4）。

［17］许朝霞：《我国国际资本流动与反跨境洗钱》，载《金融纵横》，2007（22）。

［18］于春海：《我国跨境资本流动性变化的原因及影响分析》，载《国际贸易》，2008（6）。

［19］薛耀文、张朋柱、范静：《复杂金融网络中资金异常流动仿真监测平台设计与实现》，载《系统工程理论方法应用》，2005（5）。

［20］薛耀文、张朋柱、范静：《金融网络中资金异常流动辨识准则研究》，载《中国软科学》，2004（9）。

［21］喻平、黄晗梅：《金融危机背景下国际间资本异常流动研究》，载《武汉金融》，2011（8）。

［22］王小奕：《谨防跨境资本异常流动风险》，*CHINA FOREX*，2013（1）。

［23］王丽娅、吴玲：《警惕跨境资本异常流动风险》，载《西南金融》，2009（9）。

［24］中国人民银行济南分行课题组：《跨境资本异常流动现象剖析》，载《金融发展研究》，2010（11）。

［25］潘赛赛：《国际资本流动突然变动问题研究》，载《南开大学》，2012（11）。

［26］宋建荣：《"顺收大于顺差"：警惕背后的异常资本流动》，载《外汇管理》，2002（10）。

［27］莫国刚：《我国资本流动异常预警实证分析》，北京交通大学硕士毕业论文，2009。

［28］鄂志寰：《资本流动与金融稳定相关关系研究》，载《金融研究》，2000（7）。

［29］朱孟楠：《论国际资本流动与金融危机的关系——兼析加入WTO后不断加剧的国际资本流动给我国带来的风险》，载《集美大学学报（哲学社会科学版）》，2002（4）。

［30］何慧刚：《汇率制度、资本流动与金融危机：理论和实证分析——东亚金融危机视角》，载《中央财经大学学报》，2006（12）。

［31］金祥荣、徐子福、霍炜：《中国资本流动风险预警研究》，载《经济理论与经济管理》，2006（10）。

［32］Hak‐Min kim，"Globalization of International Financial Markets：Causes and Consequences"，*Easten Economic Journal* 27（1），2001.

［33］Deepak Mishra，"Private Capital Flows and the Economy Growth"，*Finance and development*（6），2001.

第 12 章　大宗商品定价权评估

大宗商品是一国经济发展所必备的物质基础。我国已成为国际大宗商品市场上的最大买家，但却缺少相应的国际定价权。这使得我国企业时常在国际商品贸易中遭受重大损失，也为我国经济的安全稳定运行留下了诸多安全隐患。增强我国大宗商品国际定价权，已成为现阶段我国经济发展的一项刻不容缓的重要任务。基于此种背景，本章在深入调查和比较研究的基础上，首先分析了现代经济金融环境下国际大宗商品的定价机制，其次采用相关指标对我国大宗商品国际定价权现状进行了评估，并结合相关案例分析了我国定价权缺失的原因。最后，本章还分析了当前我国争夺国际商品定价权的有利局面，并就如何提升定价权提出了相关政策建议。

12.1　大宗商品定价权概述

大宗商品（Bulk Stock）主要指用于工农业生产与消费的大批量买卖的物质商品，是一国经济发展所必备的物质基础，一般可以分为能源商品、基础原材料、大宗农产品及贵金属四个类别。

伴随着中国经济的快速发展与对外开放规模的不断扩大，中国大宗商品的消费规模已经跃居世界首位，进口对外依存度居高不下。截至 2011 年底，中国大宗商品总消费量约占全球总消费量的 18.7%，是全球第一大大宗商品消费国。一项调查结果显示，在受调查的 25 种大宗商品品种中，中国有 19 种消费量居全球第一。其中，消费量占全球比重超过 40%（含 40%）的有 8 个，包括铁矿石 68%、稀土 67%、PTA（精对苯二甲酸）52%、煤炭 48%、甲醇 45%、精炼铜 41%、原铝 41%、棉花 40%（见表 12 - 1）。巨大的消费量也导致中国多个大宗商品品种的进口依存度居高不下。对 24 个大宗商品品种的调查结果显示，目前进口依存度超过 40% 的大宗商品品种有 6 个，包括大豆 81%、铁矿石 54.89%、原油 53.7%、天然橡胶 53.1%、聚乙烯 45.1%、铂 45%。

表 12-1　　　　　　　　　中国部分大宗商品消费量占全球
　　　　　　　　　　　　总消费量的比重及其进口依存度　　　　　　单位：%

商品种类	总消费量占比	进口依存度	商品种类	总消费量占比	进口依存度
铁矿石	68	54.89	精炼镍	35	34.6
稀土	67	—	天然橡胶	34	53.1
PTA	52	31.5	钼	31.3	—
煤炭	48	5	聚丙烯	30	34.7
甲醇	45	24.8	大豆	27	81
精炼铜	41	39.4	PVC	26	—
原铝	41	1.5	聚乙烯	24	45.1
棉花	40	28	铂	20	45
精铅	39	0.58	黄金	18.7	12.5
精锌	38	6.8	原油	11.2	53.7

资料来源：《大宗商品深度研究报告》，长城战略咨询。

　　大宗商品国际贸易弥补了我国自身资源的不足，推动了我国经济的快速发展，但国际定价权[①]的缺失也为我国经济发展留下了诸多隐患。一方面，我国企业时常在国际商品进口贸易中面临着价格畸高的不利局面，导致企业利润空间被大幅压缩，行业竞争力被削弱[②]，甚至被动承受价格的异常波动，出现诸如"2004 年大豆采购风波"等风险事件。

　　图 12-1 和图 12-2 从我国大宗商品进出口贸易中"高买低卖"的角度反映了我国大宗商品国际定价权缺失的状况。从图 12-1 中可以看出，从 2001 年开始，我国进口的三种大宗商品——铜、铁矿石和黄金的价格开始一路上涨，而我国出口的大宗商品之一——稀土的价格则 2005 年以后才表现出上涨趋势，并且还在 2007—2009 年大幅下跌。图 12-2 给出了更为精确的比较：从 2000 年到 2010 年，铜、铁矿石和黄金价格分别上涨了 4.13、4.84 和 4.39 倍，而稀土价格仅上涨 2.54 倍，远低于其他三类大宗商品价格的涨幅。

　　虽然图 12-1、图 12-2 从一个侧面反映了我国大宗商品定价权缺失的局面，但这一视角也存在不少问题。比如在这 10 年间世界市场对稀土和对铜、黄金、铁矿石的需求量增长不同，或者产量变化存在差异等因素都可能导致各种商品价格变化趋势的不一致性。因此，要想更精确地反映我国近年大宗商品定价权的大小及其变化趋势，从而为后续工作奠定基础，我们必须了解更多关于现代经济金融环境下大宗商品定价的事实，选择更为科学合理的评估方法与指标。

---

　　① 所谓大宗商品定价权，就是指由谁来确定大宗商品国际贸易的交易价格，包括商品贸易中潜在的或普遍认可的定价规则和贸易双方所确定的或参考的基准价格（黄先明，2006）。

　　② 以铁矿石为例。2011 年，我国进口铁矿石平均到岸价 163.84 美元/吨，同比增长 28.13%，钢铁行业因进口铁矿石价格上涨多支出外汇约 250 亿美元。当年世界三大矿商（淡水河谷、必和必拓、力拓）的利润总和已经超过了 500 亿美元（约 4 000 亿元人民币），而我国 77 家大中型钢企利润总和只有 800 多亿元人民币。这意味着，中国主流钢企的利润总和尚不及三大矿商的 1/5。

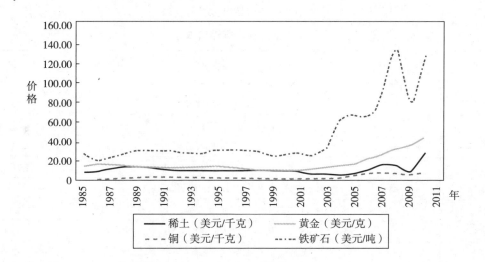

资料来源：《中国的稀土状况与政策》，http：//www.scio.gov.cn/zfbps/gqbps/2012/Document/1175422/1175422_2.htm。

图 12 - 1　1986—2010 年稀土与黄金、铜、铁矿石价格变化比较

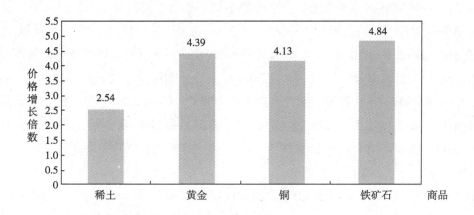

资料来源：《中国的稀土状况与政策》，http：//www.scio.gov.cn/zfbps/gqbps/2012/Document/1175422/1175422_2.htm。

图 12 - 2　2000—2010 年稀土与其他产品价格涨幅比较

【专栏 12 - 1】

2004 年我国大豆采购风波

一、背景知识介绍

南美（巴西和阿根廷）、美国和中国是国际大豆主产区，同时美国和南美又是最主要的出口国和地区。中国 1996 年以后成为大豆净进口国，2003 年起大豆进口数量开始超过国产大豆总量，2004 年进口大豆约 2 023 万吨，占世界大豆贸易量的约 1/3。因此，国际市场大豆价格的波动对我国国内大豆相关产业的发展具有极其重要的影响。

在国际贸易中，大豆的国际定价是以美国芝加哥期货交易所（CBOT）的大豆期货合约的价格为定价基准，在此基础上再加上升贴水来确定。相应地，我国进口大豆的价格由三部分组成：期货价格、海运费和升贴水。

二、"大豆风波始末"

2003 年 8 月，美国农业部（USDA）以天气影响为由，对大豆月度供需报告作出重大调整，将大豆库存数据调整到 20 多年来的低点，预示供应紧张。于是 CBOT 大豆期货价格出现反季节性上涨，从 2003 年 8 月时的最低点约 540 美分/蒲式耳，一路上涨到 2004 年 4 月初的 1 064 美分/蒲式耳，创 30 年来新高。这种涨幅相当于中国境内价格从每吨 2 300 元涨至 4 400 元。

出于担忧后市供应短缺和国际大豆原料价格继续上升，国内压榨企业纷纷进入美国市场采购大豆。2004 年初，国内压榨企业在美国"抢购"了 800 多万吨大豆，折合人民币平均价格在 4 300 元/吨的高价。

但 2004 年 4 月以后，期货市场风云突变。5—6 月，在南美大豆丰收与美国播种面积大幅增加的利空消息的影响下，CBOT 大豆价格连续下跌。而国内紧缩信贷政策的施行和禽流感导致的饲料市场需求下降等因素，造成国内市场出现萎缩，这又反过来加剧了美盘的下滑趋势。从 2004 年 4 月初到 8 月，CBOT 大豆价格最低跌至 580 美分/蒲式耳，跌幅近 50%，国内许多被套在高位的民营企业由此深陷危机。

三、经济损失及深远影响

关于此次采购风波造成的经济损失数额一直众说纷纭。若以美国公布的 2002—2003 作物年度（9 月—次年 8 月）的大湖区托莱多港的加权平均价为比较价格，可以估算出 2003—2004 作物年度我国从美国进口的大豆比 2002—2003 作物年度多支付了 6.57 亿美元，而 2003—2004 作物年度大豆总进口则比 2002—2003 作物年度多支付了约 15 亿美元，接近 2004 年农产品贸易总逆差的 32%（李艺等，2005a）。

除了直接经济损失以外，此次风波对中国民营大豆压榨行业格局改变的影响则更为深远。在此次风波中，中国民营大豆企业几乎全军覆没，侥幸逃过一劫的也是经营困难。国际四大粮商（ABM、邦吉、嘉吉和路易达孚）趁机低价收购、参股中国多家大豆压榨企业，大举进军中国市场。至 2006 年 4 月底，仍在开工的 97 家大豆压榨企业集团中，外商独资或外资参股的有 64 家，控制产能达到 85%。此后，以加工环节为渠道，外资势力已经深入中国大豆种植、贸易、流通和销售等各个领域，中国大豆行业被纳入了国际粮商的战略布局，而中国的经济利益则无法得到有效保障。

12.2 大宗商品定价权评估方法及指标选择

12.2.1 现代大宗商品国际定价机制

现代大宗商品贸易中的定价方式主要分为两种：一是对于成熟的期货品种和发达的期货市场的初级产品（如原油、大豆和天然橡胶等）来说，基本是由最著名的期货交易所标准期货合同价格作为定价基准[①]，再加入各种升贴水形成最终价格；二是对于尚未得到广泛认可的期货品种和期货市场的初级产品（如铁矿石）而言，其价格由市场上的主要买方和卖方每年达成的交易协议确定。

期货市场是现代大宗商品的定价中心。一方面，商品期货交易的规模早已远远超出了实货商品的交易规模[②]，而诸多研究也发现基本是商品期货价格在单向地影响现货价格，大宗商品的国际定价权归属于世界著名的商品期货交易所[③]。另一方面，协议定价的大宗商品品种越来越少，各种商品的期货属性不断被开发和拓展，越来越多的期货品种在全球各地期货市场上市，期货市场的定价中心地位不断加强。

12.2.2 期货市场定价地位与宗主国商品定价权

期货市场的国际定价地位与宗主国的国际定价权并不等同。一方面，一个期货市场只有吸引到最广泛的参与者，其交易过程中产生的价格才能最集中地反映交易者预期，从而成为国际定价中心，但这也意味着其国际定价地位的红利将被更多的参与者分享。另一方面，一个期货交易市场只有在规则层面对所有参与者的合理利益进行充分保护，才能吸引更多的参与者。这便要求严格约束宗主国的行为，防止其操纵市场而损害其他交易者的利益。

尽管如此，拥有国际期货定价中心仍为宗主国争取国际商品定价权提供了众多优势。一方面，宗主国的市场参与者对交易规则有着第一手的了解，在对交易环境、交易规则的熟悉度和运用能力等方面有着先天优势。另一方面，客观来讲，在保证基本公平性的原则下，规则制定者总会有一定自利倾向。比如当前国际著名期货市场中的清算会员资格便基本由西方国家的机构把持，而要参与这些市场中的交易，必须经由清算会员之手才能完成。在交易过

---

① 比如，在原油和煤炭贸易中，大多以纽约商业交易所（NYMEX）的价格作为定价基准，在农产品贸易中，芝加哥期货交易所（CBOT）的农产品价格成为定价基准，铝、铜、铅、锡等金属的价格则主要在伦敦金属交易所（LME）确定。

② 以原油和铜为例，截至 2003 年底，原油和铜的期货交易规模就已经分别是它们世界产量的 3.5 倍和 34 倍。不止于此，从 2005 年开始，期货市场交易规模出现了爆炸式的增长。在交易所市场，未清偿合约从 2004 年的 1 300 万份上升到 2005 年的 1 900 万份，2007 年更是达到 4 000 万份。在 OTC 市场，未清偿名义金额 2004 年末为 1.5 万亿美元，2005 年 5.4 万亿美元，一年时间增加了近三倍，2007 年则是 9 万亿美元（曾才生，2010）。

③ 参考 Lai 和 Lai（1991）、Ghosh（1993）、Fortenbery 和 Zapata（1997）、Kavussanos 和 Nomikos（1999）、Haigh（2000）、杨朝峰等（2005）、华仁海（2005）和殷剑锋（2008）等。

程中，同样身为市场交易参与者的清算会员便掌握着其他交易者的信息，从而享有信息优势。

12.2.3　大宗商品定价权测度指标选择

基于对现代大宗商品定价事实的了解和对相关文献的比较研究，我们选择以下三种指标来衡量一国大宗商品国际定价权的大小。

（一）指标一：动态比价 $R = (PMt/PMt-1) / (PWt/PWt-1)$

指标释义：PMt 和 $PMt-1$ 分别表示某一商品当年和上一年度的进口平均价格，PWt 和 $PWt-1$ 分别表示该种商品当年和上一年度的国际权威价格。

经济学含义：白明（2006）从消费者剩余最大化的角度出发，把符合一国消费者剩余最大化目标的进口定价称为理想价格，高于理想价格的称为劣权定价，低于理想价格的称为优权定价。所谓国际定价权，是指一国究竟在多大程度上有能力可以使进口大宗商品价格接近理想价格。这种理想价格用世界权威价格来表示。动态比价 R 大于 1，表明中国进口价格呈现劣权化趋势，R 越大，劣权化越明显；动态比价 R 小于 1，表明中国的进口价格呈现优权化趋势，R 越小，优权化越明显。且动态比价波动越大，越有可能说明中国的定价权微弱，从而无法维持进口价格的稳定。

评价：该指标从一国大宗商品的进口价格变化与世界市场市场价格变化的接近度出发，较为简单直观。但该指标只能反映一种对定价权的推测，而不一定是定价权本身。例如当国内进口价格被动接近世界平均价格时，动态比价 R 接近于 1，但其后的定价权含义并不明显。

（二）指标二：价格先导作用 $\sigma_{D,F}$

指标释义：$\sigma_{D,F}$ 表示国内期货市场某种期货价格对国外期货市场同种期货品种发现作用的大小。

经济学含义：当同一种商品在多个期货市场上同时交易时，如果市场是完全开放、信息完全共享的，则这些市场中的交易可被视为单一的市场，市场中商品价格不会因为交易时间的不同步而相继发生。但现实中期货市场并非完全开放，市场准入、交易成本、监管以及流动性等方面的差异将导致交易所之间在价格发现方面存在差异（华仁海、卢斌和刘庆富，2008），使得交易所之间的价格存在相互引导作用。我们称价格引导作用更强的交易所具有价格先导作用。如果一国期货交易市场在同种期货品种上相对于其他交易所均具有价格先导作用，说明该市场在国际市场中的影响力最大，享有的定价地位也最高。而如本章第二部分所述，一个期货市场的定价定位越高，其宗主国在国际定价权竞争中也就越有优势。

评价：该指标抓住了期货市场是现代大宗商品定价体系的核心这一特征，最接近现代大宗商品定价的事实，因而被广泛运用于国内外相关研究中[①]。但该指标也有一定缺陷，主要

---

① 参考 Booth、Brockman 和 Tse（1998），Covrig、Ding 和 Low（2004），张屹山、方毅和黄琨（2006），华仁海和陈百助（2004），夏天和程细玉（2006），孔哲礼和李辉（2008），华仁海、卢斌和刘庆富（2008）。

表现为该指标只能衡量几个期货市场之间的价格相互影响程度，而无法直接衡量一个期货市场在整个世界市场上定价权的大小。同时，该指标反映的是期货市场的定价地位，如前所述，期货市场定价地位与宗主国的定价权大小并不等同。此外，该指标计算过程较为复杂，具体方法并不统一。

（三）指标三：期货合约参考度 $S = QD/QW$

指标释义：QD 表示采用该国期货市场合约价格作为现货交易基准价格的现货交易量，QW 表示该商品现货的国际交易总量。

经济学含义：同种商品期货可能在不同期货市场上市，一个期货市场的商品期货合约价格在该类商品的国际现货交易中被参考得越多，运用范围越广，其影响力也就越大，享有的定价地位也就越高，其宗主国也就越有争夺商品国际定价权的优势。

评价：该指标结合了期货市场与现货市场，且能够衡量一个期货市场在整个世界市场上的表现。但在现代期货交易结构下，期货交易的规模已经远远超过现货交易规模，因此众多寻求价差交易的机构交易者并不会进行现货交割，且对越发达的期货市场而言，这种现象越明显。这可能会导致参照发达程度较低的期货市场合约价格进行交割的现货量占比，超过该期货市场的实际定价地位，从而产生高估；而对发达程度较高的期货市场则相反。

表 12－2　　　　　　　　　　　　大宗商品定价权指标

指标	指标释义	经济学意义
动态比价 $R = (PM_t/PM_{t-1}) / (PW_t/PW_{t-1})$	PM_t 和 PM_{t-1} 分别表示某一商品当年和上一年度的进口平均价格，PW_t 和 PW_{t-1} 分别表示该种商品当年和上一年度的国际权威价格	R 大于 1 表明中国进口价格呈现劣权化趋势，R 越大，劣权化越明显；R 小于 1 表明中国的进口价格呈现优权化趋势，R 越小，优权化越明显
价格先导作用 $\sigma_{D,F}$	$\sigma_{D,F}$ 表示国内期货市场某种期货价格对国外期货市场同种期货品种价格引导作用的大小	一国期货交易市场的交易价格对别国市场交易价格影响程度越大，说明该市场在国际市场中享有的定价权也越大，其宗主国在国际定价权竞争中也就越有优势
期货合约参考度 $S = Q_D/Q_W$	Q_D 表示采用该国期货市场合约价格作为现货交易基准价格的现货交易量，Q_W 表示该商品现货的国际交易总量	一个期货市场的商品期货合约价格在该类商品的国际现货交易中被参考得越多，运用范围越广，其影响力也就越大，其宗主国也就越有争夺商品国际定价权的优势

12.3　中国大宗商品国际定价权测度

12.3.1　各种商品定价权指标测度结果

考虑到相关数据的可获得性，本章仅使用动态比价法和价格先导作用两个指标来衡量现阶段我国大宗商品国际定价权的大小。这两个指标也恰好分别反映了我国在现货和期货市场两个市场上的定价权表现。具体测度过程和结果如下。

（一）动态比价测度结果

我们首先使用白明（2006 年）提出的动态比价指标来衡量 2006—2013 年我国几种重要大宗商品优劣权的变化趋势，并推测其可能反映的定价权变化轨迹，所得结果如图 12 - 3 所示。

如图 12 - 3 所示，我国进口原油动态比价在 2006—2013 年整体呈现一种围绕等权化水平线（动态比价等于 1 的水平线）小幅周期性波动的趋势，最大偏离度仅为 8%。这表明在 2006—2013 年，我国进口原油价格变动一直趋近于世界价格变动趋势，没有长期偏离世界价格的情况发生。从定价权的角度来讲，这说明我国在国际原油市场上可能具有一定的定价权，保障了国内原油进口价格的合理与稳定。

进口铁矿石的动态比价波动明显，整体呈现出一种先大幅下降，随后大幅上升，再大幅下降又上升的趋势。动态比价最低在 2007 年降到 0.78，最高在 2008 年达到 1.22。从 2011 年开始，铁矿石的动态比价逐渐趋于平稳，并且呈现出一种从劣权化向优权化发展的趋势。这说明在 2006—2010 年，我国进口铁矿石价格相较于世界平均价格而言呈现出一种较为剧烈的波动趋势，我国铁矿石定价权较弱，无法保障国内进口铁矿石价格的稳定，世界铁矿石价格被三大矿商牢牢掌握。但从 2011 年开始，我国进口价格开始趋于稳定，定价权有所增强。

进口铜的动态比价在 2006 年和 2007 年间波动较为明显，但从 2008 年开始趋于平稳，波动幅度基本在等权化水平线 2% 的水平内，且从 2009 年开始呈现出一种从优权化向劣权化缓慢发展的趋势。这说明在 2008—2013 年，我国掌握了一定的铜定价权，但这种定价权呈现出一种减弱趋势。

进口铝动态比价的波动幅度较大，尤其在 2007—2010 年从 1.21 降为 0.83，随后又升至 1.37，呈现出一种大起大落的态势。从 2011 年开始，铝动态比价开始趋于平稳，但仍有一定的波动幅度。这说明我国铝定价权较弱，无力保持国内进口铝价格的稳定。从 2011 年开始，我国铝定价权有一定程度的体现，但总体而言仍然较弱。

进口大豆动态比价的波动幅度较小，最大偏离度在 2008 年，为 15%。从 2009 年开始，进口大豆动态比价呈现出一种上升趋势。这些说明我国握有一定的大豆国际定价权，但这种定价权随着时间的推移有减弱的趋势。

进口橡胶动态比较波动幅度很大，最低在 2010 年，达到 0.7，最高在 2012 年，达到 1.36，且动态比价呈现出一种大幅下降——大幅上升的循环波动态势。这说明我国橡胶国际定价权较弱，使我国进口橡胶价格的国际表现时好时坏，而无力维持一种稳定态势。

进口原木动态比价也呈现一种大幅波动的态势，说明我国原木国际定价权较弱，无力保持进口原木价格相对于世界原木价格的稳定表现。

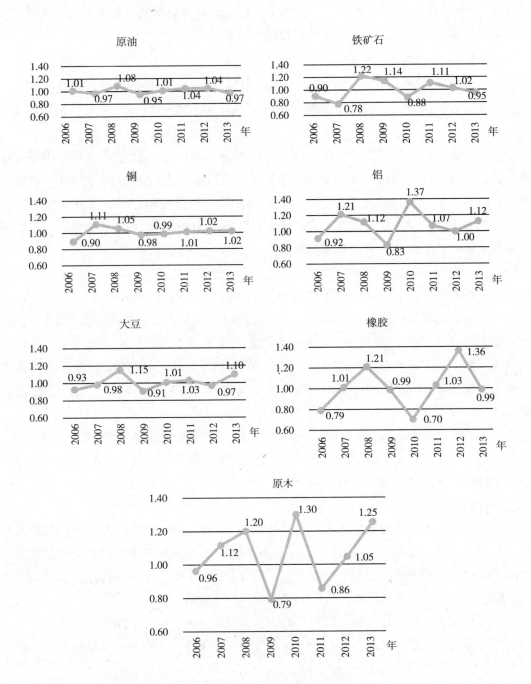

资料来源：国内进口商品数据来自中国海关总署，世界商品价格来自世界银行。

图 12 - 3 2006—2013 年我国部分大宗商品动态比价变化

【专栏 12 –2】

铁矿石谈判规则与中国铁矿石进口价格

铁矿石定价规则

铁矿石价格谈判长期使用"谈判首发定价"。这一机制始于 20 世纪 80 年代。在该机制下,铁矿石供应商和钢企等消费主体进行谈判,并确定一个财政年度内的铁矿石价格。价格一经确定,双方依照该价格在一年内执行。因此,拿下首发价对一整年的铁矿石供应影响巨大。

根据传统的谈判习惯,铁矿石需求方可分为以日本钢企为代表的亚洲市场和以德国钢企为代表的欧洲市场;铁矿石主要供应商为三巨头——巴西淡水河谷(VALE)公司、澳大利亚力拓(Rio Tinto Ltd)和必和必拓(BHP Billiton Ltd)公司。谈判惯例是任一钢企与任一铁矿石供应商达成一致,则谈判结束,供需双方均接受此价格为新的年度价格,即首发价格。供应商许诺与之后的钢企谈判时不会给更低的价格;钢企也会许诺,不接受其他矿山更高的涨价幅度。

中国铁矿石谈判历程与进口价格

伴随着中国经济的起飞,中国对铁矿石的需求猛增。进入 21 世纪后,中国成为全球最大的铁矿石进口国:2002 年,中国进口量首次超过 1 亿吨;2003 年,中国进口量超过日本;2008 年中国进口 4.4 亿吨铁矿石,占全球铁矿石交易量的 60%。

中国需求的猛增令全球铁矿石供需格局逐渐由松转紧,"谈判首发定价"水平也逐年上涨。为应对铁矿石价格上涨压力,中国开始参与国际铁矿石价格谈判。

2004 年,宝钢开始参与铁矿石国际定价谈判,但没有发挥实质性的作用,接受了新日铁公司的谈判结果:价格涨幅 18.6%。

2005 年,新日铁与淡水河谷公司达成涨幅 71.5% 的首发价,中国钢铁企业为此多付出 200 亿~300 亿元人民币的进口成本。

2006 年宝钢加大谈判力度,但德国蒂森克虏伯公司与淡水河谷公司最终达成涨幅 19% 的首发价,这使 2006 年我国进口铁矿石成本增加了 70 亿~80 亿元人民币。

2007 年由于中国钢铁企业走向联合,中国企业首度取得首发定价权。12 月 22 日,代表我国钢铁企业的宝钢集团与巴西淡水河谷公司就 2007 年国际铁矿石价格谈判达成一致,铁矿石价格上涨 9.5%。这是中国参与铁矿石谈判以来涨幅最低的一次。

在 2008 年的谈判中,由于上一年度铁矿石涨幅微小,矿商集体要求讨回损失,虽经过多轮谈判,但最终粉矿和块矿价格分别暴涨 79.88% 和 96.5%。

2009 年 5 月力拓与新日铁达成粉矿和块矿分别降幅 33% 和 44% 的谈判结果,但中国钢协咬定 40% 的降幅不松口,表态不跟随首发价;2009 年 8 月,中国钢协与三大传统巨头之外的铁矿商澳大利亚第三大铁矿石生产商 FMG(FMG 铁矿石总产量占中国需求量不足一成）达成新的铁矿石价格，粉矿和块矿分别下降 35.02% 和 50.42%。中国与三大矿山之间的谈判无果而终。

2010 年 3 月 24 日，淡水河谷宣布摒弃传统铁矿石长协机制，执行更灵活的定价模式。3 月 30 日，必和必拓宣布与许多亚洲客户达成短期价格协议，取代年度价格合同。4 月 9 日，力拓发表声明称正与客户协商季度定价方案，三大矿山联手埋葬了长协议。此后，国际铁矿石定价进入一个新的阶段，指数定价机制成为新的选择：基本上以普氏品位 62% 的铁矿石指数作为定价依据，以合同签署之前一个月内该指数的月度平均价格，或合同签署当月的前半个月平均价格为签订合同的价格基础。

（二）我国期货市场价格先导作用测度

根据收集到的数据，本节测度国内部分主要期货品种（包括铜、铝、大豆、小麦、玉米、燃油）是否在国际市场上具有价格先导作用。测度的比较对象为现阶段公认的该期货的国际交易中心。具体期货品种、市场和时间段如表 12 - 3 所示。

表 12 - 3　　　　　　　　　　期货品种①及数据时间段

期货种类	时间段
SFE、LME 铜期货	一期：2006 年 6 月 2 日—2008 年 8 月 31 日
	二期：2009 年 9 月 1 日—2013 年 12 月 31 日
SFE、LME 铝期货	同上
DEC、CBOT 大豆期货	2009 年 4 月 7 日—2013 年 12 月 31 日
CZCE、CBOT 小麦期货	同上
CZCE、CBOT 玉米期货	同上
SFE、ICE 燃油期货	2011 年 7 月 28 日到 2013 年 12 月 31 日

参照华仁海和陈百助（2004），张屹山、方毅和黄琨（2006）等人的做法，我们使用平稳性检验、Johansen 协整检验、Granger 非因果关系检验和方差分解技术等方法对国内外市场同种期货价格相互影响及作用的大小进行了分析，按品种对国内各期货品种的价格先导作用进行报告。

表 12 - 4 的 Johansen 协整检验结果说明，对于小麦、玉米和燃油期货而言，国内外期货市场价格不存在协整关系，即国内外市场价格间相互影响的作用不大。而国内外铜（两期）、铝（两期）、大豆期货价格之间则存在相互影响作用。

---

① 英文代码信息：上海期货交易所（SFE），伦敦金属交易所（LME），洲际交易所（ICE），大连期货交易所（DCE），芝加哥期货交易所（CBOT），郑州商品交易所（CZCE）。

表 12 - 4　　　　　相关品种在不同市场上期货价格的 Johansen 协整检验

		零假设	λtrace 统计量	5% 临界值
铜	一期	$r \leqslant 0$	16.78	15.49
		$r \leqslant 1$	4.36	3.84
	二期	$r \leqslant 0$	51.36	15.49
		$r \leqslant 1$	1.48	3.84
铝	一期	$r \leqslant 0$	30.73	15.49
		$r \leqslant 1$	6.32	3.84
	二期	$r \leqslant 0$	16.05	15.49
		$r \leqslant 1$	5.85	3.84
大豆		$r \leqslant 0$	15.68	15.49
		$r \leqslant 1$	4.13	3.84
小麦		$r \leqslant 0$	6.69	15.49
		$r \leqslant 1$	1.00	3.84
玉米		$r \leqslant 0$	5.29	15.49
		$r \leqslant 1$	1.17	3.84
燃油		$r \leqslant 0$	13.01	15.49
		$r \leqslant 1$	2.73	3.84

进一步地，表 12 - 5 的方差分解结果表明：

对于铜期货而言，金融危机前，SFE 铜对 LME 铜价格波动的贡献度最大不到 2%，且持续时间短暂，LME 铜对 SFE 铜价格波动的贡献度则很大且持续增加，最高达到 79%。而在金融危机后，SFE 铜对 LME 铜价格波动的贡献度在 1% 以下，LME 铜对 SFE 铜价格波动的贡献度则达到了 90% 左右。这说明在金融危机前后，LME 铜的价格相对于 SFE 铜的价格先导作用非常明显，且在危机之后进一步增强，而 SFE 铜则基本不具有价格先导作用。

对于铝期货而言，金融危机前后 SFE 铝对 LME 铝价格波动的贡献度均不到 1%，而 LME 铝能主导 SFE 铝约 50% 的价格波动（金融危机前最大为 45%，金融危机后最大为 57%）。因此，LME 铝相对于 SFE 铝的价格先导作用很明显，而 SFE 铝则不具有价格先导作用。

对于大豆期货而言，尽管 DCE 大豆仅能主导 CBOT 大豆不到 1% 的价格波动，但其对自身价格波动的主导作用达到了约 90%。这说明虽然 DCE 大豆相对于 CBOT 大豆仍不具有价格先导作用，但 CBOT 大豆相对于 DCE 大豆的先导作用也不是特别明显，国内大豆期货能在很大程度上主导自身价格。

表 12 – 5 　　　　　　　　　　　　方差分解结果　　　　　　　　　　　　单位：%

滞后期	SFE 铜对 LME 铜	LME 铜对 SFE 铜	SFE 铜对 LME 铜	LME 铜对 SFE 铜	SFE 铝对 LME 铝	LME 铝对 SFE 铝	SFE 铝对 LME 铝	LME 铝对 SFE 铝	DCE 大豆对 CBOT 大豆	CBOT 大豆对 DCE 大豆
	一期		二期		一期		二期			
1	0.000	14.059	0.000	33.588	0.000	6.876	0.000	11.588	0.000	1.210
2	1.242	54.852	0.161	67.187	0.351	28.588	0.092	36.428	0.012	5.218
3	1.800	63.783	0.252	76.052	0.368	31.525	0.129	44.857	0.016	6.310
4	1.633	68.770	0.231	80.266	0.415	34.840	0.098	48.638	0.020	7.189
5	1.370	72.067	0.177	83.417	0.441	37.016	0.077	51.452	0.024	7.871
6	1.237	74.206	0.197	85.662	0.466	38.980	0.064	53.855	0.029	8.474
7	1.118	75.835	0.211	87.057	0.488	40.707	0.057	55.293	0.033	9.030
8	1.004	77.145	0.228	88.110	0.507	42.304	0.058	56.197	0.038	9.559
9	0.903	78.230	0.244	88.954	0.526	43.797	0.064	56.881	0.043	10.072
10	0.822	79.131	0.287	89.641	0.543	45.208	0.075	57.381	0.049	10.575

（三）测度结果总结

动态比价的结果说明，从现货市场的价格表现来看，在 2006 到 2013 年，我国在原油、铜和大豆现货市场上可能具有一定的国际定价权，但铜和大豆现货定价权有减弱的趋势。而在铁矿石和铝现货方面，2011 年以后我国开始掌握一定的定价权，但仍影响力较小。在橡胶和原木现货方面，我国则基本不具有定价权。

价格先导作用的评估结果说明，在期货市场的价格表现中，国内外小麦、玉米和原油期货价格在两个市场间不存在引导作用。而对铜期货、铝期货和大豆期货而言，主要是国际期货市场价格影响国内市场价格，国内市场价格对国际市场影响微弱，且 2008 年金融危机之后，国际市场的铜期货和铝期货对国内市场价格的影响力有所增强，国内期货市场的定价权有所减弱。

两个指标的综合结果说明，我国只在小部分大宗商品现货市场具备一定的定价权，且这种定价权有减弱的趋势，而在大部分大宗商品现货市场和期货市场则均不具备定价权，现阶段我国大宗商品整体国际定价权状况不容乐观。

12.3.2　我国大宗商品国际定价权缺失原因分析

（一）现货市场因素

1. 跨国公司垄断与国内行业集中度低下。跨国公司对国际贸易的控制是我国在国际贸易中受制于人的重要影响因素。以大豆为例，目前的大豆国际贸易主要由以美国为主的粮商控制。他们除了代理本国大豆外，还控制着另一大豆主产区——南美州 90% 以上的大豆贸易权，我国大豆市场参与主体也主要通过美国粮商进行采购。在这种进口方式下，跨国公司通过中国购买的升贴水情况，可以掌握中国进口商机。而国际三大铁矿石巨头——巴西淡水河谷（CVRD）、英国力拓（Rio Tinto）、澳大利亚必和必拓（BHP Biliton）则垄断着铁矿石定价的主动权。

与跨国公司垄断相对应，目前我国众多行业产业集中度低，力量分散，无法与国际垄断势力相抗衡。以铁矿石为例，2005年2月中钢协和五矿商通过的《铁矿石进口企业资质标准和农保程序》审核后，具有铁矿石进口资质的企业达到112家，各企业在与三大铁矿石巨头的谈判中往往不同心同力，自然无力对抗国际三大铁矿石巨头的垄断力量。

2. 发达国家信息垄断。商品供求信息是影响期货价格走势的重要因素。在期货市场上，供求信息主要由发达国家的农业部、行业协会等机构定期向全球发布，是市场信息的主要来源。尽管国内政府部门、行业协会和一些信息服务企业都在不同程度上提供行业经济信息，但各部门和单位提供的信息在数量和质量上都远不能满足市场需求，彼此之间更缺乏取长补短的合作，导致整个公共信息服务的低效与缺位。因此，中国企业只能依靠外国数据，而难以对国内供求形势作出正确判断，甚至被外国数据误导，盲目高价进口。例如，在2004年的"大豆采购风波"中，美国农业部发布的预期2004年世界大豆减产的报告是引起国内企业高价采购的重要原因。

3. 资源供应和储备体系不健全。我国许多大宗商品对外依赖程度较高，要提升定价能力需要加强供应保障。而我国的资源供应和储备体系不健全，很大程度上制约了资源供应能力。一方面，国内资源有限或是开发不足，无法满足日益增长的需要，导致进口数量逐年增加；另一方面，在海外资源供应上，进口渠道和进口来源比较单一，供应过分依赖于某些供应商。这样必然导致我国受制于人，无法充分发挥定价影响力。在储备方面，目前我国在战略资源储备方面仍处于起步阶段，在很多商品上，我国还没有建立起战略储备体系，无法通过战略资源储备来调节短期的供需紧张状况，保障供应，平抑价格的大幅度波动。值得一提的是，虽然有些资源是我国的优势资源，但如果不能够有效地建立和扩大资源储备，资源优势就很难维持，进而定价话语权也难以得到保障。

（二）期货市场因素

首先，我国期货市场起步较晚，没有参与到国际期货交易规则的制定过程中，丧失了取得定价权的先机。并且我国交易所的交易规则内容相对简单，部分条款解释模糊，规则变动风险大，而且具有很强的行政干预色彩。比如在2008年国庆长假后国内期货交易所强制要求空头平仓的行为，虽然抵御了国际期货市场价格暴跌的风险冲击，但对正常参与交易的空头方造成了极大的损失，也损害了规则认可度，以及这种规则之下产生的交易价格的认可度和影响力。

其次，我国对期货市场参与行为的管制极为严格。一方面，国内期货市场仅仅对外资落地企业或者拥有本国公司控股权的外国企业、机构开放，而不对未落地企业和机构开放。另一方面，我国对本国企业和机构参与国际期货市场的限制也极为严格，仅31家获得许可的国有企业才能直接参与国际期货市场中的期货交易。这种市场的双向封闭性，阻碍了交易者在国内外期货市场间自由的价差套利等交易行为，使得国内期货市场难以通过这一交易方式去影响国际期货价格。

再次，我国对新期货品种的上市审查极为严格，新期货品种上市具有周期长、不确定性高等特点，这既导致当前我国期货市场上品种稀少，阻碍了我国期货市场品种的扩充和市场结构的完善，也造成我国期货市场无法完全发挥套期保值和稳定经济运行的功能，不利于我国期货市场抢占某些新期货品种的国际市场，扩大国际影响力。

此外，成熟的期货品种要求其现货价格具有充分的竞争性，然而国内众多商品价格均受到较为严格的管制，如燃油价格由发改委调整等，这损害了我国相关期货品种的国际认可度，国际影响力更无从谈起。

最后，我国缺乏机构期货投资者和专业人才。现代期货市场上，寻求价差交易的机构投资者占据着市场主体地位，这些机构在不同期货市场间的套利行为是期货市场价格传递的重要渠道，当前国内期货投资者开户数约为 187 万户，其中机构投资者仅为 5 万户，不足3%，远远低于国际成熟市场。专业机构投资者和专业人才的缺乏，阻碍了国内期货市场价格的对外传递。

12.4　结论与展望

本章通过构建相关指标并予以评估，发现 2006 年至今，我国多种大宗商品均面临着定价权缺失的局面，整体上我国大宗商品定价权现状不容乐观。而现货市场和期货市场发展的诸多不足也制约着我国增强自身国际大宗商品定价权的步伐。但当前我国也面临着增强大宗商品国际定价权的有利的外部条件。

金融危机以后，由于大宗商品国际交易量的萎缩和欧美国家对投行大宗商品业务监管的加强，自 2013 年以来，国际大投行纷纷宣布剥离或者退出大宗商品业务，拥有完整大宗商品业务的全球性投行只剩下花旗和高盛。国际投行的退出在国际大宗商品市场中留出了巨大空间，而中资机构趁此机会也纷纷进驻，已有多家国内交易机构取得了国际定价中心的清算会员资格。这意味着以后国内企业在这些市场中的交易不必再通过外资机构之手，信息泄漏的风险减小。同时，清算会员的信息优势也有利于国内机构充分了解市场动向，作出有效规避市场风险的投资行为。此外，中资机构对外资大宗商品业务的收购也有利于从中学习更多的交易经验，增加对国际期货交易规则的了解和运用熟练度。

然而，尽管顶级投行的离场为我国进一步融入国际大宗商品贸易的核心圈层，增强自身大宗商品定价权提供了难得的机遇，但也应清醒地认识到其离场背后的一大原因——近年来大宗商品国际贸易萎缩，利润大幅缩水的事实，并为此做好充分的应对准备，以免沦为接手一堆没有价值的空壳机构的局面。此外，在拓展海外业务的同时，还应加强我国市场建设，做到以下几点：

1. 加快推进我国期货市场的建设进程。我国期货市场国际定价权缺失是导致我国大宗商品定价权缺失的核心原因。要提升我国大宗商品定价权，必须加快推进我国期货市场的建设进程。首先，应当注重对国内期货交易所交易规则的改进，完善制度设计，更加注重公平、公正和公开性，充分发挥市场功能，减少行政干预色彩。其次，应当加深国内期货市场的对外开放程度，逐步允许更多的国际投资者进入国内市场，同时开放国内机构参与国际市场的期货交易。再次，加快新期货品种上市的速度，逐步完善期货结构。最后，还要注重培育机构投资者和各类期货人才，增强国内参与者参与国际期货交易的实力，保障国内期货市场在开放程度扩大后的自主权。

2. 加强行业信息和谈判力量整合，推动国内信息搜集和披露体系的建设。行业集中度低、力量分散导致国内企业在国际谈判中经常处于下风，整个行业必须接受不合理的进出口价格，而缺乏有效信息来源则使国内企业更易在国际贸易中受制于人。为此，必须加强行业谈判力量的整合，避免行业谈判同盟的貌合神离。此外，还应注重对国内外市场相关信息的搜集整理，建立及时可靠的信息来源，帮助国内企业正确制定采购决策，避免为外国机构所左右。

3. 拓展进口渠道，建立战略安全储备。我国现在众多依赖进口的大宗商品进口来源单一，很容易在谈判中被对手方挟持，失去定价的主动权。为解决这一问题，必须拓展进口渠道，实现进口来源的多元化，以分散风险，摆脱受制于人的局面。此外，还应加快建立重要大宗商品资源的战略安全储备体系，以调节短期的供需紧张状况，保障供应，平抑价格的大幅度波动，增加争夺商品定价权的筹码。

【专栏 12 –3】

顶级投行离场国际大宗商品贸易

顶级投行纷纷剥离大宗商品业务

2014 年 4 月 22 日，国际大宗商品领域五大投行之一的巴克莱银行拟于当周宣布退出大部分的金属、农产品和能源业务，将贵金属交易并入外汇交易部门。

巴克莱并不是第一家减持大宗商品业务的国际投行，过去几年，多家顶级投行纷纷减持了大宗商品业务：

2013 年 7 月，高盛抛售了电子交易软件业务 REDI 的大部分股权，同年 11 月高盛出售铀矿交易部门。

2013 年 8 月瑞银集团减持了场外大宗商品衍生业务。

2013 年 12 月，德意志银行退出能源、农产品、基本金属、煤炭与铁矿石的交易，只保留贵金属业务。

同年，摩根士丹利将其大部分石油交易业务卖给了俄罗斯石油公司 Rosneft。

2014 年，美银美林关闭欧洲电力与天然气销售交易部，削减碳交易团队。

2014 年 3 月，摩根大通以 35 亿美元出售大宗商品实体资产和交易业务。

如果巴克莱减持大宗商品业务，那拥有完整大宗商品业务的全球性投行将只剩下花旗和高盛。

投行离场原因：交易量萎缩和监管设限

顶级投行抛售大宗商品业务的原因主要是交易量下降和越来越严厉的监管。

一方面，由于大宗商品价格下跌，交易量萎缩，已经无法给投行带来可观的利润。

过去五年内，华尔街大宗商品交易收入下降约 2/3。根据摩根士丹利的报告显示，该行 2009 年大宗商品收入 46 亿美元，但 2012 年收入仅 5.75 亿美元，缩减 87.5%。

另一方面，严厉的监管令投行难以维系。金融危机之后，根据《沃尔克法则》，银行禁止使用自有资金参与交易，抑制了大宗商品的活跃程度。过去几年，多数银行都缩减了自由交易规模，并且几乎每一家大投行都涉嫌大宗商品价格操纵而被调查，并蒙受损失。2013 年 8 月，伦敦金属交易所、高盛、摩根大通以及瑞士大宗商品巨头嘉能可（Glencore Xstrata）被指操控金属仓储市场及铝价。

巴克莱银行于 2013 年收到了来自美国联邦能源监管委员会的指控，认为巴克莱银行操纵能源市场，涉及罚金高达 4.7 亿美元。巴克莱银行不接受这一惩罚，双方对簿公堂。

与巴克莱银行同属大宗商品五大银行之一的德意志银行也同样未能逃过此劫，2013 年底，英国金融市场行为监管（FCA）调查伦敦黄金定价内部交易，德意志银行涉案。同期，德国联邦金融监管局（BaFin）要求德意志银行提供操作金银价格的相关文件。

中资机构进驻国际期货交易所

与国外顶级投行纷纷撤离国际大宗商品交易领域相反的是，中资机构开始逐步入驻国际大宗商品交易的核心圈层。

2012 年 4 月，中银国际获得伦敦金属交易所的清算会员资格，成为第一家可以在该交易所直接提供交易及清算服务的中资机构，并且率先陆续取得 CME 集团四家交易所（CME、CBOT、NYMEX 和 COMEX）以及 LME、ICE 的清算会员资格。

2013 年 7 月，南华期货（香港）公司也成为 CME 集团四家交易所的清算会员。

2013 年 7 月底，广发期货（香港）公司收购了英国 NCM 期货公司 100% 股权，间接拥有了 LME、ICE、Liffe 等交易所的交易和清算资格，目前已经成为 LME 首家中资圈内会员。

2013 年 11 月，招商证券旗下全资部门招商期货（香港）公司获准成为 CME 集团四家交易所的清算会员。

与此同时，中国工商银行收购了南非标准银行（Standard Bank）的大宗商品交易业务。而广发证券等机构也已经步入收购国外大宗商品交易部门的进程。[①]

---

① 资料来源：网易财经期货频道。

参考文献

［1］白明：《从进口原油，铁矿石和铜的贸易看中国如何取得国际定价权》，载《中国物价》，2006（3），23～26页。

［2］陈锐刚、李艺、汪寿阳等：《定价权之痛：铁矿石价格高涨的背后》，载《MADIS 政策研究报告》，2005年6月。

［3］方毅、张屹山：《国内外金属期货市场"风险传染"的实证研究》，载《金融研究》，2007（05A），133～146页。

［4］胡天宇、黄竞：《基于 VAR 模型的中美大豆期货市场国际关联性研究》，载《湖北科技学院学报》，2013，33（10），48～50页。

［5］华仁海、陈百助：《国内国际期货市场期货价格之间的关联研究》，载《经济学（季刊）》，2004，3（3），727～742页。

［6］华仁海、卢斌、刘庆富：《中国期铜市场的国际定价功能研究》，载《数量经济技术经济研究》，2008，25（8），83～93页。

［7］黄先明、孙阿妞：《"三位一体"争取大宗商品进口的国际定价权》，载《价格理论与实践》，2006（4），21～22页。

［8］刘川川、何凌云、安毅等：《DCE 与 CBOT 玉米期货价格关联性实证研究》，载《安徽农业科学》，2009，37（30），14899～14903页。

［9］刘晓宇、王骏：《中美玉米期货市场国际关联性研究：基于日数据的实证分析》，载《中央财经大学学报》，2009（5），37～42页。

［10］王骏、蒋荣兵：《全球三大植物油期货市场国际关联性研究》，载《南京农业大学学报：社会科学版》，2008，8（3），30～37页。

［11］王骏、蒋荣兵、刘亚清：《世界玉米期货市场国际关联性研究：基于中美日三国实证分析》，载《中国农业大学学报》，2008，13（3），43～50页。

［12］夏天、程细玉：《国内外期货价格与国产现货价格动态关系的研究》，载《金融研究》，2006，2，110～117页。

［13］杨建辉、杨仁美：《我国燃料油期货市场与国际主要期货市场相关性实证分析》，载《市场经济与价格》，2011（2）：26～30页。

［14］杨朝峰、陈伟忠、张黎：《期货价格与现货价格关系实证分析》，载《经济管理》，2005（2），12～16页。

［15］曾才生：《大宗商品国际定价权的金融视角分析》，载《求索》，2010（11），51～53页。

［16］张光平：《上海期铜与国际期铜市场相关性分析》，载《期货日报》，2003（8），12～24页。

［17］Booth G. G., Brockman P., Tse Y., "The Relationship Between US and Canadian Wheat Futures", *Applied Financial Economics*, 1998, 8（1）: 73 – 80.

［18］Covrig V., Ding D. K., Low B. S., "The Contribution of a Satellite Market to Price Discovery: Evidence from the Singapore Exchange", *Journal of Futures Markets*, 2004, 24（10）: 981 – 1004.

［19］Fortenbery T. R., Zapata H. O., "An Evaluation of Price Linkages Between Futures and Cash Markets for Cheddar Cheese", *Journal of Futures Markets*, 1997, 17（3）: 279 – 301.

［20］ Garbade K. D. , Silber W. L. , "Price Movements and Price Discovery in Futures and Cash Markets", *The Review of Economics and Statistics*, 1983：289 – 297.

［21］ Ghosh A. , "Cointegration and Error Correction Models：Intertemporal Causality Between Index and Futures Prices", *Journal of Futures Markets*, 1993, 13（2）：193 – 198.

［22］ Haigh M. S. , "Cointegration, Unbiased Expectations, and Forecasting in the BIFFEX Freight Futures Market", *Journal of Futures Markets*, 2000, 20（6）：545 – 571.

［23］ Kavussanos M. G. , Nomikos N. K. , "The Forward Pricing Function of the Shipping Freight Futures Market", *Journal of Futures Markets*, 1999, 19（3）：353 – 376.

［24］ Xu, X. , & Fung, H. (2005), "Cross – market Linkages between U. S. and Japanese Precious Metals Futures Trading", *International Financial Markets*, *Institutions & Money*, 15, 107 – 124.

第 13 章　中国货币危机预警评估

13.1　货币危机理论

13.1.1　货币危机的含义

货币危机的产生，实际上由来已久。在 20 世纪 30 年代，货币危机几乎席卷了整个资本主义国家。第二次世界大战后，货币危机主要发生在欧洲和日本。然而，到了 20 世纪六七十年代，美国和英国均发生过货币危机。20 世纪 70 年代中期之前，在布雷顿森林体系下的金本位时期，由于以黄金和美元为主导的外汇市场的运行比较稳定，很少发生严格意义上的货币危机。因此，这一阶段对货币危机的研究还不是很深入。随着布雷顿森林体系的崩溃，货币危机发生的频率增加，范围也由几个主要资本主义国家扩大到其他国家。于是，货币危机问题的研究开始成为一个独立的研究主题。

货币危机问题研究的兴盛，不断促进了货币危机概念与内涵的发展。目前，主要存在以下几种理解：Kaminsky（2008）指出，货币危机是指国内货币突然贬值，中央银行的外汇储备大量损失，以及国内利率急剧上升的一种状态。他认为，当投资者产生货币贬值慌恐而出现集体逃离时，货币危机就发生了。Eichengreen、Rose and Wyplosz（1996）将"货币危机"定义为"汇率、利率和外汇储备变动的加权超出其平均值 2 个标准差"。Kaminsky、Lizondo和 Reinhart（1998）把货币危机定义为："对一国货币的冲击导致货币大幅贬值，或外汇储备大幅减少，或者两者兼而有之"。尽管货币危机的发生存在很多方面的共同之处，但由于发展水平、汇率制度、经济环境等不同，汇率或外汇储备的相同变化可能会对不同的国家产生不同的影响。因此，对"货币危机"进行定义时，应该考虑不同国家自身的特点。国际货币基金组织（IMF）将"货币危机"定义为：来自投机的冲击所导致的一国货币大幅度贬值，或迫使该国金融当局为保护本币而动用大量的国际储备或者急剧提高利率。

实际上，货币危机主要是指货币对外价值的危机，即汇率危机。如果一国政府不能维持其货币对外价值处于一定的合理水平，那么该国就可能发生货币危机。货币危机，可以看做是广义金融危机的一种表现形式，也可以被认为是狭义的金融危机。根据货币危机的概念，如果货币危机发生，通常的表现是固定汇率制度崩溃或者被迫调整（如货币法定贬值、汇率浮动区间扩大等)、国际储备急剧减少(即国际收支发生危机),以及本币的利率发生大幅度上升等。

13.1.2 三代货币危机理论

20 世纪 70 年代末以来,由于经济学家在建模方法上的突破及货币危机的频繁爆发,有关货币危机的文献急剧增加。在短短 20 年左右的时间里,已经出现了所谓的"三代货币危机模型":即以 Krugman(1979)、Flood and Garber(1984a)为代表的第一代模型,以 Obstfeld(1994)为代表的第二代模型,以及亚洲金融危机之后以 Corsetti-Pesenti-Roubini(1998)、Chang-Velasco(1998)和 Krugman(1999)为代表的第三代模型。

(一) 第一代货币危机模型

Salant 和 Henderson(1978)、Krugman(1979)在研究货币危机方面取得了突破性进展,填补了这一理论空白。在 Hotelling(1931)的基础上,Salant 和 Henderson(1978)通过构建一个用来分析投机对黄金价格的冲击模型,研究了金本位制下投机者对作为货币储备的黄金价格的冲击及其影响。这一研究解释了为什么投机者会突然对黄金价格进行冲击并且耗尽政府的剩余黄金储备,其重要贡献就在于认识到放弃固定黄金价格制的时间是内生的,即由投机者的行为决定。Krugman(1979)则把 Salant 和 Henderson(1978)的模型进行了拓展,并应用于固定汇率的投机行为,从而构建了基于投机冲击的货币危机模型。在 Krugman 的模型中,对汇率的投机性冲击被看做是投资者改变其资产组合(即本币与外币的比例)的过程。该模型强调,对汇率的投机性冲击是由政府持续的国内信贷扩张而引起的,因此货币危机的发生是必然的。由于模型的非线性,Krugman 没有获得固定汇率崩溃时间的显式解。Flood 和 Gerber(1984)构建了一个线性模型而简化 Krugman 的模型,获得了投机冲击时间的显式解,从而完成了第一代货币危机理论的基本模型。在这一模型中,一个小国的中央银行把本国货币钉住某一大国的货币,从而将大国的价格水平(对数值)和利率进行参数化处理。Flood 和 Garber(1984)第一次引入国内信贷增长的不确定性,构建了一个离散随机模型。在该模型中,国内信贷增长率被设定为围绕一个具有确定趋势的增长率的随机波动。随后,这一模型被应用于很多经验分析中,如 Cumby 和 Wijbergen(1989)分析了阿根廷的危机,Garber(1990)研究了墨西哥的危机,Grilli(1990)探讨了美国 1894—1896 年的情况。

第一代货币危机模型是一种简单而颇具启发性的研究,强调经济基本因素的第一代模型采用的是货币主义的理论基础,即国际收支货币论,暗含的基本假设是经济处于长期就业均衡、货币是中性、不影响实际变量、货币需求是收入的稳定函数。它通过模拟一国的货币政策以及市场的理性预期行为,揭示了投机性货币冲击的一种根源是汇率与国内宏观政策的多元冲突。但是,它是模仿小国的模型,假设太多,与现实的距离太远。尽管经过不断修正,第一代模型的缺陷在一定程度上得到了弥补,能够有助于解释发展中国家的投机性冲击的实质,但模型固有的缺陷使之无法揭示更复杂的现实情况及其背后的经济原理。

（二）第二代货币危机模型

第二代货币危机模型的形成，主要归功于 Obstfeld（1995，1996）、Drazen and Masson（1994）、Masson（1995）、Ozkan and Sutherland（1995）和 Bensaid and Jeanne（1997）。在这些研究中：一方面，模型能产生多重均衡的结果，且多重均衡解的存在基础是"自我实现的预期"；另一方面，模型中明显地将政府选择进行参数化，且让政府以一个追求最优化的参与者出现，并通过估计维持固定汇率所付出的成本与得到的收益，来决定是否放弃固定汇率。

Obstfeld（1995）构建了一个名义利率模型，假定政府在预算约束下，最小化其损失函数，并根据最小化的一阶条件得出政府的反应函数，而市场的反应函数则为无抛补利率平价。于是，联立两个反应函数，就可以得到两个均衡点。Obstfeld（1996）研究了高失业导致的具有自我实现特征的货币危机。Drazen and Masson（1994）、Masson（1995）将不确定性引入政府的目标函数，即政府的类型是不确定的，并研究了这种不确定性与经济基本面的相互作用。在 Drazen and Masson（1994）的基础上，Masson（1995）把模型置于多阶段的情形，并采用贝叶斯法则加以修正。Ozkan and Sutherland（1995）研究了延长固定汇率寿命的一系列的政策措施。Bemsaid and Jeanne（1997）分析了提高名义利率对政府最痛苦时的固定汇率体系的稳定性。Drazen（1999）假定政府可以采用两种方法来保护固定汇率，即提高利率或借入外汇储备。因此，政府决策的一个重要特征就是：它是一种信号——传递了政府对外借入储备的能力和保护汇率的决心。

在弥补第一代模型简单假设、机械规定行动规则以及忽视经济的整体框架方面，第二代模型具有明显的作用。一方面，政府被赋予更现实的行动准则，能够主动根据实际情况，在多重目标之间进行权衡，决定是否继续维持固定汇率，而汇率制度的选择不再是一成不变的，反映了其经济理性；另一方面，模型充分考虑到了预期因素与实际因素及政策选择的相互影响，发展了具有理性预期的行为者的动态博弈，并认为货币危机是自我实现的。第二代模型的发展是建立在20世纪80年代末期以来对货币危机（如1992年的英镑和意大利里拉的危机，1995年的墨西哥危机等）进行研究的基础上，提高了模型解释实际问题的功效。

但是，应该看到，注重预期因素和心理因素，恰恰造成模型缺乏客观的检验标准。多重均衡和"自我实现"只是在逻辑上证明了其可能性，但由于过多强调市场心理因素，而心理因素又缺乏客观性，很难用数据进行检验，且第二代货币危机理论无法解释东亚货币危机现象。因此，第二代模型在检验和预测方面还需进一步提高。

（三）第三代货币危机模型

1997东南亚金融危机后，第一代、第二代货币危机模型已经不能很好地解释危机爆发的原因。第三代货币危机模型在这样的背景下产生，也称为货币危机新论，主要归纳为道德风险理论、金融恐慌理论和资产负债表理论。

1. 货币危机的道德风险模型。Corsetti、Pesenti 和 Roubini（1999）系统而清楚地阐述了货币危机的道德风险观点。假定政府对公司和金融的投资进行担保，那么国外的债权人就愿意为那些即使是无利可图的工程或者缺少资金的企业进行融资。实际上，这一行为既造成了过度借贷，又导致了不可持续的经常账户赤字。在危机爆发前，政府的财政赤字也不一定很高。如果国外的债权人不愿意对国内企业的损失进行融资时，这就迫使政府介入，以期挽救这些企业。对于这种情形，需要一个重要的假设，即政府的偏好假设：当货币危机发生时，如果政府对困境中的企业置之不理，那么政府的效用就会降到最低点。因此，政府必定会帮助企业还债。然而，为了满足偿付债务的需要，政府就必须采取适当的国内改革，或可能求助于铸币税收入。根据第一代货币危机模型，这种扩张性融资的预期会导致对本国货币的冲击，从而引发货币危机。

2. 货币危机的恐慌模型。根据货币危机的恐慌模型的观点，东南亚货币危机的本质与经典的银行挤兑模型 Diamond and Dybvig（1983）并没有什么不同，所不同的只是前者是在国际程度上的挤兑而已。Radelet and Sachs（1998）以 22 个新兴市场国家 1994—1997 年的面板数据为样本，运用 Probit 模型对新兴市场国家的货币危机进行了经验分析。他们发现，货币危机与经济基本面（如经常账户、实际汇率、腐败水平等）的关系不大。但是，他们认为货币危机的发生与短期外债和外汇储备的比率之间存在显著的关系，而与长期外债和外汇储备的比率却无显著的关系。因此，他们认为危机发生的国家不是从长期上无力偿还外债，而是短期的流动性不足。这是一种自我实现的恐慌心理，使得外资撤离该国或该地区，导致了该国或该地区资产价格的下降以及货币的贬值。Chang and Velasco（1998a）把 Diamond - Dybvig 模型扩展到一个小型的开放经济体系中，建立了一个只能有限进入资本市场的开放小国模型，来分析由于流动性不足而导致的货币危机，并解释了东南亚货币危机的主要特征。他们认为，国内金融体系缺少国际流动性是问题的关键，缺少流动性的银行是货币危机产生的充要条件；同时，国内金融自由化和外资的流入，加重了国内银行的非流动性以及面对外生性冲击和应付市场预期变化的脆弱性。

3. 货币危机与资产负债表。Krugman（1999）认为，运用道德风险模型和金融恐慌模型来解释东南亚危机，忽略了以下因素：公司的资产负债表决定其在投资方面的作用，以及资本流动在影响实际汇率方面的作用。为此，Krugman（1999）提出了一个比较"第三代模型"的雏形。

由于出发点不同，上述三个模型的政策建议也迥然不同。根据道德风险模型，危机是危机发生国制度扭曲的必然结果，这个苦果只能通过危机发生国自己来消化，而外界的援助只会使国际层面的道德风险问题更加严重。同时，危机的预防也只能通过取消政府担保和加强金融监管来实现。但是根据流动性危机模型，危机处理中最重要的就是避免恐慌性的资本流出，通过对短期资本流入的适当限制、建立国际层面的最后贷款人机制和债务协商机制来实现危机的防范。Krugman 的模型则预示着一种更为艰难的政策选择。在危机袭来时，政府选择贬值会使企业因外债加重而破产，政府利用紧缩的政策来保卫固定汇率，则又会使企业因国内经济萧条而破产。在这种情况下，可以考虑实行暂时的资本管制，以此来切断利率和汇率之间的联系。在危机的防范上，不仅短期外债应该受到限制，而且所有以外币定值的债务都应该受到限制，因为它们都会在本币贬值时使企业的净值减少。

货币危机模型是从货币危机可能爆发的原因进行建模。虽然已有三代货币危机模型，但是对这一现象的认识还不够深入。货币危机模型如此快地"升级"，恰恰反映了它的不成熟，旧理论不断地被新理论所替代。

【专栏 13-1】

1997—1998 年东南亚金融危机

一、事件描述

1997 年泰国金融危机是由货币危机引发的，进而引起了整个东南亚地区的金融危机和货币危机。泰国政府在动用外汇储备干预市场失败后，宣布放弃实行了 13 年的固定汇率制度，实行浮动汇率制度。而东南亚国家相互投资关系密切，泰国金融危机的爆发使东南亚国家海外投资受到影响，进而使各国金融市场受到冲击。当时，东南亚国家普遍存在较大规模的外债，因此金融危机迅速传播，影响到印度尼西亚、韩国、马来西亚和菲律宾等东南亚国家的金融市场，东南亚地区的外资纷纷撤离，整个东南亚地区都爆发了金融危机。

二、事件经过

第一阶段：泰国危机，这场危机从泰铢贬值开始。1997 年 7 月 2 日，泰国被迫宣布泰铢与美元挂钩，实行浮动汇率制度，当日泰铢汇率狂跌 20%。

第二阶段：东南亚危机。东南亚危机是泰国货币急剧贬值在亚洲地区形成的多米诺骨牌效应。7 月 11 日，菲律宾宣布允许比索在更大范围内与美元兑换，当日比索贬值11.5%。同一日，马来西亚通过提高银行利率来阻止林吉特进一步贬值。印度尼西亚被迫放弃本国货币与美元的比价，印尼盾 7 月 2 日至 14 日贬值了 14%。在东南亚各国货币汇率连创历史新低，之后韩国等国家的汇市和股市接连下挫，大批金融机构倒闭，失业增加，经济衰退。中国台湾、中国香港以及其他东南亚国家的金融市场也承受着巨大压力。

第三阶段：全球金融动荡。1997 年东南亚地区的金融危机，虽受到全球关注，但进入 10 月中旬以后，危机不仅没有得到有效遏制，反而愈演愈烈，撼动了东亚各国的金融体系，影响了全球金融市场。香港恒生指数的大滑坡引发了多个主要新兴市场的连锁反应，甚至连东京、纽约和欧洲各主要金融市场也无法幸免。全球股市的下跌进一步加重了东南亚地区的股灾，一场大风暴席卷了全球金融市场。

三、事件分析

1997 年东南亚金融危机爆发的原因，可分为直接触发因素、内在基础性因素和世界经济因素。

直接触发因素：国际市场上游资的冲击，即国际上的投机机构的存在；亚洲一些国家的外汇政策不当。为了吸引外资，一方面维持固定汇率，一方面又扩大金融自由化，给投机机构提供了机会；维持固定汇率制度，这些国家长期动用外汇储备弥补逆差，导致外债增加。

内在基础性因素：透支性经济高增长和不良资产的通货膨胀。为了维持高增长，这些国家转向外债维持，但经济发展得不顺利，到 20 世纪 90 年代中，一些国家不具备还债能力；市场体制发育不成熟，一方面政府过度干预，另一方面市场监管体制不完善。

世界经济因素：经济全球化带来的负面影响；不合理的国际分工、贸易和货币体制，对第三世界国家产生不利影响。

1997 年由泰国货币危机引发的东南亚金融危机，使东南亚国家许多金融企业、工商企业破产，实体经济遭受了严重的冲击。因此，对于货币危机的预警愈来愈引起学者的注意。

13.2　货币危机预警体系及方法选择

20 世纪 80 年代以来，货币危机频繁发生，给危机发生国以及整个世界经济带来了严重后果。如何有效地防范货币危机，最大限度地减少损失，成为所有国家共同面临的问题。因此，建立货币危机预警体系是重要防范措施之一，学术界对危机的预警以及防御也进行了大量的研究。货币危机预警体系（Currency Crisis Forecasting System）是指应用某种统计方法预测某国或某经济体在一定时间范围内受到投机冲击以致引发货币危机可能性大小的宏观金融监控系统，它包括指标体系、预警模型、必要的法律框架和组织机构，以及提高工作效率的管理信息系统等。

13.2.1　近期货币危机的预警模型

（一）信号分析模型（KLR 模型）

该模型由 Kaminsky、Lizondo 和 Reinhard（1998）首先提出。在该模型中，通过选取一组月度指标，并监控这些指标的月度信号，以期预警货币危机。在实际监控中，对每一指标信号设定一定的阀值，如果超过这一阀值，就会预警货币危机的发生。由于 KLR 模型中各个变量的分析是单独进行的，故在本质上是一个单变量模型。为了克服 KLR 模型的单变量属性，Kaminsky（1999）进一步对发生货币危机信号的指标进行综合，提出 4 个危机预测的复合指标，其中的一个指标是对各个预警指标发出信号数的简单加总，另外 3 个复合指标分别对指标时间延续性、指标分布不均衡和指标不同权重加以考虑。扩展后的 KLR 模型能够利用多个复合指标更好地发送预警信息，改善预警效果。Kaminsky（2003）又进一步提出了多状态（multiple‑regime）KLP 模型。信号分析模型经过不断修正完善，已经成为了使用最广泛的货币危机预警模型，但该模型也存在一些不足：（1）信号分析模型主要以宏观经济环境为背景，忽略了政治性事件和一些其他事件对货币危机爆发的影响；（2）无法对预警程度进行细致的度量；（3）无法区别各个指标对危机预警的有效程度。在特定的环境中，不同指标对危机预警的有效程度还是不同的；（4）虽然通过加权平均解决了预警指标的单一化问题，但由于各变量之间的相互关系仍未考虑，故无法体现各指标在预警中的关系。如过半数指标超过阈值发出预警信号，但若剩余的指标处于较好的水平，则很可能在整体上抵消这些超过阈值的指标带来的负面影响。

（二）离散选择模型（FR）

针对信号分析模型的这种不足，有些学者提出了离散选择模型，其最重要的突破是通过引入新的解释变量扩展模型，同时考虑所有相关的变量。代表性研究主要有：Frankel and Rose（1996）的概率单位模型（Probit model）。该模型是通过对一系列前述指标的样本数据进行极大似然估计，以确定各个引发因素的参数值，从而根据估计出的参数，建立对外估计某个国家在某一年发生货币危机的可能性。根据这一模型，货币危机被定义为：名义汇率贬值至少 25% 以上，且本年度汇率变动超过上一年度汇率变动的 10% 以上。Bussiere 和 Fratzscher（2002）认为二元 Probit 模型混同了危机前的诱发期和危机后的恢复期，但实际上这两个时间危机预警指标的表现具有很大的差异。因此，他们将外汇的变动分为三种时期，即货币危机的平静期、诱发期和恢复期，在此基础上，提出使用三元应变量 Logit 模型进行危机预测。该模型对 32 个国家从 1993 年 12 月至 2001 年 9 月的月度数据进行检验，其效果较好。

离散选择模型从二元拓展到多元，模型的预测值较好地解释了危机发生的概率，但也存在一些不足，主要有：（1）模型将连续变量转换到二元或多元离散变量后，存在信息的损失，且没有确立一个根据预警危机和避免噪声的能力对变量进行排序的标准；（2）对于不同的国家，不同指标的重要性是不同的；（3）由于变量之间可能存在多重共线性，限制了指标的选择，最终影响模型的准确性。

（三）马尔科夫状态转移模型

马尔科夫状态转移模型（Markov – switching Model）是体制转换模型中最常见的形式。它将结构性的变化视做一种机制向另一种机制的转换，如金融运行特征发生显著的变化，包括汇率急剧贬值、经济增长趋势逆转等，进而将结构变化内生性进行估计。

Martinez – Peria（2002）提出了一个动态转换概率的状态转换模型，该模型采用两种形式：（1）汇率转换模型；（2）向量自回归模型，假设存在汇率、利率和外汇储备三个内生变量，且均服从一阶 Var 过程。直接对投机供给建模，同时加入预期，对 1979—1993 年欧洲货币体系的货币投机性冲击进行研究，结果表明，没有考虑状态转换性质的模型可能有设定偏差，经济基本面和预期因素共同决定了危机发生的概率。

（四）logit 模型

基于滞后宏观经济和金融数据的 Logit 模型由 Kumar、Moorthy 和 Perraudin 在 2003 年提出，该模型基于利率调整引起的汇率贬值构建了两个投机冲击预测模型：未预期到的贬值冲击模型和总贬值冲击模型。Kumar 等在 2003 年用该模型对 32 个发展中国家 1985 年 1 月至 1999 年 10 月的危机进行验证，在较高的贬值水平上，两个冲击模型发生的概率均在 1994 年 1 月以后；在解释 20 世纪 90 年代早期的阿根廷危机和中期的墨西哥危机、1997 年爆发的亚洲货币危机以及 1998 年俄罗斯金融危机、1999 年巴西货币危机时，结果是令人满意的，并且样本内预测更为稳定。实证结果也表明，样本外预测对货币危机的发生同样具有较强的解释力，而且它也进一步证实了早期理论研究中提出的导致货币危机发生的主要因素。Logit 模型不仅可以在样本内进行预测，还可以对样本外的数据进行预测，克服了以往模型只能解释货币危机的局限。

上述几种预警模型各有优劣，且适用情形有所差别（见表 13 – 1）。

表 13 – 1　　　　　　　　　常用的四种预警模型的综合比较

特征差异/模型	信号分析模型（KLR 模型）	离散选择模型（FR 模型）	马尔科夫状态转移模型	Logit 模型
模型类型	信号分析模型	简单线性概率模型	机制转换模型	投机冲击模型
预测特点	线性合成指标的确定	外推估计	充分利用动态信息	既可样本内预测，也可以样本外预测
危机定义	超过临界值	贬值25% 并超过上年贬值率10%	利率、汇率调整幅度	利率、汇率调整幅度
预警效果	偏差小	偏差大	实际操作复杂	偏差小

注：参考自乔桂明（2006）。

13.2.2　预警指标体系的构建原则

货币危机的发生，实际上是多种因素共同作用的结果。根据货币危机预警模型以及国内外研究文献，构建货币危机预警指标体系均有所差异，且设定预警指标的阈值也不尽相同，于是预警货币危机发生的概率、发生的时间等方面也不相同。实际上，由于国内外对货币危机还没有一个统一的定义，因而对货币危机的内涵也有所差异。那么，构建一个比较合理、完善的货币危机预警指标体系也存在很大的难度。在构建货币危机预警指标体系时，应该遵循以下五个原则：

1. 全面性原则。货币危机的发生是多种因素共同作用的结果，主要表现在危机发生前后出现较大的变化方面。因此，在选定预警指标时，要综合、全面考虑到经济内外部均衡状态，确定相应的指标。

2. 针对性原则。在选取预警指标时，要着重考虑影响经济运行的主要指标，而并不是将全部指标都纳入到预警指标体系中。这些主要指标不仅与货币危机的发生有着密切的联系，而且对经济能够造成较大的影响，或者对产生负面后果起着主导作用。

3. 优越性原则。在选定预警指标时，要求各个指标在反映信号准确率、噪声—信号比等上面均表现出优越的特征，同时也需要在比较合理的时间内预警危机。

4. 互补性原则。货币危机时多种因素共同作用的结果，而单一的指标并不能完全反映货币危机，其意义也许也不十分重要，关键就是整个指标体系的综合体现。因此，在选定预警指标时，各个指标的综合应该能够较为全面地预警货币危机的发生，那么这些指标应该具有互补性。

5. 可操作性原则。由于需要对各个指标进行客观的分析，并需要综合各个指标的信号来全面地预警货币危机的发生，因此，各个指标应该能够充分地量化，具有统计和计量等方面的可操作性。

13.2.3　预警指标体系的选定

基于现有研究文献，该部分将从五个方面构建货币危机预警指标体系，包括宏观经济基本面指标、金融系统指标、外部债务指标、经常账户指标和利率指标。指标体系的具体说明如下：

1. 宏观经济基本面指标：实际 GDP 增长率、股票价格指数增长率、通货膨胀率、相对通货膨胀率（国内外通货膨胀率之差）、政府财政赤字/名义 GDP、M_2/M_0 的增长率。

理论研究表明：宏观经济基本面指标是影响金融、经济危机发生的重要决定因素。现阶段，世界各国的宏观经济目标基本上都是高增长、低通胀，即追求经济总量（GDP）的高速增长、保持低水平的通货膨胀率。衡量经济增长的指标，一般采用实际 GDP 增长率和股票价格指数增长率等指标。衡量通货膨胀水平的指标，一般采用通货膨胀率和相对通货膨胀率（国内外通货膨胀率之差）等指标。另外，政府的财政负担能力和国家的货币发行量的多少，也在很大程度上能够引发货币危机。基于此，采用政府财政赤字/名义 GDP 和 M_2/M_0 的增长率两个指标。

2. 金融系统指标：国内信贷/名义 GDP、私人信贷/名义 GDP、M_2/国内信贷增长率、M_2/外汇储备增长率、存款增长率、国内存款实际利率、存贷利率差、外商直接投资/名义 GDP、国际热钱流入/GNP。

根据道德风险理论和过度借贷理论，国内信贷规模及银行体系稳定性是影响货币危机的关键因素。鉴于此，采用国内信贷/名义 GDP、私人信贷/名义 GDP、M_2/国内信贷增长率等指标来反映国内信贷状况，而采用存款增长率、国内存款实际利率、存贷利率差等指标来对银行体系的稳定性进行检测。

货币流动性不足是引发货币危机的一个关键因素。外资，是一国货币流动性的一个重要来源，其主要通过海外直接投资和国际热钱的形式注入一国。海外直接投资和国际热钱在引发货币危机上扮演着重要的角色。很明显，在经济处于温和时期，海外直接投资和国际热钱的注入能够有效地促进经济的增长。然而，一旦海外直接投资和国际热钱发生快速且大幅度的抽出，货币危机发生的概率将大大增加。基于此，采用外商直接投资/名义 GDP、国际热钱流入/GNP 等指标来衡量源于外部货币流动性的状况。

3. 外部债务指标：外债总额/GNP、外债总额/出口总额、短期外债余额/出口总额、短期外债余额/外债总额、短期外债余额/外汇储备、外汇储备增长率、M_2/外汇储备。

一国对金融风险抵御能力的强弱，直接反映着该国对金融危机的应对能力。理论研究表明，外部债务的偿付能力和外债的期限结构都能够反映一国所面临的金融风险程度。采用外债总额/GNP、外债总额/出口总额、短期外债余额/出口总额等指标来反映一国对外债的偿付能力，采用短期外债余额/外债总额指标来反映一国的外债期限结构。外汇储备（包括黄金储备）不仅可以是一国外债偿还的重要手段，也能够作为一国抵御外部债务风险的衡量指标。于是，采用短期外债余额/外汇储备、外汇储备增长率来衡量一国的外汇储备水平，反映一国抵御外部债务风险的能力。

在金融系统中，银行体系占据着重要的地位。因此，一国银行体系的债务风险在很大程度上能够反映整个金融体系的风险，从而可以用来作为衡量危机发生的一个重要指标。采用M_2/外汇储备增长率指标可以反映银行体系的债务水平。很明显，M_2/外汇储备的比例越高，发生危机的概率越大。

4. 经常账户指标：出口增长率、进口增长率、实际汇率偏离趋势值的程度、出口总额/名义GDP、贸易条件指数增长率、经常项目盈余/名义GDP。

理论研究表明，经常账户的恶化能够引起资本外流。采用出口增长率、进口增长率、实际汇率偏离趋势值的程度、出口总额/名义GDP等指标来衡量经常账户的状况。这几个指标也能够反映贸易条件和国际收支的总体情况。因此，可以采用贸易条件指数增长率、经常项目盈余/名义GDP来反映经常账户的收支平衡状况。

5. 利率指标：国外实际利率、国外通货膨胀率、国内外实际利率差。

理论研究表明，国外利率水平能够影响资本流向。如果国外利率水平上升，则引发资本流出。鉴于此，采用国外实际利率、国内外实际利率差等指标来反映货币危机的利率指标体系。根据费雪效应，国外通货膨胀率也是一个重要指标。

表 13 – 2　　　　　　　　　　　　　　货币危机预警指标体系

一级指标	二级指标	理论依据
宏观经济基本面指标	实际GDP增长率 股票价格指数增长率 通货膨胀率 相对通货膨胀率（国内外通货膨胀率之差） 政府财政赤字/名义GDP M_2/M_0的增长率	Krugman（1979）， Flood and Garber（1984），Obstfeld（1986，1994，1996），马德功和李梦斐（2009），李志辉等（2012）

续表

一级指标	二级指标	理论依据
金融系统指标	国内信贷/名义 GDP 私人信贷/名义 GDP M_2/国内信贷增长率 存款增长率 国内存款实际利率 存贷利率差 外商直接投资/名义 GDP 国际热钱流入/GNP M_2/外汇储备增长率	道德风险理论和过度借贷理论（Krugman，1998；Mckinnon and Pill，1995），Sachs et al.（1996），Chang and Velasco（1998b），Krugman（1999），Kaminsky（2006），Frankel and Saravelos（2011），黄晓龙（2007），马德功和李梦斐（2009），李稻葵和梅松（2009），王道平和范小云（2011），李志辉等（2012）
外部债务指标	外债总额/GNP 外债总额/出口总额 短期外债余额/出口总额 短期外债余额/外债总额 短期外债余额/外汇储备 外汇储备增长率 M_2/外汇储备	Calvo（1998），Rodrik and Velasco（1999），Edwards（2004），Gourinchas and Obstfeld（2011），马德功和李梦斐（2009），李志辉等（2012）
经常账户指标	出口增长率 进口增长率 实际汇率偏离趋势值的程度 贸易条件指数增长率 经常项目盈余/名义 GDP 出口总额/名义 GDP	Willman（1988），Ozkan and Sutherland（1995），Calvo（1998），Rodrik and Velasco（1999），Edwards（2004），Gourinchas and Obstfeld（2011），马德功和李梦斐（2009），李志辉等（2012）
利率指标	国外（美国）实际利率 国外（美国）通货膨胀率 国内外实际利率差	Calvo et al.（1993），李志辉等（2012）

13.3 我国货币安全状态评估

根据中国目前的经济体系，中国存在发生货币危机的深层次的内在因素。中国现阶段由于未被冲销的新币流入市场，可能引起通货膨胀。为了避免通货膨胀，人民币大幅升值，出口商品价格上升竞争力削弱，经常项目贸易顺差下降，甚至会出现贸易赤字，由于经济结构的调整更使得中国贸易收支出现顺差下降的趋势。而人民币的大幅度升值，会使热钱不断地涌入国内，造成中国资产的泡沫。

从外部经济形势来看，2014年以来，随着美国经济复苏态势日益明显，市场对美联储退出量化宽松政策和加息的预期不断增强，美联储这一政策转向对于我国货币危机风险的影响不容小视。这部分主要介绍我国的预警指标分析和不同方法的预警结果。

13.3.1 我国预警指标分析

1. 宏观经济基本面指标：宏观经济指标反映了一国经济增长的情况，在2007年前经济稳健增长。2008年受美国次贷危机的影响，我国经济增速大幅下滑，实际GDP骤降，为刺激经济而扩大内需，投放4万亿元资金，M_2/M_0的增长率骤增，通货膨胀率也随之增加。由于金融危机的影响，2009年我国经济不景气，实际GDP增速下跌，通货膨胀下降。因此2009年国家实行适当宽松的货币政策和积极的财政政策，经济逐步复苏，各项指标缓慢上升。2012年由于国家战略调整，人为使得GDP增速下降，通货膨胀率也随之下降。

如图13-2所示，我国历年来的通货膨胀率几乎总是大于美国通货膨胀率，我国的相对通货膨胀率在持续上升，相比于美元，人民币有贬值压力。理论研究表明，若一国的相对通货膨胀率持续上升，则表明该国经济地位的下降，有贬值的压力，当贬值的压力到达一定程度，则会引起货币危机。

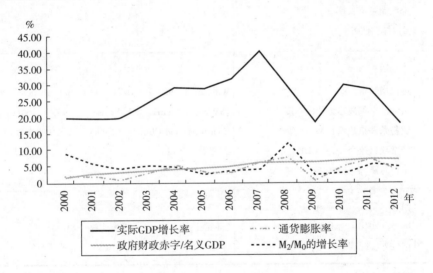

资料来源：世界银行。

图13-1 我国宏观经济指标

2. 金融系统指标：通过图13-3可知，我国的存款实际利率波动剧烈，利率起伏较大；而我国存贷利差在1998年后变化幅度极小，几乎处于平稳状态。存款实际利率波动较大，那么银行控制利率的成本相应增大，银行面临的利率风险也将增大，银行遭受损失的可能性增大，易引起货币危机。存贷利差波动较大或长期处于较低水平时，银行的盈利能力将下降，银行体系的稳定性亦会下降，增大了货币危机产生的可能性。我国存贷利差的稳定在一定程度上削减了由于实际利率波动带来的利率风险。

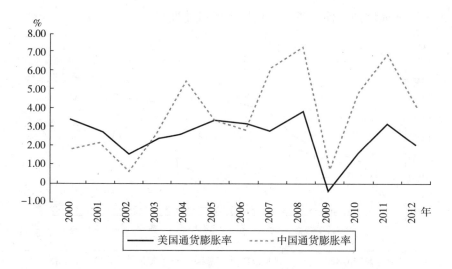

资料来源：世界银行。

图 13 - 2　中美通货膨胀率

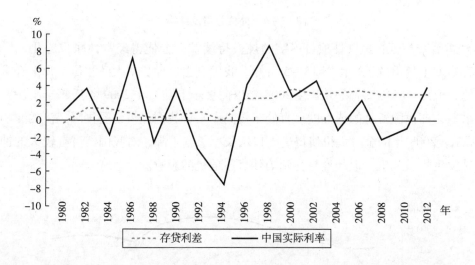

资料来源：世界银行。

图 13 - 3　银行存贷利差

3. 外部债务指标：由图 13 - 4 可知，短期外债占我国外债的主导地位，自 2000 年后短期外债的比率急剧上升，如今已超过外债总额的 70%，且仍有上升趋势。同样，由外债总额/GNP 没有变化、外债总额/出口总额缓慢下降、短期外债余额/出口总额缓慢上升，同样可得短期外债的比重在不断增加。短期负债的增加使得我国还债压力增大，削弱了还债能力，增加了货币危机发生的可能性。

外债的期限结构反映了一国所面临的风险程度，外汇储备则反映了一国的偿债能力。我国外汇储备一直在增长，短期外债余额/外汇储备总体上呈下降趋势，说明外汇储备的增加量大于短期外债的增加，我国有足够的偿付能力来应对外债压力，能够抵御外部债务风险，冲减了由于短期外债增加而促使货币危机发生的可能性。

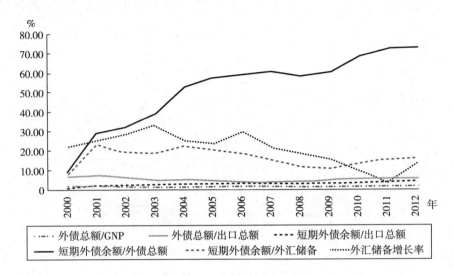

资料来源：世界银行。

图 13 – 4　外债总量及结构

4. 经常账户指标：经常性项目赤字的规模持续扩大会使得经常性账户恶化，导致资本外流，容易发生货币危机。由图 13 – 5 可知，我国进出口增长率大致相仿，我国经常性账户持续顺差。但出口总额/名义 GDP 在 2008 年以前缓步上升，在 2009 年后趋于平缓，整体处于较高水平，即我国贸易的依存度一直处于较高水平，我国经济易受国际经济的影响，如图 13 – 5 所示，2008 年的金融危机使得进出口增长率急剧下降，对我国经济有较大的冲击。我国不容易发生货币危机，但却容易受到国际货币危机的影响。

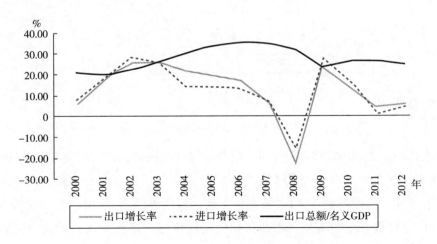

资料来源：世界银行。

图 13 – 5　我国进出口变化

5. 利率指标：图 13 – 6 为国外实际利率（美国实际短期联邦基金利率）与中国实际利

率，容易看出在多数情况下，我国实际利率都低于美国实际利率。理论研究表明，若国内实际利率高于国外实际利率，则会吸引国际投资流入国内，投机性投资会流入国内，一旦国内出现不利的经济情况，这些资金会迅速流出本国，使货币危机发生的可能性增大。相较于美国，我国吸引的外资会少许多。

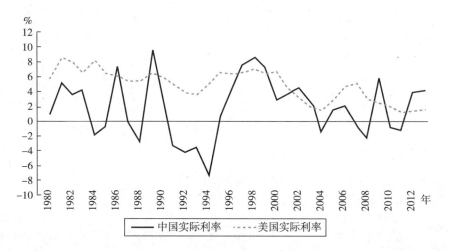

资料来源：世界银行。

图 13 - 6 中美利率比较

13.3.2 不同方法的预警结果

由于单个指标特征不能表明货币危机一定发生，因此必须运用整个指标体系才有预警价值。在上一章中基于我国国情的 4 种预警模型对比中，KLR 和 Logit 方法的预警效果偏差小。因此，下面首先用这两种方法对 2000—2012 年我国的货币危机进行预警。

（一）KLR 方法

KLR 信号分析法选取的是一个先导指标体系，信号一般在货币危机发生前一到两年内发出，因此便于货币管理当局提前应对。同时，预警系统指标选取原则是"信号—噪声"比最小，也确保了指标选择的稳健性，而直接观察信号是否突破阈值，并收集突破信号的多寡，就能判断危机是否发生，使得模型简便实用，易于实际应用。结合中国当前经济发展的实际情况，下面采用如下的指标和阈值，具体如表 13 - 3 所示（徐道宣、石璋铭，2007）。

表 13 - 3   KLR 信号法的指标选取和阈值

反映外部经济均衡的指标	实际汇率指标：实际汇率上升率（偏离长期趋势5%）
	经常项目状况指标：经常项目差额/GDP（5%）
	债务及偿债能力指标：短期外债/外债总额（25%）、短期外债/外汇储备（50%）、外债/GDP（50%）
反映内部经济基础脆弱性的指标	宏观经济指标：相对通货膨胀率（2%）
	金融体系脆弱性指标：资本金充足率（8%）、不良贷款率（12%）
	金融、财政状况指标：国内信贷增量/GDP（10%）、国际国内利率差（4%）

从表13－4可以看出，近几年中国货币危机预警指数一直处于警戒区域，存在发生货币危机的安全隐患。短期外债比例高是导致货币危机预警指数长期较高的一个主要因素。尽管目前中国的外汇储备规模远大于短期外债余额，总体上并不存在偿债风险。但对单个企业来说，由于其短期债务较多，不排除将来集中偿付时可能出现偿付困难，而当各种不利因素聚集起来之后，形成一定时期一定范围的系统性风险也是可能的。2000—2004年不良贷款率高、资本金充足率低等国内金融体系的脆弱性是产生货币危机隐患的重要因素。自2005年以来，中国已经十分重视提高资本金充足率、降低银行不良贷款。例如：向四大国有商业银行注资，对其进行股份制改造；剥离银行的不良贷款。这些措施增强了金融体系的稳健性，但是同时也提高了中国银行业的放贷能力，导致国内信贷增长和物价上涨过快。尤其是2007年以后，相对通货膨胀率和新增信贷占GDP的比例过高，成为我国货币危机预警指数较高的主要原因。

表13－4　　　　　　　　　　　　　　KLR信号法的预警结果

年份	经常项目差额/GDP	短期外债/外债总额	外债/GDP	短期外债/外汇储备	相对通货膨胀率	资本金充足率	不良贷款率	国内信贷增长量/GDP	国际国内利率差	实际汇率偏离程度	预警信号比例（%）
2000	0	0	0	0	0	1	1	1	0	1	40
2001	0	1	0	0	0	1	1	1	0	1	50
2002	0	1	0	0	0	1	1	0	0	1	40
2003	0	1	0	0	0	1	1	0	0	0	30
2004	0	1	0	0	1	1	1	0	0	0	40
2005	0	1	0	0	0	?	0	0	0	0	20
2006	0	1	0	0	0	?	0	0	0	0	20
2007	0	1	0	0	1	?	0	1	0	0	40
2008	0	1	0	0	1	?	0	1	0	0	40
2009	0	1	0	0	0	0	0	1	0	0	20
2010	0	1	0	0	1	0	0	1	0	0	30
2011	0	1	0	0	1	0	0	1	0	0	30
2012	0	1	0	0	0	0	0	1	0	0	20

注："0"表示不发出预警信号，"1"表示发出预警信号。"?"表示当年数据不可得。根据经济形势判断资本充足率低于警戒线，发出一个预警信号。

（二）Logit方法

Logit模型考察在一定经济条件下发生货币危机的可能性。表13－5是参考乔桂明（2006）的研究，对2000—2012年我国大陆发生货币危机的预警结果。

表 13 −5 　　　　　　　　　　　　**Logit 方法预警结果**

时间	2000	2001	2002	2003	2004	2005	2006	2007	2008	2009	2010	2011	2012
ln $(p/1-p)$	−68	−46	−30	−40	−56	−55	−48	−46	−57	−38	−49	−47	−48
p	0	0	0	0	0	0	0	0	0	0	0	0	0

　　模拟预警显示：我国 2000—2012 年发生货币危机的概率接近零，也就是几乎没有发生货币危机的可能性，这与近年来我国的真实情况相同。原因解释为：20 世纪末以来，我国已完成金融体制改革的初步目标，建立了能相对独立执行货币政策的中央银行宏观调控体系和以国有商业银行为主体、多种金融机构并存的金融组织体系；建立了统一开放、有序竞争、严格管理的金融市场体系。其表现为：第一，利率市场化在金融自由化改革中稳步前进。第二，金融业务与机构的准入有序化推进。第三，资本账户自由化刚刚起步。第四，固定汇率制度具有稳定器作用。

　　（三）二元分类树

　　信号分析法和 Logit 方法是当今货币危机预警应用中的主流方法，应用广泛。但是信号分析法不是结构化经济模型，而 Logit 方法很难捕获变量间的相互作用。因此，二者都无法识别变量之间的非线性关系（Ghosh 和 A. R. Ghosh，2003）。而二元分类树法很好地解决了以上问题，并被越来越多的学者运用到金融危机研究中。二元分类决策树方法的基本思路如下：从总样本或根节点开始，采用非参数的统计运算法则 CART 来选择最有效的指标及阈值。然后根据对分裂规则"是"或"否"的回答将母样本划分为更纯的次级样本，这个过程不断地在每一个子节点重复，直到递归分裂停止或者不可分解为止。最终，所有样本被划分到唯一子集区间，通过子集的数量便可以确定危机种类，并可根据各子集终端节点的路径规则来推测脆弱性因素之间的非线性因果关系。

　　李志辉等（2012）选取 17 个新兴市场及发展中国家 1970—2010 年数据进行分析。以 1970—2010 年的数据为样本，构造了危机分类和预警的二元分类决策树。他们发现二元决策树模型将样本划分为 9 个最终的群组或子集（每个终端阶段危机爆发概率见附录，类别零表示不发生危机，1 表示发生危机），但是只有 6 个指标被用来分类所有的观察值：实际汇率（REX）、外汇储备（RES）、国内信贷/GDP（DOMS）、短期外债/外汇储备（DSTCFR）、进口增长率（IMP）、世界实际利率（FINT）。其中实际汇率和外汇储备是最重要的两个分裂指标。下面依据李志辉等（2012）构造的二元决策树模型，对 2000—2012 年中国的数据进行分析。

表 13 −6 　　　　　　　　　　　　**二元决策树法预警结果**

时间	2000	2001	2002	2003	2004	2005	2006	2007	2008	2009	2010	2011	2012
所属终端节点	2	8	5	7	5	5	5	5	5	5	7	7	6
危机发生概率（%）	0	8.43	0.12	8.33	0.12	0.12	0.12	0.12	0.12	0.12	8.33	8.33	0

　　从表 13 −6 的结果可以看出，在 2000—2012 年的多数年份，我国的货币危机发生概率

都较小。这主要得益于我国外汇储备远高于临界水平，充足的外汇储备对抵御风险具有非常好的威慑作用。但同时必须警惕的是，在 2010 年和 2011 年，国内信贷增长过快，同时进口增长率过高，导致我国发生货币危机的风险急剧增大。

上述三种方法都是围绕反映外部经济不均衡和反映内部经济基础脆弱性的指标选取。但是在具体的指标选取上，还是有差别的，而且指标的个数也不尽相同。表 13－7 是三种方法对于我国货币危机预警的结果，KLR 模型预测出的结果与阈值的确定有关，因此阈值的选择对 KLR 模型较为重要；Logit 模型的预测结果表明在 2000—2012 年发生货币危机的概率接近于零，这与实际相符；二元决策树的结构表明在 2001 年、2003 年、2010 年、2011 年四年发生货币危机的概率稍大，但是也没有超过 10%。表 13－7 的结果表明：Logit 模型和二元决策树模型比 KLR 模型预测结果好。

由于货币预警模型存在所谓的预警悖论，即如果发出了预警信息，那么在风险事件显性化或全面恶化之前就应该采取预防措施。在这种情况下，风险事件最终为发生，可能由于及时措施的实施，但最后又会影响到预警系统的有效性评价。因此，中国货币危机预警可以采用多种模型，综合考虑分析判断。

表 13－7 三种方法预警结果比较

时间	2000	2001	2002	2003	2004	2005	2006	2007	2008	2009	2010	2011	2012
KLR（%）	40	50	40	30	40	20	20	40	40	20	30	30	20
Logit	－68.2	－45.6	－29.7	－40.2	－55.6	－54.9	－48.2	－45.9	－56.5	－38.3	－48.6	－46.9	－48.4
二元决策树	0	8.43	0.12	8.33	0.12	0.12	0.12	0.12	0.12	0.12	8.33	8.33	0
相关系数	－0.13	0.19	0.21	－0.12	0.07	0.39							

注：相关系数分别指 KLR 和 Logit、KLR 和二元决策树方法、Logit 和二元决策树方法的 Person 相关系数和秩相关系数。

【专栏 13－2】

一、事件描述

2014 年 2 月 28 日，人民币对美元即期汇率周五早盘大幅贬值，直到触及 6.1415，较前一日收盘价大幅走贬 131 个点值，这是从 2013 年 7 月 23 日以来的新低。

在经历了 2013 年一整年的单边升值后，人民币对美元汇率于 2014 年初大幅度贬值。2 月 18 日至 24 日的五个交易日内，人民币对美元汇率中间价出现五连阴，在 28 日达到新低。3 月中旬中央银行进一步将人民币对美元的汇率浮动区间由原来的 1% 扩大到 2% 后，人民币汇率再次大幅度走低。相对于 1 月 31 日 1 美元兑 6.0406 人民币汇率高点，3 月 20 日人民币对美元汇率已贬值到了 6.225 左右，这是自 2005 年 7 月中国实施汇率机制改革以来，人民币汇率贬值最快的一个阶段，汇率的逆转引发了市场上人民币汇率"恐慌性贬值"的猜测。

二、事件分析

人民币－日元套利交易的大幅退潮，可能是 2 月 28 日人民币即期汇率一度大跌的重要因素。人民币－日元套利交易，是近年兴起的一种无风险套利新交易模式。由于日本长期执行零利率政策，导致人民币存款利率较日元高出约 3%，大批对冲基金与资产管理机构便以 0~0.25% 融资成本拆入日元，兑换成人民币存入当地银行或投资理财产品，套取3% 的利差收益。2014 年以来，日元汇率升值约 2.8%，已吞噬部分利差收益；同时，人民币又大幅贬值 1%，人民币－日元套利交易的利差收益，都不足以抵消汇兑损失。日元－人民币套利交易的迅速撤离，瞬间推倒金融市场看涨人民币单边升值的最后一点信心。

央行减少外汇干预使市场在汇率决定中发挥基础性作用，也促成了人民币汇率波动性上升。长期以来，香港离岸人民币（CNH）汇率相比内地在岸人民币（CNY）要高 60~80 个基点，导致大量的投机性套利交易涌现。央行对 2 月 28 日人民币即期汇率大幅贬值持默许态度，有收窄香港离岸人民币汇率与内地在岸人民币汇率价差的用意，迫使套利资金退出市场。

13.4 结论与展望

截至 2013 年末，我国外汇储备达到 38 213.15 亿美元，居世界第一，以第一代货币危机的理论，是完全不可能发生人民币大幅贬值的危机的。而我国经济增长连年保持在 7% 以上，还有严格的资本管制和强制结售汇制度，根据第二代货币危机理论的描述，几乎是不会有投机资金盯上人民币。最后，我国国有四大商业银行无论在规模还是效益上都排在世界前列，基本上不会有流动性危机；而我国银监会严格的制度也使得商业银行很难因为隐含担保去做高风险投资。以上结论告诉我们，短期内人民币发生大幅度贬值的货币危机的可能性基本为零。

中国虽近一段时间内看不到货币危机的发生，但中国并非不能发生货币危机。2009 年美国货币量化宽松政策的影响，人民币被动单边升值，热钱大规模涌入；大宗商品价格飙升，中国输入型通货膨胀严重；虽然中国持有大量的外汇储备，但外汇币种单一，结构不合理，使得风险加大；且人民币面临的是世界范围内的升值压力，以及外部经济的发展等一系列因素均会对我们货币危机的发生产生影响，因此从理论上研究货币危机发生的机制以及如何预警还是必要的。应选择适合我国实际情况的货币危机预警模型，对货币危机做好预警以及防范。

借鉴于其他国家的经验以及结合中国实际情况，货币危机发生的防范主要有：

1. 应重点加强短期资本流动的监管，如外汇局、海关总署和商务部可成立联合监管小组，严格控制热钱流入的各种渠道，控制资本的过度流入能有效降低资本流入逆转的概率。

2. 提高中央银行市场化调控能力，大力发展债券市场、货币市场，加快完善以公开市场为核心的中央银行调控手段，创新调节工具，探索多种政策手段搭配，增强中央银行市场化调控能力势在必行。

3. 应切断资本流入与中央银行基础货币发行的直接关联，降低资本流入对宏观经济的影响。中国宏观经济内外失衡问题严重，一方面是国际收支经常项目、金融项目和资本呈现"双顺差"，另一方面是国内消费动力不足，通货膨胀加剧，货币政策与财政政策协调配合，实现内外均衡。

4. 调整外汇储备结构，现阶段外汇储备结构单一，应调整外汇储备结构，实现外汇储备币种多元化。币种多元化需要考虑对外贸易依存度、经济相关度、市场干预需求、偿还债务需求等众多因素，科学安排币种类型与比例，我们不仅要研究合理美元资产比重，适当增加欧元、日元资产，同时还要考虑具有发展潜力的国家币种，可以开拓俄罗斯、印度、巴西、南非等金砖国家的储备资产。这种资产虽有风险，但新兴市场国家的优质金融资产有较大的升值空间，在经济增长方面具有很大吸引力，还可以增加黄金储备所占比重，这样，一国货币大幅贬值对我国造成的损失会得到分散。

5. 健全金融体制，金融体系是构筑在信用基础之上的，信用的丧失会动摇金融稳定的基础。要具有：足够的风险管理能力和竞争能力的金融机构；符合国际标准的会计制度、信息披露制度；建立在市场竞争机制基础上的银企关系；有效监督机构尤其是独立的中央银行，以避免因为其他需要而影响中央银行的正确决策。

参考文献

［1］冯芸、吴冲锋：《基于全球视角的货币危机研究》，载《世界经济》，2000b，（7），22～25页。

［2］刘莉亚、任若恩：《货币危机"信号"预警系统的构建》，载《经济科学》，2002（5），19～25页。

［3］李志辉、聂召、郑亚楠：《新兴市场国家货币危机的形成、演变和预警——基于二元分类模型的实证研究》，载《金融研究》，2012（12）：107－121页。

［4］乔桂明：《货币危机预警理论及实证比较研究——兼对中国的模拟分析及启示》，载《财经研究》，2006，32（11），115－124页。

［5］徐道宣、石璋铭：《一种改进的KLR信号分析法应用研究》，载《数量经济技术经济研究》，2007，24（11），124～132页。

［6］Kaminsky, G. L., Lizondo, S., Reinhart, C. M., "Leading Indicators of Currency Crises", *IMF Staff Papers*, *Palgrave Macmillan*, 1998, 45（1）: 1–48.

［7］Krugman, P., "A Model of Balance – of – Payments Crises", *Journal of Money*, *Credit and Banking*, 1979, 11：311–325.

［8］Cumby R. E., Van Wijnbergen S., "Financial Policy and Speculative Runs with a Crawling Peg: Argentina 1979–1981", *Journal of International Economics*, 1989, 27（1）: 111–127.

［9］Goldberg L. S., "Predicting Exchange Rate Crises", *Journal of International Economics*, 1994, 36：

413 – 430.

［10］Obstfeld M. , "Models of Currency Crises with Self – fulfilling Features", European Economic Review, 1996, 40 (3): 1037 – 1047.

［11］Jeanne O. , "Are Currency Crises Self – fulfilling?: A test", Journal of International Economics, 1997, 43 (3): 263 – 286.

［12］Chang R. , Velasco A. , "The Asian Liquidity Crisis", National Bureau of Economic Research, 1998a.

［13］Aghion P. , Bacchetta P. , Banerjee A. , "A Simple Model of Monetary Policy and Currency Crises", European Economic Review, 2000, 44 (4): 728 – 738.

［14］Masson P. R. , "Contagion – monsoonal Effects, Spillovers, and Jumps between Multiple Equilibria", International Monetary Fund, 1998.

［15］Kaminsky G. , Lizondo S. , "Reinhart C M. Leading Indicators of Currency Crises", Staff Papers – International Monetary Fund, 1998: 1 – 48.

第 14 章　中国货币主权安全评估

"主权"是一个国际法的概念，指国家权利对内的最高性和对外的独立性。货币主权作为国家主权的重要组成部分，在民族国家占主导地位时期曾被视为当然的权利，形成了"一个国家，一种货币"的国际货币格局。20世纪后半期，经济金融全球化的大环境使货币与国家的历史联系表现出了新的特征，呈现出"一个市场，一种货币"的发展趋势，传统的货币主权受到了削弱。但这并未从根本上改变国家货币主权的性质，无论是国家货币还是市场货币，其出发点和归宿都是为国家的利益服务。

现有的国际货币体系建立在以美元作为主要储备货币的基础上，形成了以美元为核心的国际金融秩序。国际货币基金组织的数据显示，美元占全球外汇储备的比例从2001年以来基本维持在60%以上，大部分外汇交易和外币贷款是以美元标价；国际贸易中的重要商品，如石油、重要的初级产品和原材料，甚至是黄金，基本都是以美元进行计价和结算；各国政府或者货币当局在稳定本国货币汇率时所使用的干预货币主要是美元。美元的强势地位决定了美国可以通过发行不兑现的纸币来剥夺其他国家获得国际铸币税的权利、通过美元持续贬值将金融危机和贸易逆差的成本转嫁给别国、通过维护自身利益的美元政策来损伤其他国家货币政策的独立性。美元霸权体现的是美国损害他国货币主权以强化自身利益的过程。

经济全球化提高了资源的全球配置效率，为一国经济的发展提供了更多契机。对于中国来说，要想成为经济强国，就必须在参与经济全球化的同时，打破金融强国的金融霸权，将我国货币主权的维护放在重中之重的位置。当前我国货币主权的维护面临一系列挑战，随着对外开放的持续深入，我国货币发行权、定价权以及使用权较大程度上面临着国际金融环境的干扰，在金融市场发展尚不完善的情况下，人民币国际化在提高我国国际金融话语权的同时，也增加了金融危机加速传染和资产价格异常波动等可能削弱我国货币信用的风险。

货币主权的维护关系到国家的核心经济利益，国际政治经济的日趋复杂加大了其维护的难度。一方面，货币主权作为一项权利，受国际习惯法的约束，绝对的货币主权观已难以适应经济全球化的发展趋势。另一方面，货币主权本身具有一定的抽象性，缺乏量化的安全评价与预警分析框架。因此，识别金融全球化背景下我国货币主权维护面临的潜在风险，建立及时反映我国货币主权安全现状的动态评估机制，对于维护我国的经济主权和金融安全具有重大意义。

14.1 金融全球化背景下的人民币主权概况

14.1.1 货币主权的界定

货币主权在历史上曾被视为国家当然的权利。1929 年，国际常设法院在 Serbian and Brazilian Loans 一案的判词中指出，国家有权对其货币进行规制是普遍承认的法则。国际常设法院的上述判词曾在有关货币主权的国际法研究中被广泛引用，并被普遍认为是对国家货币主权的内涵的界定。

Zimmermann（2013）认为国际法院的上述界定已经成为一种仅仅具有象征意义的宣言，货币主权在不同的时代背景下具有不同内涵，其概念本身是动态的。金融全球化时代，传统货币主权的内容发生了一定的改变。比如《国际货币基金协定》对成员国的货币主权进行了约束和限制，要求成员国逐步放弃对经常项目的外汇管制。国家通过转移或者让渡一部分货币主权来参与到国际金融事务中，但这并未从根本上改变国家货币主权的性质。[①]

刘音（2006）认为货币主权对内包括确立本国的货币制度和名称、指定货币管理机构、颁布货币法律和法规、建立币制、保护货币价值和正常流通、禁止伪造和走私货币，对外包括建立外汇行市、维持币值稳定、进行正常的外汇交易、协调货币的国际流通、决定是否实施外汇管制和对外经济交往政策的权利。金融全球化削弱了货币主权对外的平等性。韩龙（2009）指出，一国的货币主权主要包含发行货币的权利，决定和改变币值的权利，调整一国货币或其他货币在其境内使用的权利。这三项权利在经济全球化的国际法下都受到了不同程度的限制。

总体来说，货币主权是一个随时代的变化而不断演进的概念。在经济全球化背景下，国家通过让渡一部分货币主权来获得其他经济利益，货币主权的核心始终是国家通过货币来实现的国家利益。金融全球化主要表现为对货币外在主权的冲击，因此本章从人民币的发行权、定值权、使用权和对外金融事务的国际话语权来说明当前人民币主权的概况。

14.1.2 人民币主权概况

（一）人民币发行权

货币发行权是一国货币主权的基本内容，每个国家都有权发行自己的货币，能否独立自主地发行货币是衡量一国货币主权的重要标准。人民币发行的自主权是当前金融全球化背景下备受关注的问题，一些学者认为在外资持续流入的情况下，我国中央银行基本丧失了一部

[①] 张洪午：《金融全球化时代的国家货币主权》，载《贵州大学学报（社会科学版）》，2009（1）。

分货币发行的自主权。[1]

由于长期的国际收支双顺差，我国外汇储备快速增长，外汇占款逐渐成为基础货币投放的主要乃至唯一渠道。1999—2008 年我国因外汇占款增加而被动投放的基础货币占中央银行总资产的比重和不同层次货币供应量（M_0、M_1、M_2）的比重一直呈上升趋势，说明中央银行未能充分对冲外汇占款增加引起的货币投放，具体如表 14 – 1 所示。在中央银行难以通过公开市场操作实现有效对冲的情况下，外汇占款会对基础货币产生持续的扩张压力，影响货币政策的独立性和有效性。在宏观经济过热的情况下，货币供给的增加将抵消中央银行为抑制经济过热而采取的紧缩性货币政策的效果。而在中央银行采取扩张性货币政策以消除经济通货紧缩的状况下，外汇占款的增加将对宏观调控效果产生放大效应。

表 14 – 1　　　　　　　　　　　1999 年以来的中国外汇占款简表　　　　　　　　单位：亿元，%

年份	外汇占款	占央行总资产比重	占 M_0 比重	占 M_1 比重	占 M_2 比重
1999	14 061.40	40	105	31	12
2001	18 850.19	44	120	31	12
2003	29 841.80	48	151	35	13
2005	71 211.12	69	296	66	24
2006	98 980.27	77	366	79	29
2008	128 377.32	76	423	84	32

资料来源：根据中国人民银行网站调查数据计算。

（二）人民币的定值权

根据货币主权原则，各国政府独立行使确定本国货币与外国货币比价的权利，其他国家不得干涉。我国政府也历来把人民币汇率问题视为国家货币主权的重要部分。2005 年二次"汇改"以来，美国等西方国家多次以"汇率操纵"理由逼迫人民币升值，我国政府始终秉持独立自主、高度负责的态度，坚持从我国的根本利益和经济社会发展的现实出发，总体上保证了我国汇率水平的稳定。

随着人民币离岸中心的发展，国内的一些学者和机构开始担心人民币汇率的定价权可能旁落境外。数据显示，近年来离岸人民币市场发展迅速，以香港为例，截至 2014 年 6 月，香港机构以存款形式持有的离岸人民币总额达到 9 259.14 亿元，相当 1 504.157 亿美元（见图 14 – 1）。2014 年 1 月，香港联合交易所人民币外汇期货产品持仓已达 21 740 张，约 217 亿美元。此外，海外市场五家交易所已经推出七款人民币外汇期货产品。根据一些学者的研究，离岸人民币外汇市场已经显著影响境内银行间外汇市场的汇率，未来随着境外人民币交易规模的进一步扩大，人民币汇率定价主导权堪忧。

（三）人民币的使用权

根据国际习惯法，一国有权调整和管理本国或者其他国货币在其领域的使用，可以调整

---

[1]　余云辉：《当前货币政策的困境、原因及其对策》，http：//opinion. hexun. com/2011 – 08 – 19/132631035. html。
陈义鑫：《中国经济的根本问题是人民币发行的自主权》，http：//www. aisixiang. com/data/22361. html。

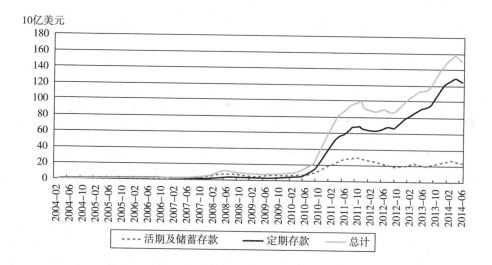

注：使用人民币对美元汇率的月度中间价换算为美元。

资料来源：香港金融管理局。

图 14 –1　香港机构持有的人民币存款规模

支付，实行外汇管制以及在国内和国际交易中禁止使用外币进行支付和转移，或接受以外币进行标价的支付和转移。在我国加入一些国际经济组织后，许多国际条约对我国实施外汇管制的权利进行了限制。

当前我国经常项目已完全开放，资本项目部分开放。鉴于美元的特殊国际地位，我国并不能对美元在我国国际贸易中的使用进行有效约束，这造成了我国被动持有大量的美元外汇储备，承受美元贬值带来的巨额风险。图 14 – 2 显示了 1999—2013 年来，我国以美元标价的外汇储备额呈持续上升状态，而在此期间美元总体上处于持续贬值的状态。人民币的国际化将有助于增强我国在国际贸易中使用人民币结算的主导权，改变使用美元结算的被动地位。

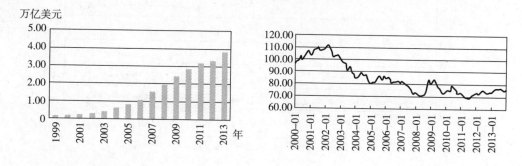

资料来源：国家外汇储备局和 Wind 资讯。

图 14 –2　1999—2013 年我国的外汇储备余额和美元指数的走势

（四）对外金融事务的话语权

对外平等的参与国际金融事务是一国货币主权在处理国际事务中的重要体现。在金融全球化背景下，各国的货币主权都受到了一定程度的限制和削弱，但并非是同等程度的。主要的经济强国通常也是金融强国，作为国际规则的制定者和优势竞争者，这些国家强化了它们在国际金融事务中的决策权。

国际货币基金组织的份额确定了各成员国在国际社会的地位和拥有的投票权。美国在2010 年 IMF 投票权改革后占有 16.47% 的投票权，对许多国际重大事项的决定具有一票否决权，而金砖五国的投票权加起来只有 14.1%，其中中国的投票权为 6.068%（见表 14-2）。图 14-3 表明，IMF 投票权决定的话语权并不能充分体现世界经济的发展趋势和各国经济实力，尽管美国和日本在世界 GDP 中具有较高比重，但对世界经济的贡献在 2007—2013 年却是呈下降趋势，"金砖国家"对世界经济增长贡献显著，特别是中国近年来 GDP 占世界经济总规模的比重上升明显。对中国来说，未来人民币国际程度的加深将有助于提升中国在全球地缘政治中的话语权。

表 14-2　　　　　　　美国、日本和金砖五国在 IMF 的投票权　　　　单位：%

	2008 年改革生效前	2008 年改革生效后	2010 年改革生效后
美国	16.732	16.727	16.470
日本	6.000	6.225	6.135
中国	3.651	3.806	6.068
俄罗斯	2.686	2.386	2.585
印度	1.882	2.337	2.627
巴西	1.377	1.714	2.217
南非	0.852	0.770	0.634

资料来源：国际货币基金组织（2012）。

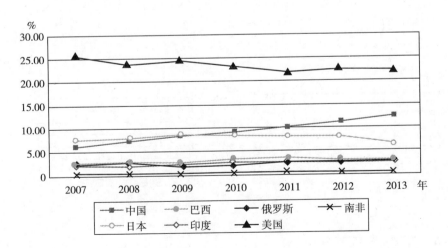

资料来源：国际货币基金组织 IFS 统计数据库。

图 14-3　2007—2013 年美国、日本及金砖国家 GDP 占世界 GDP 的比重

14.1.3 当前国际货币体系下人民币主权维护特征

1. 动态性。对货币主权内涵的探讨离不开时代背景，人民币主权的维护既需要遵守既定的国际法规，又需结合我国经济社会的发展，进行动态调整。强大的经济实力和国际地位的提升是货币主权维护能力的重要支撑，因此货币主权维护的深度与广度将随着我国所面临的内外经济形势的变化而变化。

2. 隐蔽性。货币主权本身作为一项权利，属于国际法的范畴，具有高度的抽象性，很难用准确的数据进行量化。在当前经济全球化的背景下，货币主权表现为国家在一定的国际条款下通过让渡或转移一部分货币主权来实现更多的国家利益，货币主权与国家其他主权相互关联，货币主权维护的成本与收益具有一定的隐蔽性。

3. 复杂性。当前国际金融市场错综复杂，货币主权维护实质是各国政治集团相互博弈的过程。人民币主权维护所采取的手段将影响其他国家的经济利益，因此需考虑外在经济影响。同时，货币主权的维护需要通过若干中间目标实现，风险与收益并存。比如人民币国际化需以资本项目开放为条件，但在国内金融市场发展不成熟的情况下，资本项目的过快开放将带来巨大的经济风险。

4. 渐进性。货币主权维护的动态性和复杂性，也决定了其渐进性。人民币主权的维护需要与我国经济发展水平相适宜，在当前国际危机频发和大国关系错综复杂的背景下，货币主权的维护应在坚持维护我国核心利益的前提下，审时度势，循序渐进地推进维护我国货币主权的各项措施。

【专栏 14-1】

人民币国际化与我国货币主权维护

人民币国际化，反映的是人民币在国际货币体系中发挥国际货币职能的程度。当前国家间竞争的最高形式表现为货币的竞争，人民币国际影响力的上升，将有利于中国获得一定程度上的世界货币发行权和调节权，改变在国际货币体系中被动的地位，减少汇价风险，促进国际贸易发展，并获得一定的铸币税收入，因此，人民币在国际贸易和金融结算领域的使用程度，一定程度上反映了人民币使用权和我国对外金融事务话语权的状况。

中国人民大学从 2012 年开始陆续发布人民币国际化报告，研究表明 2010 年第一季度至 2012 年第二季度期间人民币国际化指数（RII）整体呈上升的趋势（见图 1）。特别是在 2011 年第二季度 RII 指数为 0.41，同比增长率为 1 025%。2012 年第四季度人民币国际化指数达到了 0.87，而 2010 年第一季度我国的 RII 指数只有 0.02。RII 指数的快速增长，意味着人民币国际化的发展进程非常迅速。

人民币国际化程度与其他主要货币国际化程度的比较如表 1 所示。从主要货币国际化指数的横向比较看，当前美元的国际化程度最高，其次是欧元。日元的国际化指数在2010年略低于英镑，但2011年后略高于英镑。[①] 人民币的国际化指数最低，不到0.9。这表明人民币的国际化程度虽然提升较快，相比发达国家仍处于较低的层次，人民币要真正充当国际货币，仍有相当长的路要走。

人民币国际化是我国政治经济的国际影响力持续增加的结果，人民币在国际货币体系格局中的地位决定了我国能否更好地通过货币实现相关的国家权益。但货币的国际化是一个漫长的过程，在当前我国金融市场发展不完善、利率未完全实现市场化、宏观调控能力有限、经济结构转型尚未完成、国际宏观经济仍面临诸多不确定性因素的背景下，人民币国际化的进程中，我国的货币主权也将因经济金融的进一步开放，受到金融危机加速传染、资产价格异常波动和国际投机资本套利等一系列风险的影响而受损。

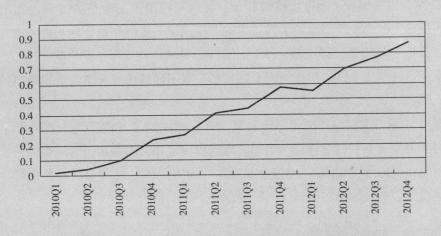

图1 2010年第一季度至2012年第四季度人民币国际化指数

表1 　　　　　　　　　　**2010—2012年人民币与主要货币的国际化指数**

年份	美元	欧元	日元	英镑	人民币
2010	52.08	27.59	4.33	4.37	0.23
2011	52.41	26.79	4.48	4.1	0.58
2012	52.34	23.6	4.46	3.98	0.87

资料来源：国际货币基金组织COFER，中国人民大学《人民币国际化报告2012》。

14.2 货币主权风险指标评估体系和指数构建

通过对人民币主权现状的分析，可以看出我国对外货币主权安全主要涉及以下几个方

---

① 这一结果与这几种货币在全球外汇储备中的占比大致相当。国际货币基金组织COFER数据显示，2012年美元、欧元、日元与英镑的外汇储备全球占比分别为62.12%、25.04%、3.71%与3.88%。

面：一是与人民币发行权相关的货币政策独立性问题，关系到中央银行能否基于我国宏观经济调控的需要，独立自主地对货币存量进行调节；二是与人民币定值权相关的我国汇率定价主导权问题，关系到我国外汇市场的发展与稳定；三是与人民币使用权和提高我国在处理金融事务话语权相关的人民币国际化问题，关系到国际金融危机对我国的传染以及资产价格波动的跨国传染问题。因此，本章拟从上述角度评估我国货币主权维护面临的风险状况。

14.2.1 风险指标选择

（一）货币政策独立性指标

这里的货币政策独立性，主要是指人民币货币政策的制定和实施不受外国经济金融态势和他国货币政策"外溢效应"或"外部效应"的冲击和影响。在当前美元霸权和我国对外开放程度日益提高的背景下，邢天才（2011）、李成等（2011）证实了我国货币政策和美国货币政策存在较高的联动效应，美元输入造成的货币替代会影响中国货币政策的独立性和执行效果。何国华等（2011）认为货币替代和货币反替代会影响我国货币供给，降低货币政策的自主性。货币替代和反替代会对一国的货币政策造成影响，在国外的早期研究中也得到了证实（Hilbert，1964；Bergsten，1975；Frankel，1991；等等）。因此，选取货币替代和反货币替代指标来评估我国货币政策独立性风险。

1. 货币替代指标。货币替代是指在货币可自由兑换的条件下，当一国货币存在贬值预期时，由于国内公众对本币币值的稳定失去信心或者本币收益率较低时，公众减持本币、增持外币的现象（Chetty，1969）。姜波克和李丹心（1998）、范从来和卞志村（2002）等指出，我国货币政策独立性会因本国居民持有外币而受到影响。货币替代指标使用国内金融体系中的外币存款/国内广义货币的存量来表示。

2. 货币反替代指标。货币反替代是指一国经济发展中，由于本币坚挺且存在升值预期或本币收益率高于外币资产收益率时，人们改变对外币的偏好，使用本币资产代替外币资产，或者中央银行实行强制结售汇使外币向中央银行集中的过程和现象。随着我国人民币国际化进程的加快，陶士贵（2007）和卜亚（2012）等认为，反货币替代的出现降低了我国货币政策的独立性。[①] 货币反替代指标使用外汇占款占 M_2 的比重来表示。

（二）汇率定价主导权指标

决定货币对外价值的权力是一国货币主权的内容之一。离岸人民币外汇市场呈爆发性增长对人民币汇率的定价权带来了一定的威胁，引起了国内学者的关注。[②] 人民币汇率定价权

---

① 具体的影响机制为：反货币替代使得国内的货币需求函数发生变化，居民将减持外币资产，增持外币负债，而由非居民掌握的外币将涌入国内并转化为人民币资产或负债，使得信贷总量和货币总量的构成越来越复杂，此时无论是发行央行票据或是提高利率，都将促使外资进一步流入，外汇占款增多，货币供给增加，货币政策独立性受到影响。

② 目前我国境外人民币外汇市场，主要包括香港人民币即期汇率市场（CNHSPOT）、香港人民币可交割远期汇率市场（CNHDF）以及境外人民币无本金交割远期合约市场（NDF）。境内人民币即期外汇汇率和境内人民币远期外汇汇率分别表示为 CNYSPOT 和 CNYDF。

包括即期汇率定价权和远期汇率定价权。在人民币即期汇率定价权研究方面，徐剑刚等（2007）发现 CNYSPOT 对 NDF 没有报酬溢出效应，而后者对前者却有报酬影响。戎如香（2008）认为汇改前 CNYSPOT 与 NDF 没有直接联系，汇改后两者联系加强。在远期汇率定价权的研究方面，彭红枫和胡利琴（2007）、潘慧峰等（2009）、严敏和巴曙松（2010）等认为 NDF 处于信息的中心，即人民币远期定价权旁落境外。代幼渝和杨莹（2007）等则认为境内远期外汇市场处于信息中心。虽然目前对于人民币汇率定价权是否旁落境外并无统一定论，但随着离岸人民币市场的发展壮大，离岸汇率必然会对在岸汇率产生较大的潜在影响。因此，选取境内外人民币外汇交易规模之比、NDF 汇率对 CNY 汇率的偏离度、央行对外汇市场的干预程度来反映我国对汇率定价权的控制程度。

1. 境内外人民币外汇市场交易规模之比。大多数学者认为境外人民币外汇交易对我国的汇率定价权有影响，人民币 NDF 汇率一定程度上已成为人民币汇率预期的风向标。由于对于汇率定价主导权程度的评估尚缺乏可借鉴的参考文献，我们直观上认为，境外人民币外汇交易规模相比境内越大，则对境内人民币的汇率定价影响越大。境内外人民币外汇交易规模之比为境外人民币外汇交易规模占境内人民币外汇交易规模的比重。

2. NDF 对 CNY 的偏离度。当前我国人民币官方汇率依然实行的是有管理的浮动汇率制。基本上盯住美元，汇率浮动幅度很小。人民币 NDF 市场汇率是交易双方基于对汇率走势进行理性预期而产生的，在一定程度上反映了市场对人民币汇率的看法。当离岸人民币汇率变动的预期强烈时，离岸市场的汇率对在岸市场汇率的信息溢出效应强于在岸市场对离岸市场汇率的溢出效应。[1] 因此，选取 NDF 汇率对 CNY 汇率的偏离度作为影响我国汇率定价权的一个因素。

3. 央行对外汇市场的干预程度。考虑到我国银行间外汇市场长期呈现出买方垄断、卖方寡占的市场结构格局，央行对人民币汇率实行垄断定价，随着外汇市场体制的改革，央行的垄断地位将逐步下降，但就目前来看，央行对于外汇市场的干预程度也是汇率定价主导权的重要影响因素。外汇市场干预指标的设计一直是学术研究的难点，可以借鉴 Levy – Yeyati 和 Sturzenegger（2005）的方法，利用实际外汇储备的变化量相对上一期基础货币的变换量设计非冲销的外汇市场干预指标。[2]

（三）金融危机加速传染指标

人民币国际化加深了我国虚拟经济与国外金融市场的联系，为危机的传播提供了渠道，增强了我国金融市场与国际金融市场的联动效应。金融危机的发生将降低一国货币的国际信用，进而导致债务危机等一系列危及国家货币与经济主权事件的发生。从 20 世纪 90 年代的

---

[1] 周先平、邹万鹏：《人民币离岸、在岸市场联动关系研究》，载《长江商报》，http：//www.changjiangtimes.com/2013/12/466471.html。

[2] 指标的设计分为两步，第一步计算反映外汇市场干预的外汇储备量，即 R_t =（央行持有的对外资产 – 央行持有的对外负债 – 政府存款）/名义汇率；第二步，用相对上一期外汇储备的变化量与基础货币的比值衡量实际外汇市场干预程度。

日本经济危机、2007 年美国的次贷危机以及当前欧债危机发生前后，日元、美元以及欧元的走势可以看出，金融或者经济危机很可能带来一国货币的国际信用危机。金融危机的加速传染与一国对外金融开放程度、外贸依存度以及虚拟经济的规模有较大关系。

1. 对外金融开放程度。金融开放主要是指一国或地区由金融封闭状态逐步向金融开放状态转变的过程。董青马和卢满生（2010）实证得出金融开放程度的提高将增加一国银行业危机的可能性。从亚洲金融危机的经验看，金融危机主要发生在经济发展水平落后、金融开放程度高的国家，比如泰国、韩国、印度尼西亚、马来西亚等，因此将对外金融开放程度作为加速金融危机传染的一个因素。参考《2013 年中国国际收支报告》，使用对外金融资产负债总额占/GDP 的比重来表示我国金融对外开放程度。

2. 对外贸易依存度。对外贸易依存度又被称为对外贸易系数，是指一国的进出口总额占国内生产总值的比重，反映了一国经济对国际市场的依赖程度。李成等（2010）分析了金融危机的贸易和金融传播渠道，认为危机最先发生在金融渠道，贸易渠道在危机的深化和恢复期表现出了较强的传染性。对外贸易依存度高的国家更容易受金融危机加速传染风险的影响。

3. 虚拟经济规模比重。成思危（1999）认为，虚拟经济主要是指虚拟资本以金融系统为主要依托的与循环运动有关的经济活动，其内在不稳定性是金融危机的主要成因。当前我国经济虚拟化的程度日益提高，人民币国际化也是虚拟经济的全球化，增加了国际金融危机在我国加速传播的可能性。因此虚拟经济规模占 GDP 的比重是影响金融危机加速传染的一个因素。虚拟经济的规模可以使用股票总市值、债券市场余额以及金融衍生品市值的总和来代替。

4. 金融资产价格异常波动指标。金融资产价格与金融稳定之间存在密切关系，而一国货币主权的行使离不开稳定的金融环境。无论货币的发行、流通还是对外平等的处理金融事务，都需要一国稳定的金融环境作为保障。Goetz von Peter（2004）、Mishkin（1999）、孔庆龙（2008）等学者分别从银行信贷、信息不对称以及银行资本金的角度论述了金融资产价格影响金融稳定的机制。

（1）人民币对美元汇率波动率。汇率反映了一国货币的对外价格，其变动不仅关系到国家金融市场的稳定，还将对一国的对外贸易和外汇储备资产的价值产生巨大影响。人民币对美元汇率关系到我国经济主权的安全，长期以来我国对汇率机制的改革始终持着谨慎的态度。我国汇率形成机制的改革和资本账户的逐步开放，增大了汇率异常波动的风险。

（2）外资进入股市规模占股市总规模的比重。在目前国内股市资金推动型特征还比较明显的情况下，外资的流入将推动我国股价的非理性上升，同时加大了我国股市与国外股市的关联度，一旦对于股市的判断发生反转，将引发大量的资金外逃，因此外资进入股市规模占股市总规模的比重一定程度上能反映股票市场价格异常波动的风险。随着未来我国沪港通的正式开通，大量的外资将进一步涌入我国股票市场，由外资流入而引起的股票市场异常波动风险也将进一步加大。

（3）股票价格波动率。股票价格波动率较为直观地反映了股票市场的风险状况，在我国实行资本管制的情况下，外资流入股票市场的途径具有一定的隐蔽性，难以有效监测。因此可以使用股票价格的波动率来反映股票市场价格变动的异常状况。

（4）房地产价格上涨率与GDP增长率之比。在我国股市不景气的状况下，房地产市场成为资金聚集的主要场所，推动了房价的上涨。房地产价格的异常上涨危及国家金融体系的安全，加大了国内的通货膨胀压力。使用房价上涨率与GDP上涨率的比重来表明我国房地产市场的泡沫。

表 14－3　　　　　　　　　　　货币主权风险指标体系

一级指标	二级指标	三级指标
货币 主权 风险	货币政策独立性风险	货币替代率、货币反替代率
	汇率定价主导权风险	境内外人民币外汇市场交易规模之比、境内外人民币汇率偏离度、央行对外汇市场的干预程度
	金融危机加速传染风险	对外金融开放程度、对外贸易依存度、虚拟经济规模比重
	金融资产价格波动风险	人民币对美元汇率的波动率、外资进入股市规模占股市总规模比重、股票价格波动率、房地产上涨率与GDP增长率之比

其中：

货币替代率＝国内金融体系中的外币存款/国内广义货币的存量；

货币反替代率＝外汇占款/M_2；

境内外人民币外汇市场交易规模之比＝境外人民币外汇市场交易额/境内人民币外汇市场交易额；

境内外人民币汇率偏离度＝（NDF汇率－CNY汇率）/CNY汇率；

央行对外汇市场干预程度＝外汇储备的变化量/上一期的基础货币量；

对外金融开放度＝对外金融资产负债总额/GDP；

对外贸易依存度＝进出口总额/GDP；

虚拟经济规模占GDP比重＝（股票总市值＋债券市场余额＋金融衍生品市值）/GDP；

人民币对美元汇率的波动率＝人民币对美元汇率的年度波动率；

外资进入股市规模占股市规模比重＝流入股市的外资金额/股票市场的总市值；

股票价格波动率＝股票指数收益率的波动率；

房价上涨率与GDP增长率之比＝房地产上涨率/GDP上涨率。

14.2.2　货币主权风险指数构建及说明

（一）数据来源和指标说明

货币主权维护风险指数编制面临的较大难题为数据来源方面的限制。首先，在指标的选取方面，舍弃了某些有重要经济含义但缺少数据的指标，如离岸人民币外汇市场交易规模占境内人民币外汇交易规模的比重、外资进入股市规模占股市规模比重、证券资本流入与流出比例等能揭示我国货币主权风险的指标。其次，在指标时间长度的选择上，尽可能地选择了那些时间跨度相对长的指标。表 14 - 4 总结了相关指标对货币主权维护风险的影响方向、指标数据的来源、起始时间和可计算的最低频度以及相关处理说明。数据的计算起始时间都是以 2000 年为起点，最终指标可得数据的时间大多是在 2000 年之后。由于一部分指标只有年度值，因此最终指数的编制将基于年度数据，指数编制的时间区间为 2009—2013 年。

表 14 - 4　　　　　　　　　　　　　　　　　指标及数据说明

指标	影响方向	数据来源、指标起始时间、指标最低频度	处理说明
货币替代率	+	人民银行网站，Wind 资讯，2002 年，季度	国内金融体系的外币存款由我国金融机构的外汇存款余额代替
货币反替代率	+	CCER 数据库，2000 年，年度	
离岸对在岸汇率的偏离程度	+	Wind 资讯，2009 年，年度	离岸汇率使用 NDF 汇率，在岸汇率使用人民币即期汇率 CNY 代替
中央银行对外汇市场干预程度	-	Wind 资讯，2003 年，年度	基础货币数据使用 M_1 代替
对外金融开放度	+	国家外汇管理局，世界银行，2004 年，年度	GDP 的美元值由世界银行数据库得到
对外贸易依存度	+	Wind 资讯，世界银行，2006 年，月度	使用美元对人民币的月度平均汇率换算以美元表示的进出口总额
虚拟经济规模比重	+	国泰安，中经网，2000 年，季度	债券和金融衍生品规模数据难以得到，使用沪深总市值代替虚拟经济规模
人民币对美元汇率波动率	+	中国货币网，2006 年，月度	使用人民币对美元汇率的中间价计算
股票价格波动率	+	国泰安，2000 年，月度	使用上证综合指数考虑分红后的收益率计算
房价上涨率与 GDP 上涨率之比	+	国家统计局，2001 年，季度	房价使用商品房平均销售价格代替，GDP 增长率使用名义 GDP 计算，增长率为环比增长率，以 2000 年为基期

注：基础货币的数据难以得到且无统一的计算方法，使用 M_1 近似代替。

（二）指数构建方法

在已有的指数构建文献中，通常用主权赋值法或客观赋值法来确定指标权重。主观赋值法的权重确定具有较大程度的随意性，客观赋值方法主要包括熵权法和主成分分析法等。熵权法通常用于有多个评价对象的指标体系，主成分分析法适用于较长的时间序列分析。但无法获得每个子风险指数。考虑到本报告中指标数据的时间长度较短、频度较低的特点，拟采用样本 CDF 转化方法来计算我国货币主权风险指数。[①] 样本 CDF 方法类似于等方差权重法，

---

① 样本 CDF 方法、等方差加权法、因子分析法和信用加权方法为金融体系压力指数构建中较为常用的方法，Illing 和 Liu（2006）总结了这四种方法的优缺点。相比之下，CDF 方法较为适合本书数据特点。

通过变量的样本累积分布函数（CDF）将变量值按照分位数取值，然后赋予相等的权重。这种方法消除了量纲，同时不需要数据服从正态分布的假设。[1]

具体方法为：基于 CDF 的方法，将原始指标（X_{it}）转化为 Z_{it}（X_{it}），Z_{it}（X_{it}）为变量 X_{it} 所对应的分位数。假设 X_{it} 处于指标 X_i 分布的第 97 分位数，则 Z_{it}（X_{it}）取值为 0.97。然后将转化后的指标值进行加权平均，即可得到相应的指数值。报告中的货币主权风险指数（Monetary Sovereignty Risk Index）的范围在（0，1］，该数值越大，表明我国货币主权维护所面临的风险越大。计算公式如下：[2]

$$\text{MSRI} = \frac{\sum_{i=1}^{10} Z_{it}(X_{it})}{10}$$

14.3　我国货币主权的风险评估

14.3.1　货币主权风险隐患分析

（一）货币政策独立性风险隐患

根据蒙代尔的"三元悖论"，一国不可能同时实现资本的自由流动、货币政策独立性和汇率稳定这三个目标。随着当前经济全球化的迅速发展，资本国际化的流动已成为不可逆转的趋势，单个国家越来越难以实现对资本的完全管制。因此各国实际上只能在货币政策独立性和稳定汇率之间进行选择（何国华等，2011）。Bordo 和 Choudhri（1982）、Bergstrand 和 Bundt（1990）等的研究表明，即使在浮动的汇率制度下，一国的货币政策独立性也会因货币替代受影响。

当前我国货币替代和反替代现象共存，虽然随着我国资本项目的渐进开放，货币替代的规模在不断下降，货币反替代的规模不断上升。[3] 这两种因素都对我国货币供给具有重要影响，降低了我国货币政策的独立性。来自货币替代和反替代的货币政策独立性风险隐患主要有以下两方面：

1. 难以有效监测和管理人民币现金的风险。货币替代和反替代通常会使一国的货币量变得难以估计，在国内外居民对货币持有偏好发生改变时，货币替代和反替代将使得本外币资金通过各种渠道流出入，改变银行体系的准备金和存贷款，使得国内信贷总量和货币总量难以有效控制和监测，进而影响央行货币政策的独立性。特别是随着人民币离岸中心的发

---

[1]　Stuart 和 Ord（1994）、Hollo 等（2012）、Hakkio 和 Keeton（2009）的研究表明，基于指标值的累积分布函数（CDF）标准化指标并进行加总的方法比基于均值和标准差的标准化方法更稳健。

[2]　央行干预度与货币主权维护风险呈负相关关系，因此将该指标值取负值后进行 CDF 转换。

[3]　鉴于篇幅所限，这里未列出我国货币替代和反替代变化趋势图。

展，大量的人民币会通过跨境银行等渠道影响本国货币供给，中央银行统计和监测货币的难度有所增大，货币政策独立性相应受到影响。

2. 货币政策调控难度加大的风险。货币的替代和反替代会进一步加大国内外利差，使套汇套利活动增加，加剧资本的流入和流出，使得国内货币供给被动变化，影响货币政策效果的实现。以人民币国际化背景下的货币反替代为例，央行执行扩张性货币政策时，人民币利率水平下降，资产收益率随之下降，可能会造成非居民抛售持人民币资产，资本的大量流出抵消了货币政策的效果；反之，当执行紧缩性货币政策时，人民币利率水平上升，可能导致非居民将持有的外币资产转换成人民币资产，资本大量流入，国内的流动性过多的局面得不到有效抑制。一些研究从货币国际化的视角研究了货币反替代对货币政策独立性的削弱。[①]

（二）汇率定价主导权风险隐患

在开放经济条件下，市场定价权关系到一国金融体系的安全。对于中国来说，要确保我国核心的经济利益，就必须参与市场定价权的争夺。掌握汇率定价权是我国宏观经济稳定运行、实现内外均衡和控制外部风险的有力保障。2006 年美国芝加哥交易所推出 NDF 合约以来，国内一些机构和学者就表达了对人民币汇率定价权可能旁落境外的担忧。随着境外人民币离岸市场的发展和对人民币离岸中心争夺的加剧，我国汇率定价主导权面临着严重挑战。

1. 离岸人民币衍生品市场的快速发展。大量的理论和事实表明，远期等衍生产品对信息的处理能力高于现货市场，定价权的争夺往往不是在现货市场上，而主要是在远期等衍生品市场。[②] 近年来，离岸市场上的无本金交割远期外汇交易（NDF）在新加坡和我国香港市场发展迅速，交易量几乎一年增一倍。境外离岸市场上人民币产品已不下 10 种，除了人民币 NDF 外，人民币外汇期权、人民币外汇期货期权和人民币结构性期货期权等都发展较快。相比之下，内地人民币外汇产品只有远期和掉期两种，发展缓慢。未来随着伦敦等国际金融中心对人民币离岸中心争夺的加剧，境外人民币衍生产品市场的规模将呈逐步上升趋势，对在岸人民币汇率的形成带来较大影响。

2. 央行对外汇市场的干预逐渐减弱。当前人民币还不是完全自由兑换货币，境内和境外市场仍处于分割状态，这样两种汇率形成机制的差异必然带来较大的风险溢价和隐患。目前我国政府对人民币汇率走势仍具有决定性的影响力，央行对外汇市场的干预，一定程度上能够减少我国外汇市场受外在冲击的波动程度，保持我国汇率水平的总体稳定。但汇率形成机制改革要求人民币汇率必须更多地取决于市场，减少政府的干预。2007 年以来，央行对外汇市场的干预度总体上呈下降趋势，而未来央行也将进一步逐步退出对外汇市场的常态式

[①]　Aliber（1964）、Bergsten（1975）认为美元国际化削弱了美国执行独立货币政策、运用货币贬值政策的能力。Arize（1991）认为本外币利差会引起货币替代，进而导致货币政策失效。Tavalas（1997）认为在钉住汇率制下，货币国际化可能因外国人偏好的转移而破坏中央银行控制基础货币的能力；在浮动汇率制下，货币国际化导致汇率的大幅度变动，可能会限制国内货币政策的效力。

[②]　潘慧峰、郑建明、范言慧：《境内外人民币远期市场定价权归属问题研究》，载《中国软科学》，2009（9）。

干预。[①] 这意味着汇率将更多由市场机制形成，在当前我国汇率机制发展不完善的情况下，境外市场人民币汇率更合理地反映了市场对人民币汇率预期，在央行减少干预的情况下，境外人民币汇率对境内市场的价格引导效应将得到强化。

（三）金融危机加速传染风险隐患

金融全球化是金融活动越过民族国家藩篱和全球金融市场日趋融合为一体的过程，是一个风险发生机制相互联系而且趋同的过程，也是一个逐步削弱国家金融货币主权的过程。[②] 在金融全球化背景下，货币主权的收益通过国家参与一系列经济活动实现，但一国经济的对外开放也为风险的传染提供了渠道。人民币国际化的推进进一步将我国经济和金融暴露于全球市场的风险下，为金融危机在我国的加速传染创造了条件。金融危机通常也伴随着一国经济和货币危机的发生，货币主权的维护在此种情况下将变得异常困难。

1. 贸易渠道加速风险传染。世界各国的经济运行通过跨国经济纽带紧密联系在一起，任何国家的经济波动都会通过这种纽带向全球范围扩算，国际贸易是重要的传导渠道之一。长期以来，我国的经济具有较高的对外贸易依存度，当主要的贸易伙伴国家发生经济危机或者经济增长放缓时，会对我国的出口企业带来较大冲击，引起失业甚至经济下滑等风险。2008 年美国的金融危机即通过贸易渠道对我国的实体经济影响显著。在人民币跨境贸易结算的背景下，我国的出口贸易将得到进一步发展，也加剧了贸易渠道对金融危机的传染效应。

2. 金融渠道加速风险传染。金融渠道对危机的传染比贸易渠道更为复杂，在金融对外开放的条件下，国家间金融市场通过投资者行为紧密联系在一起。危机传染金融市场的渠道主要通过资本市场上证券组合的重新分配和调整以及"羊群效应"[③]。1997 年亚洲金融危机对我国影响较小的主要原因在于我国金融对外开放程度较低，随着中国金融改革的深化和人民币国际化的推进，越来越多的外资金融企业进入我国银行、保险和证券等领域，加大了我国金融市场与国际金融市场的联系，一定程度上也加大了金融危机在我国加速传染的风险。

3. 虚拟经济膨胀加速风险传染

虚拟经济对实体经济的促进作用是通过将储蓄转化为实体经济发展所需要的资本实现的，但虚拟经济的发展与投机活动始终是共存的。金融危机的发生和传染与虚拟经济规模的过度膨胀存在一定关系。在实体经济运行市场以及金融市场过度开放的情况下，虚拟经济占比过大将给一国金融体系安全带来极大的隐患。我国虚拟经济的发展虽然只有 10 多年的历史，但整个社会从经济形态到金融工具、金融结构、金融产品、融资方式，以及各金融行为主体的方式都发生了深刻变化。2013 年第四季度我国沪深总市值为 230 977.19 亿元，约为 GDP 的 1.27 倍，虚拟经济膨胀带来的风险应引起足够重视。

---

① 2014 年 4 月，中国央行行长周小川在博鳌论坛上表示，人民币汇率要逐步退出常态式外汇干预，波幅还会朝着扩大发展。要根据市场调节择机推进人民币利率市场化，稳步推进资本项目可兑换，促进外汇方面的便利性。

② 张庆麟：《析金融全球化对国家货币主权的冲击》，载《中国法学》，2002（2）。

③ 严丹屏、徐长生：《金融危机传染渠道研究》，载《金融论坛》，2003（6）。

（四）资产价格异常波动风险隐患

货币国际化是我国通过货币的国际流通和使用来实现货币主权维护的战略举措。从日元和美元的国际化经验看，一国货币在走向国际化的过程中，国外资本将加大对该种货币资产的需求，短期推动金融资产价格的上涨，如果没有实体经济的持续发展作为支撑，热钱短期的大进大出将导致资产价格泡沫破灭的风险，最终导致一国的经济主权受损。随着人民币国际化进程的推进，资本项目的深入开放将使资产价格面临货币升值和大规模资本流动冲击的风险。外汇、股票和房地产市场历来是国际资本流动的重要场所，也是中国资产市场的主体部分。因此，资产价格异常波动是我国货币主权维护面临的风险之一。

1. 汇率异常波动的风险隐患。国家外汇管理局《2014 年上半年中国国际收支报告》指出，人民币汇率决定因素日益多样化，汇率越来越具有资产价格属性。随着人民币汇率形成机制趋向市场化，货物贸易收支和本外币利差只是影响汇率走势的部分而非全部因素，汇率有涨有跌的双向波动将成为新常态。中央银行逐步提出外汇市场的常态化干预后，外汇市场将面临更大的来自国际投机资本冲击的风险。

2. 股票市场异常波动风险隐患。人民币国际化背景下，我国股票市场的开放程度将得到进一步提升。2014 年 9 月 26 日《上海证券交易所沪港通试点办法》的公布，意味着无论是融资融券、配股还是大宗交易，参与沪港通投资的投资者将拥有更多的投资权利。沪港通的启动开启了 A 股市场和国际市场直接对接的渠道，未来随着更多的外资流入我国股票市场，将加大国际股票市场对我国股市的"溢出效应"，同时在我国股票市场存在一定监管缺陷的情况下，国际投机资本的扰动也将加大我国股票市场异常波动的风险。

3. 房地产市场异常波动风险隐患。日本在 20 世纪 90 年代以房地产为首的泡沫经济的破灭引起了金融危机，20 世纪 60 年代开始，日本房地产价格上升幅度远远超过国民生产总值的增长幅度，从而造成资金投资倾斜、产业结构畸形和国民经济的严重失衡。我国作为新兴市场国家，有着良好的经济增长前景。资本项目的逐步开放，为外资的流出和流入提供了更多的渠道。近年来中国房地产企业外资流入增速较快，促成了房地产市场繁荣发展的局面，但一旦外资大规模撤离，将引发房地产市场资金链条断裂，最终带来整个金融体系的系统性风险。

14.3.2　2009—2013 年我国货币主权维护的风险状况

（一）货币主权风险指数表现

根据货币主权风险指数的编制原则，我们计算出 2009—2013 年我国的 MSRI（见图 14-4）。2009 年我国货币主权风险指数为 0.66，处于较高水平。2010 年和 2011 年货币主权风险指数保持在 0.64 的水平，从 2011 到 2013 年 MRSI 呈显著的下降趋势。

总体来看，我国货币主权维护的风险指数可划分为两个阶段：第一阶段为 2009—2011 年，在此期间我国货币主权风险指数处于高位平稳的状态，反映了这一时期我国货币主权维护面临的风险较大。全球金融危机和欧债危机使国际政治经济格局面临诸多的不确定性，为摆脱经济增长低迷的局面，欧美地区的贸易保护主义有所抬头，加大了我国汇率稳定的风险。在我国主权财富方面，因持有大量的欧元和美元债券，我国的海外金融资产面临着较大的缩水风险，同时国际资本短期内的流动也削弱了我国货币政策的自主性。

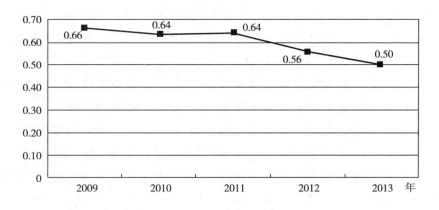

图 14 - 4　2009—2013 年我国货币主权风险指数（MSRI）

第二阶段为 2012—2013 年，我国货币主权维护的风险有所降低。从宏观经济环境看，这一时期世界经济处于缓慢复苏阶段，减少了外部经济动荡带来的货币主权风险。同时，我国货币国际化步伐加快，跨境贸易结算的推进和与多国签订货币互换协议，降低了外汇储备贬值的风险，人民汇率形成机制的改革一定程度上增加了我国货币政策的独立性。

（二）风险指数变动分析

为了进一步分析各子风险系统对我国货币主权维护风险指数的贡献程度，我们将货币主权风险指数分解为货币政策独立性风险指数、汇率定价主导权风险指数、金融危机加速传染风险指数和资产价格异常波动风险指数（见图 14 - 5）。

可以发现：（1）货币政策独立性风险指数在 2009—2011 年持续下降，2012 年货币政策独立性受货币替代和反替代影响较大，2013 年该指数有所下降。近年来我国货币替代的比率在不断下降，货币反替代随着人民币国际化进程的推进开始逐渐上升，货币政策独立性的风险主要来自更多境外机构和投资者持有人民币资产而对货币政策的干扰。[①]（2）汇率定价主导权风险指数在整个期间变化幅度较大，2011 年风险指数明显高于其他时期，原因在于NDF 汇率对人民币即期汇率存在较大偏离，人民币存在较强的升值预期，从而对境内汇率形成一定的信息溢出效应，在 2011 年后这种信息溢出效应呈下降趋势，但汇率定价主导权风险对货币主权风险的贡献高于其他风险源。（3）金融危机加速传染风险指数在 2010 年显著高于其他时期，2010 年我国的对外贸易额、对外金融资产负债总额、虚拟经济规模占比，在我国政府采取一系列的宏观调控措施的背景下都有了显著增长，客观上加大了金融危机加速传染的风险。2010 年后，这一指数呈下降趋势。（4）资产价格异常波动风险指数在

---

① 货币反替代和货币替代变化趋势图因篇幅所限未在文中列出。

2009—2012 年呈下降趋势，2013 年略有提高。表明我国外汇市场、股票和房地产市场总体上不存在投机资本大规模流入流出，资产价格异常波动带来的货币主权风险在当前并不大。

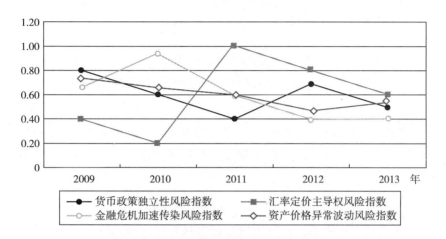

图 14 – 5　2009—2013 年货币主权子风险指数

14.4　结论与展望

14.4.1　主要结论

（一）当前我国货币主权风险总体可控

2009—2013 年我国货币主权风险指数的不断下降，表明当前我国货币主权所面临的风险可控。虽然我国参与经济全球化的程度在不断加深，但相比主要发达国家，仍处在较低的层次。货币主权风险可控主要是由于：长期以来我国实行有管理的浮动汇率制，汇率的形成受政府影响较大，而离岸市场中的人民币市场的发展还处于初级阶段，目前不足以对人民币定值权形成较大冲击；在资本项目未完全开放和我国实行强制结售汇制度的情况下，货币替代和反替代程度总体上对我国货币政策独立性的冲击影响有限；金融危机加速传染和资产价格异常波动风险也一定程度上受到我国资本项目管制和汇率形成机制的影响，尚不足形成经济危机或货币危机对我国货币主权造成较大冲击。

（二）货币主权面临较大风险隐患

货币主权风险与一国经济金融开放程度和国际政治经济形势高度相关。货币主权面临的风险隐患主要来自四个方面：一是货币替代和反替代，未来随着人民币国际化程度的加速，货币反替代现象将更为严重，对我国货币政策实施的自主性带来挑战。二是人民币汇率定价的主导权，境外人民币市场在交易规模和衍生品开发方面的快速发展，对境内人民币汇率定价形成信息溢出效应。三是金融危机加速传染风险，货币主权的维护需要人民币国际化，但在这个过程中我国的货币主权也将因金融危机的加速传染风险的增大而受损。四是资产价格异常波动风险，资本项目的开放将为国际资本的流动带来更多的渠道，加大资产价格异常波动而带来的货币信用风险。

14.4.2 未来展望

虽然在2009—2013年我国货币主权风险指数总体呈下降趋势，但由于本书可得数据的时间频度较低、区间较短，短期状况并不代表长期趋势。在当前经济金融全球化逐步加深的背景下，货币主权仍面临着来自货币政策独立性、汇率定价权和金融危机加速传染、资产价格异常波动的风险，未来随着人民币国际化进程的推进，以及我国资本项目的进一步开放，我国经济金融开放程度将得到持续提升。货币主权的维护必然面临更多来自国际合作框架和自身利益方面的冲突。

（一）转变基础货币发行方式，增强货币政策自主性

长期以来，我国基于外汇占款的货币发行机制是一种被动的货币发行机制，货币供给具有较强的内生性。随着美联储逐步退出QE引发的货币政策变化，将会影响包括中国在内的全球货币金融周期的变化，人民币资产和货币扩张的内外环境正在发生趋势性改变，利用中美利差、人民币即期远期汇率测算的无风险套利空间显著收窄，未来外汇占款可能会持续下降，如果没有长效的基础货币发行方式，货币当局将缺乏流动性调节，进而调节通货膨胀和经济增长等的货币政策工具。因此必须扭转我国货币发行的机制，参照美联储等的经验，我国转变基础货币发行方式需完善货币政策工具体系，特别是完善公开市场操作、建立常规手段和非常规手段相结合的公开市场操作工具体系，对外汇储备管理机制进行调整，同时还需与其他金融改革协调推进，提高我国货币政策的独立性。

（二）深化汇率机制改革，掌控汇率定价主导权

人民币离岸市场的快速发展、交易规模的持续扩大、人民币衍生产品的日益丰富以及投资主体的多元化都对境内人民币汇率定价权构成了一定威胁。境内银行间外汇市场交易时间受到限制，以致欧洲和美洲时段离岸人民币市场的走势会影响次日境内市场的开盘价格，人民币汇率定价权受到部分削弱。我国应该加快汇率市场形成机制改革，加深做大外汇市场，尽快推出外汇期货产品，巩固汇率的定价权。同时在上海自由贸易区推进外汇市场建设，提升上海金融市场在全球人民币汇率定价的话语权。

（三）有序推进人民币国际化，维护金融体系安全

货币国际化是维护我国货币主权的必然选择，人民币国际化最终要实现人民币的自由进出，而目前中国的汇率、利率都未实现市场化，金融体系逐步开放的过程中也将面临一系列风险，对金融货币体系构成一定的威胁。随着对外开放广度和深度的不断提高，金融危机加速传染和资产价格的波动将因海外大规模流转的人民币而增大风险。因此，货币的国际化应有序推进，注重我国金融体系安全的维护，完善金融调控和监管，建立健全危机和资产价格异常波动的早期预警信息系统，并加强与其他国际货币发行国的合作，建立外部金融安全

网，保障我国货币主权安全。

（四）推动国际货币基金组织改革，提升国际话语权

经济全球化折射出的国家货币主权与限制问题值得关注。在美元霸权的国际货币体系，美国作为主要货币发行者本应增强美元的货币责任意识，防止滥用货币发行权。但按照国际法习惯，美国一般情况下不需要因其币值改变而承担国际法的国家责任。当前的 IMF 条约并未能对作为国际储备货币发行国的货币行为建立有效约束，加大了对别国货币主权的损害。美国在 IMF 货币基金组织占有最大份额，对许多国际重大事务具有一票否决权，直接阻碍了国际货币基金组织的改革，中国应充分发挥自身影响力，积极推动货币基金组织改革，争取更多的国际话语权来维护自身利益。

参考文献

［1］艾民：《货币：主权管辖的对象——对货币与主权关系的探讨》，载《世界经济文汇》，1995（5），52～56页。

［2］于祖尧：《汇率制度改革必须维护货币主权》，载《红旗文稿》，2010（11），9～12页。

［3］张鸿午：《论金融全球化背景下的国家货币主权》，载《北华大学学报（社会科学版）》，2009（1），26～29页。

［4］赵杰宏：《国际经济协调与国家货币主权的让渡》，载《湖北社会科学》，2009（8），69～71页。

［5］韩龙：《国家货币主权的构成与限制问题——兼对美元持续贬值的国际法思考》，载《福建金融管理干部学院学报》，2009（05），3～10页。

［6］俞可平：《论全球化与国家主权》，载《马克思主义与现实》，2004（1），4～21页。

［7］欧阳彬：《金融全球化时代国家货币的命运：过去、现在与未来》，载《国际商务（对外经济贸易大学学报）》，2009（6），37～40页。

［8］吴志成、龚苗子：《从国家货币到市场货币——货币与国家关系的解读》，载《经济社会体制比较》，2005（6），59～64页。

［9］张庆麟：《析金融全球化对国家货币主权的冲击》，载《中国法学》，2002（2），123～130页。

［10］赵进文、张敬忠：《人民币国际化、资产选择行为与货币政策独立性》，载《经济与管理评论》，2013（6），78～86页。

［11］何国华、袁仕陈：《货币替代和反替代对我国货币政策独立性的影响》，载《国际金融研究》，2011（7），4～10页。

［12］沈悦、董鹏刚、李善燊：《人民币国际化的金融风险预警体系研究》，载《经济纵横》，2013（8），88～93页。

［13］潘慧峰、郑建明、范言慧：《境内外人民币远期市场定价权归属问题研究》，载《中国软科学》，2009（9），156～164页。

［14］贺晓博、张笑梅：《境内外人民币外汇市场价格引导关系的实证研究——基于香港、境内和 NDF 市场的数据》，载《国际金融研究》，2012（6），58～66页。

［15］赵胜民、谢晓闻、方意：《人民币汇率定价权归属问题研究：兼论境内外人民币远期外汇市场有效性》，载《经济科学》，2013（4），79～92页。

［16］夏园园、宋晓玲：《境内银行间外汇市场人民币汇率定价权研究》，载《金融论坛》，2014（3），45～52 页。

［17］孙华妤：《中国货币政策独立性和有效性检验——基于 1994－2004 年数据》，载《当代财经》，2006（7），26～32 页。

［18］Cohen, Benjamin J. , "The International Monetary System：Diffusion and Ambiguity", *Orfalea Center for Global & International Studies*, 2008, 2.

［19］Ronald I. , McKinnon, "Association Currency Substitution and Instability in the World Dollar Standard", *The American Economic Review*, 1982, 6.

［20］Rosa M. Lastra, "Legal Foundations of International Monetary Stability", Ooford University Press, 2006, 6.

［21］Obstfeld, Maurice, Shambaugh, Jay C. , Taylor, Alan M. , "Monetary Sovereignty, Exchange Rates, and Capital Controls：The Trilemma in the Interwar Period", *Center for International and Development Economics Research*, 2004, 2.

［22］Claus D. , Zimmermann, "The Concept of Monetary Sovereignty Revisited", The European Journal of International Law, 2013.

［23］David E. Altig, Owen F. Humpage, "Dollarization and Monetary Sovereignty：The Case of Argentina", *Federal Reserve Bank of Cleveland*, 1999, 9.

第四篇

金融基础设施安全评估

第 15 章　金融基础设施安全评估

随着我国金融改革逐渐踏入深水区，作为金融改革的重要组成部分和改革基础，金融基础设施建设成为关注的热点。从 2005 年开始，央行定期发布《中国金融稳定报告》对金融基础设施建设发展状况进行介绍，此外，国内众多金融机构及学者也对我国金融基础设施建设提出新的视角及观点：有的从金融组织体系、金融服务体系、金融环境保障体系和金融交易体系指出我国金融基础设施建设的着力点；[①] 有的从区域性角度提出我国农村金融基础设施建设方向以及完善农村支付环境的；[②] 也有的从支付、清算和结算体系角度提出完善人民币在国际交易中的计价结算基础设施。[③]

然而，无论是央行的金融稳定报告，还是行业和学界对金融基础设施建设的认识，都还停留在状况的陈述、发展方向的提议，抑或是不足之处的完善。至于如何对我国金融基础设施的稳定性进行评估，如何考量我国金融基础设施的稳定性程度，金融基础设施的整体与局部是否存在安全隐患以及如何规制这种隐患等领域还是研究的空白。

由于金融基础设施的建设是由国家为主导的金融软硬件的设计，其涵摄面广，体系繁多。因此，对于我国金融基础设施的安全性评价势必应该上升到国家治理层面，国家治理强调的是一种以法律和制度的经纬来对金融基础设施进行安排与管理。本章通过国家治理在金融基础设施建设中运行的好坏来反映我国金融基础设施的安全性、救济性、风险分配与效率，并将金融基础设施中的国家治理范围分为金融制度环境、信用与信息披露环境、法律环境三大类，对这三个领域的金融基础设施建设构建指标与系数，量化金融基础性设施的国家治理程度，以此评估 2001—2013 年我国金融基础设施建设，以期对立法、金融制度构建、金融安全隐患提供参考意见。

15.1　金融基础设施运行概况及特征

根据中国人民银行对其的定义[④]来看，金融基础设施指金融运行的硬件设施和制度安

---

① 姜宝泉，刘威岩：《金融基础设施建设的着力点》，载《中国金融》，2011（8）。
② 参见李铀：《村镇地区金融基础设施建设》，载《中国金融》，2012（15）。
③ 参见曾园园：《完善人民币计价结算的基础设施》，载《中国金融》，2013（23）。
④ 中国人民银行：《中国金融稳定报告 2014》，107～110 页。

排，主要包括支付－清算系统、法律环境、会计准则、信用环境、反洗钱以及由金融监管等。近年来，人民银行先后组织商业银行建立了支付清算系统、反洗钱系统、征信系统、服务动产融资的应收账款质押登记公示系统和融资租赁登记公示系统等金融基础设施，这些金融基础设施在促进经济社会健康发展方面成效显著。

在支付－清算系统方面，目前，我国目前已经建成以中央银行支付系统为核心，银行机构行内支付系统为基础，银行卡支付系统、票据支付系统等为重要组成部分的支付清算网络体系。在这个体系中，中央银行与银行机构是整个国家资金运转的核心。中央银行处于体系的顶层和核心位置，通过运行大额支付系统、小额支付系统和网上支付跨行清算系统完成资金清算。银行机构处于体系的底层和基础位置，通过行内业务处理系统完成企事业单位和个人的资金结算。中国银联的银行卡跨行支付系统等系统则处于体系的中间层，相当于在进入中央银行支付系统前进行清算预处理，旨在提高某一特定支付领域的支付清算效率。

从 2013 年支付清算系统运行情况来看，全国各类支付系统共处理支付业务 235.80 亿笔，金额 2 939.57 万亿元，同比分别增长 23.38% 和 17.19%，全国各类支付业务金额是 2013 年全国 GDP 总量的 51.68 倍。总体来看，目前支付体系安全、稳定运行，社会资金交易规模进一步扩大，支付业务和工具不断创新，零售支付服务市场持续改善。

在法律制度建设方面，2001—2013 年，全国共颁布有关金融性法律法规、司法解释、部门规章、全国性行业规定、地方性法规、地方政府规章、地方规范性法律文件、地方司法文件共 6 238 件，对金融行业的运行和发展起到了良好的约束和规范作用。

在信用环境方面，征信系统的逐步建立和完善以及《征信业管理条例》的颁布为金融行业乃至全社会的健康运行构筑起了坚实堡垒。截至 2003 年末，金融信用信息基础数据库已为 8.2 亿名自然人和 1 859.6 万户企业建立了信用档案，为商业银行等机构防范信贷风险提供了重要支持。[①]

同时，在反洗钱方面，2013 年，人民银行及其分支机构共对 1 146 家银行业、证券期货业、保险业金融机构及其分支机构以及支付机构开展了反洗钱现场检查，依法对违规机构和金融从业人员进行了行政处罚。证监会及其派出机构共对 115 家证券公司、157 家期货公司以及 400 家期货营业部进行了合规检查，此外，还对基金销售机构进行了 312 次现场检查。保监会对 4 531 家新设保险公司或分支机构和保险中介机构的反洗钱内控制度建设情况进行了审查，对投资入股保险业的 6.7 亿元人民币资金的来源进行了审查，对 10 119 名保险公司及分支机构高级管理人员进行了包含反洗钱内容的任职资格测试。此外，2013 年 5 月，人民银行印发《中国人民银行办公厅关于开展洗钱类型分析工作的通知》，要求 18 家全国性银行业金融机构定期分析可疑交易的类型、地区、行业、业务分布情况，关注可疑交易活动的发展趋势和动向，并及时报告。

从网上支付到手机移动支付，从央行大额、小额支付系统的运行到网上支付跨行清算系

---

① 资料来源：《中国征信业发展报告（2003—2013）》。

统的建设，从征信系统到反洗钱系统的建立和完善，我国的金融基础设施的硬件在逐步完善。但是，我国金融基础设施建设发展快速但依然薄弱，对其进行安全性评估必不可少。

15.2 金融基础设施安全指标体系

通过前期对金融基础性设施国家治理指标的安全性、救济性、风险分配与效率的综合分析。初步将金融基础性设施国家治理指标划分为四个一级指标，即金融制度指标、信用和会计信息披露指标、法律环境指标、反洗钱监测指标。其中，金融制度指标包括支付－清算－结算体系指标、获得信贷指标及存款保险制度适用指标。信用和会计信息披露制度指标对全国企业纳入征信系统的数量、全国自然人纳入征信系统的人数及其覆盖率、信用评级机构覆盖率以及金融机构不良贷款比例四个方面进行评估。法律环境指标又包括金融合同纠纷救济指标、金融法庭设置比例、破产程序指标三个二级指标。

15.2.1 金融制度指标

国家治理在金融性基础设施建设上表现为金融制度的构建。制度构建的好坏与缺失，能反映金融基础设施的稳定。对于金融制度指标的考察，主要从支付－清算－结算体系指标、获得信贷指标与存款保险制度指标来分析。

（一）支付－清算－结算体系指标

支付清算系统是指银行为客户办理资金划转过程中所采取的组织管理体制、支付工具和方式、联行清算所组成的资金运动系统。支付－清算－结算体系是一国金融体系的核心组成部分，是社会资金融通和运行的基础。支付－清算－结算体系的发展、效率的提高能够有效地促进经济的发展和社会进步，影响人们的生活方式。因而，支付－清算－结算体系的安全良好运行，是金融基础设施建设的重中之中。本书构建的支付－清算－结算指标由支付、清算、结算三个次级指标组成，分而评估我国的支付－清算－结算体系之安全性。

1. 支付清算指标。支付清算指标具体由全国各类支付清算系统业务笔数及其增长率、总业务金额及其增长率、非现金支付清算业务笔数及其增长率、非现金支付清算业务金额及其增长率、网络与移动终端支付清算业务笔数及其增长率、网络与移动终端支付清算业务金额及其增长率六大部分组成，这六个分指标的数据都是以年进行统计。从而我们可以得到全国支付清算业务构成成分的比重以及支付业务金额占 GDP 的比例，以此衡量我国支付系统的运行状况。

2. 结算指标。结算指标主要由中央结算公司年均结算量及其增长率、券款对付（DVP）结算业务累计办理账户及其增长率、券款对付（DVP）结算业务年均结算金额及其增长率、中国证券登记结算公司年均证券结算总额及其增长率构成。对中央结算公司年均结算量、券款对付（DVP）结算业务年均结算金额的统计，以及由此得出年均券款对付（DVP）结算量占总结算量的比重，能衡量金融行业间债权市场的流动风险及安全。

（二）获得信贷指标（Access）

获得信贷指标主要是关于担保交易制度的指标，是从国家治理层面和立法层面对担保交易制度建设的考察。

1. 机构或私人信用覆盖率。获得信贷的前提条件是机构或者私人的资信状况。因此，用机构或私人信用覆盖率来衡量获得信贷的难易程度以及金融机构的信贷风险极为必要。关于机构或私人信用覆盖率数据，可借鉴国民个人信用系统覆盖率，从数据库中获取。

2. 资信报告调查范围。对国内资信调查机构的调查报告进行综合评估，确立其调查的范围，以及获取优良资信的资格的难易程度，来评价金融机构的信贷风险与安全。

（三）存款保险制度指标

我国目前还没有存款保险制度，随着民间金融的发展，银行破产势必成为趋势，因此，建立存款保险制度也是当务之急。由于这一制度具有监管功能、市场功能、价值管理与创造、风险管理功能，在当前中国特殊的历史背景下，它还会对金融改革、优化金融结构、提高金融效率发挥作用，但其本身也有成本，可能诱发道德风险，使银行承受更多的风险，还会产生一些逆向选择的问题。当然，作为金融基础设施制度建设的重要内容，拟定存款保险制度指标来衡量金融基础设施的稳定与安全势在必行。在没有存款保险制度之前，本书拟定的存款保险制度指标即为存款保险制度是否存在，以此综合考量我国的金融基础设施的稳定与安全。

15.2.2　信用环境和会计信息披露指标

对于金融性基础设施的国家治理指标来说，信用环境与会计信息披露环境对金融交易安全的影响肯定是应该特别考察的。信用环境是资金融通的关键，而会计信息的披露能够促进信用制度的安全。当然，信用制度与会计信息披露制度都是国家治理的重要手段。因此，信用制度和会计信息披露制度是否得到良好的运行，在很大程度上能反映我国的金融性基础设施建设的安全与稳定性。对于信用环境和会计信息披露指标的建构，主要从全国企业纳入征信系统个数、全国自然人纳入征信系统人数及其覆盖率、信用评级机构覆盖率以及金融机构不良贷款比例四个方面进行评估。

1. 全国企业纳入征信系统数量。全国企业纳入征信系统数量，即全国集中统一征信系统为企业建立信用档案的数量。

2. 全国自然人纳入征信系统人数及其覆盖率。全国自然人纳入征信系统人数，即全国集中统一征信系统为个人建立信用档案的人数，以及个人信用信息被征信机构登记在案的人数与国家总人口之比。

对于此指标，菲律宾仅为5%，印度和俄罗斯为10%，斯洛伐克为40%，南非为65%，墨西哥能达到71%，中美洲的萨尔多瓦达到83%，阿根廷达到100%，当然在征信系统发达的英国、美国、加拿大、冰岛、爱尔兰、挪威、瑞士、澳大利亚等国家，它们的征信系统全覆盖国家人口。[①]

对于中国呢？征信机构登记人数可否进行统计？怎么统计？国家统计局数据的可信度是多少？从目前来看，由于征信制度的建设是全国性的。因此，暂且只能从国家统计局数据库获取部分征信数据。

3. 信用评级机构覆盖率。所谓信用评级机构覆盖率，即信用评级机构的数量占全国所有金融机构数量的百分比。

我国当前处于信用评级机构的初创阶段。因此，信用评级机构覆盖率可以直观明显地反映我国信用评级制度的建设情况。当然还有许多问题亟待解决，如评级业监管不统一、监管标准不一致问题，须建立高效统一的监管模式，建设信用评级机构的评级和退出机制，规范评级机构的行为准则和内控标准，提升评级机构的透明度。目前全球评级行业都采取向证券发行人收费的商业模式，由此引致对评级机构独立性的质疑，并加大了利益冲突。建议我国通过技术手段的创新（如设立由商业银行、机构投资者、财政共同出资的评级基金），改变收费机制，提升评级机构的独立性和客观性。对于此数据的获得性，以数据库为基础。

4. 金融机构不良贷款比例。金融基础性指标与金融系统稳定往往与不良贷款比例相联系。因此，不良贷款的占比能反映金融系统的稳定程度。而不良贷款常常是国家层面上的制度规制的对象。对于此数据的获得性，以数据库为基础，并从相关报告中获得。

15.2.3 法律环境指标

金融行业是一种"契约"密集型产业，金融基础设施的主要功能是确保这种"契约"的正确实施和得到救济。因而金融法律环境成为保障契约得到正确实施和救济的重要载体和灵魂。

反映一国或者一个地区的金融法律环境有很多角度。以国家治理视角而言，主要考察的是法律的价值判断对金融环境的约束，法律程序如何动态地去影响金融行业游戏规则。寻找能客观反映金融法律环境的对象显得尤为必要。因此，从金融交易的各环节与法律关系最为密切的集合物来看，金融交易合同纠纷势必能反映交易的过程，而法律对金融交易合同的价值评价的好坏，很大程度上能反映一国或者一个地区的法律金融环境的好坏。从法制环境的硬件设施来说，对金融交易纠纷司法救济的专业性，表现为法院对此方面的司法资源投入程度。金融法庭的设置与人员的配置能很好地反映司法资源对金融纠纷的重视程度。此外，法律对金融机构，尤其是银行的退出机制的评价也能很好地反映金融法律环境。当然，如何获取反映这些指标的数据是值得反复论证的。以下分别对金融合同纠纷救济指标、金融法庭设置比例、破产程序指标的数据可得性作简要说明。

（一）金融合同纠纷救济指标

主要针对商业汇款制度、担保交易系统，从司法治理的基础上来谈，主要为金融合同纠

---

① Barron, J. M. and Michael Staten, 2003, "The Value of Comprehensive Credit Reports: Lessons from U. S. Experience," *Credit Reporting Systems and the International Economy*, M. Miller editor. Cambridge, MA: MIT Press.

纷治理，考察国家治理层面上的司法治理在金融基础设施中的运行效率与成本。合同为金融市场交易权利与义务的基础。对此设计指标，能很好地反映金融市场的动态过程。包括三个方面：

1. 纠纷调解的时间效率（Time Efficiency of Dispute Resolution）。对于一起金融合同纠纷的司法解决过程平均需要多少时间，此数据获取需要司法判例作简要处理，较容易获取。但是需要考虑样本的选取如何反映不同地区的金融合同纠纷调解的时间效率。

2. 法庭的成本效率（Cost Efficiency of Court Procedures）。关于法庭的成本效率，即法院对金融合同解决纠纷方面的每年投入。此数据因其特殊性，需要实地到法院进行调研。

3. 金融交易合同、担保合同违约率。即金融交易合同纠纷案件中，原告的胜诉比例。此数据从样本判例中即可获得。

（二）金融法庭设置比例

金融法庭设置比例即一个地区或者一个省，设置金融法庭的基层或者中级法院占全省基层或者中级法院的比例。对于此数据的获取，有一定难度。金融法庭设置比例的设计，主要在我国司法层面上对金融基础性设施建设的补充，反映地方金融基础设施的司法专业性与独立性之不同。

（三）破产程序指标

破产程序指标包括破产程序的时间效率与破产程序的成本效率对于金融机构尤其是银行破产的法律制度指标的考察，有一个前置问题，即我国金融机构的法律破产制度的健全。目前来看，对于金融机构尤其是银行的破产法律制度尚在草拟中，个人觉得数据可得性几乎不存在。因此取消该指标。

15.2.4 反洗钱监测指标

反洗钱是指为了预防通过各种方式掩饰、隐瞒毒品犯罪、黑社会性质的组织犯罪、恐怖活动犯罪、走私犯罪、贪污贿赂犯罪、破坏金融管理秩序犯罪等犯罪所得及其收益的来源和性质的洗钱活动。反洗钱对维护金融体系的稳定运行，维护社会公正和市场竞争，打击腐败等经济犯罪具有重大的意义。因此，作为一种监督型金融基础设施，其监督主体的监测力度与调查效率成为衡量反洗钱制度运行得是否良好的重要指标。

1. 监督主体反洗钱现场检查金融机构数量

监督主体每一年度，每一季度，每一月份进行反洗钱现场检查的情况。监管主体进行反洗钱现场检查的金融机构的数量，在一定程度上能反映国家的监督力度和市场的反洗钱活跃性。

2. 监督主体反洗钱立案率及破获率

反洗钱立案率指监督主体根据反洗钱交易报告的立案件数占所有反洗钱交易报告的比例；反洗钱破获率指的是在反洗钱立案数中监督主体破获案件所占的比重。

15.3 金融基础设施横向安全评估

15.3.1 金融基础设施外延界定

对金融基础设施的横向安全评估是指对金融基础设施的外延进行局部的安全与风险分析。但是，由于金融基础设施的外延界定观点各异，因此对金融基础设施外延的再界定成为首要任务。

根据世界银行金融基础性设施的报告，其从市场大小、指标标准设计、透明度以及市场稳定度角度对金融基础设施的主要方面作出外延界定，包括支付系统（Payment）、证券结算系统（Securities Settlement Systems）、商业汇款（Remittances）、征信报告与征信机构系统（Credit Reporting and Bureaus）、担保交易系统（Secured Transactions）、抵押登记系统（Collateral Registries）。[①]

世界银行从 2008 年中期开始举办金融基础设施系列研讨会，在金融基础设施的不同领域，都有专家作过探讨。他们认为广义上的金融基础性设施还包括一国潜在的金融系统，即所有的金融机构、金融信息、金融技术、金融规则和金融标准。

瑞典中央银行对其的定义为：支付系统、中央证券托管系统、交收系统安全、中央反方与贸易储藏库五大方面，并对金融基础设施的边界作出了解释。

国际金融公司对金融基础设施的定义还包括了现存法律与管理框架。

我国中央银行 2014 年对金融基础设施的定义主要指金融运行的硬件设施和制度安排，主要包括支付－清算－结算体系、法律环境、会计准则、信用环境、反洗钱以及金融监管等。[②] 但是，由于国内金融基础设施建设的不断发展，金融基础设施的范围也在不断扩大。

总体来说，国内对金融基础设施的外延界定有待补充和完善，而国外的定义又不能满足我国金融基础设施建设稳定和安全之评价特情。因此，本章将围绕上一部分金融基础设施安全指标体系，从金融制度、信用环境与会计信息披露制度、法律环境、反洗钱监测四个方面进行金融基础设施的横向安全评估。

15.3.2 金融制度隐患

（一）支付－清算－结算体系隐患

支付－清算－结算体系是我国金融基础设施的重要组成部分，是一个融合制度与技术安排，服务于全社会的资金转移的金融有机体，具有实现债权债务清偿及资金转移的功能，被

---

① Penelope J. Brook，Peer Stein，"Financial Infrastructure Report"，*Building Access Through Transparent and Stable Financial System.*

② 中国人民银行《中国金融稳定报告 2014》，107～110 页。

认为是金融业的"管道",为社会经济发展输送"血液"。支付－清算－结算体系的发展、体系效率的提高,能够有效地促进经济和社会的发展。当然,支付－清算－结算体系的安全也事关国民经济生活的正常运行,其面临的风险不容小觑。

关于支付－清算－结算体系的风险分布,行业及学界的认识大致相同。按照国际清算银行下设的支付结算体系委员会(Committee on Payment and Settlement System)公布的《关于重要支付系统的核心原则》认为,"支付－清算－结算中可能出现流动性风险、信用风险、法律风险、运行风险和系统性风险"。[①] 国内一些学者提到支付清算系统风险,就认同为支付清算系统不能正常运行的可能性,并把支付清算系统风险具体划分为信用风险、流动性风险、法律风险、操作风险和道德风险。[②] 梁伟(2010)认为,支付－清算－结算体系的风险把握应放在操作风险、运行风险、流动性风险和制度风险方面。[③]

笔者认为,支付－清算－结算体系的隐患主要包括系统性风险、信用风险以及流动性风险三大部分。而所谓的法律风险、道德风险可归结为体系外因子。现具体分析。

1. 系统性隐患。关于系统性隐患,是一个永恒的话题。支付、清算和结算由于其天然的一体化特征,从而成为潜在的传播系统性危机的一个重要的机构性渠道。金融支付、清算和结算活动中,某个参与者若不能清偿其债务,可能导致系统中其他的参与者或者其他金融机构不能在期满清偿其债务而构成风险。例如:中央银行对限制大额资金转账系统中的系统性风险特别关注,因为随着交易总金额的增加,总的风险暴露也倾向于增加,因此大额资金转账系统的潜在风险经常比小额资金转账系统大得多。

笔者认为,支付－清算－结算的系统性风险的大小取决于诸多因素,但总的来说主要有中央银行运行的第一代与第二代支付清算以及各商业银行之间的各类支付清算系统的运行状况、支付－清算－结算活动参与主体的信用状况和资金流动的规模大小。当然,随着经济的发展和科技的进步,支付工具带来的系统性风险也随之增大,下文将单节论述。

2. 参与主体信用隐患。个人或金融机构的交易信誉度,是支付－清算－结算系统良好运行的基础。信用隐患可归结为三个方面:一是金融交易双方中任何一方违约而带来的风险;二是金融交易相对方在履约能力上的变化,从而导致公司资产遭受损失的可能性;三是信用评级机构评定信誉的道德风险。

第一种信用隐患传统的信用风险主要来自于商业银业的贷款业务,但贷款流动性差,缺乏像一般有价证券那样活跃的二级市场,银行对贷款资产的价值通常是按历史成本而不是按市场价的方法来衡量,只有当违约实际发生后才在其资产负债表中作相应的调整,而在此之前银行资产的价值与借款人的信用状况及其变动并没有太大的关系。第二种信用隐患来自于交易对手履约可能性的变动给组合带来的风险。一方面,一些影响交易对手信用状况事件的

---

① Bank For International Settlement," Core Principles for Systemically Important Payment Systems ". http://www. bis. org/publ/cpss43. htm, 2014 - 08 - 12。

② 欧阳卫民:《我国支付清算系统的特点和发展趋势》,载《财经科学》,2009(2)。

③ 梁伟:《关于我国支付清算体系的风险防范问题》,载《吉林金融研究》,2010(8)。

发生，如信用等级降低、盈利能力下降，造成所发行债券跌价，从而给很行带来风险。另一方面，衍生信用产品和资产证券化加强了信贷资产的流动性，借款人信用状况的变动也会随时影响银行资产的价值，而不仅仅在违约发生时出现。

3. 流动性隐患。如果说支付－清算－结算是金融业的"基本骨架"，那么资金就是金融业的"血液"。资金的流动促进金融业的发展，同时也带来流动性隐患。流动性隐患主要指资金流上游方如果未能按期支付资金流中游方资金或清偿债务，则可能影响到资金流中游方对下游方的清偿债务给付资金。这种延误有可能迫使收款人在短时间内从其他渠道融资来弥补流动现金头寸的短缺，由于融资成本较高或者声誉受损，从而造成经济损失。在一些更极端的情况下，可能出现收款人以任何代价都不能弥补流动性短缺，这时收款人就无法偿还所欠第三者的债务。

如果资金流至中游或者下游有一方为银行，那么流动性隐患大而可造成银行信誉下降，造成挤兑现象，影响社会稳定。

（二）网络智能及虚拟支付隐患

科技的日益发展在逐步改变金融行业的支付模式。而这种模式的改变路径也在从网络化向智能化和虚拟化方向发展。网络支付是指单位、个人直接或授权他人使用通用终端，通过公共网络以网络应用协议规定的格式发出支付指令，实现货币支付与资金转移的行为。[①] 关于支付模式的网络智能及虚拟化隐患所暴露的问题，成为社会日益关注的焦点。从问题出发，个人觉得隐患主要分为以下几种情形。

1. 网络支付身份安全隐患。身份的真实性是网络支付安全的核心。身份的安全问题中最多的是身份欺诈。支付过程需要验证支付双方或多方的身份信息，攻击者可能假冒支付某方的身份，从而破坏被假冒一方的信誉或盗取被假冒一方的财产等。例如，利用支付宝等第三方支付的用户，一旦注册邮箱被盗用，支付宝账户中的信誉、支付记录和资金等都被可能被盗取。

2. 支付工具智能化安全隐患。随着智能机移动终端的发展，非现金支付的模式也开始迈向移动支付阶段。那么支付工具的安全性如何保证，就成为需要重视的问题。

3. 虚拟支付安全隐患。2009 年开始，一系列由计算机生成的虚拟货币成为社会热点，尤其以比特币（Bitcoin）最为受关注。和法定货币相比，比特币没有一个集中的发行方，而是由网络节点的计算生成，谁都有可能参与制造比特币，而且可以全世界流通，可以在任意一台接入互联网的计算机上买卖，不管身处何方，任何人都可以挖掘、购买、出售或收取比特币，并且在交易过程中外人无法辨认用户身份信息。[②] 因此，不言而喻，虚拟货币将对一国或者一个地区的货币稳定造成影响，甚而带来通货膨胀隐患。

---

① 《网络支付安全》标准研究小组：《网络支付安全问题探究》，载《金融电子化》，2009（7）。
② wikipedia：http://zh.wikipedia.org/wiki/%E6%AF%94%E7%89%B9，2014-08-13。

（三）存款保险制度隐患

2014 年底，我国有望全面推行存款保险制度。[1] 可见，政府已经下决心要从全额承保的隐性存款保险人角色中走出来，直面银行经营失败的损失，适应市场经济发展的需要，建立存款保险制度，以解决银行因经营不善所造成的资产质量问题。虽然存款保险制度尚未实行，但是根据该制度在国外的运行情况看，对其制度将带来的隐患作出分析是十分必要的。存款保险制度隐患主要包括两方面：一个是商业银行道德风险；另一个为"风险偏好的逆向选择"。

1. 商业银行道德风险。由于我国长期实行以政府信誉为银行担保，银行经营不良，一般由政府出资救助。存款人已经形成一种思维惯性，即认为他们的存款没有损失的风险，他们很少或根本没有动力监督和约束金融机构的过度投机行为。在这种情况下，商业银行可能利用信息不对称下的优势信息资源，大肆违规吸储，进而运用存款人的资金为实现高收益铤而走险，一旦银行破产清算，则会影响存款人利益。而银行储户大部分为普通民众，如果存款保险赔偿不到位或者损失严重，势必将引起社会恐慌。民众对一家银行的信誉认可度下降，会逐渐漫射到全行业，则银行业整体信誉降低。如此一来，挤兑、通货膨胀、金融危机可能会接踵而至。

2. 存款保险制度隐患。在实行自愿投保的存款保险制度下，会出现所谓"风险偏好的逆向选择"问题，即风险偏好型银行更愿意参加保险，而经营稳健、管理严谨的银行则不愿参加保险，从而增加部分银行危机的发生。当然，目前尚不确定我国是否实行强制的存款保险制度。

15.3.3　信用环境与会计信息披露制度隐患

（一）征信制度隐患

征信的内涵是征求信用或验证信用，征信的本质在于信用信息服务。征信制度作为信用信息的征集、加工、整理和使用等行为的外在约束，涉及信息主体、信息提供者、征信机构、信息使用者四个主体。四个利益主体必然会通过博弈以使自身的收益最大化。其间带来的安全隐患包括三个方面：征信信息失真引起的利益侵害、征信信息引起侵犯个人隐私、征信信息引起侵犯商业秘密。

1. 征信信息失真引起的利益侵害。征信信息失真指的是征集而来的信息与信息主体不符。引起失真的情形多样，如银行登记错误、信息主体填写错误、信息使用不合规、他人盗用或者冒用他人身份等。对此，中国人民银行南京分行专门针对上述情形进行实证调研，希望得到各种情形引起征信信息失真的比重。[2] 如果金融机构报送的部分信息存在质量瑕疵，如信息错误或者遗漏报送，就会导致信用报告失真，从而影响对消费者的信用评价，给消费

---

[1]　《中国央行：存款保险制度年内有望出台 准备工作已基本就绪》，http：//finance. ifeng. com/a/20140810//。

[2]　中国人民银行南京分行课题组：《征信领域金融消费者权益保护研究》，载《金融发展评论》，2012（3）。

者造成信用损失。此外，如果对信息提供本人信息被盗用进行征信，也会给个人造成经济损失。

2. 侵犯个人隐私。征信系统需要录入个人基本信息，不可避免地会在一定场合使用个人基本信息。怎么使用，什么场合使用，信息暴露的范围边界如何界定，成为个人隐私侵犯判断的重要标准。然而，当前我国法律并未对个人隐私作出准确的定义和界定。

与个人隐私的相关的法律规范散见于一些法律法规中，如《中华人民共和国宪法》《中华人民共和国民法通则》《中华人民共和国律师法》《中华人民共和国消费者权益保护法》《中华人民共和国未成年人保护法》《中华人民共和国行政处罚法》等均有关于保护个人隐私的条款，但只是规定不得公开、不得侵犯、不能泄露、禁止向他人提供查阅等。没有具体规定个人隐私的范围和可以公开的程度等。《最高人民法院关于贯彻执行〈中华人民共和国民法通则〉若干问题的意见》第 140 条规定：以书面、口头等形式宣扬他人的隐私，或者捏造事实公然丑化他人人格，以及用侮辱、诽谤等方式损害他人名誉，造成一定影响的，应当认定为侵害公民名誉权的行为。

我国的现行司法界把侵犯隐私认定为侵害公民名誉行为，对隐私权的保护采取了间接的方式。此种方式存在一定的不足之处，在当前的征信制度下，如果信用信息主体的真实合法的信用信息被征信机构所用，其本人不愿意该信息被利用，通过名誉权来保护其隐私可能很有难度。间接的方式保护个人隐私力度不够。加上我国现行的法律规范对个人隐私的保护都是被动的事后保护，只是在造成一定的后果时才会得到保护。在我国征信制度起步时期，必然出现征信的发展以牺牲一定的个人的隐私为代价，也可能造成征信机构的恶性竞争。

3. 侵犯商业秘密。关于商业秘密，我国只在《中华人民共和国反不正当竞争法》中规定了商业秘密的概念。该法第十条规定："本条所称的商业秘密，是指不为公众所知悉、能为权利人带来经济利益、具有实用性并经权利人采取保密措施的技术信息和经营信息。"此定义用的是概括式的叙述，模糊性较强，在征信制度发展中如何界定哪些信用数据是商业秘密，在实践上用此概念缺乏可操作性。我国征信制度相关的专业法律规范中也没有对商业秘密保护的规定。这些对我们征信制度的发展必然产生不利影响。

（二）会计信息披露制度隐患

信息披露是市场监管制度的基石，是确保建立公平、公正、公开制度的先决条件。随着一系列会计丑闻的报告，会计信息披露制度成为热门关注的焦点。什么样的会计信息披露制度才能完完全全地将金融行业的运行放在阳光下，会计信息披露的范围及程度如何界定，都是金融基础设施建设的重要内容。对于当前会计信息披露制度的隐患，笔者分为两部分分析如下。

1. 中央银行会计信息披露制度隐患。央行作为国家宏观经济管理的重要调控部门，肩负着"制定和执行货币政策，维护金融稳定，提供金融服务"三大基本职能。因而中央银行的会计信息事关一国经济社会发展的方方面面，不容有失。但是，央行会计信息披露制度还是存在诸多问题。

首先，我国中央银行的会计是沟通若干部门的"大会计"，各级会计部门是本级会计工作的主管部门，对所属行会计工作实施统一管理。目前人民银行基层行同级的会计、营业、国库、支付结算、货币发行、外汇和事后监督中心等业务职能处于横向分散状态，而各部门的业务联系又具有一定的纵向集中。这种"横纵交错"的管理体制对各级行的各项会计行为及其人员岗位配备、业务流程重组、会计规章制度贯彻及部门协调配合等极易造成"信息孤岛"和会计信息制造成本上升。

此外，中央银行会计信息的风险防范机制脆弱，主要表现为内部风险防范手段落后和外部监管缺失。

2. 商业银行会计信息披露制度隐患。关于商业银行会计信息披露制度隐患，主要集中于商业银行的资本结构披露不充分和商业银行风险暴露和评估不足。根据《巴塞尔新资本协议》的规定，要求银行披露资本的构成、性质及来源，以便向市场参与者提供银行承受财务损失的能力。同时，该协议对风险暴露和评估的披露分为四个方面，即银行账簿上的信用风险、市场风险、操作风险和银行账簿上的利率风险。

15.3.4　法律环境隐患

（一）金融合同纠纷解决机制隐患

前期对法律环境构造金融合同纠纷解决指标，主要是想由此反映金融基础设施对"金融契约"的保障性程度。可以说，一国之金融合同纠纷解决情况的好坏，直接决定了其金融行业运行的好坏。金融合同纠纷解决机制，是金融交易矛盾纷争的最后结果处理机制。其本意是消灭可能引起金融交易矛盾不稳定的因素，如果得不到公正、有效、及时的执行，那么金融交易矛盾将会愈演愈烈，甚而扩大金融交易的不稳定因素。

（二）金融机构破产隐患

金融机构破产相较于一般企业破产具有独特属性。第一，金融机构破产涉及的债权人和投资者人数众多；第二，金融机构破产可能会损害公众信心，造成系统性金融危机；第三，金融机构破产可能会产生连锁反应，波及整个社会经济。如何制定一套完善而合理的金融机构破产制度势必重要。因此，金融机构破产所带来的安全隐患不言而喻。

首先，以银行为例，银行的存款人数量多、分布广，一旦银行不能完全支付，不但会造成存款人的损失，还会导致社会恐慌。证券公司和保险公司等金融机构具有相似性，其所涉及的债权人分布面较广，影响深远。

其次，金融机构是信用机构，其良性运行往往依赖于公众的信心。如果某一家金融机构陷入危机，其所造成的恐慌，可能导致公众对金融机构信心的丧失，发生挤兑行为。一家金融机构的危机，还可能会产生"多米诺骨牌"效应，危及整个金融系统。由于各金融机构之间具有密切联系，一家金融机构的危机会影响整个支付系统，造成支付系统的瘫痪。

最后，金融体制在整个国民经济中类似于人体的血管，一旦金融体制发生问题，将产生"蝴蝶效应"，导致社会危机。

15.3.5 反洗钱监测制度

由于银行机构在现代经济体系承担着社会资金存储、融通和转移职能，这些职能常常容易被洗钱犯罪分子利用。洗钱者常以看似正常的资金交易作掩护，通过银行交易改变犯罪收益的资金形态或转移犯罪资金。因此，银行业一直被视为反洗钱工作的前沿阵地。

通过在银行设置反洗钱监测防线，能够尽早地识别和发现犯罪资金。此外，通过追踪犯罪资金的流动，最终实现预防和打击犯罪活动的目的。对银行机构自身而言，一旦由于自身控制体系不严而卷入洗钱活动，不仅会带来严重的法律和运营风险，而且还会严重损害自身的声誉，甚至引发破产和挤兑。由于外部处罚力度的不断升温，从跨国银行集团目前对反洗钱工作的投入看，几乎可以用"不计成本"来形容。因为与反洗钱成本相对应的处罚金额和可能引发的挤兑破产风险已经攀升到一个相当高的水平，跨国银行集团都不愿意因为反洗钱的疏忽而得不偿失。我国反洗钱监测制度也存在成本收益严重失衡问题。

另外，我国的反洗钱风险评价体系缺失，现有的一些零散的评估体系大多就事论事，以具体的银行反洗钱措施为评估对象，距离风险体系评价的目标还有相当差距，因此实际运用效果并不理想。由于风险评估体系的缺失，"风险导向"的反洗钱模式在我国银行机构内部的推进受到了极大的阻碍，缺乏风险指引的反洗钱就像黑暗中失去雷达的飞行物，监管者和银行自身均无法准确判断洗钱风险分布情况，效率和准确性无从谈起，反洗钱改革方向模糊。

15.4　金融基础设施纵向安全评估

金融基础设施的安全与稳定是一个随着年限动态变化与发展的过程，对其进行横向局部分析是不足以呈现金融基础设施的安全与稳定趋势的。因此，将时序嵌入金融基础设施安全性研究甚为必要。但是，如何确定时间序列，如何选择金融基础设施报告对象都是值得深入探究的。本章对金融基础设施的纵向安全评估以2008年金融危机为原点，分别讨论金融危机前、金融危机中、金融危机后的金融基础设施安全隐患，试图呈现金融基础设施近十年的安全稳定变化态势。

15.4.1　金融制度风险

（一）支付–清算体系安全评估

支付–清算体系运行的好坏，是衡量我国金融基础设施安全的一项重要指标。安全、高效的支付清算系统有利于分散金融风险，金融风险也一定程度上通过支付清算系统风险表现出来。因此，纵向以时间顺序考察支付–清算体系的运行状况变化趋势显得尤为必要。

根据中国人民银行自2006年起每年定期发布的《中国支付体系发展报告》数据，整理出以下趋势图：2006—2013年全国各类支付系统处理支付业务量变化趋势图；2006—2013

年全国各类支付系统处理支付业务量增长率变化趋势图；2006—2013 年全国各类支付系统共处理业务金额变化趋势图；2006—2013 年全国各类支付系统共处理业务金额增长率变化趋势图。

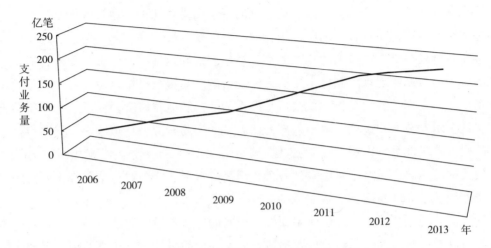

图 15 – 1　全国各类支付系统处理支付业务量变化趋势

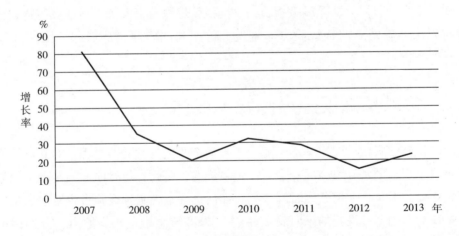

图 15 – 2　全国各类支付系统处理支付业务量增长率变化趋势

图 15 – 1 和图 15 – 2 呈现出我国各类支付系统处理业务量呈逐年快速上升趋势，2013 年处理支付业务总量是 2006 年处理业务总量的近 4 倍，发展势头良好。从增长率变化趋势图来看，因 2006 年 6 月银行小额批量支付系统建成并推广全国，2007 年增长率异常。由于 2008 年下半年的金融危机、2012 年国内经济结构调整等因素影响，2008—2013 年，各类支付系统处理业务量增长率出现小幅波动。

图 15 – 3 和图 15 – 4 呈现的全国各类支付系统处理业务金额及其增长率变化趋势与支付系统处理业务量及其增长率变化趋势大致相同。但是，值得注意的是，2008—2009 年受金融危机的影响，全国各类支付系统处理金额增长缓慢，增长率只有 8% 左右，从某种程度上反映出我国支付清算系统应对金融危机和经济危机的能力不足。2010—2013 年，各类支

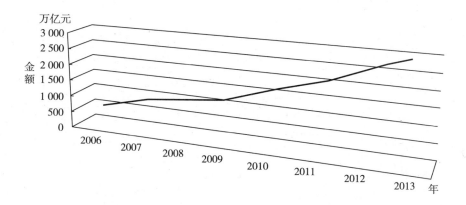

图 15 – 3　全国各类支付系统处理业务金额变化趋势

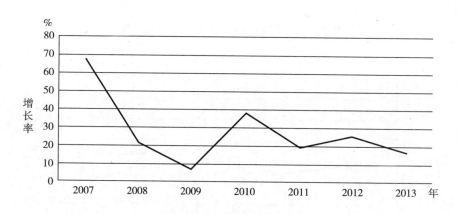

图 15 – 4　全国各类支付系统处理业务金额增长率变化趋势

付系统处理业务金额和增长率处于正常波动期间。

（二）非现金支付安全评估

由收集到的数据①，整理得出我国 2006—2013 年非现金支付交易量及金额变化趋势，具体见图 15 – 5 至图 15 – 8。

2006—2013 年全国非现金支付交易量与交易金额持续稳步增长，由于非现金支付工具在 2010 年后快速发展和拓展，因此，2010—2013 年增长态势迅猛。从 2006—2013 年全国非现金支付交易量与交易金额各自增长率来看，受非现金支付工具技术、制度、政策方面的影响，其波动较大。

非现金支付可以为国家节省货币发行成本，减少"现金搬家"现象，缓解银行柜台压力，增加犯罪分子偷漏税及洗钱的难度，压缩伪币的活动空间，还可以减少以现金为目标的抢劫、盗窃刑事案件发生率。因而，非现金支付交易量和交易金额的增加能保证一定程度的金融安全，并分散部分金融风险。此外，本章还选取市场现金流通量 M_0 与 GDP 的比值对金

---

① 中国人民银行《中国支付系统报告》（2006—2013 年）。

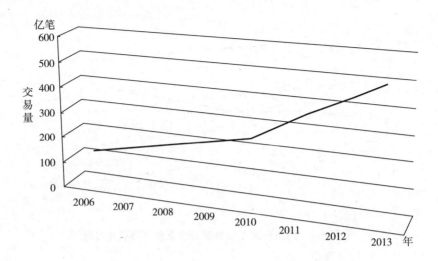

图 15－5　全国非现金支付交易量变化趋势

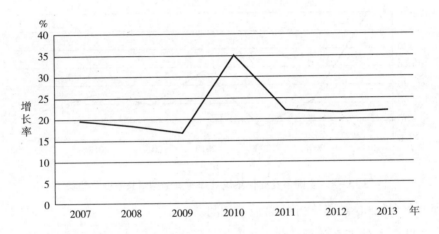

图 15－6　全国非现金支付交易量增长率变化趋势

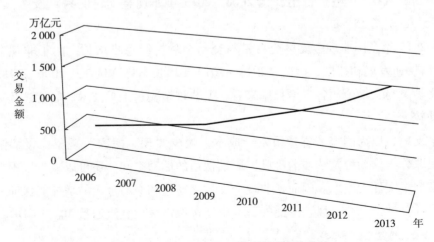

图 15－7　全国非现金支付交易额变化趋势

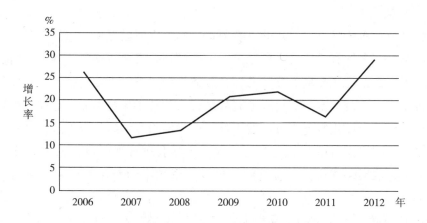

图 15-8 全国非现金支付交易额增长率变化趋势

融安全进行评估。从 2001 年到 2013 年，虽然我国非现金支付交易工具和服务快速发展，M_0 与 GDP 的比值也从 2001 年的 14.4% 下降到 2013 年的 10.3%，但是与美国等发达国家的 2% 相比，我国的非现金支付服务于技术还有待加强。2001—2013 年 M_0 与 GDP 的比值变化趋势具体如图 15-9 所示。[①]

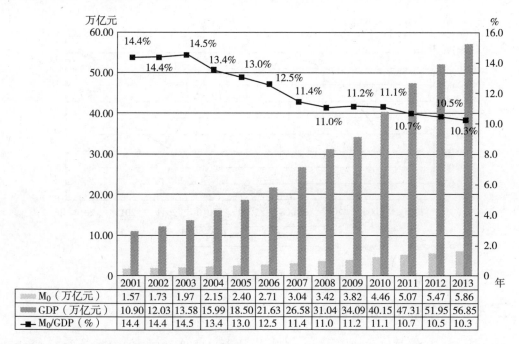

年	2001	2002	2003	2004	2005	2006	2007	2008	2009	2010	2011	2012	2013
M_0（万亿元）	1.57	1.73	1.97	2.15	2.40	2.71	3.04	3.42	3.82	4.46	5.07	5.47	5.86
GDP（万亿元）	10.90	12.03	13.58	15.99	18.50	21.63	26.58	31.04	34.09	40.15	47.31	51.95	56.85
M_0/GDP（%）	14.4	14.4	14.5	13.4	13.0	12.5	11.4	11.0	11.2	11.1	10.7	10.5	10.3

图 15-9 M_0、GDP 与 M_0/GDP 变化趋势

---

① 根据国家统计局数据整理，http://www.stats.gov.cn/。

（三）　网络支付安全评估

随着互联网技术对传统支付方式的不断革新，网络支付已然成为人们生活不可或缺的一项支付工具，越来越多的衣食住行服务通过线上渠道进行资金的交付，网上支付已经成为支撑线上商务、零售、预订、教育医疗等的综合服务平台。第三方支付企业，特别是线上第三方支付企业将先进的信息技术与支付服务充分结合，弥补了传统商业银行在线上资金处理效率、信息流整合以及个性化服务等方面的不足，成为网络经济时代金融服务体系日益重要的组成部分。因而，网络支付系统的良好运行成为衡量我国金融基础设施安全评估的重要指标。对此，本章选取网络支付交易金额的规模及其增长率的变化态势来判断网络支付的安全性。

从图 15 - 10 来看，网络支付交易规模从 2005 年的 157 亿元增长到 2013 年的接近 18 000 亿元，9 年间增长了 113 倍。不过 2005—2009 年网络支付交易规模发展缓慢，真正快速发展是在 2010 年以后。从增长率变化趋势来看，在经历起步和快速发展以后，人们开始逐渐接受网络支付这种支付方式。民营第三方支付企业已正式纳入央行的金融机构管辖范围，第三方支付的身份问题也得到解决，金融风险大大降低，进入"正规军"的第三方支付企业将迎来更为迅猛的发展。

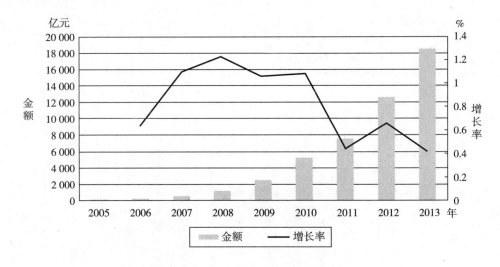

图 15 - 10　网上支付金额及增长率

15.4.2　信用环境安全评估

2012 年 12 月 26 日国务院第 228 次常务会议审议通过《征信业管理条例》，并于 2013 年 3 月 15 日起正式实施。我国征信业开始步入有法可依阶段。对于信用环境的安全评估主要在于对我国征信系统进行安全性考量。征信是指依法收集、整理、保存、加工自然人、法人及其他组织的信用信息，并对外提供信用报告、信用评估、信用信息咨询等服务，帮助客户判断、控制信用风险，进行信用管理的活动。截至 2012 年 12 月底，我国金融信用信息基础数据库已为 8.2 亿自然人和 1 859.6 万户企业建立了信用档案，为商业银行等机构防范信贷风险提供了重要支持。截至 2012 年底，企业信用信息基础数据库累计接入机构 622 家，个人信用信息基础数据库累计接入机构 629 家。

根据图 15-11 和图 15-12①，2007 年个人信用信息和企业信用信息录入数量逐年上升，2011 年之后增长缓慢。个人信用覆盖率有所增长，但不高，给征信系统安全性留下隐患，因此征信力度有待加强。

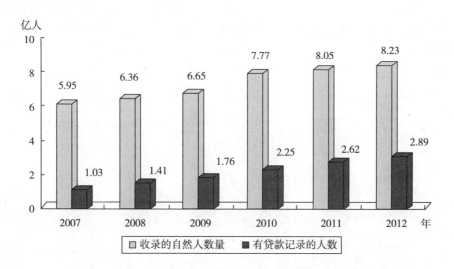

图 15-11　个人信用信息基础数据库收录的自然人数量

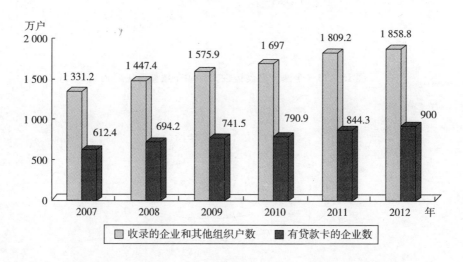

图 15-12　企业信用信息基础数据库收录的企业及其他组织数量

---

①　引自中国人民银行：《中国征信业发展报告（2003—2013）》。

15.4.3　法律环境安全评估

金融法律制度的建构和及时有效实施是金融行业安全运行的前提和基础，当然，也是金融风险和金融纠纷事后救济的制度保障，因而法律环境对于金融安全和稳定具有双重性。对于金融基础设施之一的法律环境的安全性，在于其对于金融行业运行的辐射程度与其对金融制度的事前安排与金融纠纷的事后救济的合理性，但是后者的合理性无法作出外延的界定，故不作评价。因此，本节通过整理 2001—2013 年全国及地方颁布金融规范性文件数量及效力，主要从法律环境对于金融行业运行的辐射程度来分析。具体见图 15 – 13、图 15 – 14、图 15 – 15、表 15 – 1。

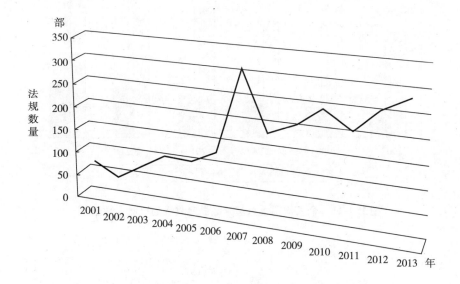

图 15 – 13　全国金融规范性文件颁布数量变化趋势

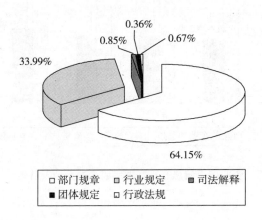

图 15 – 14　2001—2013 年全国金融规范性文件颁布数量效力分类及比重

截至 2013 年，全国金融规范性文件的颁布数量共计 2 247 部，2001—2013 年每年颁布的数量总体呈快速上升趋势，2013 年颁布的数量大约为 2001 年颁布数量的 6 倍。金融危机前夕的 2007 年成为颁布规范性文件最多的年份，某种程度也说明了经济过热对制度预警的提前传感。立法越多的时期，越说明金融制度的不完善和金融行业的风险过大。从效力层级来看，主要有部分规章与行业规定两部分。其中政府部门的监管规范大致是行业规定的两倍。

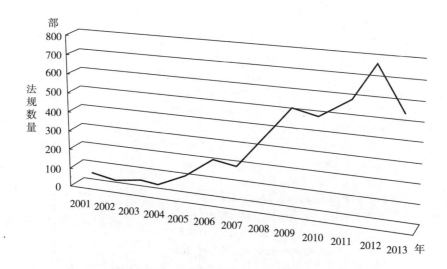

图 15 – 15 地方金融规范性文件颁布数量变化趋势

表 15 – 1　　　　　　　　　2001—2013 年地方金融规范性文件颁布数量　　　　　　单位：部

分类	数量
地方性法规	4
地方政府规章	3
地方规范性文件	3 985
地方司法文件	14

就地方而言，截至 2013 年，地方共颁布金融规范性文件 4 013 部，2012 年接近 800 部。就效力而言，主要为地方性规范性文件。就区域而言，沿海经济发达地区颁布的数量较多，金融最活跃、颁布数量最多的是上海，为西藏的约 36 倍。足见我国金融基础设施之一的金融法律制度构建力度是不均衡的，从而不同地区的金融基础设施的安全性与稳定性也不同，具体见图 15 – 16。

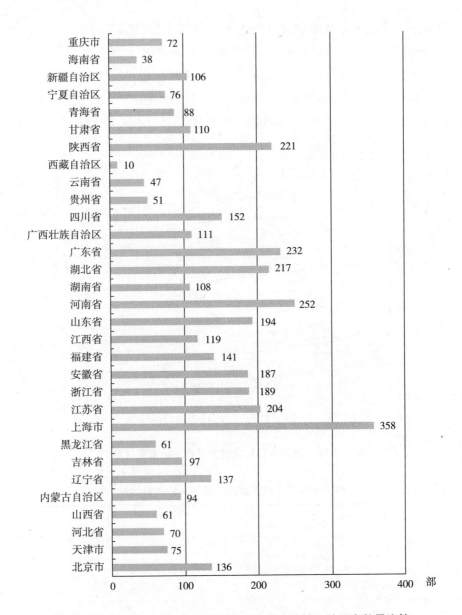

图 15 – 16　2001—2013 年全国各地区金融法律性文件颁布数量比较

15.5　结论与展望

虽然我国在金融基础设施建设领域已经取得长足的进步，支付 – 清算 – 结算系统、会计信息披露系统、反洗钱监测系统得以不断完善，以及征信体统的建立使得我国的金融基础设施抵御风险的能力增强，但是随着经济的发展、科技的进步，金融基础设施面临新的挑战和优化机遇。从 2001—2013 年所收集到关于金融基础设施的数据上来看，支付清算系统运行总体平稳，但非现金支付的比重还不够大，市场现金流量与 GDP 的比值与发达国家相差较大，说明我国的支付服务和支付方式还有待提高。征信系统个人覆盖率不高，信用信息利用率也不高。金融法律环境方面，立法力度和速度都还需要继续努力，目前存在的问题主要在于法律环境的地域区别较大，不利于金融基础设施的全国统一化发展。

　　总的来说，金融基础设施的首要任务一定是注重安全，控制风险。只有安全性增加了，风险控制了，才能保障我国金融的正常运行，才能促进经济的发展和社会的稳定。

参考文献

［1］Tobias Baer，Massimo Carassinu，"The National Credit Bureau：A key Enable of Financial Infrastructure and Lending in Developing Economies，" *Mckinsey Working Papers on Risk*，12. 4. 2009.

［2］Kinda，Tidiane，"Increasing Private Capital Flows to Developing Countries：the Role of Physical and Financial Infrastructure in 58 Countries"，1970 – 2003，*Applied Econometrics and International Development Vol.* 10 – 12（2010）.

［3］Eric S. Rosengren and John S. Jordan，"Building an Infrastructure for Financial Stability：An Overview"，*New England Economic Review*，November/December 2000.

［4］Helen Allen，Grigoria Christodoulou，and Stephen Millard，"Financial Infrastructure and Corporate Governance"，*Bank of England Working Paper* no. 316（2006）.

［5］V. B. Angadi，"Financial Infrastructure and Economic Development：Theory，Evidence and Experience，" *Reserve Bank of India Occasional Papers* Vol. 24，Nos. 1 and 2，Summer and Monsoon 2003.

［6］Penelope J. Brook，Peer Stein，"Financial Infrastructure Report，Building Access Through Transparent and Stable Financial Systems"，2009，*The International Bank for Reconstruction and Development.*

［7］The Ministry of Finance and the Swedish National Debt Office：*RiksBank Infrastructure Report* 2013.

第五篇

主要结论

2015 年中央经济工作会议作出判断，我国经济发展进入新常态，正从高速增长转向中高速增长，经济发展方式正从规模速度型粗放增长转向质量效率型集约增长，经济结构正从增量扩能为主转向调整存量、做优增量并存的深度调整，经济发展动力正从传统增长点转向新的增长点。在经济增长模式转变的同时，伴随着经济增速下调，各类隐性风险逐步显性化，风险总体可控，但化解以高杠杆和泡沫化为主要特征的各类风险将持续一段时间。这与本书的研究结论是非常吻合的，集众人之智慧，本书将我国金融安全评估为风险基本可控，但仍然存在众多金融安全隐患，需要高度关注。

一、金融机构系统性风险评估

（一）银行业风险基本可控，需要重点关注股份制银行与城市商业银行

第一，2000 年以来，我国银行无论是国有商业银行、股份制银行还是城市商业银行，信用风险和流动性风险抵御能力都有了很大的提升，但我们需要关注市场化进程对国有银行系统性风险的冲击；从我们选择的风险指标来看，股份制银行要弱于国有商业银行；城市商业银行与前两者相比，仍处于快速成长阶段，所以我们看到城市商业银行无论是 ROA 还是 ROE 都明显高于国有商业银行和股份制银行，各项指标都表现出较大的波动性，说明城市商业银行是三者中风险抵御能力最弱的一环。

第二，从 2013 年的指标来看，所有银行的几乎各项指标均出现了与以往不同的趋势，虽然很难判断现在的风险增大是暂时的冲击还是内在因素的驱动，但是从目前的分析来看，监管层需要防止股份制银行和城市商业银行引起系统性风险的可能。

第三，我国银行间的传染风险是可控的，这一点与国外研究的结果不太相同。我们对我国银行间的联系研究发现，我国银行间通过同业市场和间接投资产生的相互之间的联系越来越多，联系也越来越密切，但是通过数据我们看到，政府的监管和调控可以直接影响到银行同业业务和贷款投向：在 2013 年"钱荒"后，政府加强同业业务和对"两高一剩"产业的投向监管后，银行在两个方面的指标均出现了不同程度的调整，这也是我国银行业和银行间市场的不成熟所导致的结果。因此，对于我国银行业系统性风险，银行间传染并不像国外银行间传染对系统性风险的贡献大，仍是监管层可控的因素。

（二）证券业系统性风险处于合理可控范围，但需重点关注新兴业务带来的系统性冲击

目前，国际经济环境正在逐步走出危机的阴影，国内新一届领导政府也秉持稳增长、调结构、微刺激的政策主张，并不会引起大规模的经济波动。在短期内，市场状况应该不会出现大幅变化，证券行业所面临的市场风险相对较小，并不足以引发系统性风险。因此，风险的主要来源应该是证券公司本身，其中尤其值得关注的是疯狂增长的融资融券、资产管理等新兴业务。在证券业创新变革的同时，如果管控不当，也有可能埋下危机的种子。伴随着证券公司业务与产品类型的不断创新，一些发展迅猛的新兴业务，或者取得新发展的业务，譬如融资融券业务、资产管理业务，由于其特有的盈利模式，可能会增大信用风险和流动性风险。随着对外开放加强了与国际市场之间的联系，我国证券业应对国际金融危机的能力必然

会受到影响。同时，开放市场也加剧了国内外的同业竞争，可能面临部分券商倒闭的风险。

（三）保险业系统性风险逐步上升，保险业短期内爆发系统性风险的可能性较小

2004 年之后，随着我国保险业规模的快速扩大，新业务的膨胀和新产品的开发对我国保险业的风险控制带来了一系列的新问题。在保持保费高增长的大背景下，保险公司仍然需要保持与其相匹配的准备金计提率和偿付能力额度。保险公司的资产负债管理能力、产品开发与精算管理能力在未来将受到严峻的考验。虽然我国的保险业系统性风险在不断提高，但在整体经济环境不出现波动的情况下，保险业短期内爆发系统性风险的可能性较小。随着我国保监会偿付能力监管体系的构建和监管力度的加强，保险业爆发系统性风险的可能性有望在未来得到有效控制。

二、金融市场系统性风险评估

1. 我国货币市场的风险依然存在系统性爆发的可能，货币市场系统性风险是否爆发在很大程度上取决于市场参与者（各个金融机构）个体风险的爆发

从我们估计出的各个交易品种的相互关联性、系统重要性机构交易量占比以及最终的货币市场系统性风险指标中可以看出，我国货币市场各个交易品种的相互关联性依然很强，整个市场的资金依然主要依赖于某一类机构的提供，系统性风险尽管有所下降，但依然维持高位。因此，一旦货币市场中某一重要参与者发生没有预知的风险，该风险会很迅速地在货币市场中传导，不但对该参与者造成损失，而且很有可能会对货币市场中其他的参与者带来较大影响。其中，可能造成最大范围影响的风险点依然是来自于可能爆发在系统重要性市场参与者上的未知风险。比如，政策性银行内部操作风险的爆发导致资金提供量骤减，国有商业银行资金链断裂而拒绝融出资金等。就像我们在专栏中看到的情况一样，造成货币市场风险爆发的根源还是存在于与之紧密相连的银行业体系中。

2. 我国股票市场市盈率、市净率与换手率处于正常范围，整体不存在泡沫，但需要关注我国创业板的风险问题与融资融券业务不对称发展造成的独特杠杆风险

虽然创业板市盈率与市净率较高，但经过统计我们也发现，实际上创业板上市公司的营收增长速度是非常快的，长年维持在 15% 以上，因此我们认为这么一种高速的成长速度，估值基本合理。从制度性角度看：融资余额的不断上升和融券余额的长期停滞不前，形成了 A 股独特的杠杆风险因素。我们预测未来随着这种畸形状态的不断扩大和融资融券余额的不断提升，A 股的杠杆风险会越来越高，特别是在 A 股迎来下一波牛市时，融资余额必将会被数倍地放大。同时，由于融券功能的缺失，导致 A 股风险对冲能力不足。届时只要稍微出现一点波动，因杠杆导致的抛售会同样数倍地放大 A 股下跌的风险，进而导致 A 股市场的剧烈波动，引发 A 股系统性风险的爆发。

3. 我国债券市场其风险整体处于较低水平，但需要关注 2013 年后企业债和公司债的违约风险呈上升趋势风险

无论是从交易所市场，还是从银行间市场都可以看出，企业债和公司债与国债的息差在

2013 年呈明显的扩大趋势，特别是低信用评级的债券。虽然目前我国还没有企业债和公司债本金违约的事件发生（目前仅有 ST 超日债利息违约事件），但潜在的违约风险在增加，并且主要集中于信用评级较低的债券中。这意味着虽然我国的企业债和公司债息差仍然相对较低，未体现出明显的违约风险，但其潜在风险不可低估。总体而言，我国债券市场整体风险处于较低水平，这与我国近年来经济平稳快速增长有关，亦表现出人们对我国经济未来增长仍然持有较为乐观的预期。但值得特别注意的是，随着经济增速的放缓，债券市场的风险水平也开始积累，主要集中在企业债和公司债中，特别是集中于低信用评级的企业债和公司债。

4. 中国衍生品市场波动性较大、投机性强，市场风险较大，操作风险和法律风险具有很强的隐蔽性，一旦爆发会产生难以估计的后果

第一，随着世界经济金融的全球化，我国衍生品市场的市场风险与我国宏观因素及国际金融经济形势具有很强的相关性。2008 年金融危机事件普遍对我国金融衍生品产生了很强的影响，收益率的标准差和日内价格波动相较金融危机前明显加大，市场风险处于较高水平。第二，中国衍生品的信用风险非常低，发生大规模系统性风险的可能性较低。主要原因是我国衍生产品市场处于起步阶段，OTC 市场不是很发达，产品结构比较简单，交易量也较小，因此诱发大规模信用风险的可能性较低。第三，中国衍生品的操作风险和法律风险具有很强的隐蔽性，但一旦爆发会产生难以估计的后果。目前在我国操作风险和法律风险发生的频率极低，但其潜在的风险很大，一旦发生将造成严重的后果。操作风险主要表现为风险监控机制和约束机制不完善、内部稽核监督乏力、人员缺乏专业和职业道德教育等问题。法律风险主要表现为机构投资者的产权不明、法律不完善（尤其是场外市场）和政府监管不力等问题。

三、金融系统与金融市场风险传染性评估

金融机构间往来支付联系较为紧密，金融机构传染性在较高水平维持震荡趋势，一旦发生强大风险冲击，会导致非常严重的系统性风险；金融市场风险传染性降低。第一，金融机构间关联的密切程度在金融危机爆发前达到最大，并且在金融危机最严重的 2008 年间迅速下降，之后则主要呈现出震荡趋势，并维持一个较高的水平。之后，本书利用大额支付系统的横截面数据对金融机构风险传染性问题进行了更为深入的分析，并发现，由于金融机构间往来支付联系较为紧密，系统对风险冲击的抵抗力是较强的，但一旦风险冲击足够大，则会导致非常严重的系统性风险。第二，在金融危机期间，金融市场之间的联动性迅速上升，而到了 2013 年，无论是金融子市场内部，还是金融子市场之间的联动性都已有所下降。显然，金融市场间风险传染性的时序变化与金融机构间风险传染性的时序变化虽然在细节上有所不同，但大体趋势是一致的。

四、经济系统中的金融安全评估

（一）经济金融体系杠杆率过高是当前我国金融安全面临的最大隐患

经济金融部门杠杆率过高容易诱发系统性风险：第一，高杠杆率致使全社会产生对资金的渴求，容易诱发资金的高利率出现，而高利率既会损害企业利润，也会致使资产价格泡沫尤其是房地产泡沫的破灭，诱发系统性风险；第二，高杠杆率致使整个经济体系抵御风险能力较差，一个较小的外部冲击均有可能造成全社会流动性的短缺与系统性风险，近年来的"钱荒"事件、温州民间金融风险、各地抵押担保破产事件等均体现了高杠杆率下经济金融体系的脆弱性。

（二）金融周期与经济周期的下行及其相互反馈机制将有可能引爆我国金融系统性风险的爆发

我国金融周期（信贷与房地产价格衡量）与经济周期均处于下行周期，其必然引发以下后果：一是银行体系去杠杆化及影子银行的治理必然导致整个金融体系去杠杆化进程的加剧；二是金融体系的去杠杆化与房地产泡沫破灭、融资平台风险及资本突然逆转交织是我国未来面临的最大系统性金融风险隐患。

（三）从我国非金融部门的行业特征来看，杠杆率较高与盈利能力较弱成为未来引爆系统性金融风险的重要隐患，具体需要重点关注房地产业、建筑业、采矿相关行业

第一，房地产业、建筑业近年来总负债占股本比例大幅度攀升，且占比非常高，存在较高的风险，需要重点进行关注。其中，房地产行业总负债占股本的比例从 2004 年的 4.72 倍上升到了 2013 年的 14.38。第二，从各行业净资产收益率来看，近两年农林牧渔、采矿业、批发零售、运输仓储、住宿餐饮净资产收益率下降较为明显，存在较大的风险。

（四）公共部门当前风险处于可控状态，当长期存在较大隐忧

我国中央政府债务风险较低，总体政府债务处于安全范围，预测未来几年处于安全范围的概率较大。通过对我国最近几年赤字率、债务率、政府外债与 GDP 比率、逾期债务率等指标的计算、分析及预测，我国近几年赤字率、债务率、政府外债与 GDP 比率、逾期债务率都保持在国际安全范围内，根据我国目前的债务状况和经济发展情况，未来几年债务处于安全范围的概率较大。但是，我国隐性债务和或有债务的规模大大超出显性债务，导致总体债务透明度很低，这种情况下容易出现债务风险约束低、累积快和管理误判，而一旦曝光大大超出意料，则诱致潜在风险向危机转化。

五、我国货币危机、债务危机可能性评估

（一）我国外债风险呈下降趋势，外债风险水平较低

第一，2001—2013 年外债风险综合指数（也就是基于历史数据得到的发生外债危机的概率）走势显示：除个别年份外，该指数总体处于不断下降的趋势。这表明我国外债的风

险水平是令人放心的。第二，我们需要重点防范与外商投资企业相关的外债风险：一是中长期外债是按照累计发生额来进行管理的，短期外债却是按照余额来进行管理。在这种区分管理的模式下，由于没有设定短期债务存量控制指标，导致短期外债可以在"投注差"内循环使用，企业通过借新还旧或不断展期的方式，形成事实上的长期外债，通过这样的方式规避"投注差"的外债额度限制。二是当前企业投资总额和注册资本都是由商务部门审批确定，当企业认为"投注差"不足而影响其借用外债时，可以申请增加总投资扩大差额，进而造成企业随意扩大"投注差"，这就直接导致外商投资企业可借外债规模的失控。

（二）短期内无发生货币危机的可能性

截至2013年末，我国外汇储备达到38 213.15亿美元，居世界第一；同时，我国经济增长连年保持在7%以上，还有严格的资本管制和强制结售汇制度，投机资本供给可能性较小，最后，我国国有四大商业银行无论在规模还是效益上都排在世界前列，基本上不会有流动性危机；而我国银监会严格的制度也使得商业银行很难因为隐含担保去做高风险投资。以上结论告诉我们，短期内人民币发生大幅度贬值的货币危机的可能性基本为零。但是长期来讲，我国仍然存在货币危机的可能性：2009年美国货币量化宽松政策的影响，人民币被动单边升值，热钱大规模涌入；大宗商品价格飙升，中国输入型通货膨胀严重；虽然中国持有大量的外汇储备，但外汇币种单一，结构不合理，使得风险加大；且人民币面临的是世界范围内的升值压力，以及外部经济的发展等一系列因素，均会对我们货币危机的发生产生影响。

（三）跨境资本流动呈现出双向波动的局面，但总体偏流入压力

资本外逃规模尚处于可控范围之内，但热钱流入的风险已经不容忽视，需要进一步对其规模进行控制。第一，过去十几年中，我国经济基本面较好，财政、金融和外部账户相对稳健，长期被市场看好，人民币汇率在大部分时期稳中有升。但随着国际金融危机的爆发，境内外经济金融运行中出现一些新的不确定性因素，使得我国跨境资本流动的波动性增大，倾向于呈现为双向波动状态。第一，汇率波动性的增加将会对热钱流入产生严重影响，使热钱流入具有波动、忽大忽小的特点，从而对跨境资本的管制带来严峻的挑战。第二，人民币升值已缺乏实体经济支撑，大涨必将大跌，刺激资本外逃力度。人民币对美元汇率在近三年始终保持单边上升，甚至在我国贸易顺差逐年收窄的情况下，人民币汇率依然表现上升的态势，早已脱离实体经济的支撑。第三，房地产泡沫和地方债务问题严峻，驱动资本外逃。国内资本向外转移趋势明显。中国银行发布的《2011年中国私人财富管理白皮书》显示，在中国高净值人群中，14%的人已经移民海外，46%的人正在计划或者办理移民手续。美国复苏后，美元资产对国内资本的吸引力进一步增强，国内流动性将遭受更大程度的抽离。

六、我国金融主权评估

（一）我国大宗商品定价权较弱，多种大宗商品均面临着定价权缺失的局面

我国只在小部分大宗商品现货市场具备一定的定价权，且这种定价权有减弱的趋势，而

在大部分大宗商品现货市场和期货市场则均不具备定价权，现阶段我国大宗商品整体国际定价权状况不容乐观。具体而言，我国在原油、铜和大豆现货市场上可能具有一定的国际定价权，但铜和大豆现货定价权有减弱的趋势。而在铁矿石和铝现货方面，2011 年以后我国开始掌握一定的定价权，但影响力仍较小。在橡胶和原木现货方面，我国则基本不具有定价权。

（二）我国货币主权风险总体可控，但面临四大风险隐患

第一，2009—2013 年我国货币主权风险指数的不断下降，表明当前我国货币主权所面临的风险可控。虽然我国参与经济全球化的程度在不断加深，但相比主要发达国家，仍处在较低的层次。货币主权风险可控主要是由于：长期以来我国实行有管理的浮动汇率制，汇率的形成受政府影响较大，而离岸市场的人民币市场的发展还处于初级阶段，目前不足以对人民币定值权形成较大冲击；在资本项目未完全开放和我国实行强制结售汇制度的情况下，货币替代和反替代程度总体上对我国货币政策独立性的冲击影响有限；金融危机加速传染和资产价格异常波动风险也一定程度上受到我国资本项目管制和汇率形成机制的影响，尚不足形成经济危机或货币危机对我国货币主权造成较大冲击。第二，货币主权面临四大风险隐患：一是货币替代和反替代，未来随着人民币国际化程度的加速，货币反替代现象将更为严重，对我国货币政策实施的自主性带来挑战。二是人民币汇率定价的主导权，境外人民币市场在交易规模和衍生品开发方面的快速发展，对境内人民币汇率定价形成信息溢出效应。三是金融危机加速传染风险，货币主权的维护需要人民币国际化，但在这个过程中，我国的货币主权也将因金融危机的加速传染风险的增大而受损。四是资产价格异常波动风险，资本项目的开放将为国际资本的流动带来更多的渠道，加大了资产价格异常波动而带来的货币信用风险。

七、金融基础设施中的金融安全评估

我国在金融基础设施建设领域已经取得长足的进步，支付－清算－结算系统、会计信息披露系统、反洗钱监测系统不断完善以及征信体统的建立，使得我国金融基础设施抵御风险的能力增强，但是随着经济的发展、科技的进步，金融基础设施面临新的挑战和优化机遇。从 2001—2013 年所收集到关于金融基础设施的数据上来看，支付清算系统运行总体平稳，但非现金支付的比重还不够大，市场现金流量与 GDP 的比值与发达国家相差较大，说明我国的支付服务和支付方式还有待提高。征信系统个人覆盖率不高，信用信息利用率也不高。金融法律环境方面，立法力度和速度都还需要继续努力，目前存在的问题主要在于法律环境的地域区别较大，不利于金融基础设施的全国统一发展。

第六篇

专题研究

专题一　中国影子银行的风险与监管

阎庆民

"影子银行"是在美国次贷危机之后出现的一个重要金融学术语,我国理论界和实务界对"影子银行"的研究也日益增多,有关中国影子银行的规模与风险也是众说纷纭。根据金融稳定委员会(Financial Stability Board,FSB)的定义,广义上而言,影子银行体系是传统银行体系之外的信用中介机构和业务,可以简称为非银行信用中介。FSB 在 2011 年 10 月提交给 G20 的报告中,初步提出了监测影子银行的路径,并对全球 11 个国家和地区的影子银行规模进行了估算。2012 年,FSB 以 2011 年底的数据为基础,开展全球范围内影子银行的第二次监测工作,将范围扩大到 25 个国家和地区,这意味着占全球 GDP 86% 和金融体系总资产 90% 的区域都被纳入了 FSB 的监测范围。并于 2012 年 11 月发布了《全球影子银行监测报告 2012》,报告显示,经济危机发生之前,影子银行规模急剧增长,2002 年全球 25 个国家和地区影子银行体系的规模估计为 26 万亿美元,到 2007 年达到了 62 万亿美元,2008 年时略微有所下降,但是到 2011 年时又上升到 67 万亿美元。根据《全球影子银行监测报告 2012》统计的数据,2005 年末,中国影子银行规模很小,在统计全球影子银行规模时可以忽略不计;2011 年末,中国影子银行规模占全球影子银行的比重为 1%。2013 年 11 月,FSB 发布了《全球影子银行监测报告 2013》,该报告是以 2012 年末的数据为基础,对全球范围内影子银行规模的第三次监测,报告显示,中国影子银行规模所占比重为 3%。

可以看出,中国影子银行规模在全球总量中占的比例很小,但占比呈上升趋势,然而,不可忽略的是,纳入 FSB 监测范围的是所有的非银行金融中介(Non - bank Financial Inter-mediation),对此进行保守的测算,以确保数据的采集和监测可以涵盖所有可能引发与影子银行相关风险的区域。近几年来,国内的理论界和实务界也开始关注和讨论影子银行问题。与其密切相关的是中国非银行金融体系的发展壮大和社会融资结构的变化。近年来我国非银行金融体系发展较为迅速,信托公司、基金管理公司、金融租赁公司、财务公司、小额贷款公司等非银行金融机构发展迅速;银行贷款以外的融资规模和比例呈上升趋势。中国人民银行公布的数据显示,2013 年全年社会融资规模达 17.29 万亿元,其中,全年人民币贷款占同期社会融资规模的 51.4%。从 2002 年以来,人民币贷款占比不断下降,社会融资结构日益多元化。在此背景下,中国影子银行究竟应如何定义,影子银行对宏观经济以及传统金融体系会产生什么影响,对于影子银行应采取哪些监管措施等问题应运而生。本文将以这些问题为主线，对中国影子银行的风险和监管问题进行研究。

一、中国影子银行的定义和判断标准

目前，国内理论界和实务界对于中国"影子银行"的内涵并未达成共识。2012 年 10 月 10 日，国际货币基金组织（IMF）发布的《全球金融稳定报告》提示中国关注影子银行问题，因为这有可能把风险转嫁给传统银行。随后，专家学者纷纷跟进解读中国的影子银行，但观点各异，甚至在对影子银行概念的界定上，也存在着很大的争议，有着不同的措辞和表达。下文在借鉴 FSB 对影子银行界定的方法和步骤的基础上，结合中国的实际情况，提出中国影子银行的判断标准，并探讨中国影子银行的类型。

（一）中国影子银行的定义

FSB 在 2011 年提交给 G20 的报告中，提出对影子银行的监测和认定应遵循两步策略。首先，监管部门应关注广义的范围，以确保所有可能给金融体系带来影响的非银行信用中介的活动都被纳入统计和监测的范围。其次，监管部门出于监管政策的目的，应缩小重点监测范围，关注那些非银行信用中介：其发展增加了系统性风险（特别是期限转换、流动性转换、不完全的信用风险转移和高杠杆），并且可以削弱金融监管带来的监管套利。前者被称为宏观意义上的影子银行（Macro - mapping），FSB 历年发布的全球影子银行监测报告中公布的数据，都是该标准下的统计数据；后者被称为风险集中的影子银行（Risk - focused）。由此可知，FSB 认为，广义上看，影子银行是传统银行体系之外的一种由金融机构及其业务所组成的信用中介体系，既可以是独立的信用活动，也可以是信用活动链条中的一部分。当然，影子银行通常使用期限转化、高杠杆操作进行信用创造和融资活动，因为欠缺有效的监管，相比传统银行体系具有更高的系统性风险，但这仅仅是广义影子银行系统中的小部分，而非全部。

基于此，本文认为，对于中国影子银行的界定应区分广义影子银行和狭义影子银行（真正意义上的影子银行）。广义的影子银行就是指传统银行体系之外的信用中介体系以及它们的相关业务。但传统银行体系之外的信用中介体系并不是都会引发系统性风险，具体应该着重关注并监管的是拥有期限错配转换、流动性转换、高杠杆、风险转移特征，监管程度较低，且能够带来更大系统性风险和监管套利的非银行信用中介。为了与"广义的影子银行"对应并区分开来，可以将其称为"狭义的影子银行"，只有狭义的影子银行才是真正意义上的需要密切监管与加强风险防范的影子银行。

需强调的是，影子银行不仅包含独立运营和具有法人地位的机构、公司等，还包括金融机构从事的具有影子银行特征的业务，某种意义上，影子银行体系的提法可能更为合适，不仅可以涵盖机构，还可以涵盖业务。因为金融机构从事不同种类的业务，这些业务中可能有些属于影子银行，有些不属于影子银行，区分的关键在于是否具有影子银行的实质特征，能否引发系统性风险。

（二）中国影子银行的判断标准

本文将狭义的影子银行界定为：至少具有期限转换、流动性转换、高杠杆性、信用转换四个特点之一的，且目前不受监管或监管程度较低的，能够引发系统性风险和监管套利的非银行信用中介机构或业务。基于此，判断某金融机构或金融机构的某项业务是否属于影子银行，可遵循以下三个步骤：

1. 是否属于信用中介机构或从事信用中介业务。判断金融机构是否属于影子银行的第一个步骤就是，看该机构是否从事信用中介业务，即是否从事信用创造和转换、融通资金的业务。如果不从事这些业务，则认定不属于影子银行；如果其从事信用中介业务，则需要根据以下两个步骤进一步检验，判断是否属于影子银行。

2. 是否具有期限转换、流动性转化、高杠杆和信用风险转移四个典型特征。期限转换、流动性转化、高杠杆和信用风险转移是 FSB 认定的影子银行的主要风险来源，包含信用中介业务的金融机构开展的信用中介业务并不都属于影子银行，关键在于是否具有可以引发系统性风险的四个特征。

期限转换、流动性转化、高杠杆和不完善的信用风险转移是引发系统性风险的主要原因，但并不意味着一定会引发系统性风险。因此，具有以上四个特征的信用中介并不一定属于影子银行，而关键看其是否处于监管之下，能否引发系统性风险和监管套利。此外，以上四个特征并不需要同时具备，只要具有以上一个或多个特征可能引发系统性风险的特征，就有可能是影子银行，故需要根据第三个步骤进一步加以判断。

3. 是否能引发系统性风险。期限转换、流动性转换、高杠杆和不完善的信用风险转移都是潜在系统性风险产生的途径。期限转换、流动性转换是信用中介的核心功能和判断标准，具有高杠杆和不完善的信用风险转移特征的非银行信用中介更容易产生风险。因此，监管关注的重点应该是可能产生系统性风险的非银行信用中介，也只有那些具备上述四个特点或其中之一，并且能够产生系统性风险的类银行金融机构或活动（非银行信用中介），才是真正意义上的影子银行（狭义的影子银行）。

综上所述，只有经过以上三个步骤的检验，符合所有条件的才属于狭义上的影子银行，以上三个步骤表面上看是逐层递进的，具体判断时往往相互结合，相互印证。

（三）中国影子银行的类型

结合上述影子银行的定义和认定标准，可以对中国的影子银行进行甄别和判断。广义上看，传统银行体系之外的非银行信用中介都可以纳入广义影子银行的范畴，主要包括：银行理财业务、信托理财业务、证券理财业务、基金理财业务、保险理财业务、典当公司、担保公司、融资租赁公司、私募股权公司、小额贷款公司、金融资产交易所、互联网金融、民间融资、第三方理财，以及金融市场上新兴的资产证券化、货币市场基金、融资融券业务和回购等。而这些类银行机构和业务是否是属于狭义上的影子银行，则需要根据上文提出的影子银行的判断标准分别进行判断。

银行理财业务、信托理财业务金融公司（财务公司、金融租赁公司、汽车金融公司和

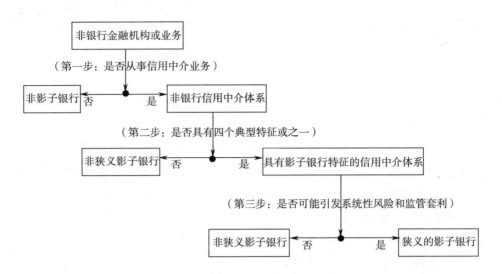

图1 中国影子银行的判断步骤

消费金融公司）业务属于银监会监管下的非银行信用中介，证券理财业务和基金理财业务属于证监会监管的非银行信用中介，保险理财业务属于保监会监管的非银行信用中介。这些业务在不同程度上具有期限转化、流动性转化、信用风险转移、高杠杆特征，但监管机构制定了净资本管理、风险资本管理、严格的信息披露、发行产品的批准登记等一系列监管措施，根据市场反应和需求及时出台了一系列部门规章和规范性文件，并针对不同的业务制定有针对性的监管措施。例如，银监会对财务公司、汽车金融公司、金融租赁公司和消费金融公司实行类银行的监管方式，要求必须符合资本充足率等的要求；对于信托公司，银监会采取了较国际同业更为严格的监管政策，对信托公司采取了净资本的监管方法，并且不允许负债，没有经营杠杆。从实际运行效果上看，这些业务分别受到银监会、证监会、保监会严格、系统的监管，整体运行平稳，不会对我国金融市场造成系统性风险，因此并非狭义上的影子银行。

典当公司、担保公司、融资租赁公司、私募股权公司、小额贷款公司和金融资产交易所属于中国人民银行、发改委、商务部和地方政府监管的类金融机构。典当业务是指典当公司利用自有资金或者银行贷款，以当物为质押或抵押，向居民个人或者小微企业发放当金，并在约定期限内收取当金利息和本金。从性质上看，典当行发放当金的行为属于贷款。担保公司通常与银行业金融机构等债权人约定，当作为被担保人的中小企业等融资主体不履行对债权人负有的融资性债务时，由担保公司依法承担合同约定的担保责任。融资租赁公司的基本运作原理是融资租赁公司通过发行债券、融资租赁资产证券化、融资租赁保理、贷款等方式从金融市场或金融机构融资，然后将所融资金用于代替客户购买租赁物，并用租赁客户所缴租金偿还融资。私募股权公司，是指从事私募股权投资业务的公司，即投资于非上市股权，或者上市公司非公开交易股权。小额贷款公司，是指由自然人、企业法人与其他社会组织投资设立，不吸收公众存款，经营小额贷款业务的有限责任公司或股份有限公司。从性质上看，小额贷款公司并非金融机构，只是一种以放贷为业的工商企业。总的来看，这些机构也发挥着信用中介的作用，但它们受到的监管较弱或并未受到监管，具有影子银行的特征，应完善相关的法律法规，规范这些机构的经营与运作，防范系统性风险的发生。

互联网金融主要指新型网络金融公司从事的信用中介活动。互联网金融近年来发展迅速，这类活动具有类似商业银行的业务模式和风险特征，也引发了一些风险，造成不良的影响。但由于互联网金融属于新兴事物，而且涉及的种类繁多，包括网贷（P2P）、第三方支付、众筹、互联网保险等，并且没有受到监管或监管不充分，容易导致系统性风险和监管套利，具有影子银行的特征。民间融资的利率高、规范性差，放大了融资风险，扰乱了金融秩序，在经济下行周期或市场资金面较紧的时候，民间融资的风险易通过各种方式和渠道向银行业体系传递扩散，属于狭义上的影子银行。与互联网金融和民间融资一样，未受到监管的还有第三方理财机构，但其本身不应当经手资金，当其向客户推荐产品后，客户与理财产品的提供者建立直接销售关系。因此，在典型的第三方理财业务中，其本身并不存在"影子银行"的一般特征。总体而言，对当前金融市场上不受监管的机构和业务要保持密切关注，适时出台相应的法规政策，防范系统性风险。

二、中国影子银行的形成原因

中国影子银行的形成原因，可以从金融体制自身的原因和供需关系两方面来分析。

（一）从金融体制来看，无论从金融体制自身，还是金融发展的外在需求而言，影子银行在中国的发展都具有必然性

1. 从金融体制自身来看，一方面，经济发展对金融服务提出了多样化和精细化的需求，作为间接融资主要中介的银行体系不断趋于专业化和独立化，促进了各种类型的非银行金融机构的产生、发展和壮大。另一方面，中国金融体系的市场化程度逐渐提高，为保证货币稳定、金融稳定，金融监管政策需要依据中国国情实时控制信贷总量、货币供应量和体制内的资金价格，不选择一步完全放开。由此，金融监管既要鼓励各类影子银行业务有所增长，又要严格控制正规信贷体系，以保持金融稳定。受约束的商业银行体系之外必然会滋生影子银行体系。

2. 从金融发展角度来看，中国的商业银行特许权价值依然很高，获利成本低。与此同时，由于制度约束原因和内在成因，非银行金融机构的主营业务发展相对缓慢，或者说有些机构根本没有发挥其本应发挥的功能。随着中国的金融体系已经开始脱媒，进入泛资产管理时代，该行业的利润空间非常大。在分业经营法律制度框架不明晰的情况下，非银行金融机构被默许提高金融创新能力，并进军资产管理行业。由于没有异质的主营业务支撑，资产管理行业的资产出现同质化。在股权交易深度、广度不够，市场非常不发达的情况下，非银行金融机构吸收的从银行脱媒的资金几乎都直接或间接进入了信贷市场，分享中国经济发展带来的红利。

（二）从需求和供给角度分析，影子银行的出现同时满足了需求方和供给方的利益诉求

1. 从需求角度看，我国影子银行的出现主要是商业银行受到存款利率管制，投资者需要追求具有较高收益率投资产品导致的。表1列出了我国存款利率市场化的进展。我国存款利率市场化采取了逐步放开波动区间的方式，当前对存款的规定是上限不能超过存款基准利率的1.1倍。但是，由于我国的存款基准利率是远远低于市场均衡利率的，因此，上调浮动区间只会导致一浮到顶，无法满足投资者的需求（见表2）。

表1　　　　　　　　　　　　　　　存款利率市场化步骤

时间	步骤
2004年10月	下限放开、上限为存款基准利率
2012年6月	上限调整为存款基准利率的1.1倍

表2　　　　　　　　　　　　　　　各行基准利率上浮倍数

类型	期限	基准利率（%）	工农中建交	招商银行	光大银行	南京银行	
						1万元以下	1万元以上
活期存款		0.35	1	1.1	1.1	1	1
定期存款	3个月	2.60	1.1	1.1	1.1	1	1.1
	6个月	2.80	1.09	1.1	1.1	1	1.1
	1年	3.00	1.08	1.1	1.1	1	1.1
	2年	3.75	1	1	1	1	1.1
	3年	4.25	1	1	1	1（<20万元）	1.1（≥20万元）
	5年	4.75	1	1	1	1（<30万元）	1.1（≥30万元）

资料来源：各银行网站。

针对客户投资于高收益产品的需求，各银行开发了大量理财产品。相对于传统的存款，其收益率没有上限。从这个意义上来说，我国的商业银行理财产品就成为了广义影子银行在融资端的选择之一。

2. 从供给角度看，正规金融体系受到信贷规模、存贷比和资本充足率等监管，无法完全满足地方政府、房地产行业和中小企业旺盛的融资需求，影子银行有存在的空间。我国影子银行出现主要是源于中央银行的信贷规模管制和银监会的贷存比考核与资本充足率要求。虽然当前我国在贷款方面也有一定的管制，但是，这种管制已经基本上不产生实际效果。我国商业银行的贷款定价自从2003年之后一直较为分散，贷款利率下浮的比例并不高，在2013年第一季度，仅有11.4%的贷款利率下浮。从这个角度，我国贷款利率的管制对于商业银行的贷款行为影响并不大。

表3　　　　　　　　　　　　　　　贷款利率市场化步骤

时间	步骤
2004 年 1 月	上限调整为贷款基准利率×1.7；下限调整为贷款基准利率×0.9
2004 年 10 月	上限放开；下限调整为贷款基准利率×0.9
2008 年 10 月	个人住房抵押贷款利率下限由基准利率×0.85 调整为基准利率×0.7
2012 年 6 月	下限调整为贷款基准利率×0.8
2012 年 7 月	下限调整为贷款基准利率×0.7
2013 年 7 月	取消贷款利率下限

对于当前商业银行贷款行为影响较大的是各种数量型管制，例如信贷规模管制、贷存比考核和资本充足率要求。这意味着，为了规避上述数量型管制，银行需要将正常的贷款转化为不受到管制的品种。

三、中国影子银行的作用及其影响

由上文的分析可以看出，中国影子银行的产生有其客观必然性，影子银行本身也是一个中性的概念，应受到辩证的对待。在研究影子银行的影响时，既要看到影子银行对深化金融市场改革和金融体系完善发挥的积极作用，又要关注影子银行可能引发的系统性风险和监管套利。

（一）中国影子银行的积极作用

影子银行体系作为一种跨越直接融资和间接融资的新型金融运作方式，既促进了实体经济和金融体系的发展，也蕴含了一定的风险。其积极作用主要体现在以下几个方面。

1. 开辟了多元化的居民和企业投资渠道。大部分影子银行机构的负债端都是一种风险和收益都高于存款的金融市场产品、工具，是一种货币要求权（多为信托、委托、债权债务等性质），这些财富管理工具丰富了居民和企业的投资渠道，以多种特征、多种层次、多种方式的金融服务产品来满足居民和企业的投资需求。

2. 提高金融体系融资效率，惠及中小企业。中小企业属于不被商业银行顾及和青睐的领域，小额贷款公司、典当行、民间借贷等都能从不同的角度补充这些企业的资金缺口。

3. 表外竞争，推动商业银行转型创新。中国的商业银行虽然在金融体系中占据主导地位，但也无法逃脱低存款利率的制约，面临脱媒的挑战。凭借垄断性的吸收存款的优势，国内商业银行选择主动脱媒，方式就是金融创新。

（二）中国影子银行的负面影响

中国影子银行体系的负债端已经脱离商业银行等正规金融体系，以金融创新的方式——各类理财产品获取市场化融资；但其资产端并未实现市场化，而是以原始信贷方式抢夺商业银行未进入的主营业务市场。这种局势长期博弈的后果就是信贷市场的高度竞争与无序扩张。高度竞争能带来贷款价格的低廉化，增加社会福利；但无序扩张的后果主要是负面的。谁贷款的门槛低就向谁借款，最终会推动个别行业的资产价格泡沫、债务滚雪球式发展，滋生风险将是不争的事实。

从宏观角度来看，中国影子银行体系逃避宏观调控，间接将资金投向国家宏观调控不鼓励的经济领域，如"两高一剩"行业，支持出现资产价格泡沫的企业进一步吹大泡沫，支持产能过剩应该倒闭的企业继续维持，等等，这种负面支持产生的是体制性风险，没有使经济结构得以优化，反而恶化。

从影子银行机构和业务本身的风险来看，由于只是简单复制银行业务，中国的影子银行与商业银行有相同的风险，即期限错配风险和流动性风险，如果游离于监管，会使后者的风险更加明显。除此之外，中国的影子银行体系存在的主要风险点还包括流动性风险、法律风险、系统性风险等。

（三）影子银行对财政政策和产业政策的影响

1. 对财政政策的影响。影子银行作为信用体系的扩充，在一定程度上缓解了地方政府的支出压力，为财政政策提供了动力，但也埋下了一定的隐患。

分税制改革后，中国地方政府面临较大的支出压力。主要由结构性和周期性两方面因素导致：结构性因素是在日常的经济活动中长期出现支出压力扩张的趋势。在当前的财政分权体制下，中央集中了全国财政收入的50%以上。但和其他大国都不同，中国地方财政支出占绝大多数，而中央的只占全国财政支出的10%左右。这导致地方政府支出压力巨大。周期性因素是由于当前中国财政政策在应对经济周期时以相机抉择的支出为主，税收和自动稳定器发挥的作用较小，导致地方政府经常面临较大的支出压力。因此，地方政府解决财政自由度的一个主要办法就是地方政府融资平台。此种背景下，影子银行体系对地方政府性债务在弥补地方财力不足、推动地方经济社会发展方面起到一定积极作用。但由于地方政府性债务的举借和管理等方面存在一些问题，导致地方系统性金融风险的累积。

2. 对产业政策的影响。中国的产业政策包括行业的准入标准、行业投融资体制管理、税收优惠政策等。影子银行体系对于中国产业政策的影响主要体现在融资方面。

首先，通过影子银行融资，某些受到限制的行业反而获得发展，从而抵消了产业政策的影响。譬如，假设信托贷款中投向房地产的部分资金属于广义影子银行体系，那么由于近年房地产行业调控，使得房地产商在传统银行的贷款难度上升，迫使房地产商选择"影子银行体系"。这种类型的影子银行支持使得利用信贷工具对房地产开发的调控部分失灵。此问题之所以出现，是因为对于行业的调控更多是出于行政选择，违背了市场规律。因此，出现这种情况也不能完全归因于影子银行，产业政策本身不合理也是重要原因。

其次，由于产业政策导致的融资成本方面的差异，部分企业直接成为了影子银行体系的一部分。目前我国银行业在价格管制的条件下受到严格的数量控制。贷款规模管制导致商业银行在表内贷款资金配置上"抓大放小""重公轻私"，使得国有企业较民营企业更容易以较低的成本获得资金。在这种情况下，具有低融资成本优势的国有企业会通过转手的方式进行套利，表现为近年来委托贷款和信托贷款爆发性增长。

（四）影子银行对金融体系的影响

中国影子银行对于金融体系是一个双刃剑，既帮助其更高效地运行，又积累了系统性风险，加剧了金融的脆弱性。

1. 对金融体系安全性的影响。

第一，大量资金通过影子银行募集投向房地产市场或者产能过剩领域，以及用于偿还大量政府到期债务。从长远看，影子银行较容易造成地方融资平台贷款风险、房地产融资风险、"两高一剩"行业风险以及系统性、区域性金融风险积累，形成经济结构调整中的隐患。

第二，影子银行业务具有的期限转换、流动性转换、信用风险转移和杠杆化特征，使得其具有较高的系统性风险隐患。同时，我国的影子银行与商业银行之间有着非常密切的联系，二者业务相互交织。这种紧密联系使得影子银行的风险极其容易传染到传统银行业。

第三，影子银行体系通过监管套利，削弱了《巴塞尔协议》等微观审慎监管的效果。影子银行导致监管套利这个过程是无法通过市场自发调节避免的，形成一个典型的"囚徒困境"问题。在这种环境下，众多金融机构争相进入影子银行体系，可能导致了原有监管体系的失灵，系统性风险累积。

2. 对传统银行体系的影响。

第一，中国影子银行业务主要表现为银行体系针对管制和监管的反应。当前的存款利率管制、贷款规模管制以及《巴塞尔协议》的监管使得银行表内资产和负债的成本提高。伴随着中国商业银行对于金融创新工具的应用，各种表外的资产和负债项目被开发出来。通过金融市场的联系，这些产品在各个金融中介之间流通，就成为广义意义上的影子银行。

第二，影子银行对商业银行传统经营模式提出了挑战。影子银行产品的大规模开发对于商业银行传统的存贷款利差模式形成挑战。这些业务带来的高收益弥补了近年来息差逐渐收窄对银行收入的冲击。

第三，影子银行和传统银行业务紧密联系，不可分割，产生了较高的风险。为了能够在市场中获得更好的信用，影子银行产品大量依赖于商业银行的流动性支持和信用增强。这种业务的相互联系实际上增大了银行的风险，但是在现有的会计和法律框架下，该风险被隐藏。因此，影子银行体系的发展在某些情形下有可能发展成为风险来源和风险放大器。

3. 对资本市场发展的影响。在资本市场发展方面，影子银行体系面临着机遇与挑战并存的局面，表现在：

第一，影子银行对资本市场的发展起了推动作用。影子银行是金融中介和金融市场的交叉领域。由于影子银行需要通过金融市场连接各类金融中介，从而形成完整的业务体系，这就构成了对于资本市场发展的另一个需求动力，促进了资本市场的发展。

第二，影子银行放大了资本市场的风险。影子银行是一个业务链条，通过各种金融市场连接了各类金融中介。在传统业务中，金融市场主要通过套利来联系，这个渠道实际上很好地分散了各个市场的风险。而影子银行提供了另外一种联系渠道，导致了各个市场呈现出更强的同步运动性，这就强化了金融市场的风险。

4. 对金融监管的影响。

第一，监管的全面性和时变性。由于影子银行是一个由各类金融中介机构通过金融市场连接构成的复杂金融网络。所以，对其监管需要涵盖所有金融机构和金融市场。这就需要监管具有统一性。同时，在建立监管体制的时候需要具有前瞻性，否则无法适应新的影子银行业务。

第二，对于影子银行机构的监管提出新要求。对于影子银行机构的监管需要关注由于影子银行体系而产生的新的传染性和系统性风险来源，提高监管的针对性。影子银行体系产生了新的金融风险传染路径，目前的监管政策中并没有充分体现对金融机构风险传染路径的进一步规范。同时，影子银行体系本身就成为了新的风险来源。这些新的风险来源需要进一步在监管中进行关注。

第三，对于影子银行的监管需要关注以往忽略的系统性风险特征。由于影子银行的存在，无论是目前我国广义影子银行体系中的理财产品、信托产品，还是未来会更为流行的资产证券化、抵押中介贷款或者回购等，其风险已经超越了产品自身。当前对于产品的监管主要关注于自身发行和交易的规范性，但是未能将之放在整个金融系统中，思考其系统性含义，这是在未来监管中应重点解决的问题。

第四，宏观审慎监管日益重要，需要与微观审慎监管相协调。无论何种形式的影子银行，其最初始的资产都是贷款。因此，对于影子银行的监管，本质上就是对于贷款速度的控制。这正是宏观审慎管理的目的，即控制社会的贷款增速。在影子银行体系日益壮大的环境下，宏观审慎管理的作用更加凸显。目前国际上并没有统一的宏观审慎管理的工具箱，需要我国的监管机构结合我国实际情况进一步落实。在这个进程中，不能忽视宏观审慎管理与微观审慎监管的协调，防止出现不必要的流动性波动。

第五，数据收集需要进一步强化。目前关于影子银行的统计数据来源多样，导致统计口径差异较大，统计指标设计不合理等。因此，数据收集是当前最为紧迫的任务。

四、中国影子银行的监管原则与框架

无论是美国的《多德－弗兰克法案》，还是 FSB 提出的影子银行体系监管框架，都显示国际社会对影子银行体系保持基本肯定的态度：鼓励其发展，同时必须加强监管，降低系统性风险。尽管中国的金融市场发展程度和金融制度与国外不同，但中国影子银行监管的基本政策也应该在合理的金融机构监管与金融创新、金融发展稳定之间寻找平衡。

（一）中国影子银行监管的思路与目标

中国当前的影子银行主要表现为规避监管的各种金融创新，一方面需要肯定其符合市场化的发展方向，另一方面也必须予以规范和监管。

1. 中国影子银行监管的基本思路。一方面，监管部门宜从国情出发，根据金融服务于实体经济需要、与市场接受程度相匹配、与投资者承受能力和监管能力相适应的监管思路，继续鼓励银行等各类金融机构开展金融创新，不断完善金融基础设施，提高市场效率，为创新业务提供更好的发展环境。另一方面，要密切关注金融创新带来的宏观和微观层面的风险，强化日常监控，跟踪分析影子银行各类业务产品的风险传递链条，防止风险的扩散危及银行体系的安全稳定。

2. 中国影子银行监管的目标。中国的影子银行监管目标具体可以包括以下四个方面：一是防范影子银行体系可能带来的系统性风险，以维护整个金融体系的稳定。二是防范单个影子银行机构及其产品的风险，维护单个金融市场稳定。三是促进金融创新，提高金融体系的竞争能力，改善金融配置资源的效率。四是加强影子银行体系的行为与过程的监管，保护金融消费者权益。

（二）中国影子银行监管的范围与原则

1. 中国影子银行监管的范围。由于广义影子银行体系范畴较广，因此监管部门也需要扩大监管范围。监管对象应该包括所有的非银行信用中介（活动），保证资料信息的收集，监管范围覆盖全部与影子银行体系有关的、可能对金融体系产生潜在风险的领域。

2. 中国影子银行监管的原则。影子银行体系作为金融体系的重要组成部分，且处于继续演变的过程之中，除符合有效银行监管的核心原则之外，需遵循以下原则：

第一，依法监管原则。出台适当的影子银行体系的监管法律、法规，保持监管的权威性、严肃性、强制性和一贯性。

第二，适度与有效性原则。监管当局的监管措施要与影子银行体系的金融风险相对称。

第三，前瞻性原则。对于影子银行体系风险的判断和评估，要能够根据市场形势的变化来调整风险的测度，以具有前瞻性和可调整性。

第四，微观审慎监管与宏观审慎管理相结合的原则。

第五，外部强制监管与内部自律相结合的原则。

（三）中国影子银行监管的导向与框架

因为中国目前实行"分业经营，分业监管"，以下首先确定各类机构和业务具体监管的整体性导向，在此基础上分别分析金融监管部门与其他政府监管部门的监管框架。

1. 各类机构和业务具体监管的整体性导向。与国际同类机构相比，中国非银行金融机构受到更为严格的监管，影子银行特征并不明显，但也应予以密切关注，防止其影子银行化。为促进中国金融体系的稳健发展，各类机构和业务具体监管的整体性导向如下：

第一，规范非银行金融机构的监管标准。对已纳入我国"一行三会"监管体系下的金融机构业务进行梳理，进一步判断是否存在影子银行业务特征，并明确监管职责，制定和加强相应的监管措施。

第二，强化对非金融机构的监管。加强对"一行三会"之外的其他政府部门监管的机构及业务的调查研究，包括小额贷款公司、典当公司、非融资性担保公司等，建议相关部门采取针对性监管措施。

第三，加强对民间融资的调查研究。了解参与民间融资活动的方式、机构类型、规模、风险程度，建议明确监管部门和监管政策。

第四，严格银行体系风险的管理和监管。督促银行提高并表监管能力，控制交易对手风险，重点监管银行对影子银行的大额风险暴露、转移负债和隐性支持等，防止影子银行风险向银行体系传递。

2. 金融监管部门影子银行监管框架。短期内，监管部门可以针对主要问题采取一些见效快的应对措施，规范影子银行体系的发展，同时应该考虑建立能够适应影子银行体系发展的中长期金融监管框架。

（1）需要解决的监管问题。

第一，规范影子银行信息披露机制，降低信息不对称程度。设计信息披露机制将成为未来对影子银行系统监管的重点，探索新的金融市场信息披露制度，提高金融产品和金融市场的透明度，完善场外交易市场的信息披露，以简洁易懂的形式让投资者充分了解相关信息，是防范市场风险的重要举措。

第二，建立商业银行和影子银行之间的防火墙，阻断影子银行向商业银行的风险直接传导渠道。银行代销信托公司的理财产品、银行发行理财产品、银行为其他机构担保融资等表外业务行为，都使商业银行承受潜在的风险。在此背景下，一旦影子银行爆发风险并牵连商业银行，风险的传染不可避免，最后的兜底人仍是政府财政和中央银行。因此，在短期内，有必要隔离影子银行体系和银行体系，建立防火墙，保证银行体系的稳健。

第三，强化影子银行预警监测机制，构建有效的风险防范和危机处理机制。基于影子银行系统风险的突变性与传导性，相关部门应联手建立动态审慎的风险预警和矛盾化解机制。建设针对性的影子银行业务监管部门，加强对其业务发展趋势的研究，并运用计量统计方法科学评估影子银行业务、创新衍生产品的风险和机构的风险管理水平。为提高突发风险事件的应对能力，构建协调有序、高效运转的应急联动体系。

第四，强化流动性监管的手段。具体而言，可以要求被监管机构向监管当局提供更丰富的信息，包括详细的期限档次以及交易资产和表外头寸在各种情况下的流动性分析；要求机构提供详细的流动性评估报告，供监管者用来发布单个机构的流动性指引；监管当局可以定期公布分析流动性整体趋势的系统性报告。

第五，加强投资者教育，提高其风险承担意识。投资者必须客观了解其所购买产品的潜在风险，并自我评估风险承受能力。

（2）构建信息共享的中长期监管框架。目前，基于分业经营的分业监管框架在应对影子银行体系方面容易出现监管真空，特别是一些机构可能有意利用监管竞争或盲点进行监管套利。基于此，如果不改变分业监管的基本架构，监管部门之间必须建立有效的合作与信息共享机制，并共同应对影子银行体系的潜在风险。

第一，中央银行可协调统计部门，提供影子银行体系的流量监测框架。在分业监管模式下，众多金融机构被分拆到不同监管部门进行监管，并且各个监管主体都设置了不同的监管指标体系，各个部门之间的数据信息往往缺乏统一标准的口径，无法直接汇总分析。为了及时有效地对影子银行的风险进行较为准确的评估，维护金融稳定，需要建立一个统一、全面、共享的影子银行综合统计体系，深入推进统计标准化进程，确立客观统一的统计口径。

第二，在统一的影子银行统计框架下，建立信息共同搜寻及共享机制。建立一个统一、全面、共享的影子银行综合统计体系完成后，宏微观角度的监控所需要的量化信息就已具备，各监管部门可以在概览全局的视角下评估所管辖影子银行机构或业务的风险。除了量化信息之外，监管部门也可使用与市场参与者的定期谈话中收集的市场信息，以及对监管对象的现场或非现场调查中获得的信息，来了解影子银行体系的最新动态和风险变化，这些信息可以使监管部门的监控更具有前瞻性，以适应影子银行的快速变革，防止相关风险的产生。这些定量和定性的信息都须加强各监管部门之间的信息共享，建立共享协调的影子银行综合风险评估体系。

第三，优势互补，合理分工，分阶段推进监管重点。在我国现有的分业监管体制下，监管者需要更多地考虑监管机构之间的信息共享和协调机制的建立，良好有效的协调机制可以弥补分业监管在影子银行监管中的监管空白和监管套利的缺陷。

第四，明确最后贷款人救助方式和范围问题。在长期内，要明确最后贷款人救助的方式和范围，让金融中介有明确的预期，从而使市场风险明晰化。如果不允许影子银行体系进入最后贷款人救助范围，就必须考虑以其他市场化的方式来降低和分散影子银行体系的风险。

3. 其他影子银行监管框架。

（1）小额贷款公司。中国的小额贷款公司不同于国外的小额信贷机构，既不是非政府组织，也不是银行机构，所以不能简单照搬国外的监管模式。根据其只贷不存的性质，我们可以将其定位为"准金融机构"。对这类准金融机构的监管，一方面是控制小额贷款公司的杠杆率，风险主要是由资金所有者承担；另一方面是监督其合规经营，小额贷款公司只贷不存，不存在保护存款人利益的问题，其风险主要集中在违规、违法经营而带来的内外部损失，以及可能存在非法吸存、非法集资、非法中介等带来的群体性事件风险。因此，对小额贷款公司的监管任务主要是防范其出现非法经营，而无需像对银行机构一样制定审慎监管规则。

（2）典当公司。当前存在的问题是，个别寄卖行以寄卖委托保管等为幌子，变相开展典当业务或者从事其他违法违规活动。因此，对典当行主要是严厉打击变相典当业务，维护典当业正常的经营秩序，进一步明确监管部门与典当行之间的行政监管关系，人民银行、公安机关、工商部门、商务部门等负责对典当机构设立、变更、终止的审批以及对典当机构的监督管理。建议典当行相关主管部门建立完善监管协调关系，在注册资本、流通资金、质押等方面明确监管部门的监管职责和监管实效。

（3）担保公司。担保公司行业出现的乱象早已引起相关部门的关注。融资担保机构是较高杠杆率的机构，一旦出现风险，可能不仅仅是融资担保机构自己的问题，还会引起连锁反应，拖累银行，甚至可能会影响小微企业的整体融资环境。因此，担保公司的监管重点是继续规范经营，严格约束其超过法律法规规定的业务，进一步完善担保公司相关的监管政策规范。

（4）民间借贷。对于民间借贷行为，其监管思路可以是疏堵结合，促进其阳光化。民间借贷体现了通过市场配置金融资源，客观上有利于促进多层次信贷市场的形成和发展。当前需要加快规范民间借贷的立法，明确资金者的放贷权利，界定合法放贷和非法集资的界限，推动民间借贷合法化，并促使其规范运作，提高透明度。

第一，把地方各级政府纳入到民间借贷的监管主体中来，并赋予其一定的监管权力，充分调动其监管的积极性。

第二，培养民间借贷的行业自律和发挥社会公众的监管作用。

第三，建立有效的民间融资信息监测体系。

（5）网络贷款。和民间金融一样，目前"人人贷"等形式的新型网络金融业务游离于中央银行与银监会等监管部门的灰色地带。其只需要在工商管理部门注册一个公司，就可以进行网络借贷业务。而工商、金融等法律法规对"人人贷"的准入资质、信息披露、内部管理等并未作要求，也未明确具体的行业主管部门。因此，应尽快健全监管体系，建议尽快制定法律法规，对网络借贷平台的性质、组织形式、经营范围、业务指标等进行明确规定，将"人人贷"纳入监管体系，明确监管部门、监管职责及监督手段。

五、结语

影子银行虽然被解读为引发金融危机的一大诱因，但其存在的正面价值也不应被忽视，影子银行本身是一个中性的概念，应该辩证地看待，既要看到影子银行对深化金融市场改革和金融体系完善发挥的积极作用，又要关注影子银行可能引发的系统性风险和监管套利。

影子银行的监管需要从体制机制的源头上入手，采取"疏堵结合、以疏为主"的思路，做到趋利避害；同时还需要"分类监管"，对不同类别的影子银行采取相对应的监管方式，将微观审慎监管和宏观审慎监管相结合，提高监管效率。此外，还要与金融改革相结合，进一步深化金融体制改革，完善金融市场体系，加快推进利率市场化，健全多层次资本市场体系，从供给和需求方面做好分流，有效管控影子银行的规模和风险。

（作者现任职于天津市人民政府）

专题二　美国 QE 退出对
中国金融安全的影响与对策

方明

定量宽松货币政策（QE）的实践很早就有了。在二战期间，美联储已经主要通过购买政府债券来增加信贷余额，这也是事实上最早的定量宽松货币政策实践之一。后来有日本泡沫经济崩溃后的定量宽松货币政策，以及全球金融危机后发达国家广泛大规模采用的定量宽松货币政策。定量宽松货币政策采用，无非有央行化解流动性风险、信用风险和财政赤字压力等目的，有时是单一的目的，有时是一个或几个目的。2008 年以来的美联储定量宽松货币政策，规模最大，加之美国在美元霸权支持下的特殊经济金融地位，对美国退出定量宽松货币政策，以及可能伴随的加息，对全世界将会造成的影响进行评估，尤其是评估对中国金融安全的影响，并提出相应的对策建议，具有十分重要的价值。

一、美国定量宽松货币政策及其退出规模

（一）美国多轮定量宽松货币政策规模巨大

2008 年次贷危机发生后，对美国经济产生了严重影响。为了应对金融危机对美国经济造成的严重重创，防止危机进一步蔓延，美联储从 2009 年 3 月开始实施了四轮定量宽松货币政策（QE）。通过第一轮定量宽松货币政策（QE1），美联储总共向市场投放了 17 250 亿美元左右的基础货币，主要包括三项：一是购买 12 500 亿美元的抵押贷款支持证券；二是购买 3 000 亿美元的美国国债；三是购买 1 750 亿美元的机构证券。

2010 年 11 月 3 日，为推动经济起稳，美联储宣布实行第二轮定量宽松政策（QE2），计划购买 6 000 亿美元美国国债。2011 年 9 月 21 日，美联储创新手段，实行扭曲操作，在出售 4 000 亿美元短期国债的同时，购买了 4 000 亿美元长期国债，扭曲操作没有向经济体注入新的流动，但增加了长期国债的需求，压低了长期利率，使得利率曲线趋于平缓；2012 年 7 月 20 日，美联储再次进行扭曲操作，出售 2 670 亿美元短期国债，同时买入等额的长期国债。QE2 实施之后，国债和 MBS 占央行总资产的 85% 以上，有效地支持了资产价格，房地产业开始出现复苏迹象，失业率缓慢回落。

2012 年 9 月 13 日，美联储启动第三轮定量宽松政策（QE3），宣布每月至少购买 400 亿美元抵押贷款支持证券，并且表明本轮定量宽松政策不作时间限制，直到劳动力市场出现明

显改善为止。2012 年底美联储开始实施第四轮定量宽松政策，每月以 450 亿美元的规模在公开市场上购买美国国债。该轮 QE 推出之后，美联储每月将在市场购买 850 亿美元的金融资产，其中包括 QE3 公布的 400 亿美元抵押债券，QE4 宣布的 450 亿美元长期国债。同时，美联储宣布只要通货膨胀率不超过 2.5%，失业率还高于 6.5%，都不会宣布加息。QE4 的推出符合市场预期，目的是替代即将到期的扭曲操作，即卖出较短期限国债，买入较长期限国债，从而延长所持国债资产的整体期限，压低长期国债收益率，维持美联储将长期利率维持在低位的决心，避免打击市场信心，为"财政悬崖"的解决争取时间。

QE4 的购买标的是美国国债而非 MBS（抵押贷款支持证券），原因在于 QE3 的目的已经达到。QE3 购买 MBS 的目的是解决银行抵押贷款的审慎性，促进房市复苏。显然，美联储促进房市复苏的目的已经传递给了市场，银行放贷行为增加，而且自 QE3 推出后，美国房市复苏劲头得到加强，继续购买 MBS 的边际效果已经减少。到 2013 年末，美国四轮 QE 规模共达 3.91 万亿美元（见表 1）。

表 1　　　　　　　　国际金融危机以来美联储量化宽松操作　　　　　单位：亿美元

时间		公开市场操作		合计
		产品	额度	
QE1	2008.11—2010.03	购进抵押贷款支持证券（MBS）	12 500	17 250
		购进长期国债	3 000	
		购进机构债（GSE）	1 750	
QE2	2010.11—2011.06	购进长期国债	6 000	6 000
扭曲操作	2011.09—2012.12	出售剩余到期时间 3 年以下国债；购进剩余时间 6～30 年国债	4 000	4 000
QE3	2012.09—2013.12	购进抵押贷款支持证券（MBS）	400/月	11 850
QE4	2012.12—2013.12	购进长期国债	450/月	
总计				39 100

资料来源：据杨正位《美国量化宽松退出的影响》文中表格整理，原文发表于《中国金融》2014 年 7 月刊。

（二）美联储定量宽松货币政策对全球产生了巨大影响

美联储和其他发达国家央行的定量宽松政策实施一定程度上避免了发达国家金融市场流动性风险，由于美元的全球霸权地位和美元的世界通用性，美联储定量宽松货币政策更是降低了美元的流动性风险，缓解了发达国家金融市场的信用风险，也避免了 1929—1933 年大萧条式的全球金融市场的传染性反应，以及经济长期大幅下滑的压力。

但是，美联储定量宽松货币政策的副作用也不容忽视。第一，定量宽松货币政策会产生道德风险，导致全球金融改革停滞不前，同时长期低息环境也可能导致金融业更偏好高风险业务。第二，在美联储持续的 QE 推动下，美国大规模的对外直接投资和组合投资过程实际上就是美元全球套利交易的一部分，其必然导致大宗商品价格、新兴市场股市、债券、房地产价格上升，以及新兴市场经济体货币汇率的升值，也给新兴市场经济体的经济增长带来了动力，但同时也刺激了其通货膨胀和资产价格泡沫。美联储首轮定量宽松货币政策实施后，大宗商品价格上涨36%，粮食价格上涨20%，油价上涨高达59%。第二轮定量宽松期间，大宗商品价格上涨10%，粮食价格上涨15%，油价上涨超过30%。大宗商品价格不断上涨对全球经济恢复产生了重要影响。另据国际金融协会统计，2009—2011年，全球30个新兴国家资本净流入年均增长达40%左右，比过去几年增幅高出1倍。第三，美国定量宽松货币政策对其他国家货币政策影响较大，新兴市场国家受到的影响更大，其货币政策在外来冲击下不得不收紧，以应对资产泡沫和通货膨胀压力。

（三）从美联储货币政策及其操作看QE退出的规模

2013年12月18日美联储宣布，2014年1月开始缩减100亿美元资产购买规模，利率继续保持0～0.25%的低位。2013年12月，美联储每个月购买400亿美元MBS债券和450亿美元中长期国债，当月共购买850亿美元债券。此后，随着美国经济状况的持续稳定好转，包括失业率下降和申请失业救济金人数下降至相应水平，美联储每次会议都决定从下月开始每个月将MBS和中长期国债购买规模分别下降50亿美元，也就是一次下调100亿美元的购买量，至2014年8月始，美联储每月MBS和中长期国债购买量已降至100亿美元和150亿美元，共购买250亿美元。按余下的9月、10月和12月三次货币政策会议计算，假定每次都继续按稳定的速度下调债券购买量，则到2015年1月时就不再购买债券了（见表2）。这种情况已被美联储的操作所证实。

表2　　　　　　　　　**美联储定量宽松货币政策的退出决定和预期**　　　　　　单位：亿美元

美联储货币 政策会议时间	开始月份	每月 购买MBS	每月购买 中长期国债	当月购买
2014年1月前	2014年1月前	400	450	850
2013年12月17至18日	2014年1月	350	400	750
2014年1月28至29日	2014年2月	300	350	650
2014年3月18至19日	2014年4月	250	300	550
2014年4月29至30日	2014年5月	200	250	450
2014年6月17至18日	2014年7月	150	200	350
2014年7月29至30日	2014年8月	100	150	250
2014年9月16至17日	2014年10月	50	100	150
2014年10月28至29日	2014年11月	0	50	50
2014年12月16至17日	2015年1月	0	0	0

资料来源：作者按美联储货币政策会议纪要整理和推断。

按美联储资产负债表2014年第一季度末的MBS和中长期国债规模（分别为1.6万亿美元和2.32万亿美元）出发推断，2014年9月末两者分别为1.7万亿美元和2.45万亿美元，共计4.15万亿美元。假定没有到期的债券，则2014年12月末，美联储持有的MBS和中长期国债规模分别为1.705万亿美元和2.47万亿美元，合计4.175万亿美元（见表3）。

表 3　　　　　　　　　　美联储持有的 **MBS** 和中长期国债余额推导　　　　　单位：亿美元

	MBS 余额	中长期国债余额	美联储持有债券余额
2014 年 3 月末	16 000	23 200	39 200
2014 年 4 月末	16 250	23 500	39 750
2014 年 5 月末	16 450	23 750	40 200
2014 年 6 月末	16 650	24 000	40 650
2014 年 7 月末	16 800	24 200	41 000
2014 年 8 月末	16 900	24 350	41 250
2014 年 9 月末	17 000	24 500	41 500
2014 年 10 月末	17 050	24 600	41 650
2014 年 11 月末	17 050	24 650	41 700
2014 年 12 月末	17 050	24 700	41 750

资料来源：作者按美联储货币政策会议纪要整理和推断。

二、美国退出 QE 对全球的影响

美国退出 QE 将会对全球发生重大影响，而这种影响力的载体是全球资金的流动，其价格标志是美元汇率的变化。美元可能持续升值，将给全球不同国家带来不同形式的金融危机，但美国这次可能是得利者。中国在这次美元升值趋势中可能会受到影响，但也正是中国发挥国际影响力的重要时机。

（一）美元可能持续升值

观摩布雷顿森林体系结束后美元霸权确立以来的美元贸易加权指数的走势规律，结合当前美国经济和全球其他经济体经济发展趋势，笔者认为美元存在着周期性升值的可能。从 1979 年 11 月 19 日至 1985 年 2 月 22 日，美元升值约 5 年时间，到 1987 年 12 月 10 日，美元贬值约 3 年的时间，到 1995 年 3 月 6 日，美元约波动 7 年时间，到 2001 年 5 月 22 日，美元升值约 7 年时间，到 2004 年 10 月 29 日，美元贬值约 3 年时间，到 2011 年 2 月 1 日，美元波动约 7 年时间（见图 1）。从升值、贬值和波动，到再升值、贬值和波动，到再升值……基本构成了一个规律性趋势。

因此，从美元贸易加权指数的走势规律，结合美联储退出 QE 并加息，以及美国经济走势，我们认为美元将回复到升值趋势。这个升值周期可能是 5～7 年，也就是到 2016 年和 2018 年，美元贸易加权指数可能从目前的 84 上升至 110～120，而其合理的范围在 90～100。美元作为世界货币，是其他货币汇率的基础，美元的升值，通常会导致其他货币的贬值。之前表现坚挺的商品货币国的货币汇率，以及美元疲弱时表现坚挺的发达国家货币汇率，都面临着贬值的可能。

（二）美元升值将对全球大宗商品价格和资金流动带来重大影响

1. 美元升值对大宗商品价格的影响。大宗商品既是商品，同时随着金融属性（期货化）

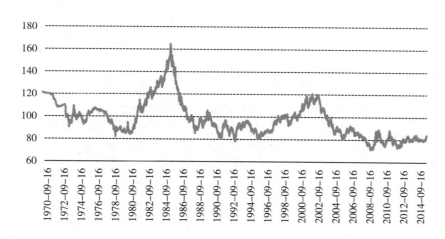

资料来源：彭博。

图1 美元贸易加权指数的走势

的不断增强，也具有了金融属性。作为国际交易的大宗商品价格既取决于全球供求关系，也取决于美元汇率走势。取决于美元汇率走势在于美元是世界货币，既是其他货币汇率定价的基准，也是全球大宗商品定价的基准。如果美元升值，其他货币必然相应贬值，反之则相反。如果美元升值，大宗商品价格常常相应下降，反之则相反。

国际金融市场上，常常以路透CRB商品指数来代表全球大宗商品价格走势。从其权重来看，也基本上代表了大多数的大宗商品（除煤炭和铁矿石外），包括能源、谷物、工业原料、肉类、软商品和贵金属（见表4）。从1969年8月1日以来美元贸易加权指数与路透CRB商品指数的相互关系来看，基本上都体现了美元升值商品指数下跌和美元贬值商品指数上升的趋势，而且，美元指数阶段性高点，常常是商品指数阶段性低点，美元指数阶段性低点，常常是商品指数阶段性高点（见图2）。根据对1969年8月1日至2014年9月16日商品指数和美元指数的交易日数据进行相关性分析，发现两者呈负相关，线性相关的相关系数是－0.58，对数相关的相关系数是－0.636，应该说都较为显著。煤炭和铁矿石也具有金融属性，但更多地与需求相关。

表4		路透CRB商品指数权重的构成	单位：%
	市场		权重
能源	原油、取暖油和天然气		17.60
谷物	小麦、玉米和大豆		17.60
工业原料	铜和棉花		11.80
肉类	牛和瘦肉猪		11.80
软商品	咖啡、可可、糖、橙汁		23.50
贵金属	黄金、白银和铂金		17.60
总计			99.90

资料来源：路透。

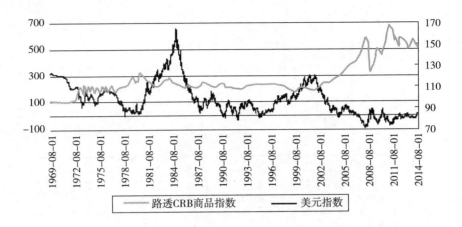

资料来源：彭博。

图2 美元指数与大宗商品指数的走势

结论其实很简单，随着美元持续的升值，全球大宗商品价格，无论是原油，还是有色金属，还是铁矿石，还是农产品，还是贵金属等的价格，都将显著下降，并且持续较长的5年左右的周期。

2. 美元汇率变化对全球资金流动的影响。由于美元作为世界货币的属性，以及美国全球金融中心地位，观察美国资金的流出流入，基本上可以看出全球资金流动的方向。相应地，以美国资金流动来分析美元汇率变化的影响，也具有代表性。不过，本文前面所提的美元指数和美元贸易加权指数都是指主要货币美元指数，是指以美国与主要发达国家的贸易为权重综合双边汇率计算出来的汇率指数，广义美元指数是指以美国与所有国家的贸易为权重综合双边汇率计算出来的汇率指数。将1976—2014年（2014年第一季度数据代表2014年）美国国际投资相关项目与两类美元指数作简单的相关性分析，发现基本上呈现较为显著的负相关关系（见表5）。

表5   **名义美元指数与美国国际投资项目的相关系数**

	主要货币美元指数	广义美元指数
国际净投资	0.59	− 0.64
国际净投资（不含金融衍生品）	0.59	− 0.64
总资产	− 0.70	0.61
总资产（不含金融衍生品）	− 0.70	0.65
ODI（市值）	− 0.69	0.69
组合投资	− 0.69	0.61
其他投资	− 0.69	0.67
储备资产	− 0.68	0.40
总负债	− 0.69	0.63
总负债（不含金融衍生品）	− 0.69	0.66
FDI	− 0.64	0.76
组合投资	− 0.68	0.60
其他投资	− 0.71	0.70

资料来源：睿信国际。

从美国的国际净投资头寸与主要货币美元指数的相关性来看，两者呈现较为显著的正相关，说明当主要货币美元指数处于高位时，美国国际投资净资产越高（可能是净流入或者净流出较少），反之则相反。同样，广义美元指数与美国国际净投资头寸呈现更为明显一些的负相关性，说明当广义美元指数处于高位时，美国国际投资净资产越低（也可能是净流出），反之则相反（见图3）。

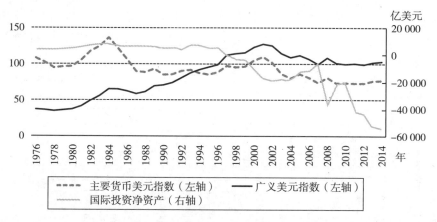

资料来源：BEA 和睿信国际。

图3　美元汇率指数与美国国际投资净资产的趋势

从美国国际投资的资产与负债项目和主要货币美元指数全部呈现出显著的负相关性，也可以看出主要货币美元指数较高时，美国国际投资的资产和负债规模都是较低，反之则相反。从美国国际投资的资产与负债项目和广义美元指数全部呈现出较为显著的正相关性，也可以看出广义美元指数较高时，美国国际投资的资产和负债规模都是较高的，反之则相反。

当然，还可以具体研究其他国家资金流动与美元走势的关系，但结论大致不会差。全球资金流向美国常常有两个原因：一是美国金融资产和其他资产更值钱，常常会出现在美元升值阶段；二是美国金融资产和其他资产更安全，常常会出现在金融危机阶段。随着美元升值，美国金融资产和其他资产将会更值钱，资金流出其他国家，尤其是新兴市场国家和发展中国家将成为常态。不过，从目前主要发达国家（欧盟、日本、加拿大和澳大利亚）的情况来看，随着美国资产吸引力的上升，不排除资金也会流出发达国家。而资金流向美国，将促进美元进一步升值，同时压低本欲上升的美国中长期利率，进一步提升美国资产价格。

三、美国退出 QE 对中国金融安全的冲击

（一）"钱荒"可能再度出现

2013 年 6 月 20 日"钱荒"的出现不是偶然的，它是商业银行既有经营模式在这一时期的必然产物，也是一系列综合因素促成的结果。随着美联储退出定量宽松货币政策，美元升值和人民币贬值预期上升，"钱荒"可能还会再度来临，但形式可能是货币供应量的结构发生变化。

首先，目前充裕的流动性形成有其特殊性。一方面，"双顺差"结汇不断增加和"四万亿"刺激推高了货币供应量。我国流动性充裕源于 2003 年以来经常账户和资本账户"双顺差"结汇，导致我国外汇占款和相应的外汇储备大幅上升，导致外汇占款规模逐步接近基础货币的规模，并于 2005 年第二季度末超过基础货币的规模（见图 4）。为了回收过多的基础货币，央行不得已创设中央银行票据等工具来回收流动性。在 2007 年第三季度末和 2009 年第二季度末外汇占款与基础货币的比重达到 143% 的高点后开始回落，2014 年第二季度末已回落到 105%。这意味着中国基础货币结构有可能由外生回归内生，这将随着美国退出 QE 并加息而到来。

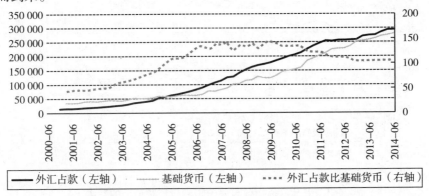

资料来源：Wind 资讯和睿信国际。

图 4　中国基础货币结构的变化

另一方面，"双顺差"结汇从先是因为外管局的强制结售汇政策的被动行为，到后来在人民币升值和升值预期背景下成为了主动行为。在 2005 年 7 月 21 日人民币汇率改革之后，外管局的强制结售汇政策逐步退出了历史舞台。但是，人民币面临持续的升值和升值预期，企业和居民所持有的外汇大多结汇，从而导致银行的外汇存款下降，使我国积累了巨额的外汇储备，也同时释放了巨大的流动性。

其次，人民币升值预期逆转可能导致目前充裕的流动性持续收紧。当美联储准备退出定量宽松货币政策时，美元升值和升值预期上升，人民币贬值预期和贬值可能抬头，即使是人民币升值幅度放缓，都有可能导致居民和企业结汇（卖外币）减少，售汇（买外币）增加，从而导致流动性收紧。最近这一迹象已经出现。根据我们的估计，美元升值可能达 5~7 年，因此，这不是一个短期现象。同样，经济结构调整、对外投资增加，也都可能导致贸易顺差和资本顺差收窄，也会导致国内流动性收紧。

再次，中央银行会逐步减少中央银行票据发行量或回收中央银行票据，并逐步向市场融出流动性，以对冲流动性的被动性下降，中央银行将恢复货币调节的主动权。在这个过程中，我国货币供给的外生性将逐步下降，而内生性将逐步上升。

最后，中央银行货币结构变化的过程，也是化解信贷泡沫的过程，可能会结构性地去杠杆化，而资本市场发挥融资功能会部分化解去杠杆化可能给金融体系带来的系统性风险。在这个过程中，商业银行可能会要么被动调整资产结构去杠杆化，要么主动地调整资产结构去杠杆化。

(二) 对房地产泡沫、地方政府债务和银行业经营带来压力

影子银行、房地产泡沫和地方政府债务压力的确都是中国当前面临的风险。影子银行最核心的问题是随着金融机构的多样化发展，银行的表内风险表外化，境内融资境外化，融资服务对象虚拟化（实体经济融资难成本高）。随着期限的长期化，伴随着利率市场化和流动性结构的变化，在资本市场发展不力的情况下，中国金融体系面临着刚性兑付的道德风险，银行面临着流动性结构变化带来的资产与负债的期限结构错配风险。如何处理好打破刚性兑付与防范系统性风险的关系，如何化解利率市场化过程中银行的流动性风险，如何化解银行期限结构错配的风险，在中国多年发展的监管体制下，在多种货币政策工具可供选择下，在全球相关经验的可资借鉴下，中国影子银行并不是无解之局。

房地产泡沫的确存在，并与影子银行相互勾连。一方面，房地产泡沫的膨胀既带动了地方土地财政的收入，促进了地方经济的发展，带动了相关产业的发展。另一方面，房地产泡沫的膨胀也存在着较大的风险：一是房价的上涨分流了居民的可支配收入，压抑了居民的消费需求；二是房地产泡沫的膨胀也导致房地产积压增加；三是房地产泡沫破裂或局部破裂可能给中国的金融体系和地方政府债务偿还能力带来压力。但是，中国的特点是人口多，未来城镇化对住房需求大。如何将住房这种准公共品和商品通过恰当的配制配置到不同阶层手里，从而有效地消化房地产泡沫，是对政府治理能力的考验。从中央政府的角度而言，核心是要改变地方政府对于土地财政的过度依赖。

不过，与日本因日元升值引发的泡沫经济不同，中国银行业经过股份制改造和公开上市后，其经营机制有了根本性的转化，已经具有较强的盈利能力和较强的风险承受能力。

地方政府的债务压力比较大，与其促进经济发展的职能紧密相关。根据国家审计署公告，截至 2013 年 6 月末，地方政府三类债务合计 17.89 万亿元。其中，有 82.95% 的债务，即 14.84 万亿元用于市政建设、土地收储、交通运输、保障房、教科文卫、农林水利、生态建设等基础性、公益性项目建设，占地方政府三类债务的 82.95%，对于改善民生，推进城市发展发挥了积极作用。要化解地方政府债务压力，需要做几方面的工作：首先，要解放地方政府过度的经济发展职能，政府回归民生，中央政府在加大转移支付的同时，改革分税制，增加地方政府的税源。其次，要通过多种手段降低地方政府融资成本，包括允许地方政府发债和债务重组的方式。最后，通过公私合营模式（PPP 模式）和混合所有制方式，将地方政府经济职能市场化，降低其融资和负债需求。

总的看来，中国经济面临的这些问题，不是不可以解决的。但是，当美国退出 QE 并加息，随着房地产价格下降和资金外流，中国仍然会有局部金融危机的可能，并会加大政府解决这些问题的难度。

(三) 国际投资面临着较大规模的损失

随着美元升值和美联储加息，中国国际投资将面临着较大规模的汇兑损失和利率损失。

从 2004 年到 2013 年，中国国际投资资产规模从 9 291 亿美元上升至 5.94 万亿美元，负债规模从 6 527 亿美元上升至 3.97 万亿美元，净资产从 2 764 亿美元上升至 1.97 万亿美元（见表 6）。但是，和 2013 年末达 3.82 万亿美元，目前近 4 万亿美元（2014 年 6 月末）的外汇储备一样，中国国际投资资产的币种结构却是不清楚的。

表 6 　　　　　　　　　　　　2004—2013 年末中国国际投资头寸表　　　　　　　　　单位：亿美元

年份	2004	2005	2006	2007	2008	2009	2010	2011	2012	2013
净资产	2 764	4 077	6 402	11 881	14 938	14 905	16 880	16 884	18 665	19 716
A. 资产	9 291	12 233	16 905	24 162	29 567	34 369	41 189	47 345	52 132	59 368
1. 我国对外直接投资	527	645	906	1 160	1 857	2 458	3 172	4 248	5 319	6 091
2. 证券投资	920	1 167	2 652	2 846	2 525	2 428	2 571	2 044	2 406	2 585
2.1 股本证券	0	0	15	196	214	546	630	864	1 298	1 530
2.2 债务证券	920	1 167	2 637	2 650	2 311	1 882	1 941	1 180	1 108	1 055
3. 其他投资	1 658	2 164	2 539	4 683	5 523	4 952	6 304	8 495	10 527	11 888
3.1 贸易信贷	432	661	922	1 160	1 102	1 444	2 060	2 769	3 387	3 990
3.2 贷款	590	719	670	888	1 071	974	1 174	2 232	2 778	3 089
3.3 货币和存款	553	675	736	1 380	1 529	1 310	2 051	2 942	3 906	3 772
3.4 其他资产	83	109	210	1 255	1 821	1 224	1 018	552	457	1 038
4. 储备资产	6 186	8 257	10 808	15 473	19 662	24 532	29 142	32 558	33 879	38 804
4.4 外汇	6 099	8 189	10 663	15 282	19 460	23 992	28 473	31 811	33 116	38 213
B. 负债	6 527	8 156	10 503	12 281	14 629	19 464	24 308	30 461	33 467	39 652
1. 外国来华直接投资	3 690	4 715	6 144	7 037	9 155	13 148	15 696	19 069	20 680	23 475
2. 证券投资	566	766	1 207	1 466	1 677	1 900	2 239	2 485	3 361	3 868
2.1 股本证券	433	636	1 065	1 290	1 505	1 748	2 061	2 114	2 619	2 980
2.2 债务证券	133	130	142	176	172	152	178	371	742	889
3. 其他投资	2 271	2 675	3 152	3 778	3 796	4 416	6 373	8 907	9 426	12 309
3.1 贸易信贷	809	1 063	1 196	1 487	1 296	1 617	2 112	2 492	2 915	3 365
3.2 贷款	880	870	985	1 033	1 030	1 636	2 389	3 724	3 680	5 642
3.3 货币和存款	381	484	595	791	918	937	1 650	2 477	2 446	3 051
3.4 其他负债	200	257	377	467	552	227	222	214	384	252

资料来源：国家外汇管理局。

那么，如何权衡美国 QE 退出对中国境外权益的影响呢？最为核心的是要区分中国境外资产的币种结构。有学者通过 IMF 外汇储备的币种结构来推导中国的币种结构，应该说有一定的道理，尽管其中不包括中国外汇储备，也有 48% 的外汇储备无法区分。在 2014 年第一季度末，IMF 对 6.18 万亿美元中各币种资产的区分为：美元、欧元、英镑、日元、瑞士法郎、加拿大元、澳大利亚元和其他币种，分别为 60.9%、24.5%、3.9%、4%、0.3%、1.9%、1.7% 和 2.5%。假定中国外汇储备资产币种也符合这种结构，包括中国组合投资的资产也符合这种结构，那么，基本可以得出中国目前包括外汇储备和组合投资的美元资产大约有 2.49 万亿美元，其他为 9 715 亿美元的非美元资产。2013 年末，中国对美国直接投资存量只有 171 亿美元，尽管对其他国家的投资都以美元为主，但基本上都兑换成当地货币投入了，故其他非美元直接投资存量约为 5 920 亿美元。中国其他投资都以美元为主，占比估计达 70% 左右。2013 年末，中国其他投资美元资产规模为 8 322 亿美元，非美元资产规模约为 3 566 亿美元。类似地，中国国际投资的负债币种结构也可以推导得出（见表7）。

表 7 　　　　　　　　　　中国国际投资资产负债的币种结构　　　　　单位：亿美元、%

	美元资产占比	美元资产	非美元资产	小计
外汇储备	60.90	23 271.717	14 941.283	38 213
直接投资	2.81	171	5 920	6 091
组合投资	60.90	1 574.265	1 010.735	2 585
其他投资	70	8 322	3 566	11 888
小计		33 338.982	25 438.018	58 777
	美元负债占比	美元负债	非美元负债	小计
直接投资	80	18 780	4 695	23 475
组合投资	60.90	2 355.612	1 512.388	3 868
其他投资	70	8 616.3	3 692.7	12 309
小计		29 751.912	9 900.088	39 652

资料来源：睿信国际。

以 2013 年末美元数据 80.2 为基数，假定美元升值 10%、20%、30%、40%、50% 和 60%，对美元资产、非美元资产、美元负债、非美元资产将会带来汇兑损益，通过综合加总，基本上得知，随着美元升值幅度的加大，中国国际投资资产与负债将产生综合损失。当美元指数升值 10% 时，综合损失达 1 195 亿美元；当美元指数升值 30% 时，综合损失达 3 585 亿美元；当美元指数升值 40% 时，综合损失达 4 780 亿美元；当美元指数升值 50% 时，综合损失达 5 975 亿美元（见表8）。当然，还可细算不同类别资产负债的汇兑损益。

表 8 　　　　　　　中国国际投资资产与负债因美元升值的汇兑损益　　　　单位：亿美元、%

美元升值幅度	美元指数	美元资产收益	非美元资产损失	美元负债损失	非美元负债收益	国际资产综合收益	国际负债综合收益	国际资产负债综合收益
0	80.2	0	0	0	0	0	0	0
10	88.22	3 333.9	-2 543.8	-2 975.2	990	790.1	-1 985.2	-1 195.1
20	96.24	6 667.8	-5 087.6	-5 950.4	1 980	1 580.2	-3 970.4	-2 390.2
30	104.26	10 001.7	-7 631.4	-8 925.6	2 970	2 370.3	-5 955.5	-3 585.3
40	112.28	13 335.6	-10 175.2	-11 900.8	3 960	3 160.4	-7 940.7	-4 780.3
50	120.3	16 669.5	-12 719	-14 876	4 950	3 950.5	-9 925.9	-5 975.4
60	128.32	20 003.4	-15 262.8	-17 851.1	5 940.1	4 740.6	-11 911.1	-7 170.5

注：美元指数 2013 年底为 80.2。

资料来源：睿信国际。

此外，还可根据美元资产中债券与非债券的结构，计算出美国债券收益率上升不同程度导致的利率损失。假定美元资产中债券占比75%，则达2.5万亿美元。假定美联储基准利率提升1%，债券损失0.5%。那么，当美联储基准利率提升1%时，债券损失将达125亿美元，当美联储基准利率上升5%时，损失将达625亿美元（见表9）。同时，美元负债成本也将随着利率的上升而增加。

表9　　　　　　　　　　联邦基金利率上升带来的美元债券损失推测　　　　　单位：亿美元、%

联邦基金利率上升幅度	债券损失程度	美元债券的损失额
1	0.50	125.02
1.50	0.75	187.53
2	1.00	250.04
2.50	1.25	312.55
3	1.50	375.06
3.50	1.75	437.57
4	2.00	500.08
4.50	2.25	562.59
5	2.50	625.1
5.50	2.75	687.61
6	3.00	750.12

资料来源：睿信国际。

（四）香港特区可能再度面临做空冲击

香港特区是国际金融中心，实行的是紧盯美元的联系汇率制度，既是中资企业境外融资的中心，近年来也日益成为人民币离岸金融中心，但随着香港特区民主派争取普选权，不稳定因素增多。而且，在1997—1999年的亚洲金融风暴中，香港深受国际金融大鳄的洗礼，后在中国政府的大力支持下，成功抗击了国际金融大鳄对香港金融市场的冲击。

从经济金融数据来看，香港特区处境相对较好。由于港元盯住美元的联系汇率制度，美元兑港元基本稳定，但由于2009年物价上升，其购买力平价（PPP）也上升，香港特区的经济潜力空间比值呈现下行趋势，2013年已从2009年的1.43下行至1.395，未来还有进一步下行的趋势。比较亚洲金融风暴期间的水平，作为相对发达的经济体，当时香港的经济潜力空间比值从1982年的1.68大幅下降至1997年的0.92的水平（见图5）。

表面上看，香港特区出现危机的概率相对较小，但这种可能性不能排除。第一，自2008年亚洲金融风暴以来，香港恒生指数从近3.2万高点下跌至近1万低点，此后大幅上升至2.54万的高点，具备了做空的条件。2014年7月较2009年9月，香港股票市场主板市值上升了180%。第二，香港的楼市大幅上涨后也有下跌的可能。2014年7月房价较2008年11月的低点上涨了160%，2014年7月租金较2009年6月上涨了52%。第三，随着美元明显升值，香港资金的初步流出迹象可能演变成大规模流出，股市、债市、期货和房地产都

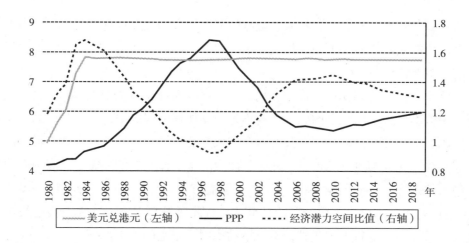

资料来源：IMF 和睿信国际。

图 5　香港特区经济潜力空间比值走势

可能遭受大规模的做空。2013 年下半年，资本与金融账户出现了连续两季度的净流出。好在香港特区目前有 3 112 亿美元的储备资产，加上有中国巨额的外汇储备资产作为后盾，国际金融大鳄操纵起来不太容易，但我们决不能因此放松警惕。更何况，发生在香港特区的骚乱可能为做空香港提供弹药。

四、拓展中国金融实力保障中国金融安全的对策

在全球化时代，尤其是中国发展到现在，可能改变全球格局的全球化新时代，中国未来的任务在于两个方面：一是把握全球格局演变的战略机遇，在全球拓展中国金融实力。二是在改革开放促进中国全球化进程中，有效地防范风险，保障中国的金融安全。在中国全球经营的时代，中国金融安全是中国在全球融合发展、全球经营过程中的金融安全，不能仅就外部对国内的影响来谈国内的金融安全。甚至更广义地讲，中国的金融安全不仅仅是防范，还包括国际战略空间和利益的获取。也就是说，中国当前和未来重大的战略利益也是国际战略利益，中国当前和未来重大的风险也是国际化风险。从本质上讲，风险和收益是一体的两面，我们要将恰当的防守和战略性进攻相结合，防范风险，获得战略利益，或可称为把控机遇和风险。

（一）以长远发展的国际化战略化解风险

战略是确定中国金融安全的前提和生命。中国的金融安全既取决于国内经济结构的调整，也取决于中国经济长远发展的国际化战略。当前，中国经济结构的调整，必须立足于世界经济的全球化大趋势之中，必须立足于中国的全球化经营战略。如何通过国际化来扩展中国长远发展的战略空间呢？三个方面：一是以改革开放拥抱全球化与市场化；二是有效地推动人民币成为关键货币；三是以全球融合的地缘政治战略来把握机遇，化解风险。

1. 以改革开放拥抱全球化与市场化。应该说，改革开放以来中国的发展得益于世界的全球化，只不过推动这一进程的是美国等西方发达国家。当中国真正成为世界工厂后，中国

庞大的制造能力和庞大的人口，必然需要全球的资源和市场。在这种情况下，中国不可能退回到自给自足的封闭经济模式中去。相反，中国进一步推动经济全球化既是国际责任，更是国家发展的战略选择。

从国家层面而言，中国要进一步全球化，包括要推动企业、金融机构和人民币三位一体的国际化。中国不是国土面积上的中国，也不是海洋面积上的中国，中国是全球的中国，是跨越全球资源、市场和金融的中国，甚至是穿越太空的中国。中国要在全球市场机制下，充分利用全球资源，充分利用全球市场，充分利用全球金融体系中的地位，发展中国的经济金融实力。中国的发展，可能不能仅看其 GDP（国内生产总值），可能还得看其 GGD（全球生产总值）。也就是说，中国未来要经营的是全球，从此出发，中国应该大力推进其全球化战略。这是人民币成为关键货币的基础，也将推动中国战略空间的纵深拓展。

对于中国的全球融合而言，中国既要从大陆观走向海洋观、与大陆观并重的全球融合观，也要在强调政治经济文化融合的同时强调地缘的融合。其中，全球融合区分于西方国家，更能体现中国优势的地方，就是大陆的地缘融合，大陆基础设施（尤其是交通）和政治经济文化的融合，尤其是欧亚大陆的融合，将为中国的长远发展提供无可比拟的空间。这种融合在平等的基础上，以互利共赢为纽带，以和平与发展为最高原则，它本身就是一种世界主义和天下主义的融合，带有中国传统文化的特点。

对于中国的企业和金融机构而言，其重要战略职责，是提升自己全方位的国际经营能力。国际化经营可分为"走出去"、跨境发展和本土化经营三个阶段。"走出去"是国际化发展的初级阶段，是从无到有的阶段；"跨境发展"是国际化的中级阶段，是境外资产和业务占据重要比重但仍未超过一半的阶段；"本土化"是国际化的高级阶段，境外资产和业务占据比重超过一半的阶段，是以海外市场当做本土市场经营的阶段。

在全球经营中，企业尤其需要具备三大能力：全球风险识别和预警能力、全球资金管理能力和全球融资能力。当然，这不容易。不同国际化经营阶段的企业都可通过与银行的战略合作，借用银行在相关领域的专长和服务来弥补自己在有关能力方面的短板，从而集中精力于企业经营本身。同时，企业应该根据自身的经营能力选择全球市场，并不断提升自己的全球经营能力，有效地将全球市场、技术、资源、人才和生产有机结合起来。企业的全球蓝海经营，不仅包括对外直接投资、工程承包和劳务合作，还包括非股权类的国际生产。企业2010 年非股权类的国际生产销售收入达 2 万亿美元，主要是发达国家对发展中国家的合同制造和服务外包、产销权出售、许可证销售和管理协议等。

银行要面对不同发展阶段的企业，推动人民币的国际化，应该培育全天候的全球经营和服务能力，为企业的"走出去"和国际化经营、为人民币的国际化服好务。企业在国际化经营的不同阶段将面临不同的环境，有着不同的业务需求，而银行要同时面对所有不同发展阶段的企业。"走出去"阶段的企业有把控项目风险和项目融资安排等需求，跨境发展阶段的企业有跨境现金管理、跨境风险管理和融资安排等需求，本土化经营阶段的企业有全球现金管理、全球风险管理和综合融资服务等需求。银行必须要锻造全天候的全球服务能力，核心是全球化的客户服务能力，三大支持能力是全球渠道拓展与服务能力、全球化的产品创新能力和全球化的风险管理能力，三大基础能力是全球化的信息技术服务能力、全球化的财务管理能力和一体化的人力资源管理能力。

从全球的情况来看，首先，中国已经推动成立了中国东盟自由贸易区，未来还应该大力推动上海合作组织成为一个自由贸易区，这两个自由贸易区是基础。在此基础上，时机成熟时可推动日本、韩国、印度、澳大利亚加入。其次是非洲及拉美欧盟，最后是西欧和北美。

我们国家、地方政府、企业和银行应该牢牢地确立全球蓝海观，并深化改革开放推动企业和银行的全球蓝海经营，这是实现国家、银行和企业长远利益最大化的有效保证，是中国未来发展的战略选择。中国的企业和金融机构需要共同努力，培育国际化人才，不断提升企业、金融机构和人民币的国际化水平，充分从全球竞争与合作中提升中国的综合实力。

当然，在全球化过程中，必须树立我们的全球责任观。这种责任观来自两个方面：一是来自国际规则的遵守和恰当的应用，保证自身的健康发展，时机成熟后方可谈全球共同治理规则的变革；二是作为全球公民，融入所在国的社会，所到之地，应该承担起相应的社会责任，包括环境责任、发展责任和伦理责任。

2. 人民币成为关键货币，中国成为关键货币国。中国在诸多方面已经具备一个大国的特征，但在金融领域，中国还是一个新手。中国在改革开放以来汇率体制的逐步改变，尤其是1994年汇率体制的并轨和人民币汇率的贬值，实际上调整了国际价格评价体系，进而在一定程度上改变了国内价格评价体系，为中国的发展获得了较大的战略空间，这也是中国跟随美国和美元策略获得的实质性利益。但是，当人民币与美元绑在一起时，路径依赖必然发生，时到今日，庞大的外汇储备时刻面临着贬值的风险，而国际社会也缺乏制衡美国的力量，美元汇率政策不断给全球带来金融灾难。

中国作为地位不断上升的大国，或许我们最不应该有的就是大国心态，想当然地以为自己就是大国了。中国必须具有大国思维和全球思维，要从全球发展的角度，利用全球的货币战略来促进自己成为大国，并且不断巩固自身的地位，同时推动全球的发展。由于中国追求和谐世界和共富共赢的世界理想，以及自身独特的经济潜力，使我们的货币战略不可能如其他发达国家一样继续完全追随美国，中国成为关键货币国和人民币成为关键货币，就成为未来货币战略的核心内容。

关键货币就是世界货币，是具有世界货币性质，并在国际货币体系中发挥关键作用的货币。最早金银承担过世界货币的职能。此后在金本位制下英镑、美元、法郎、马克和金银共同承担过世界货币的职能。在布雷顿森林体系下，美元和黄金一起承担过世界货币的职能。在布雷顿森林体系崩溃后，美元成为世界货币，也就是关键货币，其他发达国家的货币也通过自由兑换成为依附于美国的国际货币，但并非世界货币。因此，人民币要成为关键货币，并不是要成为欧元、英镑、日元、瑞郎、加元和澳元等类依附性的国际货币，而是与美元类似的世界货币。这是一个长远的战略方向，需要经过长期艰苦的努力才能实现。

关键货币国有三个特点：一是自身有较强的生产能力，对外直接投资会促进其他国家或地区资源的开发和财富的增加，使其消费能力不断增加；二是不断提高自身的消费能力，并允许存在局部的和一定规模的贸易逆差；三是自身的货币成为国际货币（结算货币、储备货币和计价货币），并最终成为世界货币，他国的贸易顺差以自身货币资产的方式存在（投资到国内证券市场，部分成为其国家的储备资产）。

中国成为关键货币国，既是全球货币战略的需要，也是自身货币战略的需要。尽管中国成为关键货币国的中短期的影响可能不会那么明显，但对中国和世界的长远发展而言非常必要。同时，中国成为关键货币国，并非出于挑战美元霸权的目的，而是解决全球失衡问题的必然，是全球长远和谐发展的必要，但必然会改良国际货币体系，一定程度上制约美元霸权。因此，中国成为关键货币国和人民币成为关键货币，应该能得到大多数国家、国际组织和国际社会的推动和支持，但必然会导致部分发达国家的阻碍或者不怀好意的加速推进。此外，从策略上讲，我们面临的风险就是可以成为被人进攻的靶子。但如果内部治理得当，外部战略明确，有理有据，不排除是一个既透明又合理的战略选择。

人民币成为关键货币，中国成为关键货币国，是中国国际战略的重要选择之一，可以逐步改变西方发达国家要求中国承担更多国际责任、逼迫人民币升值的困境，也制衡这些国家利用自身的国际货币地位对发展中国家的投机和掠夺，提倡以自主和可控的市场化参与全球化进程，推动共同发展，促进共同富裕，促进国际社会的公正、公平、民主与和谐，实际上体现了中国特色社会主义道路的核心精神，也是建设国际社会新秩序的方向。这个过程中，应保持人民币汇率的基本稳定。

（二）以切实的方式把控机遇与风险

机遇与风险是一对孪生姐妹，并总是无处不在，必须有切实的操作手段来把控它们。具体来看，有如下五个方面的建议：

第一，在中央国家安全委员会下设立金融安全咨询委员会。金融是国家的命脉和核心，金融的触角贯穿到全球政治经济文化生命的方方面面。在全球化时代，保障金融安全，利用金融手段达到国家安全的目的，利用金融手段获得全球发展的战略空间，日益重要。金融安全咨询委员会的职责就是从维护国家金融安全和金融利益的角度出发，实时监控国家安全战略和国家改革开放措施对金融安全和利益的影响，以及全球金融危机、地缘政治变化和资金流动对于国家金融安全和利益的影响，汇集各方面的意见，为中央国家安全委员会实时提供全方位的专业分析评估和对策建议。

第二，由金融安全咨询委员会牵头，结合高校、金融机构和相关部门的研究力量，组建中国全球金融安全战略实验室。战略实验室应以全球经济金融数据和信息为基础，既实时监测全球市场的变化，也利用包括大数据和传统数据分析手段推测未来，同时也进行中国全球金融安全的压力测试和情景测试，从而得到不同情景下保障中国金融安全的应对措施。

第三，在中央国家安全委员会领导下，金融安全咨询委员会配合国家安全部牵头，并和主要国有金融机构合作成立对冲基金（平时分散运营，集中时可以达到 1 000 亿美元左右），建设金融市场干预力量。对冲基金必须提升对全球宏观经济形势、资金流动和资本市场变化及行业趋势变化的分析能力，提升对衍生品工具的认识、操作和应用能力，做好应对一切可能出现的风险的准备；核心是必要时可运用金融市场的力量干预甚至操纵市场，对于西方利用金融机构操纵金融市场的行为进行必要的反制，并在必要时攻其不备，攻其所必救，为中国全球金融安全的长远布局和执行获得时间。要大力加强金融市场操作人员的培养，并建立完善的风险防范机制。

第四，在中央国家安全委员会领导下，金融安全咨询委员会配合国家部委（以人民银行牵头），研究货币互换和对他国危机时的援助基金。目前中国也联合相关国家和组织建立系列金融机构，已经具备了良好的基础，但在美国退出 QE 和地缘政治可能恶化的情况下，有必要统一规划和适时出击，同时大力推动人民币的全面应用。当然，援助基金应该以人民币为主，结合一部分美元。

第五，在美国 QE 退出引发新兴市场经济体危机后的恰当阶段，中国企业和金融机构可以配合国家援助基金，加大对这些国家的投资收购，以及扩张金融服务。一方面，企业以精准的眼光，以强大的实力，持续地跟踪。以耐心和毅力等待较佳的投资时机，同时要不断提升自己的全球经营能力，进行必要的全球资产结构配置。另一方面，金融机构要不断提升全球经营管理能力，包括全球资产组合管理、全球风险控制和全球资金融通等能力，适时调整中国海外资产负债结构。

（作者现任职于中国银行公司金融部）

专题三　互联网金融的风险与监管

谢平　邹传伟　刘海二

2013 年被称为我国的互联网金融元年，但互联网金融的快速发展也带来了一些风险，如一些 P2P 平台存在携款跑路、搞债权分拆与庞氏骗局等问题。因此，我们需要在弄清楚互联网金融发展现状和风险表现的基础上，制定互联网金融监管的理念和具体措施。

一、互联网金融的基本原理与发展现状

互联网金融涵盖了受互联网技术和互联网精神的影响，从传统银行、证券、保险、交易所等金融中介和市场，到与瓦尔拉斯一般均衡相对应的无金融中介或市场情形之间的所有金融交易和组织形式，是一个谱系（Spectrum）的概念。目前互联网金融的主要形态，其特征主要通过支付、信息处理、资源配置三大支柱体现出来。按照目前各种互联网金融形态在支付方式、信息处理、资源配置三大支柱上的差异，可以将它们划分成六大主要类型：一是金融互联网化，体现了互联网对金融中介和市场的物理网点、人工服务等的替代，包括网络银行和手机银行、网络证券公司、网络保险公司、网络金融交易平台、金融产品的网络销售。二是移动支付和第三方支付，体现了互联网对金融支付的影响，以 Paypal（美国）、支付宝（阿里）、财付通和微信支付（腾讯）为代表。三是互联网货币。互联网货币体现了互联网对货币形态的影响，以比特币（BTC）、Q 币、亚马逊币为代表。四是基于大数据的征信和网络贷款。五是 P2P 网络贷款，其核心技术是内部信用评级和贷款利率定价，以 Prosper、Lending Club（美国）、Zopa（英国）、宜信、陆金所、拍拍贷、人人贷为代表。六是众筹融资，主要指互联网上的股权融资，以 Kickstarter（美国）、天使汇为代表。

需要说明的是，互联网金融谱系的各种形态之间不存在清晰界限，而且是动态变化的。这里对互联网金融六种类型的划分，还达不到严格分类应有的"不重复，不遗漏"标准。为此，我们主要从互联网金融的三大支柱来描述互联网金融的发展现状。

（一）支付方式的发展

随着移动终端普及率的提高，在未来，移动支付完全有可能替代现金和银行卡，成为电子货币形态的一种主要表现形式。根据艾瑞咨询的数据显示，截至 2013 年上半年，中国移动支付交易规模总额达到 1 224 亿元，与一季度相比增加 77%，整体呈现爆发式的增长态势。预计到 2016 年中国移动支付交易规模将达到 13 583 亿元。与此同时，移动互联网和多

网融合的发展在一定程度上也加速了移动支付的发展。

截至2014年8月，人民银行已经给269家企业发放了第三方支付牌照。第三方支付促进了支付体系与互联网的融合，并成为互联网金融的"基础设施"。目前，第三方支付涉及的行业已经涵盖了基金、保险、企业支付、网购、公共事业费用代缴等银行业的传统业务领地，部分第三方支付企业已经将银行的个人客户和企业客户服务作为其重要的业务战略。金融产品的网络销售和网络金融交易平台也日渐普遍，越来越多的人开始习惯在网络上购买金融产品及服务，并进行金融交易。

随着互联网金融的发展，数据商品与实物商品之间的界限越来越模糊。网络支付与电子支付的高度整合带来了虚拟货币这一互联网货币的雏形，比如比特币、Q币、Facebook Credits、Amazon Coins、魔兽世界G币等。

（二）信息处理方式的发展

以社交网络、搜索引擎、云计算、大数据为代表的信息处理方式，通过大数据、云计算识别风险、管理风险，能够更好地为中小企业融资提供金融需求服务。

云计算作为一种基于互联网的计算方式，有效地保障了移动支付所需要的存储和计算能力，保障了资金供需双方的信息通过社交网络得以揭示和传播，被搜索引擎组织和标准化，最终形成时间连续、动态变化的信息序列，由此可以以极低的成本给出任何资金需求者（机构）的风险定价或动态违约概率，有效降低了运营成本。正是这一信息处理方式的优化，互联网金融模式替代了商业银行和证券公司的主要功能。代表性的云服务商有亚马逊、谷歌、盛大、华为等。

云计算和搜索引擎的发展使得对大数据的高效分析成为可能。以阿里小贷、ZestFinance、Kreditech为代表的网络贷款模式基于大数据方法对信贷申请人进行全面评估，不仅在一定程度上能够解决中小企业融资难的问题，而且能够为资金方提供庞大的数据支撑和信用基础，从而有效控制信用风险、操作风险。根据中国互联网金融行业协会转载的数据，阿里小微信贷的贷款不良率为0.87%，低于中国银行业0.96%的水平。根据中国金融新闻网转载的有关报道披露，供应商利用京东供应链金融平台获得融资的资金成本为每日0.019%，相当于7%的年化利率，远低于同类银行贷款产品的年利率。大数据本质上是一种针对非结构化数据的算法，所以不需要针对其引入专门的监管措施。

（三）资源配置方式的发展

以P2P网络贷款、众筹模式为代表的新型资源配置方式已经发展成为一个全球性的新兴产业。据网贷之家统计，截至2013年底，中国P2P公司已经达到1000多家，总成交量1058亿元，贷款存量268亿元。现分析国内P2P网络贷款与众筹融资方面的区别与差异。首先是P2P网络贷款方面。近几年，国内外P2P网络贷款经历着同样的爆发式增长。但是，国外P2P贷款申请通过率较低，在这部分通过的贷款申请中也只有一小部分能"筹满"成为贷款。相较于国外，截至2013年，中国P2P贷款公司放贷规模已经达到680.3亿元，同比增长197.59%，预计贷款规模未来两年内仍将保持超过100%的增速。另外，国外大部分

P2P 网络贷款平台运营规范，相关监管措施完备，信息披露充分，显示出良好的发展潜力和风险管控框架，交易增长迅速。中国的金融环境下诞生的 P2P 有其自身的特殊性，大规模的线下交易，使得 P2P 行业亟待加强消费者保护，目前国内对于 P2P 监管还是空白。

其次是众筹融资，国内的众筹融资规模远逊色于全球表现。2012 年，包括中国在内的亚洲地区众筹融资规模仅占全球规模的 1.2%，天使汇、点名时间等众筹融资平台虽然成功完成了不少项目，但融资总规模较小。

二、互联网金融的风险特殊性

互联网金融与互联网紧密相关，这里的互联网我们可以理解为一种市场结构，发挥着与银行、证券公司等金融中介一样的功能。首先，正因为互联网本身就是一种市场结构，使得互联网金融与传统金融形态相比，其面临的最大风险为信息科技风险；其次，互联网金融主要服务于普通民众，因此互联网金融与传统金融相比还表现为"长尾风险"；最后，网络的虚拟性特征，使得互联网金融还存在虚拟性风险。

（一）信息科技风险

有关信息科技风险，大多散见于操作风险的定义之中。但信息科技风险的研究对象不仅包括商业银行，还包括其他从事金融活动的机构和个人。即他们在从事金融活动时，由于硬件（如电脑和手机）瘫痪、各种软件故障、网络病毒、人员操作失误和数据传输及处理偏差、以及各种网络欺诈等造成损失的风险。

由于互联网金融对互联网技术依赖性很强，信息科技风险是其面临的一类特殊风险，并表现出如下特点：

第一，传递性。信息科技风险具有传递性，能够快速地向系统内其他成员传播。这是因为现代信息通信技术缩短了人们的时空距离，以前陌生的生人社会逐步变为"村里"的熟人社会。最典型的例子是社交网络的发展，网络中的成员通过电脑或者手机这一终端互相联接起来，可以互相调节资金余缺。其成员可能来自世界的任何一个角落，每一位成员都是社会网络里的一个节点，一旦某个节点出现问题，有可能会迅速传递到其他节点。

第二，复杂性。在互联网金融时代，一些大规模的、情绪化和间断性的数据需要储存，这需要数据集中。由于数据量大，其储存和计算需要通过云端来完成，而数据的集中某种程度上导致了风险的集中，一旦发生信息科技风险，其复杂程度肯定会增加。此外，基于大数据的互联网金融风险定价，可以通过计算机自动生成风险违约概率。但在风险定价的过程中，一旦某一参数出错，其导致的损失可能是非常巨大的，比如风险定价所依据的信息有误（或者信息含有大量"噪声"），抑或者是错误信息被当成正确信息使用。

第三，隐蔽性。信息科技风险的隐蔽性，有些可能是因为技术设计人员事先没有考虑到，抑或者是无法考虑到，如系统的某些漏洞和缺陷。这些漏洞会在底层逐步累积，常规情况下难以察觉，只有发展到一定规模时才能够被发现，表现出一定的隐藏性，如互联网上的某些病毒具有一定的潜伏期，必须累积到一定程度才会爆发出来。

第四，突发性。从信息科技风险产生的过程来看，一般都具有突发性。大多时候都是由一些外部事件触发，如地震和海啸之类的自然灾害、电力中断、网络瘫痪以及其他设备故障等，发生故障的时间比较突然。如互联网金融交易过程中信号突然中断等。导致信息科技风险突发性的原因，往往也是无法预测的，很多时候也不能够通过事先反复测试来避免。

（二）"长尾"风险

互联网金融拓展了交易可能性边界，服务了大量不被传统金融覆盖的人群（所谓"长尾"特征），使得互联网金融具有不同于传统金融的风险特征。具体表现如下：

第一，互联网金融的投资者群体以个人投资者为主（更多地还表现为弱势群体），他们普遍缺乏对互联网金融交易规则及相关专业知识的认知与了解，投资理念和风险意识缺失，存在投机心理和"博傻"心态，投资中的非理性交易行为严重，导致众多投资者的投资权益和利益受损。第二，他们的投资小额而分散，作为个体投入精力监督互联网金融平台或机构的成本远高于收益，所以"搭便车"问题更突出，针对互联网金融的市场纪律更容易失效。第三，一旦互联网金融出现风险，从涉及人数上衡量（涉及金额可能不大），对社会的负外部性很大。

加之，中国互联网金融还处于野蛮生长的状态，公平的制度环境、完善的博弈规则和公开透明的信息披露机制还没有形成，投资者（尤其是弱势群体）面临着巨大的系统性风险。

（三）虚拟性风险

虚拟性在给人们带来方便、灵活的同时，也带来了风险。如比特币生来就具有虚拟性，被广泛用于洗钱、贩毒等犯罪活动，再如在平台上注册虚拟账户，通过虚假商品交易，进行洗钱等。虚拟性的存在，使得监管部门找不到风险主体，导致事后不能追责，从而使得人们"胆大妄为"，引发风险的产生。

由于互联网金融的虚拟性，交易双方互不见面，只是通过网络发生联系，这使得验证交易者的身份、交易的真实性难度加大，增大了交易者之间在身份确认方面的信息不对称，并有可能会转化为信用风险。而在传统金融领域中，比如商业银行就有一套非常严格的信息确认机制。但是在互联网金融模式下，主要是一种"弱面签"（通过第三方来验证身份），或者压根就是匿名的，这使得交易者的身份从一开始就有可能是虚构的，在信用体系不完善的情况下，很容易导致大规模的漏洞，形成潜在的威胁。

此外，互联网金融可能涉及人数众多，同时也会与不同的社会主体发生联系，如各种传统金融机构等，一旦由于虚拟性的原因引发互联网金融风险，可能传染到金融系统的各个部分（比如目前互联网金融的清算体系还主要依赖于传统银行体系，虚拟性风险可以通过这一渠道进行传染）。因此，虚拟性风险必须加以重视。

最后需要说明的是，互联网金融几种特殊性风险之间不是相互独立的，在一定程度上可以相互转化，如虚拟性风险在一定程度可以转化为信息科技风险。

三、互联网金融监管的必要性

在 2008 年这一轮国际金融危机后，金融界和学术界的普遍认识是：自由放任（Laissez – Faire）的监管理念只适用于金融市场有效的理想情景。其基本假设为：一是市场价格信号正确，可以依靠市场纪律来有效控制有害的风险承担行为；二是要让问题金融机构破产清算，以实现市场竞争的优胜劣汰；三是对金融创新的监管没有必要，市场竞争和市场纪律会淘汰没有必要或不创造价值的金融创新。但互联网金融在达到这个理想情景之前，仍会存在信息不对称和交易成本等大量非有效因素，使得自由放任监管理念不适用。

第一，互联网金融中，个体行为可能非理性。比如，在 P2P 网络贷款中，投资者购买的实际是针对借款者个人的信用贷款。即使 P2P 平台能准确揭示借款者信用风险，并且投资足够分散，个人信用贷款仍属于高风险投资，投资者不一定能充分认识到投资失败对个人的影响。所以，对 P2P 网络贷款，一般需要引入投资者适当性监管，英国还要求投资者不能仓促决策，要三思而后行。

第二，个体理性，不意味着集体理性。比如，在以余额宝为代表的"第三方支付 + 货币市场基金"合作产品中，投资者购买的是货币市场基金份额。投资者可以随时赎回自己的资金，但货币市场基金的头寸一般有较长期限，或者需要付出一定折扣才能在二级市场上卖掉。这里面就存在期限错配和流动性转换问题。如果货币市场出现大幅波动，投资者为控制风险而赎回资金，从个体行为上看，是完全理性的；但如果是大规模赎回，货币市场基金就会遭遇挤兑，从集体行为上看，则是非理性的。

第三，市场纪律不一定能控制有害的风险承担行为。在我国，针对投资风险的各种隐性或显性担保大量存在（比如，隐性的存款保险，银行对柜台销售的理财产品的隐性承诺），老百姓也习惯了"刚性兑付"，风险定价机制在一定程度上是失效的。在这种环境下，部分互联网金融机构推出高风险、高收益产品，用预期的高收益来吸引眼球、做大规模，但不一定如实揭示风险。这里面隐藏着巨大的道德风险。

第四，互联网金融机构如果涉及大量用户，或者达到一定资金规模，出问题时很难通过市场出清方式解决。如果该机构还涉及支付清算等基础业务，破产还可能损害金融系统的基础设施，构成系统性风险。比如，支付宝和余额宝的涉及人数和业务规模如此之大，已经具有一定的系统重要性。余额宝尤其需要注意。截至 2014 年第一季度，余额宝的规模已超5 000亿元。余额宝能达到这么大规模，是多方面原因造成的：（1）余额宝的资金主要投向银行协议存款，而在利率市场化背景下，协议存款利率（已市场化）高于活期存款（未市场化）；（2）协议存款不用交准备金，银行能给出高利率；（3）余额宝在 2013 年中推出，适逢"钱荒"，银行间市场利率高企，所以余额宝的投资收益比较高，但 2014 年以来已逐渐下降；（4）协议存款"提前支取不罚息"，是余额宝流动性的关键保障，但这对银行不利（人民银行 2014 年 3 月已表示这一点不会持续）。此外，余额宝还涉足广义货币创造（美国的 M_2 统计中就包括能签发支票的货币市场存款账户和货币市场基金份额）。

第五，互联网金融创新可能存在重大缺陷。比如，我国 P2P 网络贷款已经出现良莠不齐局面。部分 P2P 平台中，客户资金与平台资金没有有效隔离，出现了若干平台负责人卷款"跑路"事件；部分 P2P 平台营销激进，将高风险产品销售给不具备风险识别和承担能力的人群（比如退休老人）。再比如，比特币因为有很好的匿名性，被用在洗钱、贩毒等非法活动中。

第六，互联网金融消费中可能存在欺诈和非理性行为，金融机构可能开发和推销风险过高的产品，消费者可能购买自己根本不理解的产品。比如，在金融产品的网络销售中，部分产品除了笼统披露预期收益率外，很少向投资者说明该收益率通过何种策略取得、有什么风险等。部分产品为做大规模，采取补贴、担保等方式来放大收益，"赔本赚吆喝"，偏离了纯粹的市场竞争行为。而部分消费者因为金融知识有限和习惯了"刚性兑付"，不一定清楚 P2P 网络贷款与存款、银行理财产品有什么差异。

因此，对互联网金融，不能因为发展不成熟就采取自由放任的监管理念，应该以监管促发展，在一定负面清单、底线思维和监管红线下，鼓励互联网金融创新。

四、互联网金融监管的难题

互联网金融的信息科技风险，具有传染性、突发性、复杂性和隐蔽性，使得监管所需要的信息能够在不同主体之间进行转移和分散。互联网金融在降低了信息不对称的同时，也导致了信息分散。此外，非金融与金融因素的混合，使监管者获取信息的难度增加。最后，互联网金融的匿名性和虚拟性，隐蔽了监管者所需要的关键信息。以上种种，导致了监管者无法获得监管所需要的信息或者获取的成本过高。

（一）信息转移

互联网金融是基于互联网信息和互联网技术来作出决策的点对点的金融行为，互联网金融由于存在信息科技风险，而信息科技风险又具有传染性、突发性、复杂性和隐蔽性，使得监管所需要的信息能够在不同主体之间进行转移和分担。如在某一个节点被植入病毒后，经过一定的潜伏期和积累后（潜伏期能够躲避检测），逐渐传染给其他节点，这时其他节点又成为病毒源，使得监管者无法找到真正的传染源。总之，信息科技风险在不同节点传播的同时，相关信息也随之转移，这对互联网金融监管带来了挑战。

此外，还存在一些其他的信息转移技术，如"翻墙"技术（一种反向代理技术），主要是转移 IP 地址，以此来逃避监管。再如网络电话，主叫人可以随意设置在被叫人电话上显示的电话号码，转移了真正的主叫人的信息。再比如短信转移、电话转移等。而互联网金融高度依赖于互联网技术，这种技术性的信息转移，必将对互联网金融监管带来挑战。

（二）信息分散

互联网金融能够拓展交易可能性边界，具有长尾特征，服务人群广泛，尤其是服务了大量不被传统金融覆盖的人群，参与者多是"草根"，并且涉及人数众多。这些人群的信息主要通过"口碑"形式存在，更多的是一种"软"信息。监管者没有精力也不太可能搜集这种碎片化的信息，并以此作为监管的依据。

互联网金融能显著降低交易成本和信息不对称，提高风险定价和风险管理效率，资金供需双方趋向直接交易的可能性增加（即点对点的交易），是一种分散决策行为。对监管者来说，分散决策的同时，监管所需要的信息也分散了，要把许多单个个体行为信息进行汇集的难度较大，并且信息"噪声"也非常大，这给互联网金融的监管带来了挑战。当存在金融中介时，是一种集中决策行为，相关信息集中到金融机构，监管部门能够对其进行监管。没有金融中介时，信息是分散的，监管部门监管的难度增加，可能导致其放弃监管。

此外，互联网金融中的信息不再只是传统意义上的结构化信息，如财务报表等，更多地表现为一种行为信息（信息多样化，这本身就使得信息分散了，信息能够分散于不同种类的载体之中），如交易活跃程度、社区成员之间的相互点评、视频音频等，这些分散化的行为信息，监管者要进行搜集将是困难重重。

（三）信息隐蔽

现实中，互联网金融的身份认证更多是一种"弱面签"，没有准确核对客户的身份信息，这为客户隐蔽身份信息提供了可乘之机。此外，一些互联网货币（如比特币）具有天生的匿名性，它在带给人们快速低廉地进行资金转移的同时，也带来了监管难题。这种匿名性，可以隐蔽交易主体的关键信息，因此可以利用其进行非法交易活动，如洗钱、贩毒等。

互联网金融能够把金融和非金融要素捆绑在一起，既提供投融资、理财、保险、风险对冲等功能，也与衣食住行和社交活动挂钩，如余额宝、京东白条、微信红包、微信滴滴打车等。诸如此类的金融产品还将越来越多，这类金融产品模糊了金融与非金融的界线。金融因素与非金融因素的混合，隐蔽了监管所需的关键信息，使得监管者难以辨别其金融属性，这给监管带来了挑战。

互联网金融还能够隐蔽金融产品的属性，比如 P2P、P2B 网络贷款隐含着三层含义：一是贷款属性（显性的含义），与银行贷款类似，属于银监会监管的范畴；二是一种直接融资，类似于债券（隐性的含义），属于证监会监管的范畴；三是投资人相当于买了信用保险产品，类似于保险（隐性的意义），属于保监会监管的范畴。这种信息隐蔽给监管带来了难题。

五、互联网金融的功能监管

功能监管主要是针对风险的监管，基础是风险识别、计量、防范、预警和处置。在互联网金融中，风险指的仍是未来遭受损失的可能性，市场风险、信用风险、流动性风险、操作风险、声誉风险和法律合规风险等概念都适用，误导消费者、夸大宣传、欺诈等问题仍然存在。因此，对互联网金融，审慎监管、行为监管、金融消费者保护等三种监管方式也都适用。

（一）审慎监管

审慎监管的目标是控制互联网金融的外部性，保护公众利益，其基本方法论是：在风险识别的基础上，通过引入一系列风险管理手段（一般体现为监管限额），控制互联网金融机构的风险承担行为以及负外部性（特别在事前），从而使外部性行为达到社会最优水平。目前看，互联网金融的外部性主要是信用风险的外部性和流动性风险的外部性。针对这两类外部性，可以借鉴银行监管中的相关做法，按照"内容重于形式"原则，设计相应监管措施。

1. 监管信用风险的外部性。部分互联网金融机构从事了信用中介活动。比如，在 P2P 网络贷款中，一些 P2P 平台直接介入借贷链条，或者为借贷活动提供担保，总的效果都是承担了与借贷有关的信用风险。这类互联网金融机构就会产生信用风险的外部性。它们如果破产，不仅会使相关债权人、交易对手的利益受损，也会使具有类似业务或风险的互联网金融机构的债权人、交易对手怀疑自己机构的清偿能力，进而产生信息上的传染效应。根据 2013 年《国务院办公厅关于加强影子银行监管有关问题的通知》的精神，从事信用中介活动的互联网金融机构，如果不持有金融牌照，并且完全无监管，就属于影子银行，需要由中国人民银行会同有关部门共同研究制定监管办法。

对信用风险的外部性，可以参考银行业的监管方法。在 Basel Ⅱ 和 Basel Ⅲ 下，银行为保障在信用风险的冲击下仍具有持续经营能力，需要计提资产损失准备金和资本（其中资产损失准备金用来覆盖预期损失，资本用来覆盖非预期损失），体现为不良资产拨备覆盖率、资本充足率等监管指标，具体监管标准依据风险计量来确定。比如，8% 的资本充足率，相当于保障在 99.9% 的情况下，银行的资产损失不会超过资本。

在 P2P 网络贷款中，部分平台划拨部分收入到风险储备池，用于保障投资者的本金。风险储备池在功能和经济内涵上与银行资产损失准备金、资本相当。如果允许 P2P 平台通过风险储备池来提供本金保障，那么风险储备池的充足标准，也应该依据风险计量来确定。

2. 监管针对流动性风险的外部性。部分互联网金融机构进行了流动性或期限转换。比如，信用中介活动经常伴随着流动性或期限转换。又如，在以余额宝为代表的"第三方支付＋货币市场基金"合作产品中，投资者随时可以赎回自己的基金份额，但基金头寸的期限则要长一些。这类互联网金融机构就会产生流动性风险的外部性。它们如果遭受流动性危机，首先，会影响债权人、交易对手的流动性。比如，如果货币市场基金集中，大量提取协议存款，会直接对存款银行造成流动性冲击。其次，会使具有类似业务或风险的互联网金融机构的债权人、交易对手怀疑自己机构的流动性状况，也会产生信息上的传染效用。此外，金融机构在遭受流动性危机时，通常会通过出售资产来回收现金，以满足流动性需求。短时间内大规模出售资产会使资产价格下跌。在公允价值会计制度下，持有类似资产的其他金融机构也会受损，在极端情况下，甚至会出现"资产价格下跌→引发抛售→资产价格进一步下跌"的恶性循环。

对流动性风险的外部性的监管，也可以参考银行业的做法。Basel Ⅲ 引入了两个流动性监管指标——流动性覆盖比率和净稳定融资比率。其中，流动性覆盖比率已经开始实施，要求银行在资产方留有充足的优质流动性资产储备，以应付根据流动性压力测试估计的未来 30 天内净现金流出量。

按照类似监管逻辑，对"第三方支付 + 货币市场基金"合作产品，应该通过压力测试估算投资者在大型购物季、货币市场大幅波动等情景下的赎回金额，并据此对货币市场基金的头寸分布进行限制，确保有足够比例的高流动性头寸（当然，这会牺牲一定的收益性）。

（二）行为监管

行为监管，包括对互联网金融基础设施、互联网金融机构以及相关参与者行为的监管，主要目的是使互联网金融交易更安全、公平和有效。从一定意义上说，行为监管是对互联网金融的运营优化，主要内容如下。

第一，对互联网金融机构的股东、管理者的监管。一方面，在准入审查时，排除掉不审慎、能力不足、不诚实或有不良记录的股东和管理者。另一方面，在持续经营阶段，严格控制股东、管理者与互联网金融机构之间的关联交易，防止他们通过资产占用等方式损害互联网金融机构或者客户的合法权益。

第二，对互联网金融有关资金及证券的托管、交易和清算系统的监管。一方面，提高互联网金融交易效率，控制操作风险；另一方面，平台型互联网金融机构的资金与客户资金之间要有效隔离，防止挪用客户资金、卷款"跑路"等风险。

第三，要求互联网金融机构有健全的组织结构、内控制度和风险管理措施，并有符合要求的营业场所、IT 基础设施和安全保障措施。

（三）金融消费者保护

金融消费者保护，即保障金融消费者在互联网金融交易中的权益。由于专业知识限制，金融消费者对金融产品的成本、风险、收益的了解根本不能与互联网金融机构相提并论，处于知识劣势，也不可能支付这方面的学习成本。其后果是，互联网金融机构掌握金融产品内涵信息和定价的主导权，会有意识地利用金融消费者的信息劣势开展业务。此外，互联网金融机构对金融消费者有"锁定效应"，欺诈行为一般不能被市场竞争消除（也就是，金融消费者发现欺诈行为后，也不会另选机构）。

针对金融消费者保护，可以进行自律监管。但如果金融消费者没有很好的低成本维权渠道，或者互联网金融机构过于强势，而自律监管机构又缺乏有效措施，欺诈行为一般很难得到制止和处罚，甚至无法被披露出来。在这种情况下，自律监管面临失效，政府监管机构就作为金融消费者的代理人实施强制监管权力，主要措施有三类：第一，要求互联网金融机构加强信息披露，产品条款要简单明了、信息透明，使金融消费者明白其中风险和收益的关系。第二，要赋予金融消费者维权的渠道，包括赔偿机制和诉讼机制。第三，利用金融消费者的投诉，及时发现监管漏洞。

最后需要说明的是，功能监管要体现一致性原则。互联网金融机构如果实现了类似于传统金融的功能，就应该接受与传统金融相同的监管；不同的互联网金融机构如果从事了相同的业务，产生了相同的风险，就应该受到相同的监管。否则，就容易造成监管套利，既不利于市场公平竞争，也会产生风险盲区。

六、互联网金融的机构监管和监管协调

互联网金融机构监管的隐含前提是，可以对互联网金融机构进行分类，并且同类机构从事类似业务，产生类似风险，因此适用于类似监管。但部分互联网金融活动已经出现了混业特征。在这种情况下，就需要根据互联网金融机构具体的业务、风险，从功能监管角度制定监管措施，并加强监管协调。

（一）互联网金融的机构监管

1. 对金融互联网化、基于大数据的网络贷款的监管。

首先，在金融互联网化方面，网络银行、手机银行、网络证券公司、网络保险公司和网络金融交易平台等主要体现互联网对银行、证券公司、保险公司和交易所等物理网点和人工服务的替代。基于大数据的网络贷款，不管是以银行为载体，还是以小贷公司为载体，主要是改进贷款评估中的信息处理环节。与传统金融中介和市场相比，这些互联网金融机构在金融功能和风险特征上没有本质差异，所以针对传统金融中介和市场的监管框架和措施都适用，但需要加强对信息科技风险的监管。

其次，对金融产品的网络销售，监管重点是金融消费者保护。《证券投资基金销售管理办法》第三十五条规定："基金宣传推介材料必须真实、准确，与基金合同、基金招募说明书相符"。银监会对理财产品和信托产品等也有明文规定，绝对不能保证收益率，只能是预期收益率，并要向投资者反复强调投资有风险、买者自负的基本理念。

2. 对移动支付与第三方支付的监管。

首先，对移动支付和第三方支付，我国已经建立起一定的监管框架，包括反洗钱法、电子签名法和《关于规范商业预付卡管理的意见》等法律法规，以及中国人民银行的《非金融机构支付服务管理办法》《支付机构预付卡业务管理办法》《支付机构客户备付金存管办法》和《银行卡收单业务管理办法》等规章制度。

其次，对以余额宝为代表的"第三方支付＋货币市场基金"合作产品，鉴于可能的流动性风险（见前文），应参考美国在这轮国际金融危机后对货币市场基金的监管措施。一是要求这类产品如实向投资者揭示风险，避免投资者形成货币市场基金永不亏损的错误预期。《证券投资基金销售管理办法》对此有明文规定。二是要求这类产品如实披露头寸分布信息（包括证券品种、发行人、交易对手、金额、期限、评级等维度，不一定是每个头寸的详细信息）和资金申购、赎回信息。三是要求这类产品满足平均期限、评级和投资集中度等方面的限制条件，确保有充足的流动性储备来应付压力情景下投资者的大额赎回。

3. 对P2P网络贷款的监管。如果P2P网络贷款走纯粹平台模式（既不承担与贷款有关的信用风险，也不进行流动性或期限转换），而且投资者风险足够分散，对P2P平台本身不需要引入审慎监管。这方面的代表是美国。以Lending Club和Prosper为代表的美国P2P网络贷款具有以下特点：（1）投资人和借款人之间不存在直接债权债务关系，投资人购买的是P2P平台按美国证券法注册发行的票据（或收益权凭证），而给借款人的贷款则先由第三

方银行提供，再转让给P2P平台；（2）票据和贷款之间存在镜像关系，借款人每个月对贷款本息偿付多少，P2P平台就向持有对应票据的投资人支付多少；（3）如果借款人对贷款违约，对应票据的持有人不会收到P2P平台的支付（即P2P平台不对投资人提供担保），但这不构成P2P平台自身违约；（4）个人征信发达，P2P平台不用开展大量线下尽职调查。在这些情况下，美国SEC是P2P网络贷款的主要监管者，而且SEC监管的重点是信息披露，而非P2P平台的运营情况。P2P平台必须在发行说明书中不断更新每一笔票据的信息，包括对应贷款的条款、借款人的匿名信息等。

我国P2P网络贷款与美国同业有显著差异：（1）个人征信系统不完善，线上信息不足以满足信用评估的需求（饶越，2014），P2P平台普遍开展线下尽职调查；（2）老百姓习惯了"刚性兑付"，没有担保很难吸引投资者，P2P平台普遍划拨部分收入到风险储备池，用于保障投资者的本金；（3）部分P2P平台采取"专业放贷人+债权转让"模式，目标是更好地联结借款者的资金需求和投资者的理财需求，主动、批量开展业务，而非被动等待各自匹配，但容易演变为"资金池"；（4）大量开展线下推广活动，金融消费者保护亟待加强。总的来说，我国P2P网络贷款更接近互联网上的民间借贷。为此，我们认为，要以"放开准入，活动留痕，事后追责"理念，加强对P2P网络贷款的监管。

第一，准入监管。要对P2P平台的经营条件、股东、董监事和管理层设定基本的准入标准。要建立"谁批设机构，谁负责风险处置"的机制。

第二，运营监管。P2P平台仅从事金融信息服务，在投资者和借款者之间建立直接对应的借贷关系，不能直接参与借贷活动。P2P平台如果通过风险储备池等方式承担了贷款的信用风险，必须遵从与银行资产损失准备金、资本相当的审慎标准（见前文）。P2P平台必须隔离自有资金与客户资金，了解自己的客户，建立合格投资者制度，不能有虚假宣传或误导陈述。

第三，信息监管。P2P平台必须完整、真实地保存客户和借贷交易信息，以备事后追责，并且不能利用客户信息从事超出法律许可或未经客户授权的活动。P2P平台要充分披露信息（包括P2P平台的经营信息）和揭示风险，保障客户的知情权和选择权。P2P平台的股东或员工如果在自家平台上融资，要如实披露，防止利益冲突和关联交易。

4. 对众筹融资的监管。目前，我国因为证券法对投资人数的限制，众筹融资更接近"预售+团购"，不能服务于中小企业的股权融资，但也不会产生很大的金融风险。将来，我国如果允许众筹融资以股权形式给予投资者回报，就需要将众筹融资纳入证券监管。

这方面，美国《JOBS法案》值得借鉴，主要包括三方面限制。（1）对发行人的限制。比如，要在SEC备案，向投资者和众筹融资平台披露规定信息，并且每年通过众筹融资平台募资的总额不超过100万美元。（2）对众筹融资平台的限制。比如，必须在SEC登记为经纪商或"融资门户"，必须在自律监管组织注册；在融资预定目标未能完成时，不得将所筹资金给予发行人（即融资阀值机制）。（3）对投资者的限制（即投资者适当性监管）。如果个人投资者年收入或净资产少于10万美元，则投资限额为2 000美元，或者年收入或净资产5%中孰高者；如果个人投资者年收入或净资产中某项达到或超过10万美元，则投资限额为该年收入或净资产的 10%。

（二）互联网金融的监管协调

目前，我国采取银行、证券、保险"分业经营，分业监管"框架，同时金融监管权高度集中于中央政府。但部分互联网金融活动已经出现了混业特征。比如，在金融产品的网络销售中，银行理财产品、证券投资产品、基金、保险产品、信托产品完全可以通过同一个网络平台销售。又如，以余额宝为代表的"第三方支付 + 货币市场基金"合作产品就同时涉足支付业和证券业，在一定意义上还涉及广义货币创造。另外，互联网金融机构大量涌现，规模小而分散，业务模式层出不穷，统一的中央金融监管可能"鞭长莫及"。所以，互联网金融机构的牌照发放、日常监管和风险处置责任，在不同政府部门（主要是"一行三会"和工业和信息化部）之间如何分担，在中央与地方政府之间如何分担，是非常复杂的问题。

2013 年 8 月，国务院为进一步加强金融监管协调，保障金融业稳健运行，同意建立由中国人民银行牵头的金融监管协调部际联系会议制度，职责之一就是"交叉性金融产品、跨市场金融创新的协调"。这实际上为互联网金融的监管协调搭建了制度框架。

专栏：

P2P 网络贷款面临的主要风险

一、法律风险

传统的 P2P 借贷模式是由借贷双方直接签订债权债务合同，P2P 平台只提供第三方服务，且不承诺本金保障。P2P 平台承担的是信息公布、信用认定、法律手续和投资咨询的职能（有时候还包括资金托管结算中介、逾期贷款追偿等服务），收取服务费，不参与到借贷的实际交易中。

在中国，部分 P2P 平台存在非法集资的嫌疑。非法集资是集资诈骗和非法吸收公众存款的并称。集资诈骗是金融犯罪行为，带有主观意图的诈骗性质，暂不讨论。目前 P2P 平台主要面临的问题是是否先吸收资金，再用于放贷，其主要涉及的是非法吸收公众存款的问题。若是投资人与借款人实际上并没有直接接触，P2P 平台跨越中介的定位，先以平台名义从投资人处获得资金（即使只是存放在中间账户），再直接决定投资行为和进行资金支配，甚至挪作他用和非法占有，则有非法集资的嫌疑。

此外，为了满足投资者的资金安全性要求，中国很多 P2P 平台都加入了变相"担保性"条款，或者采取了一些含糊其辞的本金保障宣传。若是双方直接签订借贷合同，但 P2P 平台承诺以自有资金为投资人提供本金（及利息）保障（以平台先行垫付或者购买坏账合同等形式），可认为是小贷担保模式。

小贷担保的模式涉嫌超范围经营特殊业务。法律上对一般超范围经营（不需要经营专项许可）保持容忍度。但是融资性担保行为属于需要许可的特殊目的经营活动，还需接受地方政府指定的相关部门的业务监管，而不仅仅是登记注册管理。虽然这样的平台一般自称为 P2P 借贷，按照一般商企业注册，但业务范围中并不包含担保业务，杠杆比率超过担保公司法定要求（净资本 10 倍），也不接受金融监管。故其担保的经营行为涉嫌触碰法律边界。引入担保的商业逻辑是可以理解的，但涉嫌超范围经营也是事实。

二、信贷技术风险

信贷技术风险是源头风险。P2P 网贷业务主要是针对小微客户的小额贷款服务，较大比例贷款业务是无抵押无担保和纯信用性的。小贷业务可以获得更高的收益，但是在不同贷款产品中，其相对风险是较高的；必须依靠合适的信贷技术，诸如交叉校检和社会化指标体系，来弥补财务数据和担保抵押的缺失。

事实上，即使是几个国外运营较为成熟的 P2P 网贷平台，其逾期率和坏账率仍达到 3% 以上，甚至更高。中国社会信用环境和客户金融行为习惯更加不成熟，单纯依靠网络来实现信息对称性和信用认定模式的难度和风险较大。

尽管在实践中，P2P 网贷平台建议客户普遍采用小额分散投资针对多个客户的风险控制方法，但在客户源头评估上仍然出现了上述两大难题：一是是否拥有合适的信贷技术；二是能否承受高成本的线下尽职调查。

根据我们的调研发现，坏账的比率极难达到 1% 以下，有的平台坏账率甚至达到 5% 以上；而公布数据的几个 P2P 网贷平台的坏账率都在 2% 左右。至于线下销售和尽职调查的费用（包括对应的人力成本），据业内人士估计，达到整体费用的一半以上。

三、平台欺诈风险

部分 P2P 平台为了提高交易量，出现了所谓的秒标和净值标，这存在一定的欺诈风险。

秒标通常是指满标后自动还款的借款需求，因期限短、回报率高吸引了大量投资者。其原本是 P2P 平台宣传营销的一种手段，但是大规模的秒标却使产品变异了。首先，秒标能虚增交易量和虚降坏账风险，造成平台虚假繁荣，误导了投资人。其次，秒标发标人（即 P2P 平台）在短期内吸收大量资金，在不冻结发标人资金的情况下，存在金融诈骗风险。此外，部分 P2P 平台允许投资者利用信用卡透支进行秒标套利，也增大了风险。秒标的资金不产生实际使用价值，应仅限于客户对操作流程的体验，应严格限制，决不能进行大规模的推广。

净值标是指 P2P 平台的投资者以其债权为抵押标的，在平台上发布的借款需求（用于出借）；而这一过程可以不停循环。投资者利用净值标手段进行频繁的借入借出，成为了 P2P 市场的做市商和实际担保人。在循环借贷中，每次的抵押标的实际上都是"多次折扣"后的原始债权，每次交易都会增加杠杆率。另外，其过程涉及较多的投资人和借款者，有较长的信用链条。某一环节的资金流断裂可能引起整个信用链条崩溃。这种杠杆风险和信用链条风险值得警惕。

此外，中间账户也可能导致欺诈风险的产生。中间资金账户的开设是为了交易核实与过账。P2P平台在银行和第三方支付平台开设中间资金账户，实现交易中的转账结算。转账结算业务理论上可以由第三方机构来做，但是由于其"钱少活多责任大"，第三方机构不承诺进行操作及监管，只是允许P2P平台及个人开户。

目前中间资金账户普遍处于监管真空状态，资金的支配权仍然在P2P平台手里。若是对时间差和合同条款没有严格控制，"卷款跑路，挪作他用"等中间账户资金沉淀引起的道德风险是存在的。近期的P2P平台跑路事实也证明了这一点。

此外，因为中间账户及其关联账户缺乏监管，也使P2P平台非法集资的可能性增大。机构可以先从投资人处获取资金再用于出借。因资金沉淀账户未受监管，也不能及时发现制止。资金池的形成使机构运作资金的"便利性"增强，固然更有利于P2P平台的交易完成，但是却使投资人对资金用途、资金转移没有确定把握，从而增大了公众投资人风险，P2P平台本身也陷入了非法集资的怪圈。

（谢平现任职于中国投资有限责任公司，邹传伟现任职于特华博士后科研工作站，刘海二现任职于广东省农村信用社联合社）